Sprachen der Welt

Hans Joachim Störig
Die Sprachen der Welt

Hans Joachim Störig

Die Sprachen der Welt

Geschichte, Fakten, Geheimnisse

Anaconda

Titel der Originalausgabe: *Abenteuer Sprache. Ein Streifzug durch die Sprachen der Erde.* Überarbeitete und aktualisierte Neuausgabe.

Die Deutsche Nationalbibliothek verzeichnet diese Publikation in der Deutschen Nationalbibliographie; detaillierte bibliographische Daten sind im Internet unter http://dnb.d-nb.de abrufbar.

Umschlagmotiv: Thinkstock / iStockphoto
Umschlaggestaltung: Pecher und Soiron, Köln
Redigitalisierung: Andreas Paqué, www.paque.de
Printed in Czech Republic 2012
ISBN 978-3-86647-826-8
www.anacondaverlag.de
info@anacondaverlag.de

Inhalt

EINLEITUNG

Wie viele Sprachen gibt es? 9

ERSTES KAPITEL

Vom Entschlüsseln toter Sprachen und Schriften 15

Das Geheimnis der Hieroglyphen · Schwierigkeitsgrade beim Entschlüsseln · Die Entzifferung der Keilschrift · Weitere Erfolge der Forschung · Ungelöste Rätsel

ZWEITES KAPITEL

Der indogermanische Sprachstamm 49

Kontakt, aber kaum Vergleich · Sanskrit · »Indogermanisch« · Von der Vaterunser-Sammlung zur vergleichenden Grammatik

DRITTES KAPITEL

Zweige des Indogermanischen 59

Übersicht · Indische Sprachen · Iranische Sprachen · Baltische Sprachen · Slawische Sprachen · Keltische Sprachen · Albanisch · Armenisch · Tocharisch · Substratforschung · Anatolische Sprachen · Schlußbemerkung

VIERTES KAPITEL

Griechisch – Wiege unserer Kultur 89

Geschichte · Das Alphabet · Die gesprochene Sprache · Der Sprachtypus des Griechischen · Vorzüge des Griechischen · Präpositionen · Ein Blick auf griechische Namen · Noch mehr Vorzüge · Das Fortleben des klassischen Griechisch · Griechisches Wortgut im Deutschen

FÜNFTES KAPITEL

Latein – Mutter Europas 117

Das lateinische Abc · Geschichte · Wie sprachen die Römer? · Die Sprache der Kirche · Die Einheit geht verloren · Das Latein des Mittelalters · Humanismus · Hochschule und Wissenschaft · Lebendiges Latein · Prägnant und monumental · Humanistische Bildung · Latein und die Einheit Europas

SECHSTES KAPITEL

Die stolzen Töchter 145

Vom Latein zu den romanischen Sprachen · Wandlungen im Sprachbau · Französisch · Italienisch · Spanisch · Katalanisch · Portugiesisch · Rumänisch · Spaniolisch oder Ladino · Weitere Glieder der Romania

SIEBENTES KAPITEL

Germanisch und Deutsch 165

Was heißt »deutsch«? · Die germanischen Sprachen · Skandinavische Sprachen · Niederländisch/Flämisch · Afrikaans · Die deutsche Sprache: Werdegang · Die deutsche Sprache: Fremde Zuflüsse · Heutiger Bestand · Heutiges Deutsch: Trends und Probleme

ACHTES KAPITEL

Jiddisch und Rotwelsch – und ein Blick auf die Zigeunersprache 217

Jiddisch und Deutsch · Zur Klärung der Begriffe · Auftreten der Juden in Deutschland · Sprachliche Sonderentwicklung · Wortschatz und Bau des Jiddischen · Nachträge zur Entwicklungsgeschichte · Jiddische Literatur · Zur Verbreitung des Jiddischen · Der Untergang · Rotwelsch – die deutsche Gaunersprache · Rotwelsch, Jiddisch und Deutsch · Kostproben · Die Sprache der Zigeuner

NEUNTES KAPITEL

Englisch – die neue Weltsprache 243

Heutige Weltgeltung · Entwicklungsgang · Der Wortschatz des Englischen · Eigenheiten des heutigen Englisch · Zentrifugale Tendenzen

ZEHNTES KAPITEL

Sprachfamilien der Erde: Nichtindogermanische Sprachen in Europa und Asien 261

Vorbemerkungen · Baskisch – ein Außenseiter · Uralische Sprachen · Hamitisch-semitische Sprachen · Altaische Sprachen · Kaukasische Sprachen · Das Chinesische – wichtigste Sprache der sino-tibetischen Sprachfamilie · Drawidische Sprachen

ELFTES KAPITEL

Sprachfamilien der Erde: Pazifische Welt, Amerika, Afrika 299

Japanisch · Koreanisch · Eine einzige Familie: Austronesisch · Indianische Sprachen · Nordamerika · Die Sapir-Whorf-Hypothese · Zentralamerika · Südamerika · Eine neue Großgliederung: Afrika – ein Blick auf die Sprachenkarte · Nachlese

ZWÖLFTES KAPITEL

Haupttypen des Sprachbaus 331

Flektierende Sprachen · Agglutinierende Sprachen · Isolierende Sprachen · Polysynthetische Sprachen · Analytischer und synthetischer Sprachbau · Genetische Verwandtschaft und typologische Einteilung · Argumente gegen die traditionelle Einteilung · Sprachtyp und Sprachwandel · Konklusion

DREIZEHNTES KAPITEL

Pidgin- und Kreolsprachen 345

Zur Erläuterung der Begriffe · Lingua franca · Die Wissenschaft entdeckt die Behelfssprachen · Hawaii · Florida: Gullah · Jamaika · Sierra Leone: Krio · Melanesien · Louisiana · Haiti · Seychellen · Mauritius · Curaçao: Papiamento · Kapverdisch · Chinook · Pidgin Haussa · Die Sprache unter Tage · Suahili · Sudan · Zwischenspiel · Verschriftung · Kreolische Universalien

VIERZEHNTES KAPITEL

Welthilfssprache oder Weltsprache? 363

Das Problem · Ansätze im 17. und 18. Jahrhundert · Die großen Entwürfe des 19. Jahrhunderts · Entwürfe des 20. Jahrhunderts · Bilanz · World English

ANHANG I

Aussprache-Bezeichnung (Lautschrift) 381

ANHANG II

Literatur (Auswahl) 387

Register 391

Nachweis der Bildquellen 399

Hinweis: Aussprache-Angaben sind von eckigen Klammern [ ] umschlossen. Kursiv gesetzt, meist in runden Klammern ( ), steht die buchstabengetreue Übertragung (Transkription) in lateinische Schriftzeichen.

EINLEITUNG

Wie viele Sprachen gibt es?

»Wie ich eben höre, sind Sie Sprachwissenschaftler (beziehungsweise Linguist, aber das ist doch wohl dasselbe?). Ich würde Ihnen gern eine Frage stellen, die die Sprache betrifft und die ich schon lange mit mir herumtrage; ich habe immer gehofft, ich würde mal einem Fachmann begegnen.«

So mag ein Gespräch beginnen zwischen zwei Leuten, die einander aus irgendeinem Anlaß begegnen. Wie es weiterläuft, hängt stark davon ab, was der Angesprochene (wir nehmen an, er ist wirklich Linguist) für ein Mensch ist. Es könnte sich zum Beispiel um einen Pedanten handeln; schließlich muß, wer in der Wissenschaft etwas leisten will, genau sein, sehr genau sogar, bis an die Grenzen der Pedanterie – freilich muß er diesen Zug nicht unbedingt gleich einem Laien gegenüber hervorkehren. Der Pedant würde erst einmal am Anfang des Satzes hängenbleiben und sich etwa darüber verbreiten, daß *Sprachwissenschaft* und *Linguistik* nur ganz grob betrachtet dasselbe bezeichnen; dann darüber, daß es einen Fachmann für *die* Sprache, eine Wissenschaft von *der* Sprache nicht gibt.

»Zu vielschichtig ist das Phänomen der Sprache«, höre ich ihn sagen, »es hat zahlreiche Seiten und Aspekte, und für jede Seite ist eine andere Wissenschaft zuständig – oder mehrere Wissenschaften. Denken Sie vielleicht an eine Sprachstörung bei einem Erwachsenen – oder eine Störung des Spracherwerbs bei einem Kind? Dann wäre der Mediziner zuständig, etwa der Neurologe, der Neurophysiologe, der vielleicht einen Psychologen heranzieht oder einen Logopäden (Fachmann für Sprachstörungen und Spracherziehung), am Ende auch noch einen Linguisten. Oder bezieht sich Ihre Frage auf eine bestimmte Sprache? Dann richten Sie sie am besten an einen Spezialisten: also für das Englische an einen Anglisten, für das Französische an einen Romanisten, für das Chinesische an einen Sinologen ... Diese Leute erforschen übrigens gewöhnlich nicht nur eine Sprache, sondern auch ihre Literatur, im weiteren Sinne die zugehörigen Kulturen. Man spricht dann von Philologie, beim Griechischen und Lateinischen von ›klassischer‹ Philologie. Dagegen betrachtet die allgemeine Sprachwissenschaft nicht das, was die einzelnen Sprachen voneinander unterscheidet, vielmehr das, was den Sprachen, allen Sprachen, gemeinsam ist: ihr Gegenstand ist die Sprache als solche ...«

Falls der Frager (es kann natürlich auch eine Dame sein, ebenso der Befragte) sich nicht inzwischen abgewendet hat, sondern immer noch geduldig zuhört, kommt unser Fachmann jetzt wahrscheinlich zu der Gegenfrage, die ein anderer sofort gestellt hätte: »Wie lautet denn Ihre Frage?«

»Ich wüßte gern, wie viele Sprachen es auf der Welt gibt.«

Pech für unseren Frager! Den Linguisten, der ihm die erhoffte bündige Antwort gibt, etwa »Es sind 2782« - den gibt es kaum. Der Sachkenner, ob Pedant oder nicht, wird vermutlich eher sagen: Er sei zwar außerstande, da einfach eine Zahl zu nennen, erbiete sich aber - falls sein Gegenüber die Zeit dafür opfern wolle -, ihm klarzumachen, daß, und auch warum, die Frage in dieser Form nicht zu beantworten sei. Und das geschehe am besten, damit die Sache nicht zu einseitig werde, in Form eines kleinen Frage- und Antwortspiels. Also die Methode, mit der schon Sokrates auf Markt und Gassen Athens seine Mitbürger amüsierte oder auch zur kalten Verzweiflung trieb.

»Schätzen Sie doch mal«, so beginnt der Gelehrte nicht ohne Hinterlist, »wieviel Dialekte unsere deutsche Sprache hat!«

Wie soll der Laie das schätzen! Da man keine Landkarte zur Hand hat - sagt er -, wolle er sich wenigstens im Geiste mal eine Landkarte Deutschlands - nein, Mitteleuropas - in seinem Zustand vor dem letzten Weltkrieg vorstellen und »oben rechts« zu zählen beginnen. »Da gibt - vielmehr gab - es das Baltendeutsche, das im Untergehen ist. Dann kam das Ostpreußische, das man auch nur noch von alten Leuten hören kann. Dann kommt Pommern, dann die Mark Brandenburg, Mecklenburg, überall eine Art Plattdeutsch ...«

Ob das heißen solle, daß das Platt der Pommern, der Mecklenburger und weiter zum Beispiel der Niedersachsen *einen* Dialekt darstelle - oder drei verschiedene?

Der Frager wird unsicher und weist darauf hin, daß er noch nie »da oben« gewesen sei.

Der Linguist schlägt vor, dann vielleicht lieber mit der Zählung »in der Südwestecke« zu beginnen.

Jetzt treibt er mich in die Enge! denkt der Frager, denn er weiß sehr wohl, daß hinter den Schwaben die »Alemannen« wohnen, in Südbaden, in der Schweiz, im Elsaß, soweit dort noch Deutsch gesprochen wird, in Vorarlberg ... Aber soll das nun *ein* Dialekt sein? Schließlich spricht man in Bregenz, in Freiburg, in Basel verschieden, und was die Schweiz anlangt: Kann sich denn ein Basler mit einem Berner verständigen, wenn beide ihren Dialekt reden? Oder könnten sich beide mit einem Bauern aus Graubünden verständigen, einem alten, der aus seinem Tal kaum je herausgekommen ist? Aber jeder Deutschschweizer hält im Alltag an seiner Mundart fest ... Laut sagt er: »Ich sehe nicht, wie ich da zählen soll. Es gibt da unten beträchtliche Unterschiede, andererseits gehen die Mundarten, wo sie aneinandergrenzen, fast unmerklich ineinander über.«

Der Linguist lächelt: »Sie verstehen, warum ich Ihnen diese Frage gestellt habe?«

»Halb und halb schon. Ich sehe, daß man die Dialekte des Deutschen nicht so einfach abzählen kann. Es kommt darauf an, wie man ›Dialekt‹ definiert, wie man die Grenzen zieht. Wer sich mal *per pedes* oder mit dem Fahrrad vom Oberbayerischen nach Niederbayern und dann ins Fränkische hinein bewegt hat, der weiß, daß die Sprache sich von Ort zu Ort wandelt, er kann kaum noch angeben, wo der eine Dialekt aufhört und der nächste beginnt. Ich will noch weiter gehen. Ich bin aus München, bin dort zur Schule gegangen. Ich möchte behaupten, daß ein feines Ohr durchaus heraushören kann, in welchem Stadtteil von München - sagen wir z. B. in Giesing - einer aufgewachsen ist. Und auf dem Viktualienmarkt, dem Teil, wo die Bauern aus der Umgebung ihre Produkte selbst anbieten, höre ich heraus, ob diese Bäuerin nördlich von München, in der Dachauer Gegend, zuhause ist, oder südlich, etwa aus dem Hofoldinger Forst. So betrachtet, erscheinen mir die Leistungen des berühmten Professor Higgins aus *My Fair Lady* - ich wollte sagen, aus Bernard Shaws *Pygmalion* - gar nicht so ungewöhnlich ...«

»Schön, daß Sie das erwähnen«, fällt der Linguist ein und erinnert sogleich daran, daß es in dem genannten Stück in der Hauptsache nicht darum geht, dem Mädchen Eliza einen bestimmten Dialekt abzugewöhnen. Sie soll vielmehr die ordinäre Sprechweise der sozialen Unterschicht ablegen, die sie mit der Muttermilch aufgenommen hat, die grobe, unfeine, vulgäre Sprache des Proletariers; sie soll lernen, »nach der Schrift« zu sprechen (wie manche Bauern sagen), das heißt, sie soll die Normen der englischen Hochsprache annehmen, die auf der Sprache der gebildeten Schicht in London, Kent, Oxford und Cambridge beruhen und die einen Engländer untrüglich als Angehörigen der »gebildeten« Schicht ausweisen. Wird das Stück in deutscher Übersetzung aufgeführt, so kann man deshalb die Eliza zu Beginn ihrer Dressur »berlinern« oder Gassenkölsch oder ein ordinäres Wienerisch reden lassen - je nach dem, was die betreffende Schauspielerin beherrscht. Es kommt hier nicht auf die regionalen Unterschiede an, die wir *Dialekte* nennen, sondern auf soziale Unterschiede, auf schichtspezifische Sprechweisen. Wir sprechen da von *Soziolekt.*

Der Frager wirft ein, daß nicht nur jede Gesellschaftsschicht eine eigene Sprechweise pflegt, daß vielmehr, genau betrachtet, auch kleinere Gruppen, Cliquen, Familien ihre sprachlichen Besonderheiten haben, die sie nur »unter sich« anwenden, womit sie sich zugleich nach außen abgrenzen. Ja - fährt er fort - hat nicht im Grunde jeder einzelne Mensch neben der charakteristischen Färbung der Stimme seine eigene, unverwechselbare Sprechweise? »Wie könnte ich sonst meine Angehörigen, meine Freunde ohne Mühe identifizieren, auch wenn ich sie gar nicht sehe, am Telefon zum Beispiel oder im Radio?«

Dies - ergänzt der Linguist - lasse sich sogar noch weiter zuspitzen: Die *experimentelle Phonetik,* ein junger, durch und durch naturwissenschaftlicher Zweig der Sprachwissenschaft, vermag die beim Sprechen erzeugten Schallwellen aufzuzeichnen und anschließend auf Film oder Bildschirm sichtbar zu machen - und da zeigt sich, daß dasselbe deutsche Wort von *jedem* Sprecher etwas anders intoniert wird - ja, es zeigt sich sogar, daß wir alle ein und dasselbe Wort niemals vollkommen gleich aussprechen. So könnte man kühnerweise behaupten, daß ein geläufiges Wort unserer Sprache, von Millionen von Sprechern milliardenmal ausgesprochen, noch niemals in Form einer völlig exakten Kopie zum zweitenmal erklungen ist!

Interessant, denkt der Frager, aber laut sagt er: »Sie haben mich jetzt ziemlich weit von meiner ursprünglichen Frage weggeführt - zu weit. Mir ging es nicht um Dialekte, Soziolekte, Gruppensprachen oder individuelle Schattierungen, sondern ganz schlicht um Sprachen wie Deutsch, Französisch, Arabisch oder was weiß ich: es kann doch nicht so schwer sein, die zu zählen!«

Der Linguist schlägt erst nochmal einen Bogen und weist darauf hin, daß es noch weitere besondere Ausprägungen einer Sprache gibt, »Sondersprachen« wie die der Seeleute, der Bergleute, der Jäger, der Soldaten, der Studenten, häufig mit der Tendenz, Außenstehende vom Verständnis auszuschließen; dies wird besonders deutlich an der Gaunersprache, dem sogenannten Rotwelsch, oder an der Redeweise der heutigen Jugend. Schließlich gibt es Fachsprachen, unter anderem in allen Wissenschaften. Hans Magnus Enzensberger, als seine Doktorarbeit Jahre später in einer Ausgabe für den Buchhandel herauskam, antwortete auf die Frage, ob er am Text etwas korrigiert oder verändert habe: »Ich habe sie nur vom Germanistischen ins Deutsche übersetzt.« Näherliegende Beispiele sind die Sprache der Computerfachleute, der Jargon der Werbebranche.

Zur Sache sagt unser Linguist: »So leicht sind die Sprachen nicht zu zählen, schon deshalb nicht, weil eine klare Grenzlinie zwischen Sprache und Dialekt nicht gezogen werden kann. Sie nennen das Plattdeutsche einen Dialekt - oder mehrere. Mit welchem Recht nennen Sie dann das Niederländische, auch eine Version des Platt- oder Niederdeutschen, eine eigene Sprache?«

»Weil die Niederlande, einst Teil des Deutschen Reiches, seit Jahrhunderten einen eigenen Staat bilden, in dem das Niederländische Amts- und Verkehrssprache ist.«

»Wenn es darauf ankäme, wäre das Baskische nicht als Sprache anzusehen, weil es keinen Staat gibt, in dem es Amtssprache ist. Und das Rätoromanische wäre dann zur Sprache geworden, als man es in der Schweiz zur vierten Amtssprache erhob, vorher aber keine Sprache gewesen? Ähnlich mit dem Katalanischen, das unter Franco unterdrückt war und heute wieder frei ist, Bücher und Zeitungen werden wieder in dieser Sprache gedruckt.«

»Nun gut«, sagt der Frager etwas kleinlaut. »Es kommt wohl darauf an, daß Sie hier von Literatursprachen sprechen: Niederländisch, Baskisch, Rätoromanisch, alle haben ihre eigene Literatur.«

Wolle man das zum Kriterium machen, entgegnet der Linguist, müsse man wohl Plattdeutsch, Bayrisch, Schwäbisch zu eigenen Sprachen erklären, weil es eine respektable Dichtung in diesen Idiomen gibt! Und andererseits: Sollen die Sprachen von Völkern, die keine Schrift kennen und damit keine Literatur in unserem Sinne, etwa keine Sprachen sein?

»Sie wollen mir also beweisen, daß die Frage nach der Anzahl der Sprachen nicht beantwortet werden kann, weil es - wie bei den Dialekten - keine klare Abgrenzung des Begriffs ›Sprache‹ geben kann?«

Dies sei nur einer von mehreren Gründen für die Unbeantwortbarkeit der Frage, sagt der Linguist. Man müsse bedenken, daß Hunderttausende oder gar Millionen Jahre vergangen sind, in denen Menschen gesprochen haben - die neuesten Ausgrabungen der Anthropologen datieren den Homo sapiens immer weiter zurück -; daß die Schrift, die uns vergangene Sprachen bezeugt, erst wenige Jahrtausende alt ist. Wer will ermessen, wie viele Sprachen erklungen, dann verschollen und vergessen sind? Und wer weiß, ob nicht noch bisher unbekannte Sprachen ans Licht kommen? Und letztens: Sollen wir das Althochdeutsche des »Heliand«, das Mittelhochdeutsche der Minnesänger, das heutige Deutsch als *eine* Sprache zählen? Das Englisch Chaucers, Shakespeares und das heutige?

Der Frager hat seine Ansprüche herabgeschraubt. »Ich will bescheidener sein. Bei allen Einschränkungen, es müßte doch möglich sein, meine Frage wenigstens der Größenordnung nach zu beantworten? Gibt es mehrere hundert oder mehrere tausend Sprachen, oder zählen sie nach Zehntausenden?«

»Jetzt kommen wir uns näher«, sagt der Linguist. »Denken Sie nur daran - das kann man von Bibel- und Missionsgesellschaften erfahren -, daß die Bibel bisher in mehr als 1800 Sprachen übersetzt worden ist, Sprachen wohlgemerkt, nicht gerechnet also verschiedene Übersetzungen in dieselbe Sprache. Übersetzungen ins Deutsche hat es ja vor Martin Luther eine ganze Reihe gegeben ...«

»Tatsächlich? Aber lassen Sie mich jetzt mal selbst schätzen. Ich nehme an, daß es den Christen gelungen ist, ihre Heilige Schrift in jede dritte Sprache zu übertragen, die auf dieser Erde gesprochen wird. Dann müßte die Zahl der Sprachen, vorsichtig angepeilt, zwischen vier- und sechstausend liegen?«

»Gut geschätzt! Es sind eher 6000 oder mehr.«

»Erlauben Sie mir noch eine Frage: Bleibt diese Zahl in etwa konstant?«

»Nein. Es sind zwar vom 17. bis Anfang des 20. Jahrhunderts in den damaligen europäischen Kolonien mehr als 100 neue Sprachen entstanden aus der Überlagerung der Sprachen der ehemaligen Kolonialherren (vor allem Englisch, Französisch, Spanisch, Portugiesisch) und der Unterworfenen, sogenannte Kreolsprachen, eine für den Linguisten hochinteressante Sache. Aber dieser Prozeß ist abgeschlossen. Heute ist es vielmehr so, daß zahlreiche Sprachen, nach Schätzungen mindestens jede zweite, vom Aussterben bedroht sind.«

»Welche sind denn da betroffen?«

»Alle, die nur wenige Dutzend oder tausend – bis etwa 100 000 – Sprecher haben, z. B. Sprachen der Eingeborenen (Aborigines) in Australien, Sprachen im Norden Rußlands, Eskimosprachen, indianische Sprachen in ganz Amerika. Wird die Sprache der Eltern von den Kindern nicht mehr aufgenommen und weitergetragen, stirbt sie.«

»Ist das schlimm?«

»Jede Sprache verkörpert ein Stück menschlicher Weltansicht. Geht sie unter, ist das für immer verloren. Das ist ebenso tragisch und ›schlimm‹ wie das Aussterben einer Pflanzen- oder Tierart.«

»Was kann man dagegen tun?«

»Das Beste, was zu erreichen wäre (aber kaum zu schaffen ist): Fachleute suchen die letzten Sprecher einer Sprache auf und halten fest (heute vor allem auf Tonband), was sie sagen und was sie wissen. Die Auswertung setzt viel Erfahrung im Analysieren und Vergleichen von Sprachen voraus – denn die übergroße Mehrheit derer, die eine Sprache sprechen, weiß (obwohl sie sie mühelos handhaben) über die Entwicklung und die Baugesetze ihrer Sprache so gut wie nichts. – Das Sprachensterben wird man damit kaum verhindern können.«

ERSTES KAPITEL

Vom Entschlüsseln toter Sprachen und Schriften

Vorbemerkung

Edgar Allan Poe hat mit seiner Geschichte »Der Doppelmord in der Rue Morgue« *(The Murders in the Rue Morgue)* das Ur- und Vorbild aller späteren Kriminalromane geschaffen. (Für mich ist fraglich, ob seine Nachfahren und Nachahmer ihn jemals übertroffen haben.) Poe hat mit seinem »Goldkäfer« *(The Gold Bug)*, erschienen 1843, auch die Faszination beschworen, die von der schrittweisen Entzifferung eines Kryptogramms, einer Geheimschrift, ausgehen kann. Diese Art von Erzählungen hat er selber *Tales of ratiocination* genannt, Geschichten, die ihr Rätsel auf dem Wege streng rationalen, vernunftgemäßen Reflektierens und Deduzierens lösen.

Von ähnlicher Faszination sind die Geschehnisse, die sich mit dem Entziffern der Zeugnisse erloschener Sprachen und Kulturen verknüpfen. C. W. Ceram hat in seinem Buch »Götter, Gräber und Gelehrte« davon einige unvergeßliche Proben geliefert. Jedoch möchte ich, wenn ich mich diesem - in der Einleitung angetippten - Thema zuwende, weil es als Einstieg in das vielleicht zunächst etwas trocken anmutende Thema »Sprachwissenschaft« geeignet erscheint, diese Geschehnisse nicht in der vereinfachten - damit immer auch ungerechten - dramatischen Zuspitzung darbieten, wie sie einer Kriminalgeschichte angemessen ist (die ja alles beiseite lassen soll, was nicht zum Hauptfaden der Handlung gehört). Zwar muß ich in diesem Buch ohne Unterlaß vereinfachen - sonst würde es für den normalen Leser ungenießbar. Jedoch, ich möchte zwar Probleme vereinfachen, Beiwerk fortlassen, nicht jede Tiefe ausloten; aber ich möchte nicht wissenschaftsgeschichtliche Abläufe zu stark versimpeln.

Bei der ersten Geschichte, die von dem sagenhaften Stein von Rosette und der Entzifferung der Hieroglyphen durch den jungen, besessenen und genialen Champollion handelt, möchte ich vermeiden, ein Drama aufzubauen, in dem nur der von Napoleons Begleitern ausgegrabene Stein und der junge Champollion auftreten, dieser unbeirrbar von früher Jugend an entschlossen, das Geheimnis zu lüften - hierin Heinrich Schliemann vergleichbar. Die Sache ist doch etwas verwickelter, und hier geht es nicht darum, Geschichten zu erzählen, sondern Geschichte, und Geschichte ist niemals ganz einsinnig und einfach, im Grunde ist die Historie sogar immer unentzifferbar, und daß Napoleon wie Hitler ihre Operationsziele in Rußland nicht erreicht haben: wer könnte aufzählen, welches Geflecht von Kausalketten - darunter sogenannte »zufällige« - dabei mitgewirkt hat?

Das Bestreben, hier etwas genauer und damit gerechter zu verfahren, zwingt mich, ein bißchen ausführlich zu werden, und damit, mich im wesentlichen (damit das Kapitel den Rahmen des Buches nicht gleich zu Beginn sprengt) auf zwei Themen zu beschränken, nämlich die Hieroglyphen und die Keilschrift, andere Leistungen, die ebenso respektabel wie auch ebenso interessant sind, zu ignorieren oder nur zu streifen.

Das Geheimnis der Hieroglyphen

Napoleons Zug nach Ägypten, im Jahre 1798 unternommen, verfolgte das Ziel, dem britischen Erzfeind, den durch eine Landung an der englischen Südküste direkt niederzuwerfen ihm aussichtslos erschien, einen Schlag zu versetzen, indem er in dem damals türkisch beherrschten Ägypten landete und damit die Verbindung nach Indien bedrohte. Politisch und militärisch ist das Unternehmen alsbald gescheitert, da Napoleons Flotte bei Abukir durch Nelson vernichtend geschlagen wurde und der Korse nur mit Mühe nach Frankreich entkommen konnte. Für die Geschichte der Sprachwissenschaft hat das Abenteuer dagegen weitreichende und dauerhafte Fortwirkung gebracht.

Der Stein von Rosette

Napoleon hatte Archäologen und andere Gelehrte in seinem Gefolge nach Ägypten genommen, um die Rätsel aufzuhellen, welche die uralte Geschichte dieses Landes barg. 1799 wurde in der Nähe des verfallenden Forts Raschid (das die Franzosen in Fort St. Julien umbenannten), unweit des westlichen Mündungsarms des Nil, ein Block aus schwarzem Basalt gefunden, etwa einen Meter hoch, 70 cm breit, 30 cm dick, der als *Stein von Rosette* in die Geschichte eingegangen ist. *Rosette* ist eine französische Form des Ortsnamens *Raschid*. Der Block trug auf

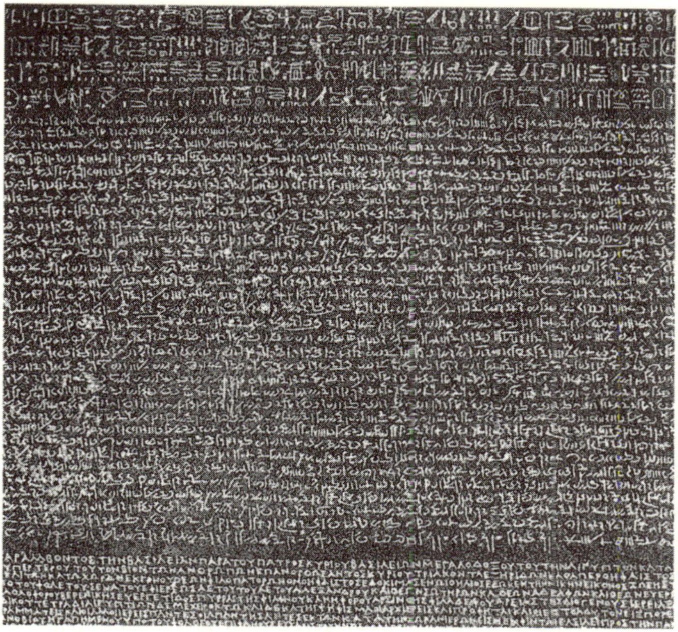

Der Stein von Rosette (Ausschnitt). Er wird im Britischen Museum, London, aufbewahrt.

seiner Vorderseite drei Inschriften: zuoberst 14 Zeilen in altägyptischen Hieroglyphen, die Zeilenanfänge und -enden fehlend; darunter 32 Zeilen, teilweise durch Verwitterung unleserlich, in der sogenannten demotischen Schrift, die von ägyptischen Papyri her der Forschung bekannt war (aber nicht gelesen werden konnte), darunter 54 Zeilen in griechischer Schrift und griechischer Sprache, die Hälfte davon am Zeilenende verstümmelt.

Um verständlich zu machen, warum dieser Stein so bedeutsam war, muß ich weit ausholen.

Hauptperioden der Geschichte Ägyptens

Die Geschichte der ägyptischen Kultur reicht mehrere tausend Jahre vor den Beginn unserer Zeitrechnung zurück. Vermutlich gab es schon im 4. Jahrtausend v. Chr. zwei große Reiche, deren eines am Oberlauf des Nil lag und bis zu den Katarakten von Assuan nach Süden reichte, während das andere seinen Schwerpunkt im Nildelta hatte. Um 2850 v. Chr. sollen beide Reiche durch einen König Menes zu einem Großreich vereinigt worden sein. Mit ihm beginnt die erste der insgesamt 30 Dynastien, in die ein Hoherpriester namens Manetho, der im 3. Jahrhundert v. Chr. lebte und eine Geschichte seines Landes verfaßte, die Herrscher Ägyptens eingeteilt hat - von Menes bis zu seiner Zeit, als Ägypten bereits durch Alexander den Großen unterworfen war. Nur Bruchstücke von Manethos Schrift sind erhalten.

Im großen wird die Geschichte Altägyptens eingeteilt in das Alte Reich, das die ersten zehn Dynastien umfaßt und dem die großen Pyramidenbauer Cheops und Chefren angehören; ein Mittleres Reich, die 11. bis 16. Dynastie umfassend und bis zum Jahre 1570 v. Chr. bestehend. Das Neue Reich, während dessen Bestehen das heutige Palästina und Syrien lange Zeit eine Provinz Ägyptens bildeten, bringt wie seine Vorgänger einen Wechsel von Aufstieg und Niedergang, schwere Existenzkämpfe vor allem gegen die Hethiter, und läuft schließlich in zunehmenden Verfall des Ägypterreiches aus, das erst durch die Äthiopier, dann durch die Assyrer, im 6. Jahrhundert durch die Perser, schließlich 332 v. Chr. durch Alexander besiegt und besetzt wurde. 30 v. Chr. ergriffen die Römer von Ägypten Besitz. Die günstige Gelegenheit zur Intervention bot ein Streit um die Thronfolge zwischen einem Geschwisterpaar, Ptolemaios und Kleopatra. Julius Cäsar verhalf Kleopatra zur Alleinherrschaft und hinterließ ihr einen Sohn, Caesarion genannt.

Hieroglyphen und ihre Abkömmlinge

Die älteste Form der ägyptischen Schrift hat schon zu Beginn des Alten Reichs bestanden. Der Grieche Clemens Alexandrinus, der im 3. Jahrhundert v. Chr. gelebt hat, benannte sie *Hieroglyphen,* wörtlich »Heiliges Schnitzwerk«. Diese Schrift findet sich vor allem, in Stein gehauen, auf Denkmälern.

Sehr früh schon schrieben die Ägypter auch auf Papyrus, gewonnen aus der gleichnamigen Staude, die im Unterlauf des Nil in Mengen wuchs. Man legte dünne Scheiben des Materials aufeinander, ein Blatt mit quer-, das nächste mit senkrechtlaufenden Fasern, verband sie durch einen Klebstoff; nach Trocknen und Pressen konnte man die Oberfläche beschreiben, in der Regel mit einem Pinsel aus Binsen und mit roter oder schwarzer Tinte. Man konnte Papyrusblätter aneinanderkleben und so Schriftrollen von 30 bis 40 Meter Länge erzeugen. Für das Schreiben auf Papyrus entwickelte sich aus der Bilderschrift eine stark abgeschliffene Form, in der die ursprünglichen Bilder nur noch andeutungsweise zu erkennen sind: die *hieratische* Schrift.

Bald nach 1000 v. Chr. erfolgt noch einmal ein stark vereinfachender Entwicklungsschritt. Die so entstandene *demotische* Schrift kann man fast als Stenographie bezeichnen; nur der Kenner ist in der Lage, sie auf ihre Vorläufer zurückzuführen.

Die Hieroglyphen sterben

Die drei Schriften blieben in Gebrauch bis in die Zeit der Diadochen und der römischen Herrschaft. Die Hieroglyphen dienten vornehmlich religiösen Zwecken; ihre Kenntnis war der Priesterkaste vorbehalten, die ihre Schreiber dazu in eigenen Schulen ausbildete. Alexanders Nachfolger in Ägypten, die Ptolemäer, wie auch die späteren römischen Statthalter hielten engen Kontakt zur mächtigen Priesterkaste. Zur Zeit Cäsars war die Kenntnis der

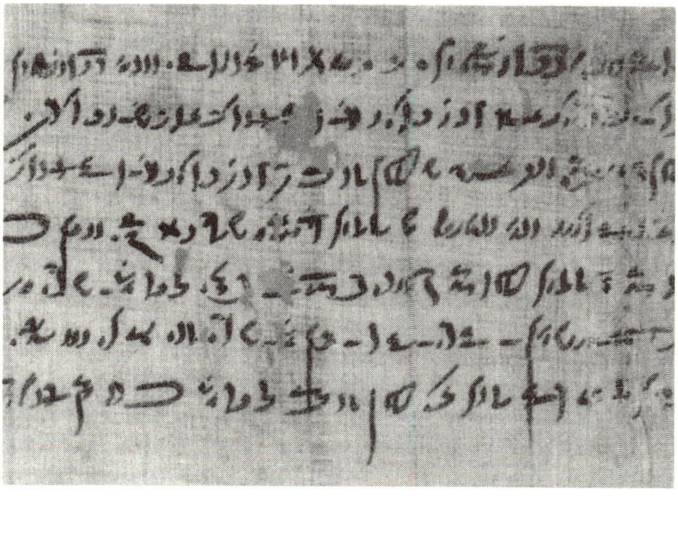

Ägyptische Papyri: Oben eine Seite aus dem sogenannten »Totenbuch« mit Bildern und Hieroglyphen, unten Ausschnitt einer Seite in demotischer Schrift.

Hieroglyphen offenbar im Rückgang; einem Bericht des Tacitus ist zu entnehmen, daß anläßlich eines Besuchs des Germanicus in Theben ein betagter Priester herbeigerufen werden mußte, um den Wunsch des Besuchers zu erfüllen und bestimmte Inschriften vorzulesen und zu erklären. Dieser Niedergang hängt zusammen mit dem Vordringen des Griechischen in Ägypten, das schon lange vor Alexanders Triumph durch griechische Kaufleute ins Land gekommen war. Man begann, die ägyptische Sprache in griechischen Buchstaben zu schreiben. Vollends erstarb die Kenntnis der alten Schrift mit der Christianisierung Ägyptens. Im 4. Jahrhundert n. Chr. wurden die alten Tempel auf Betreiben der Christen geschlossen. Das letzte bekannte Schriftstück in hieroglyphischer Schrift stammt aus dem Jahre 394 n. Chr.

Mit dem letzten Priester oder Schreiber, der sie beherrschte, starb das Wissen um diese Schrift für mehr als 1400 Jahre aus. Zwar konnte jeder Reisende, der Ägypten besuchte, die rätselhaften und monumentalen Zeichen überall bewundern, sie fanden sich auch auf Obelisken, die Italiener, Franzosen und Engländer aus Ägypten weg in ihre Heimatländer brachten und dort aufstellten. Man hielt die Hieroglyphen für eine Art Geheimschrift, in der die ägyptischen Priester ihr sorgsam gehütetes Wissen verschlüsselt niedergelegt hatten; manche schrieben diesen Zeichen überhaupt nur einen symbolischen Charakter zu. Mozarts »Zauberflöte« mit ihren deutlichen Anklängen an ägyptische Mythen stammt aus der Zeit, da man über das alte Ägypten noch höchst verschwommene Vorstellungen hatte.

Es lohnt nicht, über die zahlreichen Versuche einer Deutung zu berichten, die vom 16. Jahrhundert ab sporadisch unternommen wurden, so 1636 durch den deutschen Jesuiten Athanasius Kircher, einen verdienten und auf manchen Wissensgebieten kenntnisreichen Mann, der sich, was die Hieroglyphen anlangt, in phantasievollen Deutungen erging, die mehrere Bände seiner Werke füllen. Seine Nachfolger haben es kaum weiter gebracht – bis der Stein von Rosette entdeckt wurde.

Bilinguis und Trilinguis

Der Stein war insofern ein überaus glücklicher Fund, als den Sprachforschern hier etwas beschert wurde, das sie eine »Bilinguis« nennen; ein Dokument, das denselben Text in zwei verschiedenen Sprachen (und/oder Schriften) enthält, von denen die eine der Wissenschaft schon bekannt ist. Hier war sogar der höchst seltene Fall einer »Trilinguis« gegeben, denn der Stein enthielt drei Texte, deren zuunterst stehenden griechischen man - bis auf die Beschädigung - alsbald lesen und verstehen konnte: eine Verlautbarung einer Priesterversammlung, die im Jahre 196 v. Chr. in Memphis stattgefunden hatte. Die Priester rühmen den König Ptolemaios Epiphanes und danken ihm für die Wohltaten, die er ihnen und ihren Tempeln erwiesen hat; in jedem Tempel soll eine gleichartige Inschrift angebracht werden. Fast hundert Jahre später wurde eine dieser identischen Inschriften gefunden.

Man könnte meinen, mit diesem Schlüssel in der Hand müsse es ein Leichtes gewesen sein, die beiden oberen Teile zu entziffern, zumal man dem griechischen Text entnehmen konnte, daß dieser zuerst verfaßt war, also das Original darstellte, das dann »in den Zeichen der göttlichen Sprache« (den *Hieroglyphen*) und »in der Schrift der Bücher« (der *demotischen*) wiederholt wurde. Die Entdekkung wurde unter den Gelehrten Westeuropas schnell bekannt - dem Fund von Rosette folgten später ungezählte Inschriften und Papyri, die die aus dem Stein schließlich gewonnenen Anfangskenntnisse vervollständigen halfen. Aber jahrelang widerstand der Stein allen Versuchen der Entzifferung!

Rätselraten

Um das zu verstehen, müssen wir uns jetzt vergegenwärtigen, welche Vorstellungen man damals von der Eigenart dieser alten Schriftzeichen hatte. Auf den ersten Blick müssen die Hieroglyphen als eine Bilderschrift erscheinen, weil man zumindest in einem Teil der Zeichen mühelos Abbildungen konkreter Dinge oder Lebewesen erkennt, etwa einen Vogel, einen sitzenden Menschen, ein Auge, einen Käfer. Den ganzen Text in diesem Sinne zu deuten - dagegen sprach zweierlei. Einmal gab es im Hieroglyphentext wesentlich mehr Zeichen als im griechischen Text Wörter. Zum anderen könnte eine Sprache, die ausschließlich aus Abbildern konkreter Dinge besteht, nur ein äußerst bescheidenes Niveau der Verständigung ermöglichen. Eine entwickelte Sprache muß auch Eigenschaften benennen können, Tätigkeiten erst recht, auch Abstrakta und vieles andere, z. B. logische Beziehungen.

Young

Unter den zahlreichen Männern, die über das Geheimnis der Hieroglyphen grübelten - und ebenso über die schwer entzifferbare demotische Schrift – ragt ein junger Engländer hervor: Thomas Young, geboren 1773, dem Naturwissenschaftler bekannt als Urheber der Wellentheorie des Lichts (im Gegensatz zu Isaac Newtons Korpuskulartheorie, ein Dualismus, der heute einer – für Laien freilich schwer zu fassenden – Synthese Platz gemacht hat). Youngs äußerst vielseitige Interessen – Mathematik, Physik, Medizin u. a. – erstreckten sich auch auf die Hieroglyphen. 1814 wurde er durch Freunde auf den Stein von Rosette aufmerksam gemacht.

Eigennamen als Ansatzpunkt

Youngs Beschäftigung mit dem Dreisprachenstein führte ihn nicht zum vollen Erfolg. Sein richtiger Ansatz »Suche im griechischen Text die Eigennamen« (z. B. Ptolemaios kam dort 17mal vor) »und suche dann die Entsprechungen im demotischen Text« scheiterte, weil – was Young nicht wußte – der demotische Text keine genaue Übersetzung des griechischen darstellt, sondern eine freie Übertragung. Tatsächlich wurden der demotische Text und das ganze System dieser Schrift erst 1880 vollständig entschlüsselt. Hinsichtlich der Hieroglyphen fand Young ebenfalls einen richtigen Ansatz: Wenn ein ägyptischer Schreiber – so überlegte er – vor der Aufgabe stand, einen nichtägyptischen, also insbesondere griechischen Namen zu schreiben, so stand ihm dafür kein Bildzeichen, kein *Ideogramm* zur Verfügung. In dieser Lage würde er sich wahrscheinlich so behelfen, daß er bestimmten Zeichen keine bildliche, sondern eine *phonetische* Rolle zuwies, sie also benutzte, nicht um Gegenstände oder Begriffe darzustellen, sondern gesprochene Laute. Sollte sich nicht wenigstens der Name Ptolemaios in den Hieroglyphen identifizieren lassen?

Schon vor Young war es einigen Forschern aufgefallen, daß bestimmte Textpartien bei Hieroglyphen von einem länglichen Oval umschlossen waren – man nannte es *Kartusche*. Sicher sollte der Inhalt solcher Ovale irgendwie hervorgehoben werden. Vielleicht handelte es sich um geheiligte Formeln – oder vielleicht um Herrschernamen? Auf diesem Weg kam Young ein Stück weit, aber da er nicht wußte, daß die Ägypter – auch bei Verwendung der Hieroglyphen als phonetische Zeichen – die Vokale meist fortließen, blieb er schließlich doch stecken. Einige der gewonnenen Erkenntnisse gab er in einem Artikel bekannt, der 1819 in der damaligen Neuausgabe der *Encyclopaedia*

Britannica erschien. Dann gab Young entmutigt auf. Es ist nicht ganz sicher, ob sein Artikel jemals dem Mann vor Augen gekommen ist, dem schließlich der entscheidende (wenn auch längst nicht der abschließende) Schritt gelang.

Champollion

Dieser Mann, Jean François Champollion, 1790 geboren, hochbegabt und frühreif, wurde 1801, also als Elfjähriger, von dem berühmten Mathematiker Fourier eingeladen, der an Napoleons Zug nach Ägypten als wissenschaftlicher Berater teilgenommen hatte. Fourier zeigte dem Jungen in Grenoble einige aus Ägypten mitgebrachte Antiquitäten, und Champollion, kaum hatte er erfahren, daß niemand die Hieroglyphen entziffern könne, beschloß, sein Leben dieser Aufgabe zu weihen. Diesen Entschluß verfolgte er mit kaum faßlicher Hartnäckigkeit und Konsequenz. Erst 1822 gelang ihm der Durchbruch. In einem Brief *Lettre à M. Dacier relative à l'alphabet des hiéroglyphes phonétiques*, in umfassender Weise erst 1824 in seinem Buch *Précis du Système Hiéroglyphique*, gab er seine wichtigste Erkenntnis bekannt: Die Hieroglyphen sind teils wirkliche Bildzeichen, die für ganze Wörter (Begriffe) stehen, teils phonetische Zeichen, die Laute wiedergeben, teils schließlich »Determinative« - das sind Zeichen, die erklärend zu einem Bildzeichen hinzutreten, also selbst in der gesprochenen Sprache, beim Lesen des Textes nicht in Erscheinung treten, etwa ein Zeichen für ein weibliches Wesen oder für eine Tätigkeit.

Zwei Herrschernamen

Bei der Darstellung von Personennamen haben die Hieroglyphen (fast) immer eine phonetische Bedeutung. Ein Beispiel mag für viele stehen: die Identifizierung der Schriftzeichen in den beiden Namen *Ptolemaios* und *Kleopatra*.

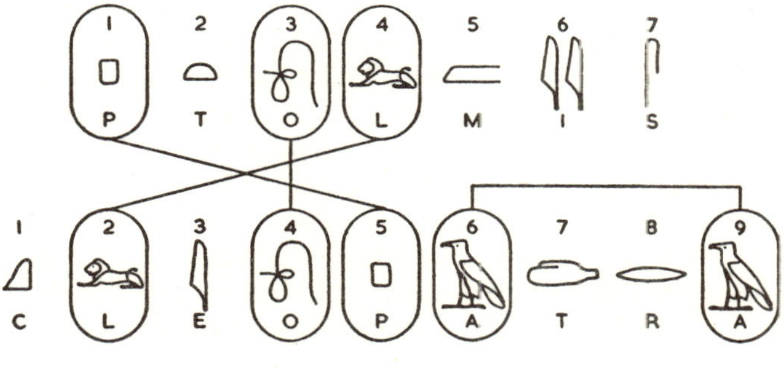

Hier ist, wie man sieht, eine weitgehend stimmige Deutung gelungen, gleiche Zeichen entsprechen (mit einer Ausnahme beim Laut [t]) gleichen Lauten. Anzumerken ist, daß in diesem Beispiel auch die Vokale [o] und [a] durch Zeichen repräsentiert sind; ferner, daß die Schreibrichtung bei den Hieroglyphen wechselt, sie kann von rechts nach links laufen; dies ist der häufigste Fall, auch im obigen Beispiel ist das Original so, lediglich zur Erleichterung für den europäischen Leser ist das Schriftbild spiegelverkehrt abgebildet. Die Schrift kann auch umgekehrt verlaufen, auch von oben nach unten, auch von unten nach oben, auch in freier Anordnung.

All dies hat den ersten Pionieren ihre Arbeit erschwert. Hilfreich für die Deutungsarbeit wirkte die Erkenntnis, daß Menschen- und Tierfiguren stets zum Anfang der Zeile hin blicken.

Champollion hat noch acht Jahre lang, dann mit wirksamer Förderung durch die französische Regierung, die ihm einen zweijährigen Aufenthalt in Ägypten ermöglichte, unermüdlich an der Lösung der selbst gestellten Aufgabe weitergearbeitet. Dann ereilte ihn ein früher Tod. Viele Männer haben sein Werk fortgeführt; unter ihnen ist hervorzuheben der Deutsche Adolf Erman (†1937), der die »ägyptische Philologie« auf eine feste Basis gestellt hat – soweit man bei einer seit 1500 Jahren toten Sprache etwas als fest bezeichnen kann.

Beispiele

Warum die Aufgabe nahezu unlösbar war (solange nicht die Forschung immer mehr Vergleichsmaterial, darunter auch weitere Bilinguen, zutage gefördert hatte), soll noch durch einige einfache Beispiele verdeutlicht werden. Manche Zeichen stehen für den Gegenstand, den sie offenkundig darstellen, wie z. B.

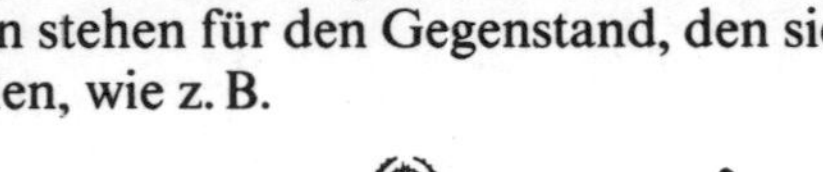

»Auge« »Käfer« »Pflug«

Manche Zeichen meinen nicht den Gegenstand, sondern eine Tätigkeit, die mit diesem in engem Zusammenhang steht, wie z. B.

»gehen« »rudern« »weinen«

Manche Zeichen stellen Dinge, die sich nicht unmittelbar bildlich darstellen lassen, symbolisch dar, wie z. B.

»herrschen« (Szepter)

»Alter« (Mann mit Stock)

»kühl« (Gefäß, aus dem Wasser läuft)

Manche Zeichen deuten auf das Gemeinte mit einem Bild, das mit ihm keinerlei Ähnlichkeit oder Beziehung hat, dessen Name aber in der gesprochenen Sprache ähnlich (nicht unbedingt gleich) klang. Das läßt sich fast mit schlechtem Wortwitz vergleichen und damit erläutern, daß ich etwa als Deutscher, der in Bilderschrift schreiben muß, in dem Satz »Der Pfarrer erteilte seinen Segen« das letzte Wort durch zwei sägende Männer darstellte (»Segen/sägen«), oder in dem Satz »Wir müssen den Kampf wagen« das letzte Wort durch ein Fahrzeug (»Wagen/wagen«):

Erschwerend kam hinzu, daß die Forscher die ägyptischen Wörter und ihren Klang ja nicht kennen konnten.

Unter den Zeichen, die einen Laut darstellen, sind solche, die für *einen* Konsonanten stehen, wie z. B.

t

p

d

Andere stehen aber für *zwei* Konsonanten, z. B.

mn

mr

wn

Schließlich, wie wir in Beispielen gesehen haben, wurden gelegentlich auch Vokale durch Zeichen wiedergegeben.

Determinative

Endlich treten die Determinative auf, stumme Zeichen, die nur zur Deutung oder Verdeutlichung beigegeben wurden, z. B.

Fell mit Schwanz für »Säugetier«

Wellenlinien für »Wasser«

zugeschnürte Schriftrolle für abstrakten Begriff

Schließlich benutzte man auch im selben Wort Bildzeichen und phonetische Zeichen zusammen oder durcheinander, etwa in *Thutmosis* für den ersten Teil das Symbol für den Gott *Thot,* für den Rest Hieroglyphen als phonetische Zeichen.

Dieses äußerst verwickelte System haben die Ägypter – eines der konservativsten Völker der Kulturgeschichte – durch die Jahrtausende festgehalten.

Die Leistung der Männer, die über diese und weitere Handicaps hinweg die Hieroglyphen und damit den ungeheuren Reichtum der ägyptischen Kultur der Nachwelt erschlossen haben, verdient Respekt.

Schwierigkeitsgrade beim Entschlüsseln

Schrift und Sprache unbekannt

Das Rätsel, das der Forscher beim Entschlüsseln zu lösen hat, ist am schwierigsten, wenn – wie es bei ägyptischen Hieroglyphen der Fall war – sowohl die Schriftzeichen wie die zugrundeliegende Sprache unbekannt sind. Doch sind in solchen Fällen gewöhnlich Anhaltspunkte gegeben, da man den Fundort des Dokuments kennt (das freilich nicht unbedingt am Ort entstanden sein muß), meist auch Anhaltspunkte für die Entstehungszeit in Form archäologischer Begleitfunde hat; ferner kennt man das verwendete Material (Papyrus, Ton usw.) und kann daraus gewisse Schlüsse ziehen.

Sprache bekannt

Handelt es sich – wie bei den sogenannten Geheimschriften, die in Kriminal- und Spionagegeschichten eine Rolle spielen – um eine im Prinzip bekannte Sprache, aber um eine unbekannte Art der schriftlichen Wiedergabe (z. B. einen Code aus Ziffern oder Symbolen), so liefert das Wissen vom Bau der verwendeten Sprache oft erste Anhaltspunkte für die Lösung, etwa das Wissen, welche Laute bzw. Zeichen in ihr am häufigsten vorkommen; welche nebeneinander auftreten können, welche nicht; welche Wörter es gibt, die nur aus ein oder zwei Zeichen bestehen.

Schrift bekannt

Haben wir ein bekanntes Alphabet vor uns, aber eine völlig unbekannte Sprache, so kann die Aufgabe schwierig bis unlösbar sein, besonders wenn relativ wenige Texte zur Verfügung stehen. Dies ist der Fall beim Etruskischen, das hauptsächlich in einer begrenzten Anzahl von Grabschriften erhalten ist.

Die Entzifferung der Keilschrift

Der deutsche Forschungsreisende und Arzt Engelbert Kaempfer (1651–1716), der Europa die erste zuverlässige

Kunde über Japan brachte, hat als einer der ersten auch über die Existenz einer rätselhaften Schrift berichtet und ihr, wegen der überwiegend aus keilförmigen Gebilden zusammengesetzten Gestalt der Schriftzüge, auch den Namen gegeben. Die englische Bezeichnung lautet: *cuneiform (writing).*

Die Geschichte der Keilschrift-Entzifferung ist, abgesehen davon, daß sie dramatische Höhepunkte hat, recht verwickelt. Man könnte sie vom hinteren Ende her erzählen, d.h. in der Folge, wie ihre Entzifferung Schritt für Schritt immer neue Panoramen großer Kulturen enthüllte (im Verein mit Ausgrabungen natürlich), deren Reste unter Wüstensand vergraben waren - ein Phänomen, das Oswald Spengler wesentlich zu den Grundthesen seines Werkes »Der Untergang des Abendlandes« (erstmals erschienen 1918/19) inspiriert haben dürfte. Eine solche Schilderung kann aber einem Leser, der in der Geschichte der Alten Welt nicht sehr bewandert ist, kaum ein klares Bild von den zeitlichen, räumlichen und kulturellen Gegebenheiten und Verknüpfungen vermitteln. Beginnt man dagegen die Darstellung chronologisch mit der Feststellung, die Keilschrift sei von dem bedeutenden Kulturvolk der Sumerer erfunden und dann an Assyrer, Babylonier, Perser und andere vererbt worden, so verspielt man eine Pointe: denn erst die Entschlüsselung der Keilschrift hat klargemacht, welche Rolle Volk und Reich der Sumerer einmal gespielt haben.

Der Schauplatz

Die Geschichte spielt in dem zweiten großen Stromgebiet der Alten Welt, das neben Ägypten als eine der Wiegen der Zivilisation gelten muß: in *Mesopotamien,* dem Land, das Alexander der Große griechisch so benannte (»Land zwischen Flüssen«). Euphrat und Tigris flossen damals wie heute annähernd parallel von Nordwesten nach Südosten; sie mündeten jeder für sich in den Persischen Golf, und dieser erstreckte sich damals noch um etwa 200 km weiter nach Norden als heute, so daß die Stadt Ur, eines der ältesten ausgegrabenen Zentren einer städtischen Zivilisation, damals nahe am Meer lag; heute vereinigen sich beide Flüsse 150 km vor Erreichen des Golfs zum Schatt-el-Arab, dem politisch wie militärisch umkämpften »Strom der Araber«.

Der zeitliche Rahmen

Die Entzifferung der Keilschrift ist ein Werk des 19. und 20. Jahrhunderts. Ihre Entstehung und Lebenszeit reicht

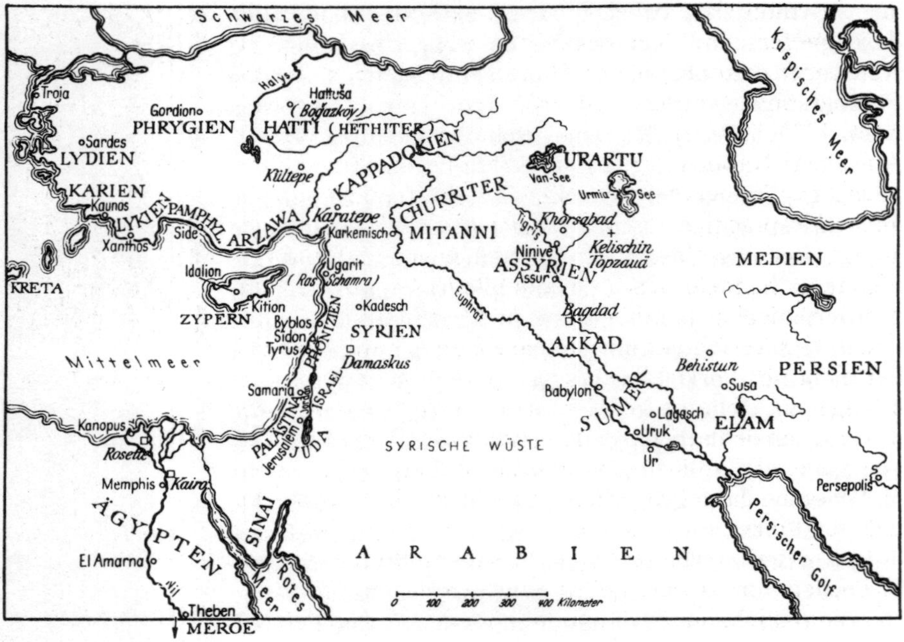

Völker und Städte im Nahen Osten, 2. Jahrtausend v. Chr. Die Küste des Persischen Golfs ist in ihrem heutigen Verlauf eingezeichnet; damals verlief sie höchstwahrscheinlich etwa 200 km weiter nordwestlich, so daß die Stadt Ur in Küstennähe lag.

von etwa 3000 v. Chr. bis in die letzten vorchristlichen Jahrhunderte. Dann erlosch sie, verdrängt u. a. von den modernen Alphabeten der Griechen und Römer, später auch von der arabischen Schrift. Sie geriet in Vergessenheit. Griechische Autoren erwähnen sie zwar noch als *assyria grammata* (»assyrische Schriftzeichen«), doch zu lesen vermochten sie sie schon nicht mehr.

Carsten Niebuhr

In Europa verbreitete ein italienischer Reisender, Pietro della Valle, im 17. Jahrhundert als einer der ersten die Kunde von dieser Schrift. Nach dem schon genannten Engelbert Kaempfer war es vor allem Carsten Niebuhr (1733–1815), der als Forschungsreisender im Dienste des dänischen Königs den Nahen Osten bereiste, zu danken, daß man im Abendland verläßliche Nachrichten über Schriften und Denkmäler jener Länder erhielt. Niebuhr (Vater des berühmten Historikers Barthold Georg Niebuhr) begab sich als Mitglied einer fünfköpfigen Expedition auf eine Reise nach Ägypten, Arabien und Syrien. Als man den heutigen Jemen erreichte, waren zwei der fünf Männer bereits den Strapazen der Reise erlegen, und in Indien starben noch zwei. Niebuhr trat allein die Rückreise an, entschloß sich, dabei Persien und Mesopotamien zu durchqueren, und hier begann er eifrig, Inschriften in Keilschrift zu kopieren, von Hand, versteht sich, denn die Photographie war noch nicht erfunden. Niebuhrs Reisebericht, 1776-80 in Amsterdam erschienen, erregte weithin Aufsehen; Napoleon trug ihn während seiner Expedition nach Ägypten stets bei sich. Niebuhr veröffentlichte später auch *drei*sprachige Inschriften aus Persepolis - genauer gesagt, dreiteilige Inschriften, von denen er zutreffend vermutete, es handele sich - obwohl alle in Keilschrift - um drei verschiedene Schriftsysteme und Sprachen.

Sumerischer Text in Keilschrift, in Tontafel geritzt und eingebrannt: ein Stück aus dem »Gilgamesch-Epos«. (Aus Platzgründen ist das Bild gedreht: rechter Bildrand = Unterkante des Schriftmusters.)

Um 1800 verfügten europäische Gelehrte dank Niebuhr, der nicht nur Vorlagen gebracht, sondern auch erste Vorschläge zur Deutung gemacht hatte, auch dank mancher Vorarbeiten deutscher und dänischer Orientalisten über so viel Material, daß man eine Entschlüsselung wagen konnte. Bevor ich darauf eingehe, erst noch ein Blick auf die beteiligten Völker und Stämme.

Wer zählt die Völker ...

In den drei Jahrtausenden vor Christi Geburt treten uns in Vorderasien so viele Völker entgegen, daß es Mühe kostet, sie zeitlich, räumlich und in ihren Beziehungen untereinander zu ordnen, und in der Tat hat die Wissenschaft auch lange gebraucht, um dieses Ziel zu erreichen. Eine bunte Vielfalt von Volks- und Stammesnamen, von Städten und Königen, von Staaten, die einander befehden, sich verbünden, erneut bekämpfen, unterwerfen, vor allem auch einander als politische, militärische, kulturelle Vormacht ablösen. Verwirrend auch der Wechsel der Namen; verwirrend schließlich, daß im überlieferten Schrifttum dieser alten Völker vieles steht, was der Europäer aus der Bibel kennt und was man lange Zeit - wenn nicht für göttliche Offenbarung, so jedenfalls für Schöpfungen des alten Judentums gehalten hatte.

Die Sumerer

Bereits um 3000 v. Chr. finden wir das Volk der Sumerer (Betonung auf dem »me«) im Südteil Mesopotamiens ansässig als Schöpfer und Träger einer der frühesten Hochkulturen der Menschheitsgeschichte. Die Ausgrabungen von Ur, Uruk und weiteren Siedlungen brachten planvoll angelegte Städte ans Licht, mit planmäßig organisierter Versorgung der Bevölkerung, Deich- und Kanalbauten. Die Kunst und die religiösen Vorstellungen der Sumerer haben maßgeblich auf fast alle Kulturvölker des Altertums eingewirkt. Ihre Literatur enthält großartige Dichtungen wie das Gilgamesch-Epos (Abb. S. 29). Zu den Leistungen der Sumerer gehört die Entwicklung einer Bilderschrift, aus der sich die spätere Keilschrift entwickelt hat.

Vom Bild zum Keil

Zu dem Wandel der Schrift hin zu verhältnismäßig abstrakten Formen, die den ursprünglichen Bildgehalt höchstens noch dem Kenner verraten, dürfte wesentlich das Schreibmaterial beigetragen haben, das - abgesehen von Inschriften in Stein oder Metall - hauptsächlich verwendet wurde: Täfelchen aus Ton. In den noch weichen Ton wurden die Zeichen mit einem Griffel eingeritzt, danach wurde der Ton durch Brennen gehärtet und dauerhaft gemacht, so dauerhaft, daß ungezählte Tafeln dieser Art Jahrtausende später unversehrt ausgegraben werden konnten. Durch diese Art zu schreiben entstand der keilförmige Charakter der Schriftbestandteile, der ihr den Namen gegeben hat.

Die Babylonier

Die Sumerer haben kein Großreich geschaffen, sondern in unabhängigen, oft verfeindeten Stadtstaaten gelebt. Um 2500 v. Chr. tritt neben die Sumerer das etwas weiter nördlich im Zweistromland ansässige Volk der Babylonier - ein Volk mit semitischer Sprache, wohingegen die Sumerer weder dem semitischen noch einem anderen Sprachkreis eindeutig zuzuordnen sind. Die Babylonier übernahmen die kulturellen Errungenschaften der Sumerer und besiegten sie schließlich. Ihnen gelang es unter Hammurabi (um 1800 v. Chr.), ein Großreich zu schaffen. Dieser Herrscher hat sich durch sein 1903 aufgefundenes Gesetzbuch verewigt.

Tontafeln mit Keilschrift (Höhe knapp 10 cm), gefunden bei Tell el-Amarna in Ägypten.

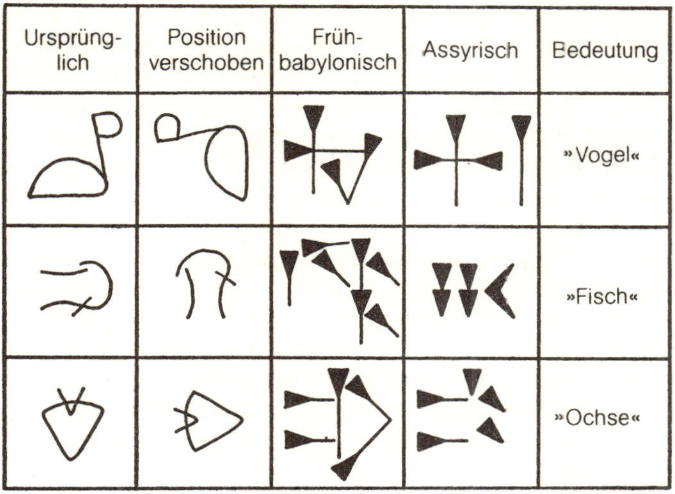

Die Entwicklung der Keilschrift, schematisch dargestellt nach dem deutschen Orientalisten Arno Poebel.

Das Land der Babylonier wurde auch *Akkad* genannt; in neuerer Zeit spricht man oft von Akkadern und ihrer akkadischen Sprache; darunter sind das *Babylonische* und das diesem nahestehende *Assyrische* zusammen zu verstehen.

Die Assyrer

Die Assyrer, noch weiter nördlich am Tigris siedelnd – Assur ist ihre Hauptstadt –, übernahmen später eine führende Rolle. Zu ihren Herrschern zählen Sargon II. (Sargon I. ist der berühmteste König der frühbabylonischen Zeit), der die Stämme Israels in die Gefangenschaft geführt hat, sowie Assurbanipal (um 650 v. Chr.), dessen Bibliothek in Ninive ausgegraben wurde.

Die Keilschrift wurde von den Völkern, die das Erbe der Sumerer antraten, übernommen und weiterentwickelt. Im Unterschied zu den ägyptischen Hieroglyphen hat sie zur Aufzeichnung einer ganzen Reihe grundverschiedener Sprachen gedient.

Verbreitung der Keilschrift

Die Keilschrift hat sich weit über den Kernbereich des Zweistromlandes hinaus verbreitet. Relativ wenig nach Osten; immerhin gab es hier das Land *Elam* (im heutigen Iran), seine Bewohner übernahmen zuerst die akkadische Sprache, um Verwaltungsurkunden niederzuschreiben, und damit die Keilschrift, benutzten später jedoch die Keilschrift auch zur Aufzeichnung ihrer eigenen, der elamischen Sprache.

Im ersten Jahrtausend vor Christus, als die indogermanischen Perser in den heutigen Iran eingedrungen waren, übernahmen sie zur Aufzeichnung ihrer Sprache, des Altpersischen, ebenfalls die Zeichen der Keilschrift, allerdings in einem ganz neuen System.

Im Westen des Zweistromlandes lebte das Volk der Churriter, das die Keilschrift um 2000 v. Chr. übernahm und darin seine eigene (nicht indogermanische, auch nicht semitische) Sprache aufzeichnete. Und noch weiter westlich, in Kleinasien, lebte das indogermanische Volk der Hethiter, das seine hochstehende Kultur großenteils von den Chattiern übernommen hatte. Die Chattier, ein nichtindogermanisches Volk, siedelten um die Stadt Hatti, die unter ihrem späteren Namen Boğazköy bei ihrer Freilegung die Archäologen in höchstes Erstaunen versetzt hat. Auch die Hethiter haben sich der Keilschrift bedient.

Überlagerungen

Die Erscheinung, die wir in Europa am Fortleben des Lateinischen beobachten können: die Sprache stirbt als Umgangssprache, wird aber weiter im Kultus, in Urkunden, in der Wissenschaft benutzt - diese Erscheinung läßt sich im Altertum mehrfach beobachten. So haben die Babylonier das ausgestorbene Sumerische als »Mönchslatein des Alten Orients« weiterleben lassen, ja sie haben (was der späteren Erschließung des Sumerischen zu Hilfe kam) für ihre Priesterschüler zweisprachige Wortlisten und grammatische Lehrbeispiele verfaßt. Ebenso haben die Hethiter die ausgestorbene Sprache ihrer Vorgänger, das Prohattische, konserviert. Und die Perser haben gar ihre Königsinschriften in drei Sprachen abgefaßt - nicht ahnend, welchen Dienst sie damit der zweitausend Jahre später einsetzenden Erforschung dieser Sprachen leisteten.

Nun können wir uns der Geschichte der Entzifferung zuwenden. Sie erfolgte, wegen der Vielschichtigkeit der sprachlichen Überlieferung, in einer ganzen Reihe von Anläufen.

Grotefend in Göttingen

Georg Friedrich Grotefend, geboren 1775, war Gymnasiallehrer und hatte insofern eine Hochschulausbildung, hatte auch sprachwissenschaftliche Interessen - denn er hat sich mit den ausgestorbenen Schwestersprachen des Lateins, Oskisch und Umbrisch, befaßt -, aber er hatte keine Ahnung von orientalischen Sprachen. Seine Kenntnis der antiken Literatur kam ihm später auf eine unerwartete Weise zu Hilfe. 27 Jahre war er alt, als er das Geheimnis der Keilschrift aufbrach, in einem ersten unbekümmerten

Zupacken - ganz im Gegensatz zu Champollion, der fast zwanzig Jahre Vorstudien trieb, bis er sich an sein eigentliches Ziel heranwagte. Grotefend kannte Arbeiten von Niebuhr, vor allem von diesem gelieferte Schriftproben, auch von einigen anderen Gelehrten. Warum er sich überhaupt an diese Aufgabe machte, ohne wie Champollion wenigstens ein einziges zweisprachiges Dokument zu besitzen, ist nicht ganz klar; nach einem Bericht soll ein ihm bekannter Bibliothekar ihn dazu angeregt haben, nach einem anderen hat Grotefend leichtsinnigerweise eine Wette abgeschlossen, daß ihm die Entzifferung gelingen werde.

Grotefend legte seinen Bemühungen zwei von Niebuhr übermittelte Inschriften aus Persepolis - Residenz der altpersischen Herrscher - zugrunde. Beide waren dreiteilig, der eine Teil mußte wohl in der Sprache dieser Herrscher, Altpersisch, abgefaßt sein. Grotefend tippte richtig auf den in der Mitte stehenden Teil. Die Schrift hatte - das war schon durch Vorarbeiten des Deutschen O. G. Tychsen und des Dänen F. Münter bekannt - ein Worttrennungszeichen in Gestalt eines einzelnen, schrägstehenden Keils. Da bis zu zehn Zeichen zwischen zwei Worttrennern standen, und da Wörter mit zehn Silben unwahrscheinlich sind, ging Grotefend davon aus, daß es sich um eine Buchstabenschrift handelte, zumal die Gesamtzahl der vorkommenden Zeichen nur 30 bis 40 betrug.

Königsnamen

Er konnte sicher sein, daß solche Inschriften von Königen gesetzt waren, deren Name also vorkommen mußte, ebenso das Wort für »König«, wahrscheinlich auch Hinweise auf die Abstammung: Name des Vaters oder des königlichen Geschlechts. Diese Zeichengruppen galt es zuerst zu identifizieren.

Grotefend, der sich zunächst klargemacht hatte, daß hier eine zeilenweise von links nach rechts zu lesende Schrift vorlag, vermutete das Wort für »König« in einer Zeichengruppe, die mehrfach vorkam, in beiden Inschriften sogar doppelt, direkt hintereinander, doch an zweiter Stelle war die Gruppe etwas länger. Vielleicht eine Deklinationsendung? Vielleicht der Genitiv Pluralis? Dann müßte diese Zeichengruppe die berühmte altpersische Formel »König der Könige« darstellen, und dann müßte die Zeichengruppe unmittelbar vor diesem Titel für den Namen des Herrschers stehen, der sich mit dieser Inschrift ein Denkmal gesetzt hatte! Diese Gruppe war in beiden

Inschriften recht verschieden. Die Inschriften müßten also von zwei verschiedenen Herrschern stammen, deren Namen ungefähr gleich lang waren (der Buchstabenzahl nach), aber mit verschiedenen Anfangsbuchstaben begannen.

Weiteres Kombinieren führte Grotefend zu der Annahme, daß in beiden Inschriften das Wort für »Sohn« vorkomme, diesem vorausgestellt jeweils der Vatersname (»des X Sohn«). Der Vatersname einer Inschrift glich dem Anfangsnamen der anderen. Also war der eine Herrscher der Sohn des anderen! Bei der Vatersnennung fand sich nur in einer der beiden Inschriften wiederum die Zeichengruppe »König«. Demnach war der eine Herrscher ein Königssohn, der andere nicht! Nun konnte Grotefend auf sein Studium der klassischen Philologie zurückgreifen: Der griechische Historiker Herodot führt die Namen der persischen Könige auf (freilich in griechischer Namensform). Gab es zwei Herrscher, die im Vater-Sohn-Verhältnis standen, bei dem der Vater des Vaters aber nicht König gewesen war? Nach Herodot war Xerxes Sohn des Dareios (Darius), dieser war Sohn des Hystaspes - und dieser war nicht König gewesen. Grotefend setzte diese Namen versuchsweise ein und fand heraus, daß seine Annahme stimmen mochte; freilich lauteten die Namen anders als von Herodot überliefert, für Xerxes ergab sich etwa [xʃajarʃa], für Dareios [darajavauʃ].

So hatte Grotefend eine Bresche geschlagen und konnte eine Anzahl der Keilschriftzeichen identifizieren, längst nicht alle; es dauerte vielmehr noch Jahrzehnte, bis andere Gelehrte - unter ihnen der Däne Rasmus Kristian Rask, der uns im nächsten Kapitel erneut begegnen wird - zu einer Deutung sämtlicher Zeichen vordrangen.

Rawlinson in Behistun

Inzwischen fügte es das Schicksal, daß ein junger Engländer die Leistung Grotefends, ohne sie zu kennen, erneut vollbrachte, dann aber weiter vorstoßen konnte. Henry Creswicke Rawlinson wurde 1810 geboren, eine Generation nach Grotefend. Als Sechzehnjähriger trat er in den Dienst der East India Company. Während der Schiffsreise nach Indien - um Afrika herum - lernte er an Bord einen gelehrten Orientalisten kennen, Sir John Malcolm, der nach Bombay reiste, um dort sein Amt als Gouverneur anzutreten.

Dieser begeisterte den Jungen für orientalische Sprachen. Rawlinson lernte Arabisch, Hindustanisch (Hindi) und Persisch; und dies brachte ihm 1835 ein Kommando nach Persien ein, wo er einem Bruder des damaligen Schahs als militärischer Berater zugeteilt wurde. Auf der Reise dorthin begegnete er einigen Keilschriftinschriften, und es gelang ihm, ähnlich wie Grotefend, die Namen der drei altpersischen Herrscher und die entsprechenden Keilschriftbuchstaben zu identifizieren.

Nun war seine Neugier geweckt, und als er erfuhr, daß bei Behistun - etwa 40 km von seinem Standort Kermanshah - eine mehrsprachige Inschrift von beträchtlicher Länge existiere, machte er sich dorthin auf. Vielleicht würde er dort weitere Herrschernamen finden und lesen können? Schließlich berichtet Herodot (Rawlinson war in den klassischen Sprachen ein guter Schüler gewesen, außerdem ein hervorragender Sportler, was ihm auch noch zugutekommen sollte), daß König Xerxes in einer Ansprache gesagt habe: Sein Vater sei Darius, dessen Vater Hystaspes, dessen Vater Arsames, dessen Vater Ariaramnes, dessen Vater Teispes, dessen Vater Kyros, dessen Vater Kambyses, dessen Vater der sagenhafte Achaemenes, nach dem dieses Königsgeschlecht die Achämeniden genannt wird. Vielleicht enthielt die Inschrift von Behistun solche Namen?

Das Felsrelief

Als er sich seinem Ziel näherte, erblickte Rawlinson ein gewaltiges Relief, das fast 100 m über dem Niveau der Straße in den Felsen gehauen war. Es zeigt die überragende Gestalt eines Königs (Darius, wie man heute weiß); ihm gegenüber zehn Vasallen, Besiegte oder Gefangene. Auf den gebeugten Rücken des ersten setzt der König seinen Fuß, die übrigen sind gefesselt und tragen einen Strick um den Hals. Eine Göttergestalt schwebt über dem König. Das Relief ist umgeben von Inschriften in zahlreichen Kolumnen, alle in Keilschrift.

Unterhalb des Ganzen, das etwa 50 m breit und 30 m hoch ist, verlief ein schmales Felsensims, etwa 60 cm breit, auf dem man aufrecht stehen konnte. Rawlinson wagte sich hinauf und kopierte in dieser schwindelerregenden Position den Text, zunächst den altpersischen. Als er einige Jahre später die zweite (babylonische) Version der insgesamt drei Texte in Angriff nehmen wollte, mußte er, um nahe genug heranzukommen, eine Leiter auf dem Steinsims aufstellen. Auf der obersten Sprosse stehend, den Körper an die Felswand gelehnt (die sich über ihm noch

Das Relief von Behistun. Dieser Ausschnitt zeigt den König Darius, hinter ihm zwei Gefolgsleute.

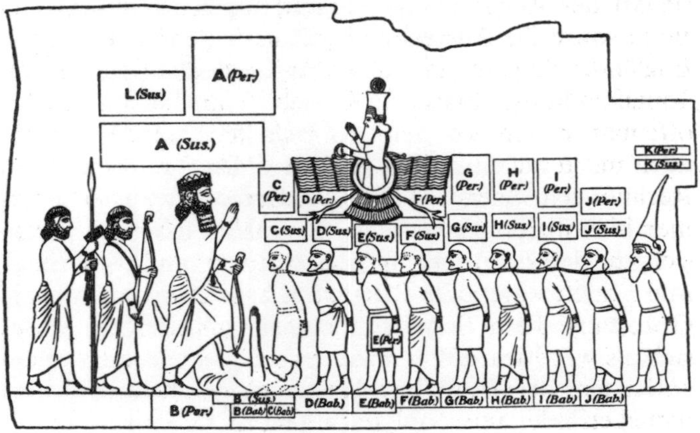

Das gewaltige Felsenrelief von Behistun in schematischer Darstellung. »Bab.« steht für »Babylonisch«, »Per.« für »Persisch«; die Abkürzung »Sus.« steht für »Elamitisch«. Die Hauptstadt des Reiches von Elam hieß »Susa«; nach ihr wurde die Sprache eine Zeitlang benannt.

mehrere hundert Meter fast senkrecht auftürmte) kopierte er, Papier in der einen, Bleistift in der anderen Hand, Zeichen für Zeichen. Die dritte Textversion war noch schwerer zugänglich. Rawlinson mußte halsbrecherische Kletterkunststücke vollbringen und erreichte sein Ziel, obwohl eine Sprosse seiner Leiter brach und in die Tiefe stürzte.

Was die Entzifferung des zweiten und dritten Textes anlangt, so ist Rawlinson hier nicht mehr der Pionier, sondern einer unter vielen, denn inzwischen waren Keilschrifttexte in größerer Anzahl bekannt geworden, und allenthalben arbeiteten Gelehrte an ihrer Entschlüsselung. Die wichtigsten Stationen dieses Prozesses möchte ich im folgenden aufzählen.

Neu-Elamisch

Der zweite Text zeigt 111 verschiedene Zeichen. Das deutete auf eine Silbenschrift - im Unterschied zur altpersischen Keilschrift, die mit knapp 40 Buchstabenzeichen auskam. Die Entzifferung war behindert durch das Fehlen eines Worttrennungszeichens, andererseits erleichtert durch den nun schon weitgehend aufgehellten altpersischen Text, da beide inhaltlich völlig übereinstimmen. Diese zweite Inschrift ist in *neu-elamischer* Sprache abgefaßt.

Babylonisch/ Assyrisch

Interessanter war der dritte Text, hinter dem man das Babylonische als Sprache vermuten konnte; freilich war die Lösung auch schwieriger, denn diese Schrift hat Hunderte von Zeichen (mußte also eher den Charakter einer Bilderschrift - oder eines Mischsystems - haben). Allerdings war man nun nicht mehr auf wenige Inschriften in Felswänden angewiesen. Ausgrabungen in Khorsabad (Palast des Assyrerkönigs Sargon) durch den Franzosen Botta sowie die Ausgrabung der Stadt Ninive durch den Engländer Layard im Jahre 1845 hatten Tausende von Tontafeln in babylonischer Keilschrift ans Licht gebracht; offenbar hatten sie dem entwickelten Handelsverkehr auch mit fernen Ländern gedient - Geschäftsbriefe und Rechnungen. Zuerst wurden wiederum die Herrschernamen identifiziert. Es stellte sich allmählich heraus, daß es sich um eine semitische Sprache handeln mußte. Verblüfft und irritiert waren alle Beteiligten, als sich allmählich die Grundzüge dieses Schriftsystems entschleierten. Es erwies sich als so verwickelt, ja widersprüchlich, daß oft Zweifel aufkamen, ob vernünftige Menschen eine solche Schrift hatten erfinden und erfolgreich benutzen können.

Die Schwierigkeiten lagen darin, daß es nicht nur - wie bei ägyptischen Hieroglyphen - Wortzeichen *(Ideogramme)* neben phonetischen Zeichen gab; vielmehr konnte dasselbe Zeichen einmal als Wortzeichen, einmal als phonetisches Zeichen (stets für eine Silbe, niemals für einen einzelnen Laut) und ein andermal als Determinativ dienen. Damit nicht genug! Es stellte sich heraus, daß ein und dasselbe Silbenzeichen mehrdeutig war. Ein einfaches Zeichen wie

konnte sowohl als [ud] gelesen werden wie als [tam], [par] und [hiʃ]. Man nennt dieses Phänomen, das sowohl Rawlinson wie sein Landsmann Hincks erkannten, mit einem schönen, der Musik entlehnten Ausdruck »Polyphonie der Keilschriftzeichen«.

Nicht genug kann man den Scharfsinn der Männer bewundern, die ein solches widersprüchliches System schließlich durchleuchteten. Zunächst allerdings erweckten diese Deutungen allenthalben Skepsis. Da verfiel die *Royal Asiatic Society* auf eine Art Test, den wir nach heutigem Geschmack vielleicht als nicht ganz fair bezeichnen würden. 1857 befanden sich zufällig sowohl Rawlinson wie Hincks wie zwei weitere Fachleute (Fox Talbot und Oppert) gleichzeitig in London. Die gelehrte Gesellschaft schickte an alle vier eine Textprobe in Keilschrift. Jeder hatte diese, ohne von den Konkurrenten etwas zu wissen, ins Englische zu übertragen und sein Ergebnis in verschlossenem Umschlag einzureichen. Als die vier Lösungen in öffentlicher Sitzung geöffnet und verglichen wurden, ergab sich Übereinstimmung in allen wesentlichen Punkten. So war eine neue Wissenschaft etabliert, die Assyriologie, heute ein vollwertiger Zweig der Philologie.

Sumerisch

Die drei Typen der Keilschrift - als Buchstabenschrift beim Altpersischen, als Silbenschrift beim Neu-Elamischen, als gemischte, stark ideographische Schrift beim Babylonisch-Assyrischen - waren damit erkannt, übrigens in der umgekehrten Reihenfolge ihrer historischen Entstehung und Benutzung.

So erscheint es folgerichtig, daß die älteste Sprache, die hier eine Rolle spielt, das Sumerische, erst am Schluß erkannt wurde, und dann ganz langsam und tastend. Den Erfolg ermöglichte die Auffindung von zweisprachigen

Tafeln. Da die Babylonier das Sumerische, das als lebende Sprache längst (bald nach Hammurabi) ausgestorben war, im Kultus weiter verwendeten, verfaßten sie für diejenigen, die dazu das Sumerische zu erlernen hatten, Hilfsmittel, insbesondere auch Wortlisten - sumerisch mit babylonischer Übersetzung - sowie ganze religiöse Texte wie Hymnen, Beschwörungen, denen eine genaue Übersetzung (Interlinearversion) beigegeben war. Mit ihrer Hilfe wurde das Sumerische als eigene, dem Akkadischen nicht verwandte Sprache erkannt.

Hethitisch

Das schon genannte Boğazköy, in Kleinasien etwa 150 km östlich von Ankara gelegen, enthielt bei seiner Ausgrabung das Staatsarchiv der hethitischen Könige, Tausende von Tontafeln, teils in babylonischer Sprache, überwiegend aber in einer anderen, offenbar der Sprache der Hethiter, die es nun zu entschlüsseln galt. An der Lösung dieser Aufgabe war führend der Tscheche Friedrich (Bedřich) Hrozný, Professor in Wien, beteiligt.

Obwohl Bilinguen von irgendwelchem Aufschlußwert nicht zur Verfügung standen, gelang das Vorhaben innerhalb weniger Jahre. Es ergab sich der erstaunliche Befund, daß alle hethitischen Texte Bestandteile aus drei Sprachen enthielten: einmal Bildzeichen, die für ein ganzes Wort stehen und aus dem Sumerischen übernommen waren, zweitens akkadische (babylonisch-assyrische) Wörter oder auch Flexionsendungen, die auch an sumerische Ideogramme angehängt sein können, drittens hethitische Wörter, zu deren Wiedergabe die Keilschriftzeichen ausschließlich als phonetische Symbole verwendet wurden. Als man das durchschaut hatte, wurde die Deutung leichter, freilich mit der Einschränkung, daß man bei Bildzeichen zwar erkannte, was sie bezeichneten, nicht aber, wie das betreffende Wort im Hethitischen ausgesprochen wurde. Im ganzen stellte sich das Hethitische als eine indogermanische Sprache heraus. Darauf bauend, konnte man manche Wörter nach ihrem Gleichklang mit denen verwandter Sprachen deuten. Z.B. stieß Hrozný auf einen Satz, der phonetisch geschrieben lautet [nu ninda an e iz za at te ni wa a tar ma eku ut te ni]. Da [ninda], durch ein Bildzeichen dargestellt, eindeutig »Brot« bedeutet, schloß er, daß [-an] eine Akkusativ-Endung sei, das folgende Wort, an dt. »essen«, lat. *edere* usw. anklingend, müsse »essen« bedeuten, und zwar in der 2. Person Pluralis; [wa a tar ma] konnte dann »Wasser« bedeuten, und der ganze Satz: »Nun eßt ihr Brot, aber Wasser trinkt ihr«. Eine solche, mit Etymologie und Analogie arbeitende Deutung kann leicht in die Irre führen; in diesem Fall hat sie sich als zutreffend erwiesen.

Noch mehr Keilschriftsprachen

Auf eine ähnliche Weise wurden weitere Sprachen erkannt und durchforscht, deren Träger sich der Keilschrift bedient hatten, so das Churritische (erst in Ansätzen), das Urartäische (einst im heutigen Armenien gesprochen, ebenfalls in Ansätzen), das Ugaritische, das zwar keilschriftähnliche Zeichen verwendet, jedoch als eigenes, vom Altpersischen verschiedenes, rein konsonantisches »Alphabet«. Ich verzichte auf nähere Behandlung, weil ich in diesem Kapitel noch einige andere Entzifferungs- und Deutungsleistungen zur Sprache bringen möchte.

Weitere Erfolge der Forschung

Andere Entzifferungsleistungen kann ich nur kurz behandeln, als Aufzählung mit kurzen Kommentaren, die keinen Anspruch auf Vollständigkeit erhebt. Für praktisch alle gilt: Sie sind das Ergebnis gemeinschaftlicher Arbeit vieler Gelehrter, die nicht selten ohne Wissen voneinander vorgingen. Ferner: Eine Schrift entschlüsseln, das Geheimnis aufbrechen mit mutigem Zugriff, mit Phantasie und Scharfsinn, ist eine Sache. Das systematische Aufarbeiten zu einem vollständigen Verständnis des Schriftsystems und der in der Schrift steckenden Sprache: das ist eine andere Sache. Sie erfordert andere Eigenschaften wie Geduld, Systematik, auch viel gelehrtes Wissen der geschichtlichen, kulturellen, linguistischen Zusammenhänge. Die beiden Begabungen sind selten in einer Person vereinigt, sie schließen sich eher aus.

Hieroglyphen-Hethitisch

Ich beginne mit einer Aufgabe, die mit dem oben behandelten in Keilschrift geschriebenen *Hethitisch* eng zusammenhängt. Zwar hatte die Entzifferung der Keilschrift die historischen Kenntnisse über das Volk der Hethiter unerhört erweitert, ja erst den Grund für diese Kenntnisse gelegt; aber die Hethiter haben, in verhältnismäßig später Zeit, grob gesprochen um 1000 v. Chr., Dokumente in einer völlig anderen Schrift, offensichtlich hieroglyphischen Charakters, hinterlassen: Inschriften und Siegel, vorwiegend im Umkreis der Stadt Karkemisch, die an dem großen Bogen des Euphrat lag, den dieser in seinem Oberlauf nordöstlich von Syrien beschreibt. Die Bemühungen um diese Schrift haben sich von etwa 1870 bis 1950 hingezogen, 80 Jahre also, bevor ein gewisser Abschluß erreicht war.

Wie verläuft diese Schrift? Anhaltspunkte ergeben sich daraus, daß das Ende einer Zeile manchmal nicht voll gefüllt ist, der Anfang dagegen immer; ferner daraus, daß viele Texte mit einer menschlichen Figur beginnen, die auf sich selber deutet; dies mußte wohl bedeuten »ich« oder »ich bin«. Sowohl bei dieser Figur wie bei anderen als Menschen- oder Tierfiguren erkennbaren Zeichen schien - wie bei den ägyptischen Hieroglyphen - die Blickrichtung bzw. die der ausgestreckten Hände immer zum Zeilenbeginn hinzudeuten. Hieraus konnte man ableiten, daß die Schrift bustrophedon, furchenwendig verlief: immer abwechselnd rechts und links beginnend.

Die Schrift verfügte über einen - allerdings nicht durchgehend verwendeten - Worttrenner. Häufig folgte ihm ein als (ursprünglich) bildhaft erkennbares Zeichen, ihm folgte ein einfacheres, abstrakteres Zeichen; in diesem vermutete man ein phonetisches Element, d.h. die Darstellung einer Silbe oder eines Lautes. Es gelang, einzelne Herrschernamen und die Namen großer Städte, insbesondere den Namen *Karkemisch* aufzufinden. War das zutreffend, dann gab es Silbenzeichen und Determinative:

Kar *ka* *me* Deutungszeichen für »Stadt«

Erst etwa 1930 setzten schnellere Fortschritte ein, begünstigt dadurch, daß nunmehr aus neuen Grabungen Siegel zur Verfügung standen, die in Keilschrift und in Hieroglyphen beschriftet waren, also als kleine Bilinguen dienen konnten. Von 1931 bis 1942 erschien das dreibändige Werk *Hittite Hieroglyphs* des Amerikaners I.J. Gelb, fußend außer auf eigenen auch auf Arbeiten von deutschen (Bossert), italienischen (Meriggi) und weiteren Kollegen wie Hrozný, der sich dieser Version des Hethitischen zuwandte. Gelb klärte die Bedeutung von etwa 60 Zeichen, alle für Silben stehend, die aus Konsonant + Vokal bestehen.

1947 wurde eine Bilinguis gefunden, die hethitische Hieroglyphen parallel zu phönizischen Buchstabenzeichen enthält. Damit konnte die bisher erreichte Klärung zugleich bestätigt und erweitert werden. Die zugrundeliegende Sprache erwies sich als verwandt mit dem Hethitischen der Keilschrift, aber nicht damit identisch.

Linear B

Hier kommen wir zur jüngsten Großtat auf dem Gebiet der Entschlüsselung unbekannter Schriften. Auf Kreta kann man drei Schriftsysteme unterscheiden, die alle dem 2. Jahrtausend v. Chr. angehören: eine Bilderschrift bald nach 2000; eine abstraktere Schrift, genannt *Linear A*, um 1500 v. Chr.; schließlich eine jüngere Form, *Linear B* genannt, die von 1400 bis 1200 verwendet wurde. Die letztere kommt nicht nur auf Kreta vor (in Knossos), sondern auch in Mykene und anderswo auf dem Festland.

Die Erschließung der Linearschrift B ist ein Werk der letzten Jahrzehnte, etwa ab 1950, als der Amerikaner Bennett die Zahlzeichen und die Zeichen für Maße, Hohlmaße und Gewichte identifiziert hatte; sie ergeben ein eindrucksvolles System. Einige der Zeichen der Schrift sind Bildzeichen mit erkennbarem Inhalt wie »Mann«, »Frau«, »Pferd«, »Wagen«.

Dem damals jungen britischen Architekten Michael Ventris gelang schließlich ein Durchbruch. Ventris konnte sich auf Vorarbeiten stützen, und als er seine anfängliche Meinung, es müsse bei der Entschlüsselung eine dem Etruskischen ähnliche Sprache zum Vorschein kommen, aufgegeben hatte zugunsten der Überzeugung, es müsse sich um eine sehr frühe Form des Griechischen handeln, tat er sich mit seinem Landsmann John Chadwick zusammen, einem hervorragenden Kenner der altgriechischen Dialekte. Beide zusammen gaben 1956 - nach Vorausveröffentlichungen in Zeitschriften - ihr gemeinsames Werk *Documents in Mycenean Greek* heraus. Sie konnten zeigen, daß die Inschriften (neben Ortsnamen Kretas) aus griechischen Götternamen und griechischen Wörtern bestehen - freilich in einer zunächst fremdartig anmutenden Gestalt. Das lag zum Teil daran, daß die Schrift - außer Ideogrammen - nur Silbenzeichen kennt, die jeweils Konsonant + Vokal bedeuten; wollte man *Knossos* schreiben, mußte man die drei Silbenzeichen *ko + no + so* hintereinander setzen. Auf diese Weise ist ein *o* zuviel im Schriftbild, während der Schlußkonsonant *(s)* fehlt; ähnlich in *chrysos* »Gold« als *ku + ru + so*.

Abgesehen von dieser Unstimmigkeit, die vermutlich daher rührt, daß diese Schrift für das Griechische nicht perfekt geeignet (und vermutlich auch nicht geschaffen) war, muß man berücksichtigen, daß man hier das Griechische in einer Form vor sich hat, die 500 Jahre vor Homers Epen zu datieren ist. Nachdem die Auffindung eines Täfelchens, das bestimmte Gefäße sowohl in Zeichnungen abbildet wie in Worten beschreibt, die Befunde von Chadwick und Ventris bestätigt hat, gilt diese Deutung von Linear B als sehr archaisches Griechisch bei der Mehrzahl der Gelehrten (nicht bei allen) als endgültig gesichert.

Weitere gelöste Rätsel

Andere Entzifferungsleistungen (nicht alle) kann ich nur noch kurz streifen.

In Kleinasien, an der Südwestküste, gab es im Altertum eine *Lykien* genannte Landschaft. Dort wurde um 500 v. Chr. eine Schrift benutzt, die in einigen hundert Inschriften, vielfach Grabinschriften, erhalten ist. Von diesen sind manche sowohl *lykisch* wie griechisch abgefaßt. Das hat den ersten Schlüssel zur Deutung geliefert. Heute gilt als gesichert, daß Lykisch eine dem Hethitischen nahestehende indogermanische Sprache gewesen ist.

Etwas weiter nördlich lag die Landschaft *Lydien*, auch sie mit einer eigenen Schrift. Auch diese ist erhalten in einer beschränkten Zahl von Grabschriften, und auch hier wurden Bilinguen gefunden, sowohl mit Text in *Lydisch* + Griechisch wie auch Lydisch + Aramäisch. Die Entschlüsselung ist noch nicht voll gelungen, der Charakter des Lydischen - indogermanisch oder dem Etruskischen verwandt - noch unsicher.

Das letzte Beispiel führt uns in einen anderen Teil der Welt: nach Nordafrika in das Gebiet, das heute Algerien und Tunesien einnehmen. Hier gab es in den letzten vorchristlichen Jahrhunderten neben dem dominierenden Karthago das Volk der Numider, das erst einen eigenen Staat bildete, dann unter römische Herrschaft geriet. In etwa tausend Belegen ist eine numidische Schrift erhalten, die eine reine Buchstabenschrift darstellt und nur Konsonanten aufzeichnet. Es gibt einige, allerdings kurze und wenig besagende Grabschriften mit parallelem numidischem und lateinischem Text. Aus einer Tempelinschrift, die alle am Bau beteiligten Handwerker namentlich aufführt, konnte der größte Teil der Schriftzeichen gedeutet werden. Die numidische Sprache ist eng verwandt mit den Berbersprachen, die in Nordafrika neben dem beherrschenden Arabischen bis zum heutigen Tage lebendig geblieben sind.

Ungelöste Rätsel

Eine ganze Reihe von Schriften widersteht bisher dem Scharfsinn der Gelehrten und ist entweder überhaupt nicht oder nicht vollständig und schlüssig entziffert.

Der Diskus von Phaistos (die Scheibe befindet sich im Museum von Heraklion/ Kreta.)

Nochmals Kreta

Ich habe die Deutung der kretischen Linear B soeben als eine der herausragenden Leistungen der letzten Jahrzehnte erwähnt. Diesem Erfolg steht gegenüber, daß die beiden anderen auf Kreta beheimateten Schriften bisher nicht gelesen werden können. Das ist einmal die Linearschrift A, von der manche Forscher annehmen, daß ihr kein Griechisch zugrundeliegt, sondern eher eine unbekannte, vielleicht kleinasiatische Sprache. Jedenfalls ist es nicht gelungen, die Linear A mittels der bei B gewonnenen Aufschlüsse zu lesen. Auch die Deutung der auf Kreta gefundenen Bilderschrift ist noch nicht gesichert. Ihr berühmtestes Dokument ist der 1908 aufgefundene *Diskus von Phaistos,* eine Scheibe aus Terrakotta, Durchmesser etwa 20 cm, die auf beiden Seiten eine Inschrift trägt. Die Schriftzeichen sind in Spiralform aneinandergereiht, insgesamt (auf beiden Seiten zusammen) 241 Zeichen, durch Trennstriche in Abteilungen eingeteilt (Sätze?); als Bildzeichen sind zu erkennen: Tiere, Menschen, Werkzeuge, Gebäude. Solange nicht weitere Dokumente zur Verfügung stehen, weiß man nicht, ob die auf dem Diskus vorkommenden rund vier Dutzend verschiedener Zeichen das Gesamtsystem dieser Schrift darstellen. 1977 hat ein polnischer Gelehrter, B. Szalek, mitgeteilt, er habe den Text entziffert. 1986 gab E. Dogas, ein griechischer Forscher, seine Interpretation bekannt. Nach Szalek ist die Rede von einem Stieropfer; nach Dogas handelt es sich um einen Fruchtbarkeitshymnus in urtümlichem Griechisch. Aufsehen erregte 1990 die

Mitteilung des norwegischen Semitisten Kjell Aartun, er habe die Zeichen entziffert; sie seien semitischer Herkunft.

Sinai

Auf der Halbinsel Sinai wurden 1904 in den Minen uralter, verlassener Bergwerke Inschriften gefunden, welche die Archäologen um 1500 v. Chr. datieren. Die Zeichen erinnern etwas an ägyptische Hieroglyphen, doch gibt es anscheinend nur 32 verschiedene Zeichen, was eine Bilderschrift ausschließt und auf eine Buchstabenschrift deutet. Manche Gelehrte sehen in dieser Schrift ein Bindeglied zwischen den ägyptischen Hieroglyphen und der späteren semitischen (phönizischen) Buchstabenschrift.

Karien

Karien ist der Name einer antiken Landschaft im Südwesten Kleinasiens, etwa gegenüber der Insel Kreta. In dieser Gegend sind Denkmäler einer unbekannten Schrift gefunden worden; andere stammen aus Ägypten, und man nimmt an, daß sie von karischen Söldnern stammen. Unter den zahlreichen Schriften, die der Spaten gerade in Kleinasien zutage gefördert hat, bleibt diese bisher unentschlüsselt, obwohl sogar einige (stark beschädigte) Bilinguen *Karisch* + Griechisch existieren.

Etrurien

Auf die Etrusker, die in Italien lebten und lange Zeit Konkurrenten des aufsteigenden Rom waren, komme ich im Kapitel über die lateinische Sprache zurück. Hier sei gesagt, daß das Alphabet, dessen sie sich bedienten, vom griechischen stammt und so keine besonderen Schwierigkeiten bietet; doch die Sprache, die hier niedergeschrieben

Etruskische Alphabete: Die ersten acht Zeichen.

Frühgriechisches »Musteralphabet«	Archaische Zeit	Spätere Zeit	Lautwert
𐌀	𐌀	𐌀	[a]
𐌁	–	–	[b]
7	𐌂	𐌂	[k]
𐌃	–	–	[d]
𐌄	𐌄	𐌄	[e]
𐌅	𐌅	𐌅	[v]
𐌆	𐌆	𐌆	[z]
𐌇	𐌇	𐌇	[h]

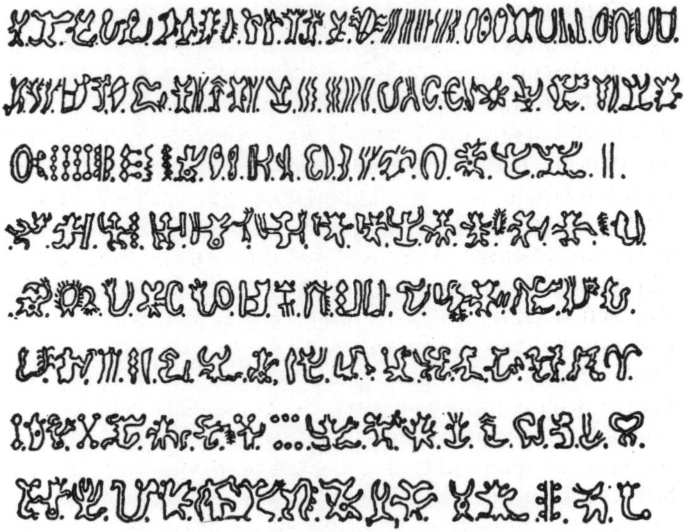

Die geheimnisvolle, von den Eingeborenen »rongo-rongo« genannte Schrift der Osterinseln.

wurde, läßt sich aus dem erhaltenen Material nicht herauslesen, vorwiegend, weil als Zeugnisse hauptsächlich Grabinschriften erhalten sind, die meistens nur Namen, Altersangaben und Verwandtschaftsbezeichnungen enthalten und damit sprachlich wenig ergiebig sind.

Osterinsel

Von Geheimnis umwittert sind nicht nur die riesigen Steinskulpturen auf dieser Insel im südlichen Pazifik, sondern auch die dort gefundenen Holztafeln (bis über 1,5 m lang), die mit bilderschriftartigen Schriftzeichen bedeckt sind. Die Eingeborenen nannten diese Tafeln *rongo-rongo,* und nach diesem Wort hat man die Schrift benannt. Als die Europäer die Insel fanden (1722) und im 19. Jahrhundert dort eine Missionsstation errichteten, war keiner der (wenig zahlreichen) Einwohner in der Lage, die Schrift zu lesen. Es gilt nicht als sicher, daß hier vollständige Texte aufgezeichnet wurden. Vielleicht handelt es sich um abgekürzte Merkzeichen, die Sängern (Barden) als Gedächtnisstützen gedient haben.

Die Maya

Die hochentwickelte Zivilisation der *Maya* wurde bei der spanischen Eroberung Mexikos fast vollständig vernichtet. Da es Zweck – oder Vorwand – der Eroberer war, die Einwohner der überseeischen Länder zum Christentum zu bekehren, achtete man die vorgefundenen »heidnischen« Kulturschätze und Dokumente gering, ja zerstörte sie oft planmäßig. So ließ ein fanatischer spanisch-katholischer Bischof von Yucatán alle auf Agavenpapier geschriebenen Dokumente, deren er habhaft werden konnte, verbrennen. Dies geschah so vollständig, daß es bis heute nicht gelungen ist, die Schrift der Maya zu deuten. Ansätze zum Verständnis ergaben sich daraus, daß eine Schrift des genannten Bischofs, er hieß Diego de Landa, im 19. Jahrhundert in einer Madrider Bibliothek gefunden wurde. In dieser macht er einige Angaben über die Zeichen, welche die Mayas für Kalender-Angaben benutzten. Da sich solche Zeichen auch als Inschriften auf erhaltenen Ruinen fanden, konnte man Einblick in den – hochentwickelten – Kalender dieses Volkes gewinnen, während die Deutung der Schrift insgesamt nicht vollständig gelungen ist – und dies, obwohl Abkömmlinge der Maya bis heute auf der Halbinsel Yucatán leben und eine höchstwahrscheinlich aus der Sprache ihrer Vorfahren abstammende Sprache sprechen.

Die Entschlüsselung der Maya-Glyphen ist vor allem dadurch erschwert, daß sie größtenteils nur in Form von In-

Eine Stele (Grabsäule) mit Maya-Bilderschrift.

schriften auf Stelen (Grabsäulen), Ruinen von Gebäuden und Gefäßen aus Keramik bewahrt sind; von den Codices (von Hand geschrieben auf einer Art Papier) sind nur drei erhalten – einer davon heute in Dresden. Wie soll man aus einem derart beschränkten Korpus (vgl. die Grabinschriften der Etrusker) eine Sprache rekonstruieren?

So konnte man bis ins 20. Jahrhundert fast nur Zahlen, Daten, Götternamen entziffern. Etwa ab 1960 ist es aber gelungen, im wesentlichen in den USA, viele andere Zeichen zu deuten. Es handelt sich offenbar um ein komplettes (wenn auch höchst eigenartiges) Schriftsystem, etwa 800 Zeichen umfassend, teils Bildzeichen (Menschen, Tiere, Gegenstände), teils phonetisch, also Laute bezeichnend. So können die Gelehrten heute manche Texte verstehen – was unser Wissen über die Kultur der Maya erweitert –, wenn auch längst nicht alle. Höchstwahrscheinlich ist die Maya-Schrift das einzige voll entwickelte Schriftsystem des vorkolumbianischen Amerika.

Das Zahlensystem der Maya beruht auf der 20 als Grundzahl. Von einem solchen »vigesimalen« System finden sich Spuren auch im Französischen (vgl. »quatre-vingt« = 80).

ZWEITES KAPITEL

Der indogermanische Sprachstamm

Kontakt, aber kaum Vergleich

Daß ein Volk, ein Stamm die Sprache einer anderssprachigen Menschengruppe kennenlernt, mit dieser verkehrt, indem Einzelne aus beiden Sprachgemeinschaften die fremde Sprache erlernen, als Dolmetscher dienen; daß ein Volk mit bestimmten Werkzeugen, Waffen, Gebräuchen die entsprechenden Wörter mit übernimmt; daß ein Volk besiegt, sein Land besetzt wird und daß es die Sprache der Eroberer annimmt; daß Sprachen sich mischen: all dies geschieht seit unvordenklicher Zeit. Daß viele Menschen sich Gedanken gemacht haben über eine vielleicht beobachtete Ähnlichkeit - oder auch totale Andersartigkeit - zwischen verschiedenen Sprachen, ist zu vermuten, doch wissen wir darüber wenig Gewisses, unter anderem deswegen, weil die Griechen - die schon Sprachgelehrte hervorgebracht haben, besonders in ihrer Spätzeit - einzig ihre Sprache als näherer Betrachtung würdig ansahen und auf anderssprechende Völker verächtlich als »Barbaren« herabsahen, nach den unverständlichen Sprachlauten, die die Fremdlinge hervorbrachten; noch heute kennzeichnen wir das unverständliche Gemurmel einer größeren Menschenmenge gern mit »Rhabarber, Rhabarber«. Auch die Inder, die frühzeitig eine hochentwickelte Grammatik des Sanskrit hervorgebracht haben, verglichen ihre Sprache kaum mit anderen.

Griechen

Römer

Eroberungszüge wie die der Römer brachten zahllose Völkerschaften in Kontakt miteinander. So berichtet Plinius († 79 n. Chr.) über eine römische Expedition in den Kaukasus (der noch heute eines der sprachlich buntesten und linguistisch interessantesten Gebiete der Erde darstellt): »Wir erledigten unsere dortigen Angelegenheiten mit Hilfe von einhundertunddreißig Dolmetschern.«

Alexander

Auch die Eroberungen Alexanders des Großen brachten viele neue Berührungen dieser Art zustande. Schließlich lernten die Römer die griechische Sprache intensiv kennen, ja übernahmen sie für lange Zeit als Sprache einer überlegenen Bildung und literarischen Kultur. Griechen und Römer nahmen wohl wahr, daß ihre Sprachen in mancher Hinsicht Ähnlichkeiten aufwiesen. Als man im späten Mittelalter mit dem Wiedererwachen des *Humanismus* nicht nur verstärkt wieder Griechisch und Latein studierte, sondern auch Hebräisch, mußte auffallen, daß diese Sprache vom Griechischen wie vom Lateinischen grundverschieden ist - ebenso wie in anderer Richtung das Ungarische, das seit dem Seßhaftwerden der Magyaren in der Pannonischen Ebene im Abendland bekannt geworden war. Gleichwohl kam es nur selten zu ernsthaften Versuchen, verschiedene Sprachen planmäßig zu vergleichen.

Eine neue unerhörte Erweiterung des Kreises der den Europäern begegnenden fremden Sprachen brachten schließlich das Zeitalter der Entdeckungen und die daran anschließende Kolonisierung großer Teile der Erde durch Europäer, in beiden Amerika, in Afrika und Asien. Man traf in der Neuen Welt auf zahlreiche indianische Sprachen. Der zündende Funke für das Aufleben des Themas »Sprachvergleich, Sprachverwandtschaft« kam jedoch aus Indien.

Sanskrit

Als die Engländer ihre Herrschaft im Laufe eines Jahrhunderts über den ganzen indischen Subkontinent ausdehnten (1757 Sieg des Lord Clive über die Franzosen, 1857 Übernahme des Herrschaftsgebiets der East India Company durch die britische Krone), lernten sie neben den zahllosen Sprachen und Dialekten, die in diesem Riesenland gleichzeitig erklangen, die *Sanskrit* genannte Sprache kennen. Sanskrit wurde damals von der Bevölkerung schon lange nicht mehr gesprochen, war insofern eine tote Sprache, doch stand es in höchstem Ansehen als Sprache der Religion, der Wissenschaft, der Dichtung - ganz ähnlich wie das Lateinische im europäischen Mittelalter. Und die Ähnlichkeit reicht noch weiter: Sanskrit war - wiederum wie das Lateinische bei uns - die Rechtssprache; ehrwürdige Gesetzbücher Indiens waren in dieser Sprache abgefaßt.

William Jones

Da die Engländer in Indien nach den einheimischen Gesetzen Recht sprachen, waren britische Beamte gezwungen, sich mit diesen Gesetzbüchern und damit auch mit der Sprache vertraut zu machen, in der sie abgefaßt waren. Im Jahre 1786 hielt William Jones, der als Oberrichter in

Fort William bei Kalkutta tätig war, vor einer britischen Gesellschaft von Gelehrten einen Vortrag, der anschließend in der Zeitschrift *Asiatic Researches* gedruckt wurde. Jones faßt seine Erkenntnisse aus der Beschäftigung mit dem Sanskrit in dem folgenden Passus zusammen, den ich wegen seiner epochemachenden Bedeutung für die Geschichte – man könnte fast sagen: für die Entstehung – der Sprachwissenschaft zuerst im englischen Wortlaut zitieren möchte:

Die Kernstelle aus Jones' Vortrag

The Sanscrit language whatever may be its antiquity, is of a wonderful structure; more perfect than the Greek, more copious than the Latin, and more exquisitely refined than either; yet bearing to both of them a stronger affinity, both in the roots of verbs and in the forms of grammar, than could have been produced by accident; so strong that no philologer could examine all the three without believing them to have sprung from a common source which, perhaps, no longer exists. There is a similar reason, though not quite so forcible, for supposing that both the Gothic and Celtic, though blended with a different idiom, had the same origin with the Sanscrit. The old Persian may be added to the same family.

Diese Worte mußten, wenn sie der gelehrten Welt zur Kenntnis und zum Bewußtsein kamen, als Sensation wirken. Damit hatte es freilich noch gute Weile.

Der Gerechtigkeit halber sei angemerkt, daß die Ähnlichkeit des Sanskrit mit Sprachen Europas, besonders mit dem Griechischen und Lateinischen, auch schon anderen Leuten aufgefallen war, seitdem einzelne Europäer begonnen hatten, diese Sprache zu erlernen; aber niemand hat die Beziehung so klar gesehen und so entschieden und überzeugend ausgesprochen wie Jones (der sowohl Jurist wie gelehrter Orientalist war). Er gilt damit zu Recht als Ahnherr der ganzen *historischen* oder *indogermanischen Sprachwissenschaft*.

Bevor ich diesen Begriff erläutere, übersetze ich erst den Text von Jones ins Deutsche: »Die Sanskrit genannte Sprache, wie altertümlich sie auch sei, ist von wunderbarem Bau; vollkommener als das Griechische, reicher als das Lateinische, und in ihrer Feinheit noch herrlicher als jede dieser beiden; doch beiden zu nahe stehend, sowohl in den Wurzeln der Wörter wie in den grammatischen Formen, als daß dies durch Zufall bewirkt sein könnte; so eng verwandt, daß kein Philologe alle drei untersuchen könnte, ohne zu dem Schluß zu gelangen, daß sie alle einer gemeinsamen Quelle entstammen, die möglicherweise nicht mehr existiert. Es bestehen ähnliche Gründe, wenn auch nicht ganz so zwingende, für die Annahme, daß sowohl das Gotische als auch das Keltische, wenn auch mit einer andersartigen Sprache vermischt, denselben Ursprung wie das Sanskrit haben. Das Altpersische mag man dieser Familie hinzurechnen.«

Zwei Anmerkungen hierzu:

1. »Gotisch« steht hier für die germanischen Sprachen, deren ältester bekannter Vertreter es ist.

2. Ähnlichkeiten zwischen germanischen Sprachen (besonders dem Deutschen) einerseits, dem Persischen anderseits waren schon mehrfach behauptet worden.

»Indogermanisch«

Mit Jones und mit der Arbeit der Männer, die seine These aufgriffen und systematisch verfolgten, öffnete sich ein Blick in weite Fernen, ein gewaltiger Horizont. Das gilt einmal für die zeitliche Dimension: Wenn die Sprachen der beiden führenden Kulturvölker des klassischen Altertums mit dem Sanskrit eine gemeinsame Wurzel hatten, dann mußte ein oder zwei Jahrtausende vor dem historischen Auftreten der Griechen schon ein enger Zusammenhang zwischen diesen Sprachgemeinschaften bestanden haben! Und in räumlicher Beziehung: Allmählich wurde klar, daß es eine Gruppe verwandter Sprachen geben müsse, die sich über ein riesiges Gebiet erstreckt: vom östlichen (bengalischen) Teil Indiens bis nach Island im äußersten Nordwesten. Wegen dieser Ost-West-Erstreckung hat der Deutsche Julius Klaproth 1823 in einem *Asia polyglotta* (»Vielsprachiges Asien«) genannten Buch den Ausdruck »indogermanisch« geprägt, der andeutet, daß diese »Sprachfamilie« (den Ausdruck *family* verwendet schon Jones) vom Indischen im Osten bis zum Germanischen im Westen reicht.

»Indoeuropäisch«

In anderen Sprachen wird die Bezeichnung »indoeuropäisch« bevorzugt, besonders im Englischen *(Indo-European languages)*. Zeitweise war im Englischen auch die Bezeichnung *Aryans* (deutsch: Arier) für die Völker, die diese Sprachen sprechen, in Gebrauch - keine glückliche Lösung, denn »Arier« haben sich nur die Inder und die Iranier (also nur der östlichste Teil der Gesamtgruppe) genannt; ferner sollten Sprachen nicht unbesehen mit Völkern gleichgesetzt werden und noch weniger mit Rassen, wie das in Hitlers Rassengesetzgebung geschah (»Nichtarier« = Jude).

Von der Vaterunser-Sammlung zur vergleichenden Grammatik

Es vergingen fast zwei Jahrzehnte von dem aufsehenerregenden Vortrag Jones' (gehalten 1786, gedruckt erst 1788) bis zum nächsten gewichtigen Schritt auf dem Wege zur Entschleierung der indogermanischen Sprachfamilie und ihrer Verzweigungen. In diesem Zeitraum steht Altes und Neues, Bahnbrechendes nebeneinander.

Altes: Die Aufklärungszeit (in deren Höhepunkt wir uns gerade befinden, 1780 war die *Grande Encyclopédie* abgeschlossen, 1781 erschien Kants »Kritik der reinen Vernunft«) liebte es, große Sammelwerke, besser: Kataloge über die damals bekannten Sprachen zusammenzustellen. Ein spanischer Jesuit, Lorenzo Hervas, ließ 1800 bis 1805 ein derartiges Werk in sechs Bänden erscheinen, vorwiegend aus völkerkundlichem Interesse. In Deutschland ragt hier Johann Christoph Adelung hervor mit seinem Werk »Mithridates oder Allgemeine Sprachenkunde mit dem Vaterunser als Sprachprobe in beinahe fünfhundert Sprachen und Mundarten«. 1806, in Adelungs Todesjahr, erschien der erste Band, die übrigen wurden nach seinem Tode herausgegeben. Die vier Bände sind nach Kontinenten eingeteilt. Ein respektgebietendes Zeugnis von Gelehrtenfleiß (Adelung war Bibliothekar); freilich als bloßes »Sprachmuseum« für den Fortschritt der Erkenntnis so wenig hilfreich wie ein Herbarium für die Evolutionstheorie - vor allem deswegen, weil man die Aufmerksamkeit auf Wörter richtete, so wie man sie vorfand, nicht aber auf frühere sprachliche Entwicklungsstufen.

Adelung

Friedrich Schlegel

Zukunftweisendes: Hierher gehört die Tatsache, daß man sich in Europa mit dem Sanskrit auseinanderzusetzen begann; in den Jahren 1806 bis 1810 erschienen mehrere Sanskrit-Grammatiken für Europäer. Zum Zukunftweisenden gehört vor allem das Wirken Friedrich von Schlegels, eines der geistigen Oberhäupter der romantischen Bewegung, Bruder des Shakespeare-Übersetzers August Wilhelm von Schlegel, mit seiner programmatischen, 1808 erschienenen Schrift »Über die Sprache und Weisheit der Inder«: nicht die Arbeit eines peniblen Philologen, sondern ein großer Wurf eines vielseitigen, genialischen, unsteten Literaten. Wenn man von Ähnlichkeit oder Verwandtschaft zwischen Sprachen reden wolle – so Schlegel gleich zu Beginn seiner Schrift –, so dürfe man nicht einfach Wörter oder ihre Wurzeln vergleichen, es komme auf die »innerste Struktur und Grammatik« an. Er führt wie nebenher die Ausdrücke »vergleichende Grammatik«, »innere Sprachstruktur« ein und gibt damit die Stichworte für die folgenden Jahrzehnte; ebenso, wenn er sagt, man müsse die Sprache »wissenschaftlich, d.h. durchaus historisch« betrachten: Hier setzt die historische Orientierung der Sprachforschung ein, die bis ins 20. Jahrhundert fortwirkt. Schließlich stellt Schlegel recht strenge Forderungen dafür auf, was beim Vergleich von Sprache zu Sprache als »gleich« bezeichnet werden darf; jede Abweichung bedarf einer Erklärung!

Franz Bopp

Im Jahre 1814, während die Armeen der verbündeten europäischen Staaten auf Paris losrückten, um der Herrschaft des »Usurpators« Napoleon ein Ende zu machen, saß der dreiundzwanzigjährige Deutsche Franz Bopp aus Mainz in der Pariser Nationalbibliothek, vertieft in die dort verwahrten kostbaren Sanskrit-Handschriften, vor allem der Heldengedichte *Mahabharata* und *Ramayana*. Vertieft schon zwei Jahre lang; sein Lehrer Windischmann von der Universität Aschaffenburg (die nur sechs Jahre, von 1808 bis 1814, Bestand hatte), beeindruckt durch die eben genannte Schrift Schlegels, hatte ihn nach Paris geschickt. Dort gab es zwar Handschriften, aber keinen Professor, der Sanskrit unterrichten konnte. Reiche Engländer in Indien nahmen einen gelehrten Inder in ihren Dienst, wenn sie Sanskrit lernen wollten. Ein solcher Engländer war 1803 nach Paris verschlagen worden, er hatte auch Schlegel unterrichtet.

Bopp aber war auf sich angewiesen. Er versenkte sich in die fremden Texte, in einer ihm fremden Schrift (Devanagari), die keine Wortzwischenräume kannte. Gleichzeitig lernte er Persisch. So konnte er bereits 1846 seine erste Schrift erscheinen lassen: »Über das Conjugationssystem der Sanskritsprache in Vergleichung mit jenem der griechischen, lateinischen, persischen und germanischen Sprache«. Bopp weist, kurz gesagt, nach, daß die Konjugation des Verbums in allen aufgeführten Sprachen demselben Muster folgt.

Sanskrit-Verben

Von dem schwierigen Inhalt möchte ich durch ein vereinfachtes Beispiel eine ungefähre Vorstellung vermitteln.

Die Verben des Sanskrit – das hatten schon die altindischen Grammatiker herausgefunden – bestehen aus einem Kernbestandteil, den die Inder *dhatu* nannten, was die Europäer mit »Wurzel« – einem schon aus der Grammatik des Hebräischen geläufigen Begriff – übersetzten. Es gibt Ableitungssilben in zwei Stufen, die zu einer solchen Wurzel treten. Die der ersten Stufe werden verwendet, um aus der Wurzel einen Stamm zu bilden; die zweite dient dazu, aus dem Stamm eine bestimmte Form zu bilden.

Im praktischen Beispiel: Die Sanskritwurzel *bhar* ist Kernbestandteil der Wörter, die mit dem Begriff »tragen« zu tun haben. Aus dieser Wurzel wird durch Anfügen eines *-a* der Stamm des Präsens gebildet: *bhara* (dies ist eine häufig vorkommende Bildungsweise, es gibt aber zehn verschiedene). Durch Anfügen von *-mas* an diesen Präsensstamm entsteht die 1. Person Pluralis: *bharamas* »wir tragen«. Jetzt kommt die Überraschung: Im Altgriechischen (in diesem Fall dem dorischen Dialekt) gibt es die Wurzel *pher* in derselben Bedeutung, durch Anfügen des stammbildenden Vokals *-o* und der Endung *-men* entsteht *pheromen* »wir tragen«. Im Lateinischen entspricht dem die Form *ferimus*, im Gotischen *bairam*.

Formenreichtum des Sanskrit

Die Einfachheit dieses Beispiels darf nicht über die Kompliziertheit des ganzen Unternehmens hinwegtäuschen. Nicht umsonst gilt das Sanskrit als die Sprache mit dem größten Formenreichtum; es hat z. B. beim Substantiv drei Numeri (Singular, Plural, Dual) und acht Fälle: Nominativ, Akkusativ, Instrumentalis (womit?), Dativ, Ablativ (Fall der Herkunft, auch der Art und Weise), Genitiv, Lokativ (wo?), Vokativ (Anredefall). Und was die Verben anlangt, so ist das Konjugationssystem so kompliziert, daß jemand, der es beherrscht, es als reich, differenziert, elastisch, nuancenreich preist, dagegen jemand, der es lernen muß, es zunächst verfluchen wird. Die Zeiten (Präsens, Aorist, Perfekt) drücken in erster Linie nicht Zeitrelationen aus, sondern Verlaufsarten (»Aspekte«) der jeweiligen Handlung, und für die Art und Weise der Handlung (z. B. ob möglich, wirklich, beabsichtigt, befohlen, verboten) gibt es zahlreiche *Modi* (wir haben nur Indikativ und Konjunktiv).

Jedenfalls hat Bopp hier erstmals Sprachvergleichung in streng wissenschaftlichem Sinn betrieben (allerdings hatte der Ungar Sámuel Gyarmathi schon 20 Jahre früher Ähnliches unternommen) und dabei eine Methode entwickelt, die sich auch auf weitere Sprachen anwenden ließ (und läßt) und die es später ermöglicht hat, die Zugehörigkeit weiterer Sprachen zum indogermanischen Sprachstamm nachzuweisen. Daß nun allerdings die obengenannten Formen zwar einem einheitlichen Prinzip folgen, aber lautlich untereinander verschieden sind: das hat Bopp nicht so sehr beachtet; die Arbeit seiner Nachfolger hat sich stark auf dieses Problem des »Lautwandels« konzentriert.

Man muß sich auch vergegenwärtigen, daß jeder, der zum ersten Mal die wirklich schlagenden Ähnlichkeiten im Grundwortschatz verwandter Sprachen wahrnimmt, wie sie die hier folgenden Listen zeigen – daß der zunächst unter dem bestimmenden Eindruck steht: Das kann kein Zufall sein, hier liegt eine »verwandtschaftliche«, d.h. abstammungsmäßige Beziehung vor; und daß er die Frage, warum die Glieder solcher »Wortgleichungen« nicht wirklich ganz gleich seien, als sekundär empfindet, als *cura posterior* (lat. »spätere Sorge«). So jedenfalls war der Gang der Entwicklung.

Das Wort für »Mutter« lautet:

Das Wort für »Mutter«

altindisch	*mata*	lateinisch	*mater*
altpersisch	*matar*	altbulgarisch	*mati*, Gen. *matere*
altirisch	*mathir*		
lettisch	*māte*	altenglisch	*modor*
altgriechisch	[mɛ̱tɛ:r]	englisch	*mother*
altgriechisch (dorischer Dialekt)	[matɛ̱r]	französisch	*mère*
		althochdeutsch	*muoter*
		neuhochdeutsch	Mutter

Anmerkung: Übertragungen in Lautschrift (vgl. Anhang I) stehen stets in eckigen Klammern; die Wiedergabe von Wörtern aus Sprachen, für die das lateinische Abc üblicherweise nicht verwendet wird, erfolgt gegebenenfalls in kursiver Lateinschrift.

Das vorhin erwähnte Verbum *bharani* (Sanskrit für »tragen«) ist im Althochdeutschen in der Form *beran* noch erhalten (heute ist es durch »tragen« verdrängt); das ältere Wort ist noch im englischen *to bear* und in unserem Wort »gebären« erhalten. Hier die Konjugation des Präsens Indikativ in einigen Sprachen des indogermanischen Sprachstamms:

Neuhochdeutsch	Sanskrit	Dorisch-Griechisch	Lateinisch	Altslawisch	Althochdeutsch (Inf.: *beran*)
ich trage:	*bharami*	*phero*	*fero*	*bera*	*biru*
du trägst:	*bharasi*	*phereis*	*fers*	*beresi*	*biris*
er trägt:	*bharati*	*pherei*	*fert*	*beretu*	*birit*
wir tragen:	*bharamas*	*pheromen*	*ferimus*	*beremu*	*berames*
ihr tragt:	*bharata*	*pherete*	*fertis*	*berete*	*beret*
sie tragen:	*bharanti*	*pherousi*	*ferunt*	*beratu*	*berant*

Das Verbum »tragen«

Hier springt die Ähnlichkeit des Konjugationsschemas ins Auge; sodann drängt sich die Frage auf: Warum im Lateinischen ein [f] im Anlaut, im Deutschen ein [b]? Das kann kein Zufall sein, wie schon naheliegende Beispiele zeigen: lat. *frater,* dt. »Bruder«. Liegt hier eine Regelmäßigkeit vor, vielleicht gar ein »Gesetz«?

Rasmus Rask

Es ist in der Geschichte der Wissenschaften nicht selten, daß eine Entdeckung, die im Zuge der Entwicklung gleichsam in der Luft liegt, nahezu gleichzeitig an mehreren Stellen von mehreren Forschern gemacht wird, unabhängig voneinander. Man braucht nur an die Erfindung der Infinitesimalrechnung zu denken (Leibniz und Newton) oder an die Entwicklung nichteuklidischer Geometrien (Gauß, Bolyai, Riemann, Lobatschewski). So ist es auch mehr ein Zufall, daß ein junger Däne, Rasmus Rask, der 1814 einen von der Königlich Dänischen Akademie der Wissenschaften ausgeschriebenen Preis gewann, die Preisschrift erst 1818 drucken lassen konnte und dadurch nun in der Abfolge der Entdeckungen nach Bopp (jedenfalls nach Bopps Erstlingswerk) rangiert.

Die Schrift heißt »Untersuchung über den Ursprung der alten nordischen oder isländischen Sprache«, im Original: *Undersøgelse om det gamle Nordiske eller Islandske Sprogs Oprindelse.* Rask hatte schon als Schüler das Altnordische (einst in Norwegen und Island gesprochen) erlernt. Er verglich es mit zahlreichen Sprachen, darunter nahe verwandten Sprachen wie Gotisch, Deutsch, Altenglisch, mit slawischen Sprachen, auch mit fernstehenden wie Grönländisch (Eskimoisch), Finnisch, Baskisch sowie dem in Wales gesprochenen Kymrischen. Genauer gesagt: Daß diese Sprachen »fernstehend«, mit dem Altnordischen also nicht verwandt sind, war gerade ein Ergebnis seiner Untersuchung.

Dagegen stellte er fest, daß das von ihm erstmals einbezogene Litauische dem Nordischen verwandte Züge aufweist.

Rask wählte für seine Vergleiche - es sind weit über 300 - Wörter des Grundwortschatzes wie die Bezeichnungen für nahe Verwandte, für Körperteile, auch Zahlwörter - denn bei diesen ist es unwahrscheinlich, daß sie von einer Sprache als Lehnwörter in eine andere übergehen.

Rask kam auch gewissen Regelmäßigkeiten des Lautwandels mindestens auf die Spur. Er erkannte z. B., daß das Griechische oft ein [h] im Anlaut hat, wo andere Sprachen ein [s] haben: lat. *septem* sieben, griech. *hepta*.

Zu beachten ist, daß Rask Vorstellungen von Verwandtschaftsbeziehungen zwischen bestimmten Sprachen hatte, aber noch keine Übersicht über die indogermanische Familie im ganzen.

Jacob Grimm und nochmals Bopp

Der nächste Forscher, der einen Platz in dieser Ehrengalerie der Entdecker verdient, ist der Deutsche Jacob Grimm, zusammen mit seinem Bruder Wilhelm Schöpfer der weltberühmten Sammlung von Volksmärchen. Da seine Arbeit jedoch in der Hauptsache den germanischen Sprachen gewidmet war, möchte ich sie an anderer Stelle würdigen und jetzt zunächst beim Gesamtzusammenhang bleiben.

Franz Bopp, der über 40 Jahre lang eine Professur für »orientalische Literatur und allgemeine Sprachkunde« in Berlin innehatte, hat mit seinem Hauptwerk »Vergleichende Grammatik des Sanskrit, Zend, Armenischen, Griechischen, Lateinischen, Litauischen, Altslawischen, Gotischen und Deutschen«, das in drei Bänden von 1833 bis 1852 erschien, den festen Grund für die vergleichende Sprachforschung gelegt und, wie man schon am Titel des Werkes erkennt, weitere Sprachen in die Untersuchung einbezogen. Die keltischen Sprachen, die im Titel nicht erwähnt sind, hatte Bopp 1839 als dem Indogermanischen zugehörig erwiesen.

DRITTES KAPITEL

Zweige des Indogermanischen

Übersicht

Wir verlassen hier den Gang der sprachgeschichtlichen Forschung und stellen uns die Frage: Welche Sprachen gehören - nach heutigem Erkenntnisstand - zum indogermanischen Sprachstamm, und wie gehören sie im einzelnen zusammen? Dabei gebe ich zuerst eine kurze Übersicht und behandle die einzelnen Familienmitglieder später genauer - teils in diesem Kapitel, für einige wichtige Sprachen (Griechisch, Latein und seine Töchter sowie die germanischen Sprachen) aber anschließend daran in eigenen Kapiteln.

Je nachdem, welches Nachschlagewerk oder Lehrbuch man aufschlägt, erhält man auf die Frage nach Umfang und Gliederung der indogermanischen Sprachfamilie unterschiedliche Antworten. Das kann daran liegen, daß bis in die neueste Zeit hinein durch neue Erkenntnisse noch Sprachen hinzugekommen sind; hauptsächlich liegt es aber daran, daß manche Forscher Gruppen, die ich im folgenden getrennt aufführe, zu einer zusammenfassen. Die Zahlen, denen man begegnet, liegen zwischen neun und 15.

Die 13 Mitglieder der Familie

Zunächst die reine Aufzählung: 1. *indische (indoarische)* Sprachen, 2. *iranische* Sprachen, 3. *baltische* Sprachen, 4. *slawische* Sprachen, 5. *keltische* Sprachen, 6. *Griechisch*, 7. *italische* Sprachen, 8. *Albanisch*, 9. *Armenisch*, 10. *Tocharisch*, 11. *anatolische* Sprachen, 12. *germanische* Sprachen, 13. einzelne Sprachen, die keinem dieser Zweige zugeschlagen werden können, aber mit Sicherheit oder Wahrscheinlichkeit zum Indogermanischen gehören. 1. und 2. werden manchmal als *Indo-Iranisch* zusammengefaßt, ähnlich 3. und 4. als *Balto-Slawisch*.

Bitte beachten Sie, daß die von mir aufgezählten Zweige manchmal aus mehreren Sprachen bestehen, manchmal, wie beim Griechischen, aus einer Sprache; das Griechische ist von der fernen Vergangenheit, in der es ins Licht der Geschichte tritt, bis heute immer in Dialekte aufgespalten, aber stets eine Sprache gewesen.

Zur Terminologie: Die indogermanischen Sprachen zusammen stellen eine Sprach*familie* dar (man sagt auch Sprach*stamm*, was gleichbedeutend ist). Die Untergliederungen kann man *Zweige* nennen. Man spricht auch von Sprach*gruppen*, doch ist dieser Ausdruck nicht eindeutig. Er wird auch verwendet, um die Sprachen, die in einem größeren Gebiet gesprochen werden, zusammenzufassen, und zwar rein äußerlich. So kann man z. B. von der »Gruppe der indianischen Sprachen Südamerikas« oder der »Gruppe der ostasiatischen Sprachen« sprechen und damit nur regionale Zusammengehörigkeit, nicht sprachliche Verwandtschaft meinen.

Indische Sprachen
Altindisch: Sanskrit und Vedisch

Das *Sanskrit* haben wir im vorigen Kapitel kennengelernt. In den heiliggehaltenen Schriften des alten Indien, die zusammenfassend *Veden* genannt werden (*veda* heißt »Wissen« und ist auch die Wurzel dieses deutschen Wortes) fand man in deren ältesten Teilen eine noch ältere Sprachform, die man das *Vedische* nannte. Sie und das Sanskrit werden unter dem Namen *Altindisch* zusammengefaßt. Beide Sprachen sind nahe verwandt; überhaupt scheinen Ähnlichkeit und Verwandtschaftsgrad in allen Zweigen des Stammes immer enger zu werden, je weiter man in die Vergangenheit eindringt – was für einen gemeinsamen Ursprung spricht.

Paninis Grammatik

Sanskrit war möglicherweise schon um 500 v. Chr., als Panini seine berühmte Grammatik verfaßte, keine gesprochene Sprache mehr. Panini hat das grammatikalische System dieser Sprache in 4000 Regeln minutiös dargestellt; Kenner sagen, daß keine Sprache der Welt eine so vollständige Grammatik besitze, auch die heutigen Weltverkehrssprachen nicht. Erst um 1800, also 2300 Jahre nach seiner Niederschrift (mit der Panini wahrscheinlich die Arbeit ganzer Generationen von Sprachgelehrten zusammengefaßt hat) wurde dieses Meisterwerk in Europa bekannt und gewürdigt; man mußte erkennen, daß es vollkommener war als alles, was das Abendland, seit griechische Gelehrte ihre eigene Sprache und deren Vorstadien erforschten, hervorgebracht hatte.

Das Sanskrit ist als Schriftsprache in gewissem Umfang bis heute lebendig geblieben, auch nach dem Zweiten Weltkrieg wurden noch Bücher in dieser Sprache in Indien gedruckt (so wie in Europa ab und zu lateinische Bücher).

Das Sanskrit zeigt die (erschlossenen) Eigenschaften des Ur-Indogermanischen nicht rein, es läßt Beimischungen und Einflüsse aus Sprachen anderen Typs erkennen. Manche Forscher glauben sogar erkennen zu können, daß das unerhört reiche Formensystem, das diese Sprache auszeichnet, nicht ihr ältestes Stadium darstellt, daß vielmehr die zahllosen Deklinations- und Konjugationsendungen des Sanskrit hervorgegangen sein können aus selbständigen Wörtern, die in der ältesten Entwicklungsstufe zwischen aneinandergereihte Wörter als Funktionswörter eingeschoben wurden; diese haben allmählich ihre Selbständigkeit eingebüßt, sind zu Endungen geworden und mit den Stammwörtern verschmolzen. Sollte die früheste, nur zu erahnende Stufe des Sanskrit die einer »isolierenden« Sprache gewesen sein, vergleichbar dem historischen Chinesisch und dem heutigen Vietnamesisch? Oder hat in dunkler Vorzeit eine Sprache dieses Typs auf das Sanskrit eingewirkt? (Typenbegriffe wie »isolierende Sprache« sind näher behandelt im Zwölften Kapitel.)

Mittelindisch

Die gesprochene Sprache bis etwa 500 n. Chr. wird *Mittelindisch* genannt; bis 1200 schließt sich das *Spätmittelindische* an. Hier zeigt sich schon eine Aufspaltung in deutlich verschiedene Sprachen, aus denen ich *Pali*, die Sprache des Religionsstifters Buddha und einer bedeutenden buddhistischen Literatur, hervorheben möchte.

Neuindische Sprachen

Unter den Sprachen des heutigen Indien lassen sich die beiden wichtigsten, *Hindi* und *Bengali*, bereits vom 10. Jahrhundert ab nachweisen.

Hindi

Hindi wird von über 250 Millionen Menschen gesprochen. Es ist nach der Erringung der Unabhängigkeit unter Gandhi zur Staatssprache der Indischen Union erklärt worden, hat allerdings bisher das Englische als wichtigste Verkehrssprache noch nicht verdrängen können.

Urdu

Hindi und *Urdu* (rund 50 Millionen Sprecher) wurden früher zusammengefaßt als *Hindustani*, insofern zu Recht, als beide im Grunde dieselbe Sprache darstellen, aber in verschiedenen Schriften geschrieben werden: Hindi (was wörtlich »indisch« bedeutet, jedoch in persischer Sprache) in der *Devanagari*-Schrift, in der schon die uralten Sanskrit-Handschriften geschrieben sind, Urdu (das Wort kommt vom türkischen *ordu* »Heerlager«) dagegen bedient sich des arabischen Alphabets, das um einige diakritische Zeichen (Unterscheidungszeichen, in etwa ver-

Die Devanagari-Schrift, die vom alten Sanskrit bis zum modernen Hindi in Gebrauch geblieben ist (Sprache: Hindi).

क्योंकि ईश्वरने जगतको ऐसा प्रेम रक्खा कि उसने अपना एकलौता पुत्र दिया कि जो कोई उसपर बिश्वास करे सो नाश न होय परन्तु अनन्त जीवन पावे।

gleichbar den Akzenten des Französischen) angereichert wurde. Es liegt nahe, das Verhältnis mit dem zwischen Serbisch und Kroatisch zu vergleichen; Serbokratisch ist *eine* Sprache, aber die orthodoxen Serben schreiben sie mit kyrillischen, die überwiegend katholischen Kroaten mit lateinischen Buchstaben. Tatsächlich liegt auch der Aufspaltung Hindi-Urdu ein religiöser Gegensatz zugrunde. Hindi ist die (besser: eine) Sprache der Hindu; Urdu ist auf dem Boden des Islam gewachsen unter der Herrschaft der islamischen Großmoguln.

Bengali und weitere indische Sprachen

Im heutigen Indien werden ferner u. a. gesprochen: *Bengali* (180 Millionen Sprecher), *Marathi* (60 Millionen), *Pandschabi, Gudscharati, Bihari;* hinzu kommt *Singhalesisch* auf Sri Lanka. Alle genannten Sprachen gehören dem indogermanischen Stamm an, ebenso die in Dialekte aufgespaltene, weit außerhalb Indiens bis nach Europa hin gesprochene Zigeunersprache.

Ich habe eben nur einige der wichtigsten neuindischen Sprachen aufgezählt, deren Sprecher nach Millionen zählen. Eine Vorstellung von der tatsächlich herrschenden, selbst für den Spezialisten kaum überschaubaren Vielfalt vermittelt die Angabe, daß nach der indischen Volkszählung von 1961 insgesamt 547 Sprachen dieser Familie existierten, von der Sprache eines kleinen Bezirks bis zu Verwaltungssprachen von Gliedstaaten der Union und zu Kultursprachen, in denen an Universitäten gelehrt wird.

Im Süden Indiens herrschen nichtindogermanische Sprachen vor. Und auf Sri Lanka stehen die Singhalesen in einem zeitweise erbitterten Gegensatz zu den Tamilen, deren Sprache *Tamil* nicht indogermanisch ist.

Devanagari

Das *Devanagari* ist eine von links nach rechts laufende Buchstabenschrift, in der Sanskrit, Hindi, Marathi geschrieben werden, auch *Nepali* (Nepalesisch, manchmal auch *Gurkhali* genannt) sowie einige nichtindogermanische Sprachen. Manche anderen indischen Alphabete sind ihm nachgebildet. Für den Europäer ist die Schrift nicht leicht zu erlernen, sie hat die Besonderheit, daß der häufigste Vokal *a*, gesprochen [ʌ], nicht geschrieben wird, er ist bei jedem Konsonanten (als auf ihn folgend) inbegriffen; soll er ausnahmsweise nicht folgen, bringt man dies durch ein besonderes Zeichen zum Ausdruck. Ebenso schwer zu erlernen wie die Schrift ist das heutige Hindi; in seinen Bauprinzipien hat es sich vom Typus der indogermanischen Sprachen weit entfernt (wie, wenn auch in anderer Richtung, das Englische).

Iranische Sprachen

Dieser Zweig kann mit Recht an den indo-arischen angeschlossen werden (im Englischen ist *Indo-aryan* die übliche Bezeichnung für die indogermanischen Sprachen Indiens), nicht nur, weil er ihm räumlich benachbart ist, sondern auch, weil er mit ihm am engsten verwandt ist (so daß »Indo-iranisch« häufig als zusammenfassende Klassifizierung beider Zweige auftritt), und schließlich auch, weil der iranische Zweig dem indischen an ehrwürdigem Alter der frühesten überlieferten Zeugnisse zu vergleichen ist.

Altes Iranisch

Aus der ältesten Periode sind zwei Sprachen in Form von Dokumenten überliefert: Einerseits *Avesta,* auch *Avestisch* genannt, früher auch *Altbaktrisch:* in dieser Sprache ist das *Avesta* abgefaßt, die heilige Schrift der religiösen Gemeinschaft um den Propheten Zarathustra, über dessen Leben wenig, über dessen Lebenszeit überhaupt nichts Sicheres bekannt ist. Die heute noch bestehende Sekte der Parsen beruft sich auf ihn. Das *Avesta* ist etwa mit einem Viertel seines ursprünglichen Umfangs erhalten. *Zend Avesta* heißt eine spätere Fassung dieser Schrift mit Erläuterungen (*zend* = pers. »Kommentar«). Erste Kunde vom *Avesta* hatte ein französischer Abenteurer namens Abraham Hyacynthe Anquetil-Duperron vor 1780 nach Europa gebracht, der sich auch als einer der ersten um die Erforschung der altindischen *Veden* und der an sie anschließenden *Upanischaden* verdient gemacht hat. Um 1820 verfügte man in Europa über Texte, wissenschaftlich erschlossen wurden sie ab 1840. Die Sprache wurde früher auch *Zend* genannt, z. B. bei Rask.

Andererseits ist aus der Zeit der altpersischen Dynastie der Achämeniden, die mit Darius dem Großen etwa 520 v. Chr. beginnt, eine zweite altpersische Sprache erhalten, jedoch in ganz anderer äußerer Form, nämlich in Gestalt von in Fels gehauenen Inschriften, vor allem in der Nähe der heutigen Stadt Kermanschah, und zwar in

Keilschrift. Es war eine bedeutende wissenschaftliche Leistung und ein Abenteuer für sich, daß diese Inschriften entziffert, ihre Sprache als die älteste Form des heute noch gesprochenen Persisch erkannt wurde (vgl. das Erste Kapitel). Die *Avesta*-Form gilt als ältere; beide Formen stehen den altindischen Sprachen sehr nahe.

Die Sprache der halb sagenhaften Skythen des Altertums war wahrscheinlich mit dem Altpersischen verwandt.

Ich gehe auf die *mitteliranische* Periode der Entwicklung, welche etwa tausend Jahre umfaßt - vom 1. Jahrhundert v. Chr. bis etwa 900 n. Chr. - nicht näher ein; seit etwa 1000 n. Chr. hat sich das *Neuiranische* herausgebildet, dessen Einzelsprachen heute in eine westliche und eine östliche Gruppe eingeteilt werden.

Neupersisch

Zur westlichen Gruppe zählt vor allem das Neupersische im engeren Sinne, auch *Farsi* genannt, die Amtssprache des heutigen Iran; daneben *Tadschikisch* (mit kyrillischem Alphabet geschrieben, hauptsächlich in Tadschikistan und Usbekistan beheimatet), *Belutschi* und *Kurdisch*.

Zur östlichen Gruppe zählen das *Afghanische* (oft *Paschto* genannt, auch *Puschtu* geschrieben, wohl in Anlehnung an die englische Form *pushtu* oder *pashto*), ferner Dialekte, die im Pamir und in Ossetien (Kaukasus) gesprochen werden. In Afghanistan ist das Persische weit verbreitet, es wird dort *Dari* genannt und ist neben Paschto Amtssprache; neben diesen beiden werden rund zwanzig weitere Sprachen gesprochen – einer der Gründe dafür, daß die Bevölkerung niemals geeinigt war und es auch heute nicht ist.

Persisch als Mischsprache

Das heutige Persisch wird mit dem arabischen Alphabet geschrieben, das zu diesem Zweck um vier Buchstaben (für [p], [g], [tʃ] und [ʒ]) erweitert worden ist. Dies ist ein äußeres Anzeichen für den durch Jahrhunderte andauernden arabischen Einfluß auf Persien (vom 7. Jahrhundert ab); doch finden sich die Spuren dieses Einflusses vor allem auch im Wortschatz, der zahlreiche Wörter aus dem Arabischen aufgenommen hat - und nicht nur aufgenommen, sondern in andere Sprachen weitervermittelt: da das Persische als islamische Kultursprache in großen Teilen Asiens geschätzt wurde, sind durch seine Vermittlung arabische Wörter auch ins Türkische sowie in Hindi und Urdu, auch in europäische Sprachen, eingewandert.

Trotz solcher Fremdeinflüsse zeigt der heutige Grundwortschatz des Persischen noch vieles, was sich in anderen indogermanischen Sprachen wiederfindet: *pedar* »Vater«, *madar* »Mutter«, *berādar* »Bruder«; ähnlich bei Zahlwörtern. Dagegen hat sich das Persische in seiner Struktur denkbar weit von den alten indogermanischen Grundformen wegentwickelt, radikaler noch, in mancher Hinsicht, als das moderne Englisch, denn dieses kennt z. B. immer noch die Geschlechter *he, she, it* bei den Personalpronomina, während die Substantive (ausgenommen hauptsächlich Lebewesen und Schiffe) alle sächlich sind - das Persische hat das grammatische Geschlecht völlig aufgegeben.

Während im Persischen das Verhältnis der gesprochenen zur geschriebenen Form problematisch ist - die semitische Gepflogenheit, kurze Vokale nicht zu schreiben, paßt schlecht zur Eigenart dieser Sprache (lange Vokale werden im Persischen stets geschrieben) - heben Kenner die Klarheit und Übersichtlichkeit des Lautsystems und der grammatischen Formen hervor - so sehr, daß Persisch sogar als Vorbild für eine künstliche Welthilfssprache empfohlen wird.

Baltische Sprachen

Man muß unterscheiden zwischen dem »Alter« einer Sprache, d.h. der Zeit, zu der sie sich - vermutlich, dieser Zusatz ist hier stets angebracht - herausgebildet hat, und dem Alter ihrer ältesten uns bekannten schriftlichen Zeugnisse. Die baltischen Sprachen sind, was das Alter ihrer schriftlichen Zeugnisse angeht, jung zu nennen, denn sie treten erst mit dem 14./15. Jahrhundert ins Licht der Geschichte. Ihr eigentliches »Alter« hingegen ist gewiß nicht geringer als das anderer Zweige der Familie. Ihrem Charakter nach werden sie sogar als »altertümlich« bezeichnet, weil sie bestimmte Eigenheiten der indogermanischen Frühzeit stärker bewahrt haben als andere.

Litauisch und Lettisch

Nur wenige Sprachen werden zu dieser Gruppe gerechnet: *Litauisch* als wichtigste - aus gleich zu erwähnenden Gründen; *Lettisch;* alle übrigen sind erloschen, insbesondere das *Kurische* (früher in Kurland gesprochen, einem Teil des heutigen Lettland) und das *Altpreußische*, ehemals gesprochen in Ostpreußen, ausgestorben im 16. oder 17. Jahrhundert. Erhalten sind vom letztgenannten nur ein Wörterverzeichnis von etwa 800 Wörtern samt deutscher Übersetzung und mehrere lutherische Katechismen, einer allerdings niedergeschrieben (im 16. Jahrhundert) von einem deutschen Pfarrer mit Hilfe eines Knechtes, der noch Altpreußisch sprach.

Pruzzen und Preußen

Kurios, daß der Name dieser längst erloschenen Sprache bzw. des Volksstammes der Pruzzen, der sie sprach, durch die Jahrhunderte fortlebt dadurch, daß Kurfürst Friedrich III. von Brandenburg, als er sich 1701 die Königskrone aufsetzte (als König nannte er sich Friedrich I.), sich nicht zum König von Brandenburg, sondern König »in Preußen« machte! Erst von da ab ist der Begriff »Preußentum«, vornehmlich durch das Wirken Friedrich Wilhelms I. und Friedrichs des Großen, mit dem Sinn erfüllt worden, den er bis zum Ende des preußischen Staates 1945 und bis heute behalten hat.

Unsere Aufmerksamkeit darf sich auf das Litauische beschränken, da Lettisch nur als »kolonialer Ableger« des Litauischen gilt; das Lettische weist übrigens bei langen Vokalen einen »Knarrton« auf, der in der Schrift nicht bezeichnet wird. Das Litauische, so könnte man etwas burschikos sagen, ist ein Paradepferd der Indogermanisten, weil es altertümliche Züge früherer Entwicklungsstufen des Indogermanischen bewahrt, insofern dem Sanskrit und dem Altgriechischen an die Seite zu stellen. Ein Philologe des 19. Jahrhunderts, August Schleicher, Professor an der deutschen Universität Prag, hat sich des Litauischen mit besonderer Liebe angenommen. Er pflegte seine Semesterferien im Sommer unter litauischen Bauern zu verbringen und ihre Lieder und Sprüche aufzuzeichnen. Er glaubte, das hypothetische *Ur-Indogermanisch* rekonstruieren zu können, indem er sich bei den Konsonanten auf Sanskrit, bei den Vokalen auf Altgriechisch und beim Beugungssystem auf Litauisch stützte, und wagte sich so weit vor, daß er eine kurze Fabel »Das Schaf und die Pferde« in dieser rekonstruierten Proto-Sprache niederschrieb. *Avis akvasas ka* lautete der Titel, das *ka* ist eine nachgestellte Konjunktion wie das lateinische *que*. Seine Fachkollegen haben das nicht akzeptiert.

Schleichers Rekonstruktion

Innerhalb der großen Familie weisen die baltischen Sprachen einige Gemeinsamkeiten mit den slawischen und mit den germanischen Sprachen auf. Es wird angenommen, daß sie sich eine Zeitlang gemeinsam entwickelt haben.

Die Gemeinsamkeiten liegen vor allem bei den Deklinationsformen. Im Altlitauischen gab es nicht weniger als zehn Fälle - heute hat Litauisch sieben Fälle, zu den vier im Deutschen vorhandenen kommen Lokativ, Instrumental und Vokativ; Lettisch hat unsere vier und dazu einen Lokativ. Die Nachbarschaft zu den im Norden angrenzenden Sprachgebieten des Estnischen und des Finnischen - beides nichtindogermanische Sprachen - hat zu einem Austausch von Lehnwörtern geführt.

Slawische Sprachen
Einteilung

Die heute gesprochenen slawischen Sprachen werden sowohl geographisch wie nach ihrer inneren Verwandtschaft in drei Gruppen eingeteilt: Ostslawisch, Westslawisch und Südslawisch.

Zu den ostslawischen Sprachen - nach der Zahl ihrer Sprecher bei weitem die bedeutendste Gruppe - gehören das *Russische* (auch *Großrussisch* genannt), das *Weißrussische* (auch *Belo-* oder *Bjelorussisch*) und das *Ukrainische (Ruthenische)*. Zu den südslawischen Sprachen zählen *Bulgarisch* und *Mazedonisch* (östliche Gruppe) sowie *Serbokroatisch* und *Slowenisch* (westliche Gruppe). Zu den westslawischen Sprachen gehören *Slowakisch* und *Tschechisch, Polnisch* und einige sterbende oder ausgestorbene Sprachen wie *Kaschubisch, Rugisch, Pomeranisch,* schließlich das in der Lausitz noch erhaltene *Sorbisch*. Da die Einteilung hier in der Wissenschaft nicht umstritten ist, sei sie in einem Schema dargestellt (Seite 68 oben).

Die slawischen Sprachen werden von mehr als 300 Millionen Menschen gesprochen (als Muttersprache). Die Sprecher des Russischen machen davon mehr als die Hälfte aus; Russisch als zweite Sprache mußten im Prinzip alle nichtrussischen Bürger der Sowjetunion erlernen. Die kleinen slawischen Sprachgemeinschaften wie Slowenen und Mazedonier zählen nur ein bis zwei Millionen Sprecher. Das Russische hat wegen seiner Verbreitung und seiner Rolle als Staatssprache der Union in allen Gliedstaaten der bisherigen Sowjetunion das stärkste Gewicht; die Russen haben auch von allen Slawen die bedeutendste Literatur, eine der großen der Welt, hervorgebracht.

Urslawisch und Kirchenslawisch

Alle slawischen Sprachen werden auf eine gemeinsame Mutter, das *Urslawische,* zurückgeführt, das vermutlich noch in den ersten Jahrhunderten nach Christi Geburt gesprochen wurde. Dies ist eine nicht empirisch beweisbare Konstruktion; für ihre Richtigkeit spricht aber, daß die äl-

Die slawischen Sprachen: Stammbaum

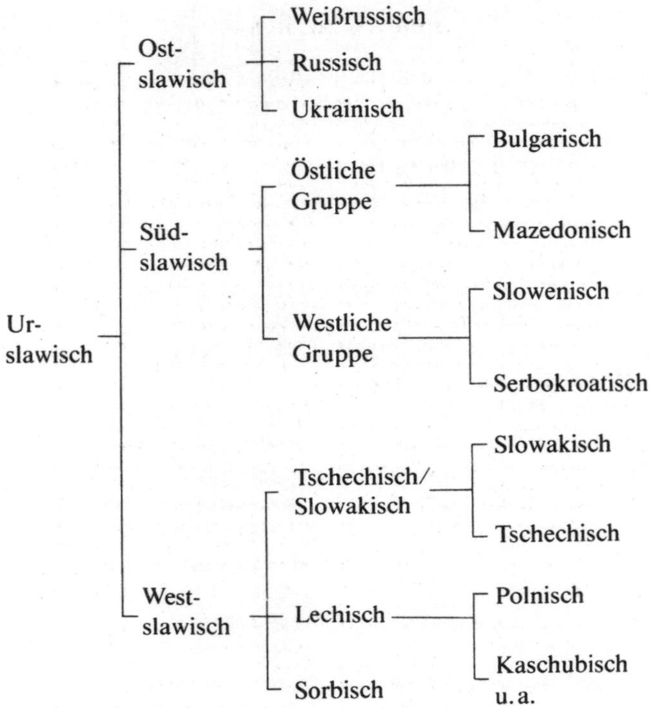

teste für die Forschung faßbare Form des Slawischen, das *Kirchenslawische* (auch *Altslawisch* oder *Altbulgarisch* genannt), gesprochen im 11. Jahrhundert, offenbar noch von allen slawischen Stämmen verstanden wurde. In etwas veränderter Form ist es als Sprache der orthodoxen Kirche bewahrt worden.

Als eigener Zweig des Indogermanischen mag sich das Slawische um 3000 v. Chr. herausgebildet haben, wahrscheinlich auf der Grundlage einer Stufe, die den baltischen und den slawischen Sprachen gemeinsam war. Das Zentrum dieser Entwicklung wird im Raum des heutigen Litauen vermutet. Bis etwa 500 n. Chr. haben die Vorfahren der heutigen Slawen etwa das Gebiet zwischen Weichsel und Dnjepr bewohnt. Dann sind sie vorgedrungen nach Westen bis zur Elbe, nach Süden bis zur Adria und in die Balkanhalbinsel.

Mit der Eroberung Sibiriens durch das zaristische Rußland hat das Russische als Staatssprache ein Gebiet er-

Seite aus einer Bibel des Jahres 1581 in Altkirchenslawisch; in der linken Spalte der Schluß des Dekalogs.

obert, das bis an den Pazifik reicht. Die Differenzierung in einzelne, deutlich unterscheidbare Sprachen muß im 12. Jahrhundert eingesetzt haben. Die meisten slawischen Sprachen sind heute Nationalsprachen selbständiger Staaten. Die »Familienähnlichkeit« haben sie jedoch in vielfacher Hinsicht bewahrt.

Die kyrillische Schrift

Fast jeder weiß, daß einige slawische Sprachen, das Russische an der Spitze, nicht in lateinischer, sondern in einer anderen Schrift geschrieben werden, die in manchem der lateinischen ähnelt – eine täuschende Ähnlichkeit freilich, denn einige Zeichen kommen in beiden vor und haben auch denselben Lautwert (z. B. das *M*); andere Zeichen sehen zwar genau wie die lateinischen aus, sind aber anders auszusprechen (z. B. *B* entspricht unserem W, *P* un-

Das kyrillische Alphabet (große und kleine Druckbuchstaben, ohne Schreibschrift).

Großbuchstabe	Kleinbuchstabe	Lautschrift	Großbuchstabe	Kleinbuchstabe	Lautschrift	Großbuchstabe	Kleinbuchstabe	Lautschrift	Großbuchstabe	Kleinbuchstabe	Lautschrift
А	а	[a]	И	и	[i]	Р	р	[r]	Ш	ш	[ʃ]
Б	б	[b]	Й	й	[j]	С	с	[s]	Щ	щ	[ʃtʃ]
В	в	[v]	К	к	[k]	Т	т	[t]	Ъ	ъ	–
Г	г	[g]	Л	л	[l]	У	у	[u]	Ы	ы	[yi]
Д	д	[d]	М	м	[m]	Ф	ф	[f]	Ь	ь	[']
Е	е	[jɛ]	Н	н	[n]	Х	х	[x]	Э	э	[ɛ]
Ё	ё	[jɔ]	О	о	[o]	Ц	ц	[ts]	Ю	ю	[ju]
Ж	ж	[ʒ]	П	п	[p]	Ч	ч	[tʃ]	Я	я	[ja]
З	з	[z]									

serem R), eine dritte Gruppe kommt im lateinischen Abc nicht vor.

Die Schrift wird *kyrillisch* (oder *cyrillisch, zyrillisch*) genannt nach dem Slawenapostel Kyrill, der mit seinem Bruder Method im 9. Jahrhundert den Slawen die christliche Lehre gebracht hat. In der noch durch schriftliche Dokumente belegten Frühzeit des Slawischen (älteste russische Schriftdenkmäler aus dem 11., serbische aus dem 12. Jahrhundert) waren zwei ganz verschiedene Alphabete im Gebrauch, neben dem kyrillischen eines mit ganz anderen Zeichen, genannt *glagolitisches* Alphabet. Es ist möglich, daß Kyrill dieses letztgenannte Alphabet geschaffen hat und nicht das nach ihm benannte. Seit dem 13. Jahrhundert ist die glagolitische Schrift aufgegeben worden. Das kyrillische Alphabet lehnt sich eng an das griechische an; es enthält aber eine Anzahl zusätzlicher Zeichen für Laute, die im Griechischen nicht vorkommen, vor allem Zischlaute.

Wer schreibt kyrillisch?

In kyrillischen Buchstaben geschrieben und gedruckt werden: Russisch, Weißrussisch, Ukrainisch, Serbisch, Mazedonisch, Bulgarisch. Die übrigen lebenden slawischen Sprachen bedienen sich des lateinischen Alphabets, also: Polnisch, Tschechisch, Slowakisch, Slowenisch, Kroatisch und Sorbisch (das nach Ansicht mancher Slawisten nur eine Gruppe von zwei Dialekten darstellt). Diese Sprachen haben, um ihre Laute wiedergeben zu können, *diakritische* Zeichen zu den lateinischen Buchstaben eingeführt (diakritisch = »unterscheidend«, aus dem griech. διά »durch, hindurch, auseinander« und κρίνειν »trennen, schneiden«). Der Gebrauch ist von Sprache zu Sprache verschieden. Der Laut [ʃ] z. B., im Deutschen recht umständlich sch geschrieben, ist im Tschechischen *š*, im Kroatischen *š*, im Polnischen *sz*. Das Polnische verwendet mehr Buchstabenverbindungen.

Die kyrillischen Alphabete variieren ebenfalls von Sprache zu Sprache etwas. Die Tabelle oben gibt die wichtigste Form, die russische, wieder. Das kyrillische Alphabet wurde durch eine von Peter dem Großen verordnete Reform verändert und, der Haltung dieses Zaren entsprechend, etwas näher an das »westliche« lateinische Abc herangeführt. Nach der bolschewistischen Revolution wurden zur Vereinfachung drei Buchstaben abgeschafft, die zeitweilig propagierte Absicht einer völligen Umstellung auf Lateinschrift hat man aber wieder fallenlassen.

Wer die kyrillischen Buchstaben und ihren Lautwert erlernt hat, sollte im Prinzip in der Lage sein, einen kyrillisch gedruckten russischen Text laut zu lesen und - wenn auch nicht zu verstehen - richtig auszusprechen. Sollte! Dem steht nämlich im Wege, daß die russischen Vokale nur in betonter Silbe ihren vollen Klang haben, an unbetonter Stelle dagegen ihre Klangfarbe verändern, so klingt betontes [o] etwa wie unser [o], unbetontes wie ein kurzes [a]; dem steht ferner entgegen, daß die Betonung im Russischen keiner festen Regel unterliegt: Es wird nicht stets die Stammsilbe betont (wie im Deutschen), auch nicht die erste Silbe (wie im Ungarischen); der Akzent muß praktisch für jedes Wort erlernt werden, er wechselt außerdem bei der Beugung: *slowa*, auf der ersten Silbe betont, ist der Genitiv »des Wortes«, auf der zweiten Silbe betont, der Plural »die Wörter«.

Die Entscheidung darüber, welche der slawisch sprechenden Völker die kyrillische Schrift benutzen, ist im wesentlichen durch die religiöse Zugehörigkeit bestimmt worden. Die orthodoxen Slawen schreiben kyrillisch, die anderen lateinisch. Die Trennungslinie verläuft mitten durch eine Sprache: das *Serbokroatische*.

Gemeinsamkeiten im Wortschatz

Hier wie in den restlichen Absätzen über die slawischen Sprachen richte ich den Blick auf das, was diesen Sprachen gemeinsam ist - nicht auf die Unterschiede zwischen den Einzelsprachen. Im ganzen gilt, daß die slawischen

Sprachen, da die Differenzierung in Einzelsprachen erst seit einem Jahrtausend im Gange ist (mit Knotenpunkten der Entwicklung bei Reformation, Aufklärung und Romantik), einander noch relativ nahe stehen - näher (falls ein solcher Vergleich erlaubt ist) als z. B. bei den germanischen Sprachen das Deutsche dem Englischen, jedenfalls, was das System der Sprache, den Bautypus, die Grammatik anbelangt. Diese Nähe hat manche Autoren, hauptsächlich Dichter, veranlaßt, von einer Wiedergewinnung der verlorenen sprachlichen Einheit im Sinne des Panslawismus zu träumen, ja Schritte in dieser Richtung zu versuchen. So haben ein serbischer Schriftsteller der romantischen Epoche, Karadžic, und in unserem Jahrhundert der Russe Chlebnikov und der Pole Tuwim Werke geschaffen, die in dieser Richtung zumindest experimentieren.

Daß im Wortschatz starke Gemeinsamkeiten bestehen, ist zu erwarten. Sie werden für uns nur sichtbar, wenn wir Wörter aus kyrillisch geschriebenen Sprachen ins lateinische Alphabet umsetzen. Ein paar Beispiele:

Ähnlichkeiten im Wortschatz

Dt.	Russ.	Bulg.	Serb.	Poln.	Tschech.
Mutter	*mat'*	*majka*	*màti*	*matka*	*matka*
Schwester	*sestrą*	*sestrą*	*sèstra*	*siostra*	*sestra*
Hand	*ruką*	*rŭką*	*rúka*	*ręka*	*ruką*
Tag	*den'*	*den*	*dân*	*dzień*	*den*
Fluß	*reką*	*reką*	*réka*	*rzeka*	*řeka*
Meer	*more*	*morę*	*môre*	*morze*	*moře*
Fisch	*ryba*	*riba*	*rìba*	*ryba*	*ryba*

In der lebendigen Sprache sind die Differenzen größer, weil die Beugungsformen von Sprache zu Sprache verschieden sind (jedoch nicht prinzipiell verschieden); mit Ausnahme des Bulgarischen und des Mazedonischen, die sich in ihrem Formensystem, sei es unter dem Einfluß der »balkanischen« Nachbarsprachen Griechisch und Türkisch, sei es einer anderen, untergegangenen Sprache, von ihren slawischen Schwestersprachen weit entfernt haben.

Gemeinslawisch

Zur Zeit Karls des Großen (†814) scheint das *Gemeinslawische* (eine Zwischenstufe zwischen dem nur rekonstruierbaren Urslawisch und der Herausbildung der Einzelsprachen) noch eine Einheit gebildet zu haben. Der Name dieses Herrschers ist von den Slawen als Gattungsbezeichnung für »König, Herrscher« übernommen worden – analog haben unsere Vorfahren den Eigennamen Caesar als Gattungsbezeichnung »Kaiser« übernommen. Aus der vermuteten ursprünglichen gemeinslawischen Form *korlj* ist im Russischen *korol'* geworden, im Polnischen *król,* im Tschechischen *král,* im Bulgarischen *kral,* im Serbokroatischen *kralj* usw.

Lautsystem: »weiche« Konsonanten, Zischlaute

Wer Sprechern einer slawischen Sprache zuhört, ohne die Sprache zu verstehen, dem wird als hervorstechender Unterschied zum Deutschen und anderen europäischen Sprachen ein Phänomen auffallen, das der Fachmann »Palatalisierung« der Konsonanten nennt. Im Gemeinslawischen gab es eine Scheidung in »dunkle« und »helle« Vokale. Die hellen wurden »jotiert« gesprochen, also etwa [je] statt [e]. Dieser j-Laut verschmolz mit dem vorhergehenden Konsonanten, so wurde aus einem [k], dem ein weicher Vokal folgte, ein [kj] – ein erweichter oder »palatalisierter« Konsonant, aus [g] ein [gj], aus [n] ein [nj], gesprochen etwa wie im französischen *Auvergne.* In der weiteren Entwicklung konnten aus solchen erweichten Konsonanten Zischlaute werden, z. B. aus [kj] ein [tʃ], aus [gj] ein [dʒ]. So ist der Reichtum an Zischlauten (bzw. Konsonanten-Kombinationen, die Zischlaute enthalten) entstanden, das Russische z. B. hat Ж [ʒ], З [z], С [s], Ц [ts], Ч [tʃ], Ш [ʃ] und Щ [ʃtʃ] wie im Namen Хрущев [xruʃtʃɔv].

Silbische Konsonanten

Manche slawischen Sprachen haben zwei verschiedene *l*-Laute, einen dunklen, der ähnlich »hart« klingt wie der Konsonant im englischen *ill* (im Polnischen geschrieben ł und meist gesprochen wie der Anlaut im englischen *what*) und einen »weichen«, gesprochen wie ein mit [j] vermischtes, mouilliertes [l]. Unser deutscher l-Laut – wir haben nur einen – liegt zwischen diesen beiden. Was dem nicht-slawischen Hörer auffällt, ist der Umstand, daß der *l*-Laut, ebenso [r], als silbische Konsonanten vorkommen können. Einige slawische Sprachen kennen Wörter, in denen überhaupt kein Vokal vorkommt, etwa tschechisch *prst* Finger, *vlk* Wolf; bekannter sind vielleicht die Namen *Brno* für Brünn und *Vltava* für die Moldau, die silbische Konsonanten haben.

Anlautkonsonanten

Eine dritte Eigentümlichkeit sei noch schnell erwähnt. Slawische Wörter beginnen manchmal mit Konsonantenkombinationen, deren Aussprache dem Nichtslawen Schwierigkeiten bereitet (die eben genannten Wörter enthalten schon Beispiele). Solche ungewohnten Anlaute können sprachgeschichtlich auch durch eine Vertauschung, sog. *Metathese,* entstanden sein: unserem Wort »Milch« entspricht im Polnischen *mleko,* unserem Wort »Berg« im Polnischen *brzeg* und unserem Wort »Arbeit« entspricht im Russischen *rabota.*

Grammatik: das Verbum

Während die Deklination des Substantivs in den slawischen Sprachen uns in ihren Prinzipien vertraut vorkommt – es gibt allerdings bis zu sieben Fälle gegenüber unseren vier –, hat das Verbum mit seinen Beugungsformen im Slawischen einen Entwicklungsweg eingeschlagen, der zu einem ganz anderen System geführt hat als bei den meisten anderen indogermanischen Sprachen. Bei diesem Punkt möchte ich etwas verweilen, nicht etwa um Slawisch zu lehren, sondern um an einem Beispiel zu zeigen, wie eine Sprache sich, hier bei der Behandlung des Verbums, das ja den Kern, das Zentrum der meisten Texte darstellt, ganz anderer Mittel bedienen kann, als wir sie vielleicht für selbstverständlich halten.

Selbstverständlich mag es uns vorkommen, daß ein Verbum folgende grammatische Kategorien aufweist:

Grammatische Kategorien beim Verbum

1. Die *Person:* es muß Formen geben, die es erlauben, den Sprechenden (1. Person) vom Angesprochenen (2. Person) zu unterscheiden, beide wiederum von der Person (oder Sache), von der die Rede ist (3. Person); dies sind in der Tat Anforderungen, denen jede Sprache gerecht werden muß, oder, anders ausgedrückt, es sind »sprachliche Universalien«, die in jeglicher Sprache vorhanden sind;

2. Die *Zahl* der Personen: Einzahl oder Mehrzahl, und zwar für alle drei eben genannten Sprecherrollen; im Deutschen »wir«, »ihr«, »sie«, wobei »wir« offenläßt, ob der Angesprochene einbezogen ist (»wir alle«) oder gerade ausgeschlossen (»wir, aber Sie sind nicht mit gemeint«);

3. Die *Handlungsform, Handlungsart* (auch *genus verbi,* »Geschlecht des Verbums« genannt): Ist das Subjekt des Satzes der Urheber des im Verbum intendierten Geschehens (*Aktiv,* Tätigkeitsform: »er schlägt«) oder vielmehr sein Ziel, sein Objekt (*Passiv,* Leideform: »er wird geschlagen«)? Manche Sprachen ermöglichen hier noch weitere Unterscheidungen.

4. Den *Modus,* die Möglichkeit, etwas über das Verhältnis, die subjektive Einstellung des Sprechenden zu dem durch das Verb gezeichneten Geschehen auszusagen; im

Deutschen (und vielen anderen Sprachen) unterscheidet man in dieser Hinsicht

a. *Indikativ* (Wirklichkeitsform), Normalfall der sachlichen Aussage (das Geschehen ist real);

b. *Konjunktiv* (Möglichkeitsform, auch *Subjunktiv*); das Geschehen ist nicht notwendig real, aber möglich: »Käme er doch endlich«; »Ich hätte es gern ...« (Wunsch); »Könnte das wahr sein?« (Zweifel);

c. *Imperativ* (Befehlsform): »Komm endlich!«; als weiteren Modus noch

d. das *Konditional* (Bedingungsform): »Ich würde ja kommen, wenn nur ...« – im Deutschen also mit Hilfsverb umschrieben.

Manche Sprachen haben noch weitere Modi.

5. Schließlich die *Zeit* (*Tempus*, Zeitform): *last not least*, vielleicht gar am wichtigsten – wird doch das Verbum im Deutschen bekanntlich auch »Zeitwort« genannt! Das Verb muß es mit Hilfe dazu bestimmter Formen ermöglichen, eine klare Aussage zu machen über den Zeitpunkt des Geschehens (das im Verb gemeint ist) im Verhältnis zum Zeitpunkt des Sprechens (oder Schreibens). Findet beides gleichzeitig statt (Gegenwart, *Präsens:* »ich sehe fern«)? Hat das Geschehen schon früher stattgefunden (Vergangenheit: »ich habe gestern ferngesehen«? Oder wird es erst stattfinden (Zukunft, *Futurum:* »ich werde heute Abend fernsehen«)? Und so noch weiter in fortschreitender Differenzierung.

Aktionsart

Muß das Verbum noch weitere grammatische Kategorien aufweisen? Muß es etwa ausdrücken können, ob das Geschehen gerade beginnt – oder gerade im Gange ist – oder zu Ende geht? Ob es sich um ein andauerndes Geschehen handelt oder ein kurzes, momentanes? Ob es sich um ein besonders intensives Geschehen handelt – oder das Gegenteil? Auf solche Fragen – sie betreffen die sogenannte *Aktionsart* – würde ein Deutscher, vermutlich erst nach einiger Überlegung, sagen: Das sollte man gewiß ausdrücken können, aber es bedarf dazu nicht besonderer Formen des Verbums. So etwas läßt sich auf andere Weise klarmachen, etwa durch Vorsilben beim Verbum: »schlafen«, »einschlafen«, »durchschlafen«; oder durch Abwandeln des Infinitivs: »lachen, »lächeln« (Intensität schwächer); oder durch andere Zusätze (»er schreit plötzlich auf«).

Aspekt

Eine letzte Frage hierzu lautet: Sollte auch ausgedrückt werden können, wie das gemeinte (»angesprochene«) Geschehen verläuft, ob es z. B. noch andauert oder sich wiederholen wird oder endgültig beendet wird – aber nun nicht objektiv gesehen (das hatten wir eben beim Stichwort *Aktionsart*), sondern nach der subjektiven Meinung des Sprechers? Nun ja – sagen Sie vielleicht –, wünschenswert wäre vielleicht sogar das, aber gewiß nicht so wichtig wie die oben zuerst besprochenen Kategorien bis zum Tempus hin! Man nennt diese hier angedeutete grammatische Kategorie des Verbums übrigens *Aspekt*.

Jetzt kommt die Überraschung: Ausgerechnet diesen Aspekt, den wir vielleicht als einen »Nebenaspekt« beim Problem der Verbalformen bezeichnen würden, haben die slawischen Sprachen zu einem Zentral- und Angelpunkt ihres Verbalsystems gemacht. Zum Glück (für den Lernenden) werden nur zwei Aspekte unterschieden (man könnte sich ja noch mehr ausdenken): der *perfektive* und der *imperfektive*. Nimmt man das wörtlich, so heißt es: Die eine Gruppe von Formen weist auf Vollendung, Abgeschlossensein, Ergebnis des Geschehens; die andere auf nicht Abgeschlossenes, Unvollendetes, noch im Gang Befindliches; oder sie sieht von diesem Problem »vollendet oder nicht« ab, läßt diese Frage offen. Der erstere, perfektive Aspekt hat im Slawischen einen etwas anderen Einschlag: er besagt in erster Linie, daß das Geschehen insgesamt tatsächlich stattgefunden hat (und berührt sich damit, in seinem Sinn, mit unserem Indikativ in der Zeitform des Perfekts), daß es komplett stattgefunden hat, also mit Anfang, Dauer und Ende, und damit auch zu einem Ergebnis geführt hat.

perfektiv/ imperfektiv

Zwei Verben für eine Tätigkeit

Der Nichtslawe findet die Hauptschwierigkeit darin, daß es – in der Regel – für eine Tätigkeit nicht ein Verbum gibt, sondern zwei (jedes mit komplettem Formenkatalog): das eine für den imperfektiven, das andere für den perfektiven Aspekt. Die beiden Verben können einander ähnlich sehen, sie können sich durch eine Vorsilbe unterscheiden, es kann sich aber auch um zwei ganz verschiedene Wortstämme handeln. Ähnlich sind z. B. die beiden Verben (russ.) давать [davạt'] und дать [dat']. Beide heißen »geben«. Das erste ist das imperfektive Verb, besagt also etwa: gerade beim Geben (Austeilen, Ausgeben) sein. Das zweite ist das perfektive Verb. Es »blickt« auf den Abschluß des

Gebens, gewissermaßen auf den Besitzerwechsel des als Gabe dienenden Gegenstandes. Eingeschobenes ва ist immer ein Hinweis auf Imperfektivität, Iterativität, »Auf-dem-Wege-Sein«.

Bei der Wahl zwischen beiden Formen kann das eben Gesagte nur eine vorläufige Richtschnur sein. Das genauere Rezept lautet etwa so:

Wähle das imperfektive Verbum, wenn du zum Ausdruck bringen willst, daß die Handlung noch nicht zum Abschluß gekommen ist (deutsch etwa: »er ist noch beim Diktieren«); daß die Handlung hier ohne jeden Blick auf ihr Vollendetsein (oder das Gegenteil) angesprochen wird (deutsch etwa: »man trägt wieder Hüte«); daß die Handlung lange dauert (deutsch etwa: »sie schläft und schläft«); daß die Handlung häufig oder regelmäßig wiederholt wird (»er hüstelt dauernd«).

Wähle dagegen die perfektive Verbform, wenn du ausdrücken willst, daß die Handlung abgeschlossen ist (»er hat Medizin studiert«); daß die Handlung zu einem Ergebnis geführt hat (»das Gebäude ist abgebrannt«); daß es sich um einen bestimmten Einzelfall handelt (etwa: »dieses Mal hat er gewonnen«). Das klingt kompliziert und läßt sich sicher nicht aus Regeln oder als Regel lernen, sondern durch Einübung, Erwerb von Sprachgefühl.

Aber – dieser Einwand muß jetzt kommen: der Russe (diesen als Beispiel genommen) kann doch nicht darauf verzichten, neben dem Aspekt, wenn er ihn denn wirklich für so wichtig hält – auch die zeitliche Relation des Geschehens zum Ausdruck zu bringen! Er kann doch nicht offen lassen, ob etwas in der Vergangenheit geschehen ist, heute, jetzt geschieht, oder in Zukunft geschehen wird? Das kann sich eine Sprache freilich nicht leisten, und so muß man also neben dem Aspekt, nein, für jeden der beiden Aspekte, auch Tempusformen haben.

Für den Leser, der anfängt, wegen dieser Kompliziertheit auf die slawischen Sprachen herabzublicken, möchte ich darauf hinweisen, daß viele Sprachen in ihren Verbalsystemen Lücken und Inkonsequenzen aufweisen. Das Englische z. B. hat streng genommen keine Formen für das Futurum, es muß sie mit *shall* und *will* bilden, was doppeldeutig ist, weil diese Verben zugleich auch »sollen« bzw. »wollen« bedeuten. Das Deutsche unterscheidet nicht scharf zwischen Präsens und Futurum; wir sagen »Ich fahre morgen nach Kassel« und verwenden so die Präsensform zur Bezeichnung einer zukünftigen Handlung.

Ein Vergleich mit dem Deutschen

Die Lösung, die die slawischen Sprachen (nicht alle in derselben Weise) hierfür gefunden haben, will ich, weil dieser Abschnitt schon zu lang gerät, nur noch an einem einzigen Beispiel andeuten: Als perfektives Verbum könnte man im Deutschen »abreisen« bezeichnen. Es hebt den Abschluß einer Handlung, deren Ergebnis, hervor. Braucht man für dieses Verb eigentlich ein Präsens? Sage ich »er reiste ab«, so wird klar, daß es sich um eine abgeschlossene Handlung handelt und daß der Abschluß schon eine Zeitlang zurückliegt. Sage ich: »ich reise ab« - wie wird man das verstehen? In den seltensten Fällen wörtlich so, daß ich just in diesem Moment (etwa da der Zug anfährt) diese Handlung vollziehe, fast jeder wird es als eine Absichtserklärung oder als ein Futurum verstehen: »ich reise (sofort, alsbald) ab« = »ich werde (sofort, alsbald) die Abreise antreten«. Ich benutze hier das Präsens, der Ton der Aussage liegt aber auf dem in (naher) Zukunft eintretenden Ergebnis, daß ich nicht mehr hier bin. So könnte man folgern: Ein perfektives Verb, im Präsens gebraucht, bezeichnet die Zukunft. Und genau dieses Verfahren haben (neben anderen Verfahren wie der Heranziehung von Hilfsverben) die slawischen Sprachen benutzt.

Keltische Sprachen
Verbreitung einst und jetzt

Wollte man, soweit die heutigen Kenntnisse das erlauben, eine Sprachenkarte des eurasischen Kontinents zeichnen, die den Zustand vor dreitausend Jahren zeigt, so würden die slawischen Sprachen, die heute nach der Zahl ihrer Sprecher wie vor allem nach der Größe des Gebiets, in dem sie herrschen, eine führende Position einnehmen, nur in einem Gebiet bescheidenen Umfangs auftreten. In krassem Gegensatz dazu die *keltischen* Sprachen! Sie haben eine entgegengesetzte Entwicklung durchgemacht. In einem Gebiet, das von Irland und Britannien im Westen über Frankreich, das südliche Deutschland sowie Österreich hinweg bis zum Balkan reicht, wohnten damals Volksstämme, die keltische Sprachen oder Dialekte sprachen. Ja, noch größer war dieses Sprachgebiet, denn nicht nur *Gälisch* für das irische und schottische Keltisch und *Gallien* für das heutige Frankreich sind keltische Namen, sondern auch der Name der Provinz *Galicia* im Nordwesten Spaniens (nicht aber des polnisch-russischen *Gali-*

zien); im Neuen Testament tritt uns der keltische Stamm der *Galater* in Kleinasien entgegen.

Heute leben keltische Sprachen nur noch in kleinen Gebieten – Rückzugsgebieten, möchte man sagen.

Was ist heute noch lebendig?

Keltisch sind das *irische Gälisch,* dem es allerdings trotz nachdrücklicher Förderung durch die Regierung in Dublin nicht gelungen ist, das Englische aus dem irischen Alltag zu verdrängen; das *schottische Gälisch;* der aussterbende, *Manx* genannte Dialekt der Insel Man, das *Kymrische* in Wales und das *Bretonische* in der Bretagne; das dem letzteren eng verwandte *Kornisch,* einst in Cornwall gesprochen, ist Ende des 18. Jahrhunderts ausgestorben. Nur Irland hat eine keltische Sprache als Staatssprache. Die Philologen unterscheiden *kontinentales* und *Insel*keltisch; das *Bretonische* gehört dabei zum Inselkeltischen, denn es ist (wie der Name sagt) in Britannien entstanden und dann erst durch Wanderung um 500 n. Chr. auf den Kontinent verpflanzt worden. Die Zahl der Sprecher für alle heute noch lebenden keltischen Sprachen und Dialekte dürfte unter zwei Millionen betragen.

Keltische Flur- und Ortsnamen sind erhalten, und der Spaten des Archäologen fördert allmählich, z. B. in Bayern, reicheres Material zutage und enthüllt ein Bild jener Völker, die bei ihrer ersten Berührung mit den vordringenden Germanen diesen vermutlich kulturell überlegen wa-

Ein Wegweiser in Irland zeigt alle Namen in Gälisch (oben) und Englisch (unten); auch der Laie erkennt, daß die gesprochenen Wörter ähnlich klingen.

ren, dann aber im Laufe der Zeit die Sprachen der römischen und germanischen Eroberer angenommen haben.

Überlieferung

Das Festlandskeltische, gesprochen u.a. von den Galliern der Römerzeit, ist fast nur durch Inschriften überliefert, die großenteils aus Eigennamen bestehen; diese Sprachen sind daher in Wortschatz und Aufbau weitgehend unbekannt.

Keltisch: Kymrisch-englische Erinnerungstafel an einem Aquädukt, das einen Kanal über den Fluß Dee nahe der Grenze zu Wales leitet.

Die auf dem Festland gesprochenen keltischen Idiome sind bereits in den ersten nachchristlichen Jahrhunderten untergegangen. Des Apostels Paulus Brief an die Galater, einen in Kleinasien wohnenden Volksstamm keltischen Ursprungs, wurde knapp 400 Jahre nach seiner Abfassung von dem Bibelübersetzer Hieronymus kommentiert. Dabei bemerkt er, bei den Galatern werde (noch) eine Sprache benutzt, die der in Trier gesprochenen sehr ähnlich sei. Da der Heilige sowohl bei den Galatern wie in Trier gewesen ist, kommt seinem Zeugnis einiges Gewicht zu.

Die *Keltologie* ist also im wesentlichen auf das Inselkeltische angewiesen, denn für das Irische ist eine reiche Literatur überliefert, die allerdings erst einsetzt, als das Festlandskeltische schon erloschen oder am Erlöschen war. Man unterscheidet die Periode der *Ogham*-Inschriften, so genannt nach ihrer merkwürdigen Schrift, die aus Punkten und Strichen besteht, um eine horizontale Mittellinie gruppiert, und die in Irland, Wales und Schottland benutzt wurde; die Periodisierung geht weiter mit *Altirisch* (600–900), *Mittelirisch* (900–1200) und *modernem* oder *Neuirisch* (seit 1200). Britische Missionare brachten im 5. Jahrhundert das lateinische Alphabet nach Irland, das bald an die Stelle der alten Schrift trat, obwohl es für die phonetischen Besonderheiten des Irischen schlecht geeignet ist.

Lehnwörter und Fremdeinflüsse

Die unglückliche Geschichte des irischen Volkes zeigt immer neue Wellen von Eroberung und Fremdherrschaft. Skandinavier (Wikinger), die als erste auf irischem Boden Städte gründeten, haben zum Irischen Lehnwörter beigesteuert, die das städtische Leben betreffen und daneben vor allem ihre eigentliche Domäne, die Seefahrt. Anglo-Normannen haben Wörter aus den Bereichen des Kriegswesens, der Baukunst, der Verwaltung geliefert. Als die Engländer in Irland Fuß faßten und es vom 17. Jahrhundert an ganz unterwarfen, wurde der Einfluß des Englischen beherrschend. In der Osthälfte Irlands verdrängte es das Irische; im Westen hielt sich dieses, doch die meisten seiner Sprecher beherrschten Englisch als zweite Sprache. Eine Volkszählung im Jahre 1857 ergab, daß von rund sechs Millionen Einwohnern nur 1,5 Millionen Irisch als Muttersprache angaben, und unter diesen waren nur 300000, die Irisch als einzige Sprache beherrschten. Die Bestrebungen, die eigene Sprache wieder zu beleben und sich auf diesem Gebiet der englischen Übermacht zu entziehen, gingen mit dem Streben nach politischer Unabhängigkeit parallel. Als die Unabhängigkeit erlangt war (1921), wurde das Irische staatlich gefördert; es wird in den Schulen gelehrt, seine Kenntnis wird von den Beamten verlangt. Straßenschilder und ähnliches sind in beiden Sprachen abgefaßt. Im Zeitalter des Massenverkehrs und der Massenmedien hat sich der Einfluß des Englischen jedoch eher wieder verstärkt, und es dürfte nur noch wenige Iren geben, die nur Irisch sprechen und überhaupt kein Englisch verstehen.

Eigenarten

Die keltischen Sprachen haben gemeinsam ein kompliziertes phonetisches System; Präpositionen, die flektiert werden können (im Deutschen sind sie unveränderlich); verschiedene Konjugationstypen, deren Verwendung sich nach dem Satzzusammenhang richtet; schließlich die sogenannte Anlautsmutation: der Konsonant, mit dem ein Wort beginnt, wechselt je nach Zusammenhang. So bedeutet (walisisch) *tad* »Vater«, *fy nhad* »mein Vater«, *ei dad* »sein Vater«, *ei thad* »ihr Vater«.

Diese Eigenheiten machen die Sprache für Ausländer sehr schwer erlernbar, und da man in ganz Irland, ebenso in Wales, sich englisch verständigen kann – ebenso wie in der Bretagne französisch – lernen auch tatsächlich ganz wenige Ausländer diese interessanten Sprachen kennen.

Albanisch
Verbreitung

Diese Sprache gilt als selbständiger Zweig des indogermanischen Sprachstamms. Gesprochen wird sie heute von über 5 Millionen Menschen, hauptsächlich in Albanien, doch gibt es eine *albanisch* sprechende Volksgruppe in Makedonien und im Gebiet von Kosovo, das politisch seit langem unruhig ist; kleinere albanische Sprachinseln gibt es in Italien (Abruzzen, Apulien, Kalabrien, Sizilien), in verschiedenen Teilen Griechenlands, ferner in Rumänien, Bulgarien und in der Republik Moldawien.

Dialekte, Schrift

Man unterscheidet zwei Dialekte, die sich im Wortschatz und auch in grammatischer Hinsicht deutlich unterscheiden: das *Gegische* im Norden, das *Toskische* im Süden Albaniens. Das heutige Standard-Albanisch, *Elbanesisch* genannt, beruht auf einer Kombination der beiden Dialekte. Das Albanische wird seit 1908 in lateinischen Schriftzeichen geschrieben, vorher wurde (außer dem lateinischen) zeitweise das griechische Alphabet benutzt, auch das arabische sowie, leicht verändert, das glagolitische, das ich bei den slawischen Sprachen erwähnt habe.

Dokumentation

Die Sprache ist erst seit dem 15. Jahrhundert schriftlich überliefert, ältestes Dokument ist eine Taufformel. Eigene Literatur gibt es seit dem 17. Jahrhundert; sie entfaltete sich, solange Albanien türkisch beherrscht war, vorwiegend in den albanischsprachigen Gebieten Italiens. Sie stand bis zur Erlangung der albanischen Unabhängigkeit (1912) großenteils im Dienst der nationalen Befreiungsbewegung.

Eigenart

Der Wortschatz erweist das Albanische als Mischsprache. Zu seinen Erbwörtern weist es Lehnwörter aus dem Griechischen, Lateinischen, Italienischen, Türkischen und aus slawischen Nachbarsprachen auf. In seinem Bau hat es ebenfalls Gemeinsamkeiten mit Nachbarsprachen wie dem Bulgarischen, Serbischen, auch Rumänischen und Neugriechischen. Die Wissenschaft spricht geradezu von einer Gruppe der *Balkansprachen*, deren Erforschung sich ein eigener Zweig der philologischen Wissenschaften, *Balkanologie* genannt, widmet: eine Gruppierung, die nicht auf (abstammungsmäßiger) Verwandtschaft beruht, sondern auf gemeinsamen Zügen, z. B. im Satzbau, die sich offenbar in langer Nachbarschaft durch gegenseitige Beeinflussung entwickelt haben. Auch das Neugriechische kann man zu dieser Gruppe rechnen.

Armenisch
Überlieferung und Verbreitung

Nochmals eine Einzelsprache wie Albanisch (und Griechisch), nicht ein Bündel von Sprachen wie Slawisch, Germanisch, Romanisch, als eigenständiger Zweig des Indogermanischen! Schriftlich ist das Armenische seit 400 n. Chr. bezeugt; die ältesten Dokumente enthalten Zitate aus vorchristlicher Zeit, so daß die Ausbildung der Sprache viel früher angesetzt werden muß.

Das armenische Volk wird manchmal dem jüdischen verglichen, weil es über viele Länder verstreut lebt und fast nie eine Heimat in einem selbständigen armenischen Nationalstaat besessen hat. Eine der furchtbaren Verfolgungen, die die Armenier während des Ersten Weltkriegs in der Türkei erlitten haben, hat Franz Werfel durch seinen Roman »Die vierzig Tage des Musa Dagh« in westlichen Ländern bekannt gemacht.

Epochen des Armenischen

Nach dem *Altarmenischen,* der Sprache der ältesten erhaltenen Bibelübersetzung (404), das noch lange nach seinem Erlöschen als Gelehrtensprache weiterbestanden hat; nach dem *Mittelarmenischen* (etwa 12.-18. Jahrhundert) hat sich vom 19. Jahrhundert ab das *Neuarmenische* herausgebildet, von dem heute zwei Varianten unterschieden werden: ein östlicher Zweig, *Neuostarmenisch* genannt, gesprochen in der Republik Armenien (früher Armenische SSR), die auch von Auslandsarmeniern als ihr kulturelles Zentrum angesehen wird (Universität und Akademie der Wissenschaften in der Hauptstadt Eriwan), sowie von armenischen Minderheiten in Aserbaidschan und Georgien, im Iran und in Indien. Das *Neuwestarmenische* lebt noch im Nahen Osten, vor allem in der Türkei, dazu unter den verstreuten Armeniern, die in europäischen Ländern (u. a. in Paris) und in Übersee leben - soweit sie nicht der Assimilation an ihre Gastländer anheimgefallen sind. Das gesprochene Armenisch hat zahlreiche Dialekte; zwischen der östlichen und der westlichen Schriftsprache sind die Unterschiede dagegen gering.

Die armenische Schrift

Das Armenische hat eine eigene Schrift, die ein ehrwürdiges Alter aufweist. Im Jahre 406 schuf der christliche Missionar Mesrop, in Anlehnung an ein in Nordpersien geläufiges Alphabet, das er durch einige Vokalzeichen ergänzte, diese bis heute nur wenig veränderte Schrift von ausgeprägtem Charakter. Die Schreibrichtung kehrte er um, so daß die Armenier seither von links nach rechts schreiben. Die Buchstabenfolge entspricht in etwa der griechischen.

Die Zugehörigkeit des Armenischen zur indogermanischen Familie erkannte 1837 der deutsche Orientalist

---

Որովհետև Աստուած այնպէս սիրեց աշխարհքը
որ իր միածին Որդին տուաւ. որ ամէն նորան հաւա-
տացողը չ՛կորչի, այլ յաւիտենական կեանքն ունենայ։

Die armenische Schrift in einer modernen ostarmenischen (u. a. in der Armenischen SSR verwendeten) Version.

Zugehörigkeit Petermann. Er und andere Forscher hielten es allerdings für eine Schwestersprache des Iranischen, wegen seiner zahlreichen Lehnwörter aus dieser Sprache, die sie nicht als solche erkannten. Seit Ende des 19. Jahrhunderts (Hübschmann, 1897) ist das Armenische als selbständiger Zweig der Familie anerkannt. Im Wortschatz sind viele Wörter aus dem indogermanischen Erbe bewahrt und auch für den Laien erkennbar, sofern er einige regelmäßig auftretende Lautverschiebungen beachtet. So ist armenisch *hair* als »Vater« zu erkennen, wenn man weiß, 1. daß [t] zwischen zwei Vokalen im Armenischen regelmäßig ausgefallen ist, und 2., daß ursprüngliches [p] im Armenischen zu [h] geworden ist: So ist *hink,* das Zahlwort für fünf, mit dem griechischen *pente* eines Stammes.

In seinen Formen hat sich das Armenische weit vom System des Ur-Indogermanischen fortentwickelt. Es kennt z. B. – wie das Türkische – kein grammatisches Geschlecht. Überhaupt steht das heutige Armenisch dem Türkischen näher als den Sprachen, die – wie das Griechische und Lateinische – annähernd den Formenreichtum bewahrt haben, den das Sanskrit aufweist.

Tocharisch
Entdeckung

Dieser vor tausend Jahren erloschene Zweig des Indogermanischen ist erst Ende des 19. Jahrhunderts von der Forschung entdeckt worden. Gesprochen wurde das Tocharische in der Nordhälfte von Chinesisch-Turkestan. Das *Tarim-Becken* gilt seitdem als östliche Begrenzung des indogermanischen Sprachgebiets. Dort wurden ab 1890 Manuskripte in dieser Sprache gefunden; deutsche Expeditionen ab 1903 brachten einen Teil des Materials nach Berlin, französische einen anderen Teil nach Paris.

Die Manuskripte waren in einer indischen Silbenschrift, *Brahmi* genannt, geschrieben. Zwei deutsche Orientalisten, Sieg und Siegling, fanden 1908 heraus, daß es sich um zwei Dialekte einer Sprache handelte; man nannte sie provisorisch *Tocharisch A,* das im östlichen Teil Turkestans gesprochen wurde, und *Tocharisch B* für den westlichen Teil.

Die erhaltenen Dokumente stammen aus der Zeit von 500 bis 700 n. Chr. Im Dialekt A sind sie im wesentlichen religiösen Inhalts: Übersetzungen oder freie Nachschöpfungen buddhistischer Schriften. Im Dialekt B sind auch weltliche Texte erhalten, z. B. medizinische, auch Aufzeichnungen über Karawanen.

Charakter der Sprache

Die weitere Forschung, an der Friedrich Hrozný einen maßgeblichen Anteil hatte (ich habe ihn beim Keilschrifthethitischen erwähnt) hat klargemacht, daß es sich um eine indogermanische Sprache handelt. Das wird vor allem am Konjugationssystem der Verben deutlich, während die Deklination der Substantive Einflüsse einer Sprache völlig fremden Typs erkennen läßt. Der Wortschatz enthält viele Lehnwörter aus dem Türkischen, Persischen sowie Sanskrit.

Bestimmte Grundwörter dokumentieren aber ebenfalls die Zugehörigkeit zum indogermanischen Sprachstamm, z. B.

Vergleichstabelle

Tocharisch A	Tocharisch B	Griechisch	Deutsch
pācar	*pācer*	*pate̱r*	Vater
mācar	*mācer*	*mate̱r*	Mutter
por	*puwar*	*pyr*	Feuer
ku	*ku*	*kyon*	Hund
tkum	*kem*	*chthon*	Erde

Kentum- und Satemsprachen

Lange Zeit hindurch hatte die Sprachwissenschaft die indogermanischen Sprachen in zwei Hauptgruppen eingeteilt, eine östliche und eine westliche. Als Unterscheidungskriterium diente das Zahlwort »hundert«. Die östliche Gruppe nannte man *Satemsprachen* - das Zahlwort für 100 heißt im Sanskrit *satám*, avestisch *satem*. Die westliche Gruppe wurde *Kentumsprachen* genannt nach dem lateinischen Zahlwort *centum*, im klassischen Latein [kęntum] gesprochen.

Zur Satem-Gruppe gehören die indischen, iranischen, slawischen, baltischen Sprachen, dazu Armenisch. Zur Kentum-Gruppe gehören Griechisch, Latein (mit den anderen italischen Sprachen), die keltischen und die germanischen Sprachen. Und nun zeigte sich, daß das Tocharische offenbar, obwohl im äußersten Osten des indogermanischen Sprachgebiets beheimatet, zu den Kentum-Sprachen gerechnet werden muß: Tocharisch A hat *känt*, Tocharisch B *känte*, auch *kante* für »hundert«. Die Gliederung in die beiden genannten Gruppen hat seither an Unterscheidungskraft und Bedeutung verloren.

Der Name »Tocharisch«

In einem zweisprachigen Dokument, einer Bilingue, bezeichnen die Sprecher (bzw. Schreiber) dieser Sprache sie selbst als *tochar(isch)*. Das wirkte verwirrend, weil die Historiker den Namen »Tocharer« für ein Volk, vermutlich indogermanischer Sprache, benutzen, das nach chinesischen Quellen im 2. Jahrhundert v. Chr. nach China eindrang und dort ein Reich begründete. Aller Wahrscheinlichkeit nach sind diese »echten Tocharer« mit den auf Grund ihrer Sprache so genannten »Pseudo-Tocharern« nicht identisch.

Substratforschung

Ich erwähnte, daß das Tocharische, vor allem bei der Deklination, Einflüsse einer Sprache erkennen läßt, die mit ihm nicht verwandt ist und auch einen gänzlich anderen Bautypus zeigt. Diese Erkenntnis hat einen der Anstöße gegeben für eine Forschungsrichtung, die man *Substratforschung* nennt (*Substrat* = »darunterliegende Schicht«). In einer recht gewagten, weil ganz allgemeinen Form wurde die Grundthese schon 1894 von Hermann Hirt ausgesprochen: »... die großen Dialektgruppen« (d. h. die Zweige) »der indogermanischen Sprache erklären sich in der Hauptsache aus dem Übertragen der Sprache der indogermanischen Eroberer auf die fremdsprachige unterworfene Bevölkerung ...« In dieser generellen Form – daß das Indogermanische sich in seine Zweige aufgespalten habe, weil die Indogermanen bei ihrer Ausbreitung auf ganz unterschiedliche Völker und Sprachen trafen, deren Einfluß umgestaltend gewirkt hat: in dieser generellen Form ist die These nicht bestätigt worden. Sie hat aber Anlaß zu fruchtbaren Diskussionen gegeben, so z. B. über den Einfluß der vorgriechischen (d. h. vor der Einwanderung der griechischen Stämme in das heutige Griechenland dort herrschenden, meist *pelasgisch* genannten) Sprachen auf das Griechische; ebenso über den Einfluß einer hamitischen Unterschicht auf das spätere Irisch. Diese Forschungsrichtung gewinnt wertvolle Anhaltspunkte aus den Namen von Bergen, Flüssen, Orten, Landschaften, welche sich häufig mit ihrem Kern durch verschiedene übereinandergelagerte Sprachschichten hindurch behaupten.

Anatolische Sprachen

Hier möchte ich mich kurz fassen, weil die Gruppe nur ausgestorbene Sprachen umfaßt und weil ich einige der wichtigsten schon früher erwähnt habe.

Umfang dieses Begriffs

Der Begriff *anatolische Sprachen* (auch *kleinasiatische;* die Bezeichnungen decken sich, wie auch *Kleinasien* und

Anatolien dasselbe Gebiet bezeichnen) wird in unterschiedlichem Sinne verwendet. Stets aber bezieht er sich nur auf die Vergangenheit, nämlich die Zeit, bevor Griechen und Römer nach Kleinasien kamen, also auf das zweite vorchristliche Jahrtausend und Teile des ersten. Die Sprachen, die seither dort gesprochen wurden und werden, besonders auch das heutige Türkisch *(Türkeitürkisch)* sind nicht eingeschlossen.

Der weitere Begriff umfaßt alle Sprachen, die in dem genannten Zeitraum in Kleinasien lebten - ohne Rücksicht auf ihre Zugehörigkeit zu einer Sprachfamilie. Der engere Begriff meint nur die indogermanischen Sprachen des damaligen Kleinasien; ausgeschlossen bleiben dann die Sprachen, die vor dem Eindringen indogermanischer Völker in diesem Raum (das ziemlich vage ab 2000 v. Chr. angesetzt wird) dort gesprochen wurden; sie wurden dann überlagert und haben sicher längere Zeit als Substratsprachen weitergelebt und die Sprachen der Einwanderer beeinflußt. Das *Prohattische* - nicht indogermanisch - hat bei den Hethitern als Kultsprache weitergelebt.

Bei der engeren Verwendung des Begriffs steht das *Hethitische* im Zentrum dieser Gruppe (sowohl das in Keilschrift wie das in Bilderschrift geschriebene, vgl. Erstes Kapitel); nach diesem und dem ihm nahestehenden *Luwischen* wird die Gruppe neuerdings auch *hethitisch-luwische Sprachen* genannt. *Lykisch* und *Lydisch,* ebenfalls im Ersten Kapitel gestreift, gehören neben weiteren kaum bekannten Sprachen zu dieser Gruppe, nicht dagegen die Sprache der Galater, die - wie erwähnt - zum keltischen Zweig gehört, ebensowenig das Armenische. Manche Forscher bringen das Etruskische, das wahrscheinlich aus Kleinasien stammt, mit dieser Gruppe in engere Beziehung, doch konnte sich diese Ansicht bisher nicht durchsetzen.

Schlußbemerkung
Illyrisch

Von den Sprachen, die zu den indogermanischen gezählt werden, aber keinem der hier behandelten Hauptzweige zuzuordnen sind, will ich lediglich das *Illyrische* nennen, das an Hand von Orts- und Personennamen sowie weniger Inschriften als indogermanisch identifiziert wurde. Die Illyrer siedelten im Nordwesten der Balkanhalbinsel sowie in Unteritalien, und zwar, wie Ausgrabungen zeigen, im 5. und 4. Jahrhundert v. Chr.; im 1. Jahrhundert v. Chr. wurden sie von den Römern endgültig unterworfen.

VIERTES KAPITEL

Griechisch – Wiege unserer Kultur

Geschichte
Homer und Hesiod

Für den heutigen Menschen, soweit er nicht gerade Historiker oder Altphilologe ist, bezeichnen wohl der Dichter Homer und seine Werke den Anfang, das früheste Aufblühen der griechischen Kultur, die später zur Grundlage der abendländischen Zivilisation geworden ist. Homers Lebenszeit wird von der Forschung mit »8. Jh. v. Chr.« angegeben. Über seine Person gibt es nur Legenden aus späterer Zeit, keine unmittelbaren Zeugnisse. Mehrere Städte streiten um die Ehre, Geburtsort des Dichters zu sein. Er soll auf Chios gewirkt haben und auf Ios begraben sein. Daß Homer blind gewesen sei, ist vielleicht auch nur Legende; Bildnisse aus späterer – klassischer und hellenistischer – Zeit stellen ihn allerdings als Blinden dar. Erhalten sind nur seine beiden Werke; über ihren Verfasser, der ganz hinter dem Berichteten zurücktritt, geben sie so gut wie keinen Aufschluß.

Die Homerische Frage

Seit der deutsche Philologe Friedrich August Wolf in seinem 1795 erschienenen Buch *Prolegomena ad Homerum* die These aufstellte, die beiden Epen seien erst im 6. Jahrhundert aus Einzelgesängen verschiedener Dichter zusammengefügt worden, die bis dahin mündlich überliefert worden waren, ist die sogenannte »Homerische Frage« immer wieder aufgebrochen: Hat es einen Dichter namens *Homeros* (was wörtlich »Bürge« oder »Geisel« bedeutet) überhaupt gegeben? Und wenn ja, ist er der Verfasser beider Werke – oder vielleicht nur des einen von beiden?

Die Ilias

Die *Ilias* ist das älteste vollständig erhaltene Großepos und damit der Beginn der abendländischen Literatur, der Titel ist abgeleitet von der griechischen Benennung der Stadt Troja: *Ilios* oder *Ilion.* Das Werk umfaßt 16000 *Hexameter* (sechsfüßiger Vers); es schildert den zehnjährigen Krieg um Troja, der mit der Vernichtung der Stadt endet, genauer einen 51 Tage umfassenden Ausschnitt aus dem letzten Kriegsjahr, und zwar auf zwei Ebenen, der menschlichen - Achill und Hektor sind hier die wichtigsten Helden - und der der Götter; beide Berichte sind eng verknüpft.

Die Odyssee

Das zweite Werk, die *Odyssee,* hat etwa drei Viertel der Länge der Ilias und schildert die Irrfahrten des Odysseus. Die Handlung spielt etwa zehn Jahre nach dem Fall Trojas. Die Anfangsworte der Odyssee klingen jedem, der irgendwie mit der griechischen Sprache zu tun hatte, lebenslang im Ohr:

Ἄνδρα μοι ἔννεπε, Μοῦσα, πολύτροπον, ὃς μάλα πολλὰ/πλάγχθη, ἐπεὶ Τροίης ἱερὸν πτολίεθρον ἔπερσε.

Das klingt etwa so: *ạndra moi ẹnnepe, mu̱sa, poly̱tropon họs mala pọlla/plạnchte, epe̱i̱ troie̱s hierọn ptolie̱tron epẹrse.*

Als betont angezeichnet sind hier die Silben, die beim herkömmlichen Schulunterricht durch Betonung den Rhythmus des Hexameters markieren sollen, eine Sache, über die die alten Griechen vermutlich den Kopf geschüttelt hätten.

Übersetzt man den Satz, ohne jeglichen poetischen Ehrgeiz, in heutiges Alltagsdeutsch, so besagt er: »Den Mann nenne mir, Muse, den vielgewandten, der recht viel herumgetrieben wurde, nachdem er Trojas heilige Stadt zerstört hatte.«

Hesiod

Hesiod, der zweite große Dichter der Frühzeit, soll um 700 v. Chr. gelebt haben; er ist als Person besser faßbar, weil seine Werke Aufschlüsse über seine Lebensgeschichte geben. Als wichtigstes Werk gilt die *Theogonie* (»Entstehung der Götter«), auf der viele unsere Kenntnisse über die Mythen und Göttersagen der Vorzeit beruhen; ferner die *Erga,* meist als »Werke und Tage« übersetzt, ein Lehrgedicht über rechten Lebenswandel und über die Landarbeit.

Älteste Anfänge

Würde unser Wissen vom Griechischen erst mit Homer und Hesiod einsetzen, so könnte diese Sprache auf das ehrwürdige Alter von bald dreitausend Jahren zurückblikken und wäre damit die einzige Sprache in Europa, deren Entwicklung sich durch zweieinhalb Jahrtausende auf Grund schriftlicher Zeugnisse lückenlos verfolgen läßt.

Die Anfänge sind jedoch viel früher anzusetzen. Heute wird angenommen, daß diese Sprache bereits um 2000 v. Chr. auf griechischem Boden ausgebildet war. Darauf deuten vor allem die Inschriften, welche die kretisch-mykenische Kultur der Nachwelt hinterlassen hat. Sie stammen etwa aus dem 15. Jahrhundert v. Chr. und geben, wenn sie auch mit fremdartigen Schriftzeichen niedergeschrieben sind, doch Wörter eines archaischen Griechisch wieder – dies ist jedenfalls die wissenschaftlich noch nicht ganz unumstrittene Deutung der sogenannten Linearschrift B (vgl. hierzu Erstes Kapitel). Die Träger dieser Sprache sollen früh im 2. Jahrtausend v. Chr. aus dem Norden nach Griechenland eingedrungen sein. Sie kamen bereits vor 1500 in Berührung mit der Insel Kreta und mit Kleinasien.

Eine neue große Wanderungswelle, »Dorische Wanderung« genannt, hat im 12. Jahrhundert v. Chr. stattgefunden. Zu dieser Zeit hatten Griechen bereits die Ägäis überquert und ihre Inseln besiedelt, an der kleinasiatischen Westküste, auf Rhodos, Zypern, an der Küste Syriens Siedlungen begründet. Bald darauf gründeten sie auch Siedlungen in Unteritalien und rings um das Schwarze Meer.

Was war vorher?

Die über Jahrhunderte hinweg schubweise ein- und nach Süden vordringenden griechischen Stämme fanden schon eine einheimische Bevölkerung vor, die in antiken Quellen oft mit dem Namen *Pelasger* bezeichnet wird. Nach der Sage soll ihr Stammvater Pelasgos, Sohn des Zeus und der Niobe, seinem Volk die Anfänge des Ackerbaus beigebracht haben. Wissenschaftlich ist über diese »vorgriechische« Bevölkerung und ihre Sprache so gut wie nichts Sicheres bekannt. Es gibt im Griechischen eine Reihe von Wörtern, Namen vor allem, die nicht griechischen Ursprungs sein können. Dazu gehören z. B. die Namen *Korinthos, Parnassos, Hymettos* (Berg bei Athen), auch das berühmte *thalassa* (»das Meer«, Nebenform *thalatta*) und das Verbum κυβερνάω [kybernao], das »regieren, steuern« bedeutet und das sowohl im englischen *government* (frz. *gouvernement*) wie in dem Wort »Kybernetik« weiterlebt, das Norbert Wiener geprägt hat. Solche Wörter sind offenbar aus einer vorgriechischen Sprachschicht übernommen worden. Ob dieses sprachliche Substrat eine dem Griechischen völlig fremde, nichtindogermanische Sprache gewesen ist oder vielleicht ein selbständiger, längst verschollener Zweig des Indogermanischen – oder ob gar beides vorhanden war und sich vermischt hatte, ist unsicher und wird es wohl für immer bleiben.

»Griechen« und »Hellenen«

Ich habe oben das Wort »vorgriechisch« in Anführungszeichen gesetzt, um darauf aufmerksam zu machen, daß die Menschen, von denen hier die Rede ist, sich selber keineswegs als »Griechen« oder ähnlich bezeichnet haben. Wahrscheinlich haben sie sich nur Achaier, Ionier usw. genannt und die Einheit ihrer Sprache und Kultur, wenn schon empfunden, nicht in einem gemeinsamen Namen zum Ausdruck gebracht. Das deutsche Wort »Griechen« geht auf das lateinische Wort *graeci* zurück, mit dem die Römer zusammenfassend alle griechischen Stämme bezeichneten; dieses soll auf einen Stamm im Nordwesten Griechenlands zurückgehen, dessen Angehörige sich *graikoi* nannten und mit dem die Römer zuerst in Berührung kamen. Wenn das zutrifft, handelt es sich um denselben Vorgang, nach dem die Franzosen uns *allemands* nennen, nach dem ihnen am nächsten wohnenden deutschen Stamm der Alemannen. So haben auch die Perser des Altertums die Griechen *yauna* genannt, was von »Ionier« abgeleitet ist.

Die Bezeichung »Hellenen« als Inbegriff ihrer nationalen Identität, welche die Griechen bis heute beibehalten, haben sie wahrscheinlich allmählich angenommen, als ihre ausgedehnte Kolonisation sie mit zahlreichen fremden Völkern in Kontakt und ihnen damit ihr Gemeinsames zum Bewußtsein brachte. »Hellenen« ist ursprünglich der Name eines kleinen Stammes gewesen.

Von der Dialektvielfalt zur Koine

Von einer einheitlichen griechischen Sprache kann man in der Frühzeit und auch im Jahrhundert Homers noch nicht sprechen. Es herrschte vielmehr eine Vielfalt von Dialekten, verwirrend für den rückschauenden Historiker, verwirrend vielleicht auch schon für die damals lebenden »Griechen«, wenn der Handel oder religiöse Feiern größeren Ausmaßes Angehörige verschiedener Stämme zusammenführten. Da viele Dialekte aus erhaltenen Inschriften der Forschung gut bekannt sind, läßt sich mutmaßen, daß die Sprecher dieser verwandten Dialekte sich mehr oder weniger gut oder mühsam haben verständigen können, etwa so, wie wenn heute Bayern, Franken, Schwaben, Nieder- und Obersachsen zusammenträfen und jeder nur – mangels einer verbindenden Hochsprache – seinen heimatlichen Dialekt redete.

Nach den Namen der drei Hauptstämme, der Aiolier, Dorier und Ionier, werden auch die Dialekte in Gruppen eingeteilt. Grob gesprochen nehmen die *aiolischen* Dialekte den Norden, die *dorischen* den Süden Griechenlands und seiner Inselwelt ein; der *ionische* Bereich liegt dazwischen eingebettet. Das Verstreutsein der Griechen über fast den ganzen Mittelmeerraum hat sicher dazu beigetragen, daß sich divergierende Entwicklungen verstärkten.

Die Sprache Homers, die ihrem Charakter nach eher eine durchgeformte Kunstsprache darstellt als einen bäuerlichen Dialekt, gehört dem ionischen Sprachkreis an, und dem ionischen Zweig ist auch das Attische zuzurechnen, die Sprache der Athener, die mit dem politischen und kulturellen Aufstieg der Stadt überlokale Bedeutung erlangte, zuerst in der Literatur, bald aber auch im öffentlichen Leben, besonders als die makedonischen Könige und die ihnen folgenden Diadochen das Attische zu ihrer Amts- und Hofsprache machten. So wurde das Griechische in der Form, die es nun gewonnen hatte - attische Grundlage mit Beimischungen aus benachbarten Dialekten - im Zeitalter des *Hellenismus* zur gemeinsamen Sprache der östlichen Welt (griech. *koine:* »die gemeinsame«, zu ergänzen: »Sprache«). *Hellenismus,* ein von dem deutschen Historiker Droysen geprägter Ausdruck, bezeichnet das auf Alexanders Eroberungszüge folgende Zeitalter, in dem Griechentum und Orient einander durchdringen.

Hellenismus

In dieser gemeingriechischen Sprache ist das Neue Testament des Christentums niedergeschrieben.

Das Alphabet

Bevor wir die griechische Sprache näher ins Auge fassen, wenden wir uns der Schrift zu, der sich die Griechen zu ihrer Aufzeichnung bedient haben.

Die Erfinder

Das semitische Volk der *Phönizier (Phoiniker)* hat sich vor dem Jahre 2000 v. Chr. am östlichen Küstensaum des Mittelmeers angesiedelt und von hier aus jahrhundertelang im ganzen Mittelmeerraum die führende Rolle als Seefahrer- und Handelsvolk gespielt. Phönizische Siedlungen entstanden auf Sardinien, auf Sizilien und vor allem in Nordafrika (u. a. Karthago). Diesem Volk ist mit der Erfindung der Buchstabenschrift eine der folgenreichsten Erfindungen der Menschheitsgeschichte gelungen. Nachdem die Phönizier sich in ihrer Frühzeit zeitweise einer Hieroglyphenschrift ähnlich der ägyptischen, zeitweise einer Keilschrift bedient hatten, entstand um 1100 v. Chr. bei ihnen ein neuer Typ der Schrift: die Buchstabenschrift, die nicht mehr Begriffsinhalte in bildhaften Zeichen, auch nicht Silben festhält, sondern jedem gesprochenen Laut ein Schriftzeichen zuzuordnen strebt. Allerdings haben die Phönizier dabei nur die Konsonanten berücksichtigt. Jedes ihrer 23 Zeichen stellt einen Konsonanten dar. Die Vokale werden in der Schrift nicht berücksichtigt; es ist dem Leser zu überlassen, sie sinngemäß zu ergänzen, etwa so, wie wenn wir abgekürzt »Kln« für »Köln«, »Mnchn« für »München« schreiben. Die heutigen semitischen Alphabete, also das arabische und das wiedererweckte hebräische, verfahren im Prinzip ebenso.

Die Übernahme

Diese Zeichen sind, ziemlich sicher im 11. Jahrhundert v. Chr., von den Griechen übernommen und von da an zur Aufzeichnung ihrer eigenen Sprache benützt worden.

An der Tatsache dieser Übernahme kann kein Zweifel bestehen. Für sie spricht nicht nur die unübersehbare Ähnlichkeit der Zeichen – jedenfalls von der phönizischen zur archaisch-griechischen Form; später haben sich die Formen allmählich gewandelt. Dafür sprechen die Bezeichnungen der Buchstaben: phönizisch *aleph, beth, gimel, daleth* ... griech. *Alpha, Beta, Gamma, Delta* ... (daher unser Wort »Alphabet«). Aus dem Griechischen auch unsere Redensart »Das A und das O« im Sinne von »der Anfang und das Ende«, denn das *A (Alpha)* steht am Anfang, das *O (Omega)* am Ende des griechischen Alphabets. (Der Satz stammt aus der Offenbarung St. Johannis, die in griechischer Sprache geschrieben wurde.)

Aber das ist ein Vorgriff, denn zunächst gab es das *O* noch nicht. Es gehört zu den wenigen Zeichen, durch die die Griechen, um den Erfordernissen ihrer Sprache Rechnung zu tragen, die übernommene Zeichenfolge ergänzt haben: *Phi, Chi, Psi* und *Omega.*

Für die Übernahme spricht vor allem auch die übereinstimmende Reihenfolge der Zeichen in den beiden Alphabeten.

Ich übergehe zahlreiche Umwege und Sonderentwicklungen und berichte nur die wichtigste Änderung, die die Griechen vorgenommen haben: vier phönizische Zeichen brauchten die Griechen nicht, weil die diesen entsprechenden phönizischen Laute im Griechischen nicht vorkamen. Da es ihnen unpraktisch erschien, die Vokale beim Schreiben auszulassen (und sie spielen in der Tat im Griechischen eine tragende Rolle), ernannten sie diese vier Zeichen zu Vokalzeichen. So kommt es, daß die Vokale auch noch in unserem heutigen Abc, das auf dem Wege über die

Zeichen phöniz.	Zeichen archaisch-griechisch	Zeichen klass.-griech.		Benennung	Lautwert (Aussprache) klass.-griech.	Bemerkung
		Großbuchstabe	Kleinbuchstabe			
𐤀	𐌀 A	Α	α	*Alpha*	[a]	Im Phöniz. konsonantisch
𐤁	𐌁 Ᏸ ߀	Β	β	*Beta*	[b]	
𐤂	𐤂 Γ 𐌂	Γ	γ	*Gamma*	[g]	
𐤃	𐌃	Δ	δ	*Delta*	[d]	
𐤄	𐌄 E	Ε	ε	*Epsilon*	[ε]	Im Phöniz. [h]
𐤆	𐌆	Ζ	ζ	*Zeta*	[ts]	
𐤇	𐌇 H	Η	η	*Eta*	[ε:]	Im Phöniz. ch-Laut
𐤈	⊕ ⊗ ⊙	Θ	ϑ	*Theta*	[th]	
𐤉	𐌉 ʢ ≀ I	Ι	ι	*Iota*	[i]	Im Phöniz. jotiert
𐤊	𐌊 K K	Κ	κ	*Kappa*	[k]	
𐤋	𐌋 Λ Λ	Λ	λ	*Lambda*	[l]	
𐤌	𐌌 M	Μ	μ	*My*	[m]	
𐤍	𐌍 N N	Ν	ν	*Ny*	[n]	
𐤎		Ξ	ξ	*Xi*	[ks]	Im Phöniz. [s]
𐤏	O C	Ο	ο	*Omikron*	[ɔ]	Im Phöniz. konsonantisch
𐤐	𐌐 Γ	Π	π	*Pi*	[p]	
𐤑	𐌑					Ein s-Laut
𐤒	Φ 𐌒					Lautwert [kv], hieraus lat. q
𐤓	𐌐 P 𐌓	Ρ	ρ	*Rho*	[r]	
𐤔		Σ	σ ς	*Sigma*	[s]	Im Phöniz. [ʃ]
𐤕	T Y	Τ	τ	*Tau*	[t]	
𐤅	V Y Y	Υ	υ	*Ypsilon*	[y]	Im Phöniz. [v]
	↓	Φ	φ	*Phi*	[f]	
		Χ	χ	*Chi*	[x]	
		Ψ	ψ	*Psi*	[ps]	
	⊙ O	Ω	ω	*Omega*	[ɔ:]	

Vom phönizischen zum griechischen Alphabet

Römer von dem griechischen Alphabet abstammt, recht willkürlich über das Ganze verteilt sind.

Besonderheiten

Um einen griechischen Text lesen zu können, genügt es nicht, die Buchstaben und ihren Lautwert zu kennen. Einige Besonderheiten sind zu beachten:

1. Einmal muß man die im Griechischen vorkommenden Diphthonge und ihre Aussprache kennen. Es sind:

αι *(Alpha + Iota)*, gesprochen wie ai in deutsch »Mai«; anstelle dieses Diphthongs erscheint bei griechischen Lehnwörtern im Lateinischen und daran anschließend im Deutschen ein ä: griech. παιδᾰγωγός, dt. »Pädagoge«.

αυ *(Alpha + Ypsilon)*, gesprochen wie au in deutsch »Pause«. Anmerkung: Ursprünglich wurde das υ wie unser u gesprochen; aus dieser Zeit stammt die Aussprache dieses Doppellautes; später setzte sich die Aussprache des υ als ü-Laut durch.

ει *(Epsilon + Iota)*, gesprochen etwa wie der Diphthong in amerikanisch *Maine* [mɛɪn].

οι *(Omikron + Iota)*, gesprochen wie deutsch eu in »Eule«; anstelle dieses Diphthongs erscheint in unseren Lehnwörtern ö: griech. Κροῖσος, dt. »Krösus«.

ου *(Omikron + Ypsilon)*, gesprochen u; als das Ypsilon wie ü gesprochen wurde, schrieb man den einfachen u-Laut mit diesem Doppelzeichen.

ευ *(Epsilon + Ypsilon)* und ηυ *(Eta + Ypsilon)*, beide (wie auch οι) etwa wie deutsches eu, äu zu sprechen.

υι *(Ypsilon + Iota)*, zu sprechen [yi] etwa wie in französisch *huile*.

2. Die langen Vokale *Alpha* [aː], *Eta* [ɛː], *Omega* [ɔː] (*O mega* heißt wörtlich »großes O«) sind sprachgeschichtlich ehemalige Diphthonge. Gewissermaßen zur Erinnerung daran erhalten sie ein »untergeschriebenes *Iota*«, lat. *iota subscriptum*. Beispiel: τραγῳδία »Tragödie«; das kommaartige Strichlein unter dem *Omega* ist das *iota subscriptum*. Damit die Sache etwas schwerer wird, wird dieses Zeichen bei Großbuchstaben links oben neben diese gesetzt.

3. Für den Laut [h] ist kein Zeichen im Alphabet, weil das phönizische Zeichen *H*, das den Lautwert [h] hatte, zum Vokal *Eta* umfunktioniert wurde. Da aber der Laut [h] im gesprochenen Griechisch, jedenfalls dem Attischen, vorkommt, mindestens am Wortanfang, markiert man das *h* durch ein Zeichen, das lateinisch *spiritus asper* (»rauher Hauch«) genannt wird. Es sieht aus wie eine kleine, nach

rechts geöffnete Klammer (geschichtlich ist es ganz anders entstanden). Beispiel: ἡ [hɛ:], der *spiritus* wird über den Vokal gesetzt. Bei Großbuchstaben wird er aber vorangestellt Ἡ [hɛ:]. Endlich beim Diphthong: da steht er über dem zweiten Vokal: υἱός [hyiọs] »Sohn«.

Der *spiritus asper* wird auch bei dem Buchstaben *Rho* (ρ) hinzugefügt, weil das [r] »behaucht« gesprochen wurde.

Beginnt das Wort mit einem Vokal, ohne daß ein [h] davor zu sprechen ist, so könnte man den *spiritus* einfach fortlassen. Tatsächlich wird dann aber ein anderes Zeichen gesetzt, der *spiritus lenis* (lat. »sanfter Hauch«). Er ist das Gegenbild zum *spiritus asper*. Beispiel Ἐν und ἐν, beides zu sprechen [ɛn]. Deshalb Ῥώμη »Rom«, ῥήτωρ »Rhetor, Redner«; die Schreibung mit rh haben wir in vielen Fremdwörtern griechischen Ursprungs bis heute beibehalten: »Rheuma«, »Rhododendron«, »Katarrh«, »Rhythmus«. Es gibt Wörter, die sich nur durch die Art des vorgesetzten *spiritus* unterscheiden, wie ὄρος [ọrɔs] »Berg«, dagegen ὅρος [họrɔs] »Grenze«.

Wie schrieben die Griechen?

Die Griechen schrieben Zeile unter Zeile, jeweils von links nach rechts – genau wie wir – aber nicht von Anfang an! Die ältesten Inschriften zeigen noch eine Zeilenführung von rechts nach links oder auch eine sehr anschaulich *bustrophedon* genannte Zeilenführung – nach Art eines Ochsen, der beim Pflügen nach jeder Furche umkehrt –: eine Zeile linksläufig, die nächste rechtsläufig usw. Auch dies geht auf das ursprüngliche phönizische Vorbild zurück.

Die Kunst des Schreibens verbreitete sich im ganzen griechisch besiedelten Gebiet und drang auch ins einfache Volk ein – obwohl es keine öffentlichen Schulen gab, sondern nur private Unterweisung, die im allgemeinen den Kindern vornehmer oder wohlhabender Eltern vorbehalten blieb. Doch finden sich griechische Inschriften bereits aus der Zeit vor 600 v. Chr. auf einer der Kolossalfiguren in Abu Simbel am oberen Nil; sie stammen von griechischen Söldnern, die im Dienst des damaligen ägyptischen Königs standen, und sie demonstrieren, daß diese einfachen Soldaten schreiben konnten, wenn auch ungelenk. Keineswegs aber war Schreiben und Lesen damals schon Gemeingut großer Bevölkerungskreise – das war auch bei den Römern nicht der Fall, auch noch nicht im europäischen Mittelalter.

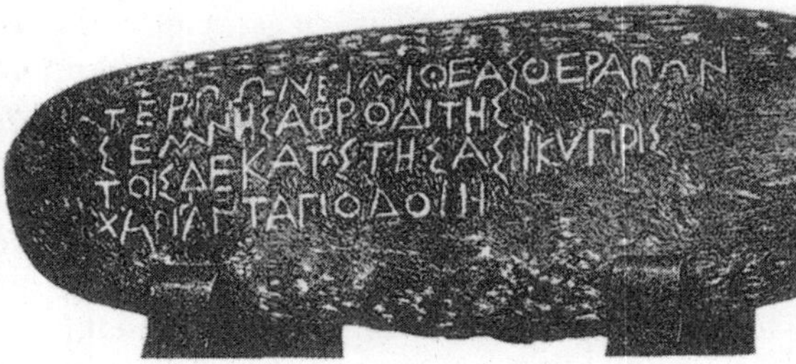

Griechische Schrift: Die Inschrift zeigt die ursprüngliche, nur aus Großbuchstaben bestehende Form; sie läuft von links nach rechts.

Man schrieb zunächst ausschließlich in Großbuchstaben, die unverbunden nebeneinander gesetzt wurden. Erst als – in späthellenistischer Zeit – mehr und mehr geschrieben wurde, und zwar auf Pergament, entwickelten sich Schreibstile, die den Bedürfnissen des Schreibens mit der Hand entgegenkamen: erst abgerundete Buchstabenformen, schließlich die Kleinbuchstaben. Die Versalien blieben für Satzanfänge und Eigennamen gebräuchlich, auch für Inschriften (wie heute). Jedenfalls hätten Plato oder ein Dichter der klassischen Zeit ihre Werke, so wie sie heute gedruckt werden, nicht lesen können.

Die Buchstaben wurden zunächst einfach aneinandergereiht, ohne Wortzwischenräume. War die Zeile voll, ging es auf der nächsten weiter, ohne Rücksicht auf Wörter oder Silben. Auch Satzzeichen (Interpunktion) kannte man ursprünglich nicht. Erst in hellenistischer Zeit kamen Punkt und Komma in Gebrauch, ungefähr in der heutigen Verwendung. Als Fragezeichen diente dagegen unser Semikolon (;). Anführungs- und Ausrufezeichen existierten nicht.

Die gesprochene Sprache

Griechischer Wohlklang

Wenden wir uns jetzt zu einigen Eigenheiten des Griechischen, so ist an erster Stelle sein (für unser Ohr) außerordentlich schöner Klang zu nennen. Er beruht in erster Linie auf der Fülle der Vokale und Diphthonge. Es kommt vor, daß ein Wort nur einen Konsonanten aufweist, aber drei oder vier Vokale: οἰκίαι [ɔiki̯ai] »Häuser«, noch schöner ἀοιδιάω [aoidiao̯] »ich singe«.

Goethe hat während einer Italienreise einer Sitzung der *Congregatio de propaganda fide* in Rom beigewohnt; diese vom Papst ins Leben gerufene Körperschaft »zur Verbreitung des Glaubens« hat wohl Anlaß zum Aufstieg des Wortes »Propaganda« bis zu seiner heutigen Allmacht gegeben. Goethe berichtet unter dem 10. Januar 1787, wie junge Männer, Besucher eines Priesterseminars, aus verschiedenen Ländern stammend, jeder einen Text in ihrer jeweiligen Muttersprache rezitieren, arabische, hebräische, türkische, persische, armenische, äthiopische Laute ertönen. Dann tritt ein junger Grieche auf. Goethe: »Das Griechische aber klang, wie ein Stern in der Nacht erscheint.« (*Alt*griechisch wird es freilich nicht gewesen sein.)

Natürlich kann man beliebig lange darüber streiten, welche Sprache »schön« klinge. Eine objektive Rangordnung kann es da nicht geben. Jede Sprache ist ein in sich wohlgeordnetes System, sie ist insofern vollkommen oder, um ein Wort Rankes abzuwandeln, das auf die Epochen der Weltgeschichte gemünzt war: Jede ist und spricht »unmittelbar zu Gott«. Wer allerdings einmal Joseph Stalin hat Russisch sprechen hören (das allerdings nicht seine Muttersprache war), wird zugeben, daß es doch verschiedene Grade des Wohlklangs gibt.

Wie sprachen die Athener?

Können wir uns, wenn wir die oben gegebenen Hinweise für den Lautwert der griechischen Buchstaben, für die Aussprache der Diphthonge und für die Bedeutung einiger Hilfszeichen beherzigen, nun vorstellen, wie die alten Griechen gesprochen haben, wie ihre Sprache aus ihrem Munde geklungen hat?

Die Frage muß etwas eingeschränkt werden. Wir sehen ab von den zahlreichen Dialekten und blicken nur auf das Zentrum Athen. Wir lassen Frühzeit und spätere Entwicklungen beiseite und denken an das »klassische Zeitalter« der griechischen Kultur, also das 5. und 4. Jahrhundert v. Chr. Von diesen beiden Jahrhunderten wird üblicherweise das 5. als das »Goldene Zeitalter« bezeichnet, denn ihm gehören die großen Dichter Aischylos [a̲i̲sxylɔs] (so in griechischer Form, bei uns oft in der lateinischen Form Aeschylus [ɛ̱ʃylus]), Sophokles, Euripides, Aristophanes an. Das 4. Jahrhundert bringt politisch schon einen Niedergang Athens, doch wirken gerade in diesem die großen Denker Platon und Aristoteles. Schließlich müssen wir unsere Frage noch auf die Sprache des gebildeten Atheners einschränken, in der Annahme, daß sie dem geschriebenen Griechisch nahekam, während das einfache Volk damals wie immer und überall seine eigenen Redeweisen hatte.

Auch unter diesen Einschränkungen ist die Frage nicht einfach zu beantworten, vor allem nicht mit der Formel: Sie sprachen so, wie es bei uns im humanistischen Gymnasium gelehrt wird. Der wichtigste Grund hierfür liegt in der verschiedenen Art, zu betonen oder beim Sprechen Akzente zu setzen.

Was heißt »Akzent?«

Hier muß ich notgedrungen eine klärende Einschaltung machen, weil der deutsche Sprachgebrauch beim Wort *Akzent* durchaus mehrdeutig ist:

1. »Er spricht sehr gewandt Deutsch, wenn auch mit deutlichem amerikanischem Akzent«: Hier meint das Wort eine Sprechweise, die durch eine andere Sprache, in der Regel die Muttersprache des Sprechenden, *gefärbt* ist.

2. »In dem Wort ›Einbruchsdiebstahl‹ liegt der Akzent auf der ersten Silbe«: Hier meint das Wort den verstärkten *Ton*, mit dem wir eine Silbe vor den anderen hervorheben. Diese Art der Betonung ist im Deutschen sehr ausgeprägt, in anderen Sprachen, z. B. dem Französischen, so gut wie überhaupt nicht.

3. Vergleichen Sie die beiden Sätze »Du hast geschlafen.« und »Du hast geschlafen?« in bezug auf die Satzmelodie. Im zweiten Fall, beim Frageton, heben wir die Stimme bei »schlaf« merklich an. Dieser *Satzakzent* (*musikalische* Akzent) ist von dem unter 2. genannten zu unterscheiden, denn in beiden Sätzen ist das [a] von »geschlafen« der betonte Vokal.

4. »Im Französischen gibt es verschiedene Arten des e-Lautes ([e, ɛ, ə]), die in der Schrift durch einen Akzent über dem *e (é, è, ê)* oder sein Fehlen bezeichnet werden«: Was hier im Sprachgebrauch *Akzent* heißt, sollte man genauer und besser *diakritisches Zeichen* (zu einem Vokal) nennen.

Die Sprechweise der alten Griechen

Ich spreche von *Akzent* jetzt im Sinne von Ziffer 2 und kehre zu unserer Frage zurück. Wir betonen eine Silbe, indem wir sie lauter, mit größerer Schallfülle, mit Emphase sprechen. Die Griechen hoben dagegen die Silbe, die den Hauptton trug, nicht durch Verstärkung hervor, sondern durch eine höhere Tonlage (ähnlich wie wir es tun, um den Frageton auszudrücken). Es ist für uns beinahe unmöglich, das nachzuahmen; wir werden immer wieder in unsere Sprechweise zurückfallen. Sachkenner sagen, das heutige Litauische habe eine ähnliche Weise des Akzentuierens, doch was nützt das dem, der nicht Litauer sprechen hören kann?

Übrigens läßt sich diese griechische Eigenart sogar an der Geschichte des Wortes »Akzent« demonstrieren: »Akzent« entspricht dem lateinischen *ad-cantus,* wörtlich »das

Dazugesungene«; die Römer haben den griechischen Fachausdruck προσῳδία [prɔsɔdia], abgeleitet von *prosodos* »mitsingend«, genau übersetzt (sogenannte *Lehnübersetzung*); daher stammt unser mindestens dem Literaturwissenschaftler geläufiges Fachwort *Prosodie*, was soviel wie Vortragsweise, Sprachmelodie, präziser »Lehre von der metrisch-rhythmischen Behandlung der Sprache« bedeutet.

Musikalisch

Der musikalische, fast »gesungene« Charakter des klassischen Griechisch wird noch deutlicher, wenn man erfährt, daß die Griechen einen Hochton, einen geschwungenen (erst steigenden, dann wieder abfallenden) und einen Tiefton kannten. Das weiß man so genau, weil die Sprachgelehrten und Grammatiker der späteren (hellenistischen und byzantinischen) Zeit Zeichen eingeführt haben, die diese Unterschiede im Schriftbild bezeichnen: der Akut, der etwa wie ein französischer *accent aigu* aussieht (´), bezeichnet den Hochton (wörtlich den »scharfen«). Der Gravis (`) bezeichnet den Tiefton, und der Circumflex bezeichnet den steigend-fallenden Ton. Er sieht aus wie eine Tilde (˜), nicht wie der französische *accent circonflexe*. Wenn ich auf eine überraschende Mitteilung mit einem erstaunten und gedehnten »so-o?« reagiere, verwende ich einen »Akzent«, der nicht dem griechischen gleicht, aber mindestens auch durch eine Wellenlinie symbolisiert werden kann.

Diese Hilfszeichen für die Betonung werden in allen heute gedruckten altgriechischen Texten als Hilfe für den Leser mitgedruckt, auch wenn sie zur Entstehungszeit des Textes noch ganz unbekannt waren.

Noch in anderer Hinsicht ist die griechische Sprechweise für uns fremdartig. Der Hauptton kann im Griechischen stets nur auf einer der letzten drei Silben eines Wortes liegen, und nicht selten liegt er auf der letzten Silbe, was bei uns häufig in Wörtern fremder Herkunft wie »Operati*o*n«, »Philosoph*ie*« vorkommt. Diese Akzentverteilung trug zu dem melodischen Klang des Griechischen bei.

Es gibt noch weitere Eigentümlichkeiten, wie z. B. die Tatsache, daß der Akzent sich auf die Intonation von Silben auswirken kann, die der tontragenden Silbe benachbart sind, ja auch auf benachbarte Wörter – doch ich breche hier ab, weil ich nicht alle Einzelheiten berichten, sondern nur den Blick – oder besser: das Gehör – auf bestimmte klangliche Eigenarten des Griechischen lenken wollte.

Der Sprachtypus des Griechischen

Das Griechische gehört seinem Typus nach ganz eindeutig zu den flektierenden Sprachen: Die Beziehungen eines Wortes zu anderen Wörtern, mit denen es im Satz zusammentrifft, werden durch Veränderungen am Wort selbst ausgedrückt (Deklination, Konjugation), und zwar so, daß bestimmte Formelemente (Morpheme), die die Bedeutung verändern, zum Wortstamm treten und mit diesem verschmelzen, wobei der Stamm selbst auch Veränderungen erleiden kann. Diesem Typus hat die postulierte indogermanische Ursprache eindeutig angehört, er ist am besten bewahrt - außer im Altgriechischen - im Lateinischen, unter den lebenden Sprachen im Litauischen, abgeschwächt im Russischen und Neugriechischen, stärker abgeschwächt noch aufzufinden in praktisch allen Zweigen dieses Sprachstammes.

Aus der Deklination des Substantivs - es gibt drei verschiedene Deklinationen - möge ein einziges Beispiel genügen. Das Wort πόνος *(pǫnos)* bedeutet »Arbeit, Mühsal, Plage«, es ist männlichen Geschlechts und folgt der sogenannten O-Deklination:

Beispiel einer Deklination

Nominativ	ὁ πόνος	*(ho pǫnos)*	»die Arbeit«
Genitiv	τοῦ πόνου	*(tu pǫnu)*	»der Arbeit«
Dativ	τῳ πόνῳ	*(to pǫno)*	»der Arbeit«
Akkusativ	τον πόνον	*(ton pǫnon)*	»die Arbeit«
Vokativ	ὦ πόνε	*(o pǫne)*	»o Arbeit«

Also: Jeder Fall hat eine andere Endung, der Artikel wird ebenfalls dekliniert. Entsprechend ist es im Plural, und wieder entsprechend ist es im *Dual;* denn das Griechische kennt, hierin manchen anderen Sprachen ähnlich, zwischen *Ein*zahl und *Mehr*zahl noch die *Zwei*zahl, entstanden vielleicht aus dem ursprünglichen Gefühl heraus, daß zwei Dinge nicht eines sind, aber auch nicht »mehrere«. Das Deutsche hat für zwei zusammengehörige Dinge den Begriff »Paar«.

Das griechische Verbum

Nicht zuviel Grammatik! Ich verlasse deshalb die Deklination und gehe zu einem anderen Hauptpunkt über.

Hier möchte ich zwei Zitate an den Anfang stellen:

»Die Stärke des Griechischen liegt im Zeitwort.« Aus:

Hans Poeschel, »Die griechische Sprache«, München, 5. Aufl. 1968.

»In seiner Gesamtheit ist das altgriechische Verbalsystem so unregelmäßig, unübersichtlich und unordentlich, daß man dem darin sich offenbarenden Sprachgeist den Vorwurf der Liederlichkeit machen muß. Es wirkt wie ein vielschichtiges, unaufgeräumtes Trümmerfeld, auf dem zum Troste der das Altgriechische Lernenden noch einige unversehrte Tempel stehen.« Aus: »Das Fischer Lexikon«, Band »Sprachen«, von Heinz F. Wendt, Frankfurt/Main 1961.

Das erste Zitat stammt von einem Liebhaber des Griechischen, der es ein Leben lang gelehrt und im Alter dieses Buch geschrieben hat, um seine Liebe anderen mitzuteilen. Das zweite stammt von einem erstklassigen Sachkenner, der ein weitverbreitetes und anerkanntes Nachschlagewerk herausgegeben und zur Gänze selbst verfaßt hat. Wer hat recht?

Fest steht, daß dieses Verbalsystem überaus kompliziert ist. Auch Hans Poeschel braucht von den 348 Textseiten seines Buches, das beileibe kein Lehrbuch und keine Grammatik sein möchte, immerhin rund ein Viertel, um eine Einführung in die Konjugationssysteme zu geben. Die Schwierigkeiten, die sich hier für jeden auftürmen, der diese wunderbare Sprache erlernen möchte, liegen nicht einfach darin, daß es mehrere Konjugationstypen und dazu unregelmäßige Verben gibt, die sich keinem dieser Schemata einordnen. Das haben andere Sprachen auch. Das Griechische hat vielmehr eine viel größere Formenvielfalt, wie sie auch die indogermanische Ursprache hatte, wie sie aber kaum eine heutige Sprache, vielleicht in mancher Hinsicht mit Ausnahme des Litauischen, bewahrt hat.

Medium

Das fängt damit an, daß es neben *Aktiv* und *Passiv* etwas Drittes gibt, *Medium* genannt, womit angedeutet ist, daß es eine Zwischenstellung zwischen Aktiv und Passiv einnimmt. In der Bedeutung entspricht es ungefähr unserem Reflexiv. Es zeigt an, daß eine Handlung sich in irgendeiner Form auf das Subjekt zurückbezieht; das können wir im Deutschen mit dem Reflexivpronomen ausdrücken: »ich wasche« – »ich wasche mich«; im Griechischen gibt es dafür besondere Verbalformen. Das Medium kann auch ausdrücken, daß das Subjekt an der Handlung ein starkes persönliches Interesse hat, etwa »ich täusche« (aktive

Form) - »ich täusche in meinem Interesse«, d.h. »ich lüge« (Medium).

Formen des Verbums

Eine zweite Schwierigkeit ist grundsätzlicher Natur. Unsere Verben haben verschiedene Zeitformen *(Tempora);* mit ihnen wird die Beziehung ausgedrückt zwischen dem Zeitpunkt des Sprechens und dem Zeitpunkt der »angesprochenen« (ein Modewort) Handlung: »ich gehe« = beides geschieht gleichzeitig; »ich ging« = erst Handlung, dann Sprechakt; »ich werde gehen« = erst Sprechakt, dann Handlung, usw. Ist das nicht eine Selbstverständlichkeit?

Andere Sprachen, andere Sitten! Es gibt Sprachen, und zu diesen gehörte das Ur-Indogermanische, in denen diese *Tempora* nicht (oder nicht in erster Linie) Zeitrelationen ausdrücken, sondern die jeweilige *Aktionsart,* die Art und Weise, wie eine Handlung verläuft. Dauert die Handlung an (*durative, progressive* Aktionsart)? Dies drückt man im Englischen besonders aus in der Form *I am smoking,* das heißt: »ich rauche gerade«, oder im Rheinland: »ich bin am Rauchen«. Beginnt die Handlung gerade, setzt sie soeben ein? Diese *ingressive* Aktionsart können wir mit bestimmten Umschreibungen oder Vorsilben gut ausdrükken; so deutet »einschlafen« das Einsetzen des Schlafes an. Ist die Handlung (gerade) abgeschlossen? Diese *(effektive)* Aktionsart können wir auch umschreiben oder mit Vorsilben ausdrücken, etwa »Das Feuer erlischt«. Will ich das Resultat, den Erfolg einer Handlung ausdrücken (*perfektive* Aktionsart)? Das geschieht im Deutschen etwa in der Form »Das Feuer ist niedergebrannt«. Schließlich gibt es die *iterative* Aktionsart, welche eine wiederholt ausgeführte Handlung, ein sich wiederholendes Geschehen bezeichnet. Auch das läßt sich deutlich ausdrücken, etwa mit »er raucht ständig« oder »er pflegt zu reiten«. Im Griechischen (auch im Russischen) gibt es jeweils besondere Verbalformen, die die Aktionsart ausdrücken, und darunter

Aorist

solche wie den berüchtigten *Aorist* (ἀόριστος »undefiniert«), die so vieldeutig und für uns fremd sind, daß wir ihre genaue Funktion kaum präzise definieren können. Der Aorist ist eine Vergangenheitsform mit effektivem (den Handlungsabschluß betonendem) Charakter.

Nach so vielen eher abschreckenden Andeutungen wird es Zeit, daß wir uns wieder den Vorzügen der griechischen Sprache zuwenden.

Vorzüge des Griechischen
Komponierfreudigkeit

Mit dem Deutschen gemeinsam hat das Altgriechische eine außerordentliche Vielseitigkeit und Geschmeidigkeit beim Bilden neuer Wörter, und zwar nicht nur mittels allerlei Ableitungssilben *(Präfixe, Suffixe)* – das können praktisch alle indogermanischen Sprachen –, sondern auch durch das Zusammenfügen von zwei oder auch mehr Wörtern zu einem neuen Wort mit neuer Bedeutung. Anders gesagt, eine große Leichtigkeit in der Bildung von Komposita zeichnet das Griechische aus. Auf dieses Mittel der Wortbildung müssen das Lateinische und seine Abkömmlinge wie auch das Russische im wesentlichen verzichten.

Der Volksgeist oder Sprachgeist, den manche für eine bloße Fiktion erklären, dessen Wirken sich aber doch fast jedem aufdrängt, der sich in Wesen und Werden einer Sprache vertieft, mag wohl für das Griechische und das Deutsche verwandte Züge tragen. Beide Sprachen neigen zu einer Mannigfaltigkeit der Ausdrucksweisen, Nuancen, Verknüpfungen, wie sie dem französischen, nach *clarté* strebenden Sprachgeist eher fremd ist.

Betrachten wir nur den einfachen Fall eines Kompositums aus zwei Bestandteilen. In »Haustür« ist der zweite Bestandteil das *Grundwort:* Es handelt sich um eine Tür; das voranstehende Bestimmungswort »Haus« schränkt das Grundwort ein, bestimmt es näher als »Tür, die den Hauseingang bildet« – im Unterschied zu »Gartentür«, »Wohnungstür«, »Kellertür«, »Küchentür«, »Ladentür«, »Schranktür« – und so fort *ad infinitum,* denn ein neues Kompositum dieser Art kann jederzeit gebildet werden, und kein Wörterbuch der deutschen Sprache ist so komplett, daß alle derartigen Bildungsmöglichkeiten dort verzeichnet sind.

Gemeinsam ist beiden Sprachen, daß fast alle Wortarten als Bestandteile von Komposita auftreten können. Bei uns werden sie – wenn wir von etwas willkürlich manchmal eingeschobenen Fugen-s absehen (»Feuerversicherung«, aber »Feuersbrunst«; heißt es »Einkommensteuer« oder »Einkommenssteuer«?) – einfach aneinandergehängt, während im Griechischen an der Wortfuge allerlei Variationen auftreten können, schon weil der Stamm eines Substantivs nicht mit seinem Nominativ zusammenfällt. So entstehen etwa aus θάλαττα »das Meer« und κράτος »die Kraft«: θαλαττοκρατία »die Seeherrschaft«; aus σύν »zusammen« und ὁδός »der Weg«: σύνοδος (unter Weg-

Beispiele für Komposita

fall des [h]) »die Zusammenkunft«; daraus unser Wort »Synode«; aus πέντε »fünf« und ἆθλον »Kampf«: πένταθλον »der Fünfkampf«; »Pentathlon« verwenden wir auch im Deutschen ebenso wie »Biathlon«; aus εὖ »gut, wohl« und dem Stamm von γένος »Geschlecht«: εὐγενής »wohlgeboren«; daraus der Name »Eugen«, auch unser Wort »Eugenik«.

In einem Fall haben altgriechische Wortbildungen durch Homer-Übersetzungen den Weg ins Deutsche gefunden. Besonders Johann Heinrich Voss, dessen Übersetzung am populärsten geworden ist, hat in seinem Bestreben, dem griechischen Urbild möglichst nahezubleiben (er schreibt ja auch in Hexametern, einer der deutschen Sprache nicht ohne sanfte Gewalt aufzuzwingenden Versform) - Voss also hat Wörter wie »männermordend« oder »rosenfingerig« (die Morgenröte ist gemeint) gebildet, Adjektive also, die aus einem Substantiv und einer Verbalform (z. B. Partizip) bestehen und früher bei uns kaum vorkamen. Goethe hat das nachgeahmt, Klopstock versteigt sich gar zu »ruinenentflohenen« Männern, und heute haben wir eine ganze Menge solcher Komposita.

Wortungetüme

In einer komponierfreudigen Sprache kann man spielerisch das Zusammenleimen von Wörtern zu wahren Ungetümen betreiben. Die Wiener kennen den »Donaudampfschiffahrtsgesellschaftskapitän«. Die Griechen hatten ebenfalls Spaß an solchem Spiel. Hierfür zwei Beispiele, die ich Hans Poeschel verdanke.

1. Aus einem im übrigen verschollenen Theaterstück des Pratinos, eines Tragödiendichters, ist das Adjektiv λαλοβαρυπαραμελορυθμοβάτης *(lalobaryparamelorytmobates)* überliefert, es bedeutet etwa »lästig, geschwätzig und den Rhythmus verletzend«.

2. Noch imponierender ist ein Wortungetüm aus einer Komödie des Aristophanes. Es umfaßt 78 Silben:

… λοπαδοτέμαχος σελαχογαλεο-
κρανιολειψανοδριμυποτριμματο-
σιλφιοπαραομελιτοκατακεχυμενο-
κιχλεπικοσσυφοφαττοπεριστερα-
λεκτρυονοπτεκεφαλλιοκιγκλοπε-
λειολαγωοσιραιοβαψητραγαν-
οπτερύγων.

Der Vokalreichtum des Griechischen verleiht selbst einem solchen Bandwurmwort Wohlklang.

In der Übersetzung Ludwig Seegers heißt dieses kulinarische Kabinettstück:

»Austernschneckenlachsmuränen-
Essighonigrahmgekröse-
Butterdrosselnhasenbraten-
Hahnenkammfasanenkälber-
Hirnfeldtaubensiruphering-
Lerchentrüffelngefüllte Schüssel.«

Guten Appetit!

Präpositionen

Das deutsche Verbum kann vielfältige Zusammensetzungen eingehen, etwa mit einem Substantiv (»Fahrschule«), mit einem Adjektiv davor (»festhalten«, »bereithalten«). Das griechische Verbum kann sich nur mit Präpositionen verbinden, auch mit mehreren. Die meisten griechischen Präpositionen können eine örtliche, eine zeitliche und eine übertragene Bedeutung annehmen, ähnlich die deutschen, vgl. »auf« in örtlicher Bedeutung: »Die Uhr liegt auf dem Tisch«; in zeitlicher: »Auf Regen folgt Sonnenschein«; in übertragener: »Ich baue auf dein Versprechen«. Vielleicht haben sich die drei Bedeutungen in dieser Abfolge allmählich herausgebildet?

Ich möchte hier einige wichtige Präpositionen in Form einer Übersicht bringen, weil sie allesamt heute im Deutschen fortleben:

ἀμφί [amfi̥] »um ... herum«, vgl. »Amphitheater« (verwandt mit lat. *ambo* »beide«; vgl. »ambivalent«).

ἀνά [anḁ] »auf, hinauf«; vgl. »Analyse« (»Auflösung«). Anmerkung: Die meisten Fremdwörter, die mit an- beginnen, haben nicht diese Vorsilbe zum Bestandteil, sondern die verneinende Vorsilbe ἀν [an], die dem lateinischen *in-* entspricht (inaktiv) und dem deutschen un- (»ungehorsam«); Beispiele: »anorganisch«, »Anämie«.

ἀντί [anti̥] »gegenüber, angesichts«; vgl. »Antithese«, »Antagonist«.

ἀπό [apọ] »von ... her, ab«; vgl. »Apostel« (»Abgesandter«), »Apokalypse«.

διά [diḁ] »durch«; vgl. »Diameter« (wörtl. »Durchmesser«).

ἐν [ɛn] »in«; vgl. »Energie« aus *en* und *ergon* »Werk«.

ἐπί [ɛpi̥] »an, nach«; vgl. »Epilog« (»Nachwort«).

κατά [katḁ] »herab, hinab«; vgl. »Katarakt«, »Katastrophe«.

μετά [metą] »nach … hin«; vgl. »Metaphysik«, »Meteor«, »Methode« (*hodos* »der Weg«, »Methode« = »der Weg zu etwas, zum Ziel«), »Metamorphose«.

περί [pεrį] »um … herum, wegen«; vgl. »Peripherie«, »Periskop«.

ὑπέρ [hypęr] »über … hinaus«; vgl. »Hyperbel«, »Hypertrophie«.

ὑπό [hypǫ] »von, unter«; vgl. »Hypothek«, »Hypotenuse«, »Hypotonie« (»Unterblutdruck«).

Ein Blick auf griechische Namen

Das Thema Eigennamen paßt in diesen Zusammenhang, weil diese häufig Zusammensetzungen darstellen, auch weil nicht wenige griechische Namen bei uns fortleben.

Um mit dem Höchsten zu beginnen: Mit *theos* »Gott« sind gebildet »Theodor (os)« (»Gottesgeschenk«) mit den zahlreichen Nebenformen »Theodora«, »Thea«, aber auch »Dorothee« mit den Nebenformen wie »Dora«, »Dorrit«; ferner »Theophil(os)« (»Freund Gottes«), ins Deutsche übertragen im Zeitalter pietistischer Frömmigkeit als »Gottlieb«; Mozart hatte als zweiten Taufnamen nach Wolfgang »Theophil«, änderte das später unter italienischem Einfluß in »Amadé«; die lateinische Entsprechung »Amadeus« hat er kaum benutzt.

Griechisch ist der Name »Philipp(os)«, »der Pferdefreund« (zu *hippos* »Pferd«) mit Parallelformen in fast allen Sprachen: frz. *Philippe,* ital. *Filippo* (daraus *Pippo*), span. *Felipe,* ungar. *Fülöp.*

Mit *nike* »Sieg« ist gebildet »Nikolaus«, aus *margarithes* »Perle« wurde »Margarethe« mit den zahllosen Ableitungen wie »Gitta«, »Greta«, »Margret«, »Maret«, »Maggy«, »Rita« u. a.

Die Silbe *-kles* deutet auf Ruhm, Ehre: »Themisto*kles*«; Sopho*kles* hat seinem Namen »berühmt durch Weisheit« wahrhaft Ehre gemacht.

Noch mehr Vorzüge
Ausdrucksfähigkeit, Geschmeidigkeit

Je besser ausgebaut die Flexion einer Sprache, desto mehr Freiheit kann sie der Anordnung der Wörter im Satz gewähren. Folgerichtig erlaubt das verzweigte Verbalsystem des Griechischen mit seinen zahllosen Formen, auch Partizipien, deren es viel mehr gibt als die kümmerlichen zwei des Deutschen, eine freie Wortstellung, wie sie fast immer auch noch durch Übersetzungen altgriechischer

Texte ins Deutsche hindurchklingt. Das griechische Partizip kann dekliniert und konjugiert werden, es kann einen ganzen Nebensatz ersetzen oder regieren. Dies, im Verein mit dem Vorhandensein zahlreicher Partikeln, erlaubt einen kunstvollen Bau von ineinandergeschachtelten Haupt- und Nebensätzen mit Infinitiv- und Partizipialkonstruktionen, ein freies und - in Meisterhand - kunstvolles Aufbauen vielschichtiger sprachlicher Gebilde und Perioden.

So ist das Altgriechische nicht nur eine der schönsten Sprachen, sondern zugleich in der Zeit seiner höchsten Blüte, im klassischen Zeitalter Athens, eine der reichsten. Dem Philosophen wie dem sprachschöpferischen Dichter stellt sie eine unglaubliche Vielfalt, feinste Differenzierung und Nuancierung zur Verfügung. In fast allen Literaturgattungen haben die Griechen Vorbilder geschaffen, die nachfolgende Zeiten günstigenfalls erreichen, kaum aber übertreffen konnten: in der öffentlichen Rede, im Dialog, im Epos, in Tragödie und Komödie, in Brief und Gedicht, Anekdote und Epigramm.

»Die Griechen« - so der britische Philologe Gilbert Murray - »haben eine Sprache geschaffen, die in erstaunlichem Maße fähig ist, den verschiedensten Ausdrucksweisen des Menschengeistes gerecht zu werden. Exaktheit in der Prosa, Zauber und Leidenschaft in der Poesie, die Verbindung von Genauigkeit und bohrendem Fragen, die das Wesen der Philosophie ausmacht, die raffinierten oder deftigen Späße der Komödie, welche die Menschen noch nach zweitausend Jahren zum Lachen bringen. Wie kam das zustande, durch bewußte Anstrengung oder durch Zufall? Eines ist klar: der Reichtum an Flexionsmöglichkeiten gibt dem Sprechenden die Möglichkeit, die Wörter im Satz mit viel Freiheit anzuordnen und damit eine Akzentuierung und eine Eindringlichkeit zu erreichen, die den beugungslosen Sprachen verwehrt ist«. *(Greek Studies)*

Kürze und Prägnanz

Wer Griechisch nur aus Übersetzungen kennt, etwa solchen Homerscher Verse oder platonischer Dialoge oder historischer Berichte, z. B. des Thukydides, der hat vielleicht den Eindruck einer gewissen Weitschweifigkeit erhalten. Dem ist aber entgegenzuhalten, daß das Griechische auch einer beachtlichen Kürze und Prägnanz fähig war, hierin dem Lateinischen ähnlich. Dies möchte ich an einigen Beispielen zeigen; ohne diesen Punkt wäre mein Ruhmeslied auf diese Sprache unvollständig.

Ἄνθρωπος μικρὸς κόσμος *(anthropos mikros kosmos),* wörtlich »Mensch – kleine Welt«; sinngemäß: »Der Mensch ist eine ganze Welt im Kleinen, ein ›Mikrokosmos‹«. Ausspruch des Philosophen Demokrit, 5. Jh. v. Chr. Die übereinstimmenden Endungen deuten auf das System der Deklination (hier O-Deklination).

Ἦθος ἀνθρώπῳ δαίμον *(ethos anthropo daimon),* wörtlich: »Wesen (dem) Menschen Schicksal«, sinngemäß: »Des Menschen Schicksal liegt in seinem Wesen«, freier: »In deiner Brust sind deines Schicksals Sterne« (Schiller).

Μέτρον ἄριστον *(metron ariston),* wörtlich: »Maß ... bestes«; sinngemäß: »Maß(halten) ist am besten«.

Zum Schluß ein Wort, das in die Weltgeschichte eingegangen ist, und eines aus der Bibel. Die Grabschrift zu Ehren der 480 v. Chr. bei Thermopylae gefallenen 300 Spartaner (Lakedämonier) lautet im Original:

Thermopylae-Inschrift

Ὦ ξεῖν' ἀγγέλλειν Λακεδαιμονίοις, ὅτι τῆδε/κείμεθα τοῖς κείνων ῥήμασι πειθόμενοι.

(O ksein angellein lakedaimoniois hoti tede/keimetha tois keinon remasi peithomenoi.)

Cicero hat das unter Erhaltung des Rhythmus ins Lateinische übersetzt:

Dic, hospes, Spartae nos te hic vidisse iacentes,
dum sanctis patriae legibus obsequimur.

Deutsche Fassung von Friedrich Schiller:

»Wanderer, kommst du nach Sparta, verkündige dorten, du habest/uns hier liegen gesehn, wie das Gesetz es befahl.«

Das klingt pathetischer als das Original, welches schlicht besagt:

»Fremder, melde den Bürgern Lakedaimons, daß hier wir liegen, den heiligen Gesetzen gehorchend.«

Nicht umsonst kommt unser Wort »lakonisch« (»nüchtern, kurz und bündig«) von *Lakedaimon,* es heißt wörtlich: »nach Art der Spartaner«.

Im Anfang war das Wort

Der Anfang des Johannes-Evangeliums lautet im griechischen Urtext:

Ἐν ἀρχῇ ἦν ὁ λόγος καὶ ὁ λόγος ἦν πρὸς τὸν θεόν, καὶ θεὸς ἦν ὁ λόγος.

»Im Anfang war das Wort, und das Wort war bei Gott, und Gott war das Wort.«

Von der Koine zum Neugriechischen

Mit dem politischen Niedergang Athens fielen die Griechen erst unter makedonische, dann unter römische Herrschaft. Wie oft in der Geschichte gingen aber die politische und die kulturell-sprachliche Entwicklung ganz verschiedene Wege. Während Griechenland zur Provinz herabsank, verbreiteten Alexanders Heere griechische Sprache und Kultur über weite Länder des Orients - und als die Römer Griechenland erobert hatten, als sie die kulturelle Überlegenheit des unterworfenen Volkes bemerkten, kehrte sich fast Niederlage in Sieg: Das Griechische wurde für lange Zeit die Sprache des gebildeten Römers, ähnlich wie das Französische lange Zeit die Sprache der deutschen und russischen Oberschicht war. *Graecia capta ferum victorem ceperit et artis intulit agresti Latio.* »Hellas, eben bezwungen, bezwang den trotzigen Sieger und brachte die Künste ins bäurische Latium« (Horaz).

Sentenz des Horaz

In der Entwicklung des Griechischen unterscheidet man eine Periode des *Mittelgriechischen,* die von 300 bis 1453 gerechnet wird, dem Jahr, in dem die Türken Byzanz eroberten und damit die letzte Bastion griechischer Bildungstradition zum Einsturz brachten. Längst schon war die Stellung des Griechischen stark geschwächt. Große Teile der hellenistischen Welt waren arabisch, dann türkisch geworden, hatten eine andere Sprache und einen anderen Glauben angenommen. Ja, selbst im griechischen Mutterland hatten sich Slawen und Albaner niedergelassen. (In unserem Jahrhundert ist das Griechische nach einem griechisch-türkischen Krieg auch noch aus Kleinasien verdrängt worden.)

Diglossie

In dieser Periode hat sich eine folgenreiche Sprachspaltung (*diglossia,* Zweisprachigkeit) herausgebildet. Die im Volk gesprochene Sprache hatte sich inzwischen weit vom alten, klassischen Griechisch fortentwickelt - wen wundert das in Anbetracht der Tatsache, daß seit ihrer Blüte bald zweitausend Jahre verstrichen waren? Die gebildete Schicht hielt aber, vor allem im schriftlichen Verkehr und in der Literatur, weitgehend an der überlieferten Sprache der Vorfahren fest.

Die zweite Periode, die des *Neugriechischen,* reicht von 1453 bis zur Gegenwart. Als die Griechen 1832, unter leidenschaftlicher Anteilnahme und auch aktiver Mithilfe vieler dem alten Griechentum zugetaner Westeuropäer (Lord Byron war einer von ihnen) das türkische Joch abschüttelten und nationale Unabhängigkeit erlangten, wurde durch Gesetz die auf dem Attischen beruhende Hochsprache zur Staats- und Unterrichtssprache erklärt. Die Volkssprache *(dimotiki)* konnte man damit freilich nicht abschaffen, nicht einmal zurückdrängen; im Gegenteil, immer mehr Schriftsteller schrieben in der Volkssprache, die heute alleinige Unterrichtssprache ist.

Das Griechische hat auf seinen langen Wegen erhebliche Wandlungen durchgemacht, im Lautsystem, bei Konjugation und Deklination, bei der Betonung, schließlich auch, durch Übernahmen aus dem Türkischen, Italienischen und aus weiteren Sprachen, im Wortschatz. Wer Altgriechisch in der Schule gelernt hat, kann zwar hoffen, in Athen die Straßenschilder entziffern zu können (die Schrift ist im wesentlichen unverändert geblieben), nicht aber, mit einem Athener ein Gespräch führen zu können. Seinem Sprachtypus nach hat das heutige Griechische die grundlegenden Wesenszüge seiner großen Mutter bewahrt.

Das Fortleben des klassischen Griechisch

Das Altgriechische ist heute gewiß eine tote Sprache, es wird nirgends im täglichen Umgang gesprochen, und dies seit 500 Jahren. Ist es also eine tote Sprache? Ja und nein. Seine Wirkung auf unsere abendländische Kultur einschließlich unserer Sprachen ist so stark und so nachhaltig, daß der Ausdruck »Fortleben« wohl gerechtfertig ist.

Die Humanisten

Es ist eine unzulässige Vereinfachung, zu sagen, die Vertreibung vieler gebildeter Griechen aus Byzanz 1453 und ihre Übersiedlung in Länder am westlichen Mittelmeer hätten den Anstoß gegeben zu jener Wiederbelebung des Interesses am griechischen Altertum und der gelehrten Beschäftigung mit ihm, wie sie in der Tat um jene Zeit zu beobachten ist. Natürlich hat das Einströmen griechischer Gelehrter und Schreiber befruchtend gewirkt. Doch setzt das Wiedererwachen des Interesses am Griechischen - das im Mittelalter fast zum Erliegen gekommen war - schon früher ein, nämlich mit dem Erwachen der großen Geistesbewegung, die wir, etwas mehrdeutig, *Humanismus* nennen. Sie keimt zuerst in Italien auf und greift dann auf die Länder nördlich der Alpen über. Während Dante und Petrarca ihre Werke teils in Latein, teils in der Volkssprache schrieben, auch das lateinische Altertum, seine Literatur und Kunst hochschätzten, beherrschten sie das Griechische überhaupt nicht, Petrarca hat ausdrücklich beklagt, ja beweint, daß Homer für ihn stumm sei.

Die Geschichte verzeichnet als ersten Westeuropäer, der

Griechisch studierte – um griechische Dichter in ihrer Sprache lesen zu können – den Verfasser der berühmten Novellensammlung *Decamerone,* Giovanni Boccaccio – und der lebte von 1313 bis 1375! Eine Generation nach ihm gab es mit Leonardo Brumi bereits einen Italiener, der Werke des Platon und des Aristoteles aus dem Griechischen übersetzen konnte. Sein Lehrer Chrysoloras wirkte in Florenz als Lehrer des Griechischen. Er war 1396 nach Italien gekommen.

Boccaccio

Französische und deutsche Humanisten folgten diesem Vorbild. Johann Reuchlin, Haupt der deutschen Humanisten, beherrschte das Griechische – neben Latein – vollendet (er begründete auch das Studium des Hebräischen in Deutschland). Zwischen Erasmus und Reuchlin wurde ein erbitterter Streit um die richtige Aussprache des Altgriechischen ausgefochten. Sollte man das *Eta* als [i] sprechen, wie es im Mittel- und Neugriechischen geschieht (sogen. *Itazismus,* vertreten durch Reuchlin) oder als [e]? Das war der von Erasmus verfochtene Standpunkt, *Etazismus* genannt, der sich schließlich durchgesetzt hat.

In England gab es schon im 13. Jahrhundert zwei Gelehrte, die Griechisch lasen: Robert Grosseteste und Roger Bacon, *Doctor Mirabilis* genannt, der sich auch um das Hebräische bemüht hat.

Übersetzungswege

Erst im Laufe des Mittelalters war ein wesentlicher Teil der griechischen Hinterlassenschaft in Literatur, Historiographie und Philosophie dem Abendland bekanntgeworden, zuerst weitgehend auf dem Umweg über das Arabische – denn die Araber hatten große Teile des griechischen Erbes in ihre Sprache übersetzt, und mangels Kenntnis des Griechischen übersetzte man in Europa viele griechische Werke aus den arabischen Ausgaben ins Lateinische. Erst als sich die Kenntnis des Griechischen mit dem Humanismus wieder belebte, setzten Übertragungen unmittelbar aus dem Griechischen ein, zuerst in das Latein der Gelehrtensprache, später in die europäischen Nationalsprachen.

Griechisches Wortgut im Deutschen

In immer neuen Wellen sind griechische Wörter ins Deutsche und in unsere Nachbarsprachen (besonders stark ins Englische) eingedrungen, seit griechische Sprache und Bildung – neben der lateinischen, im Grunde aber vor und über dieser – im Mittelpunkt des humanistischen Bildungsideals standen, und der Bedarf, griechisches Wortgut zu übernehmen, stieg rapide an, als die Fortschritte der Naturwissenschaften ständig bis dahin unbekannte Phänomene zutage förderten, für die es galt, passende und möglichst international einheitliche Namen zu finden: »Elektrizität« (von *elektron* »Bernstein«), »Atom« (*a-tomos* »unteilbar«) sind die nächstliegenden Beispiele.

Das älteste griechische Wortgut in unserer Sprache, das auf dem Weg über das Lateinische eingewandert ist, wurde im Laufe der Jahrhunderte so eingedeutscht, daß die fremde Herkunft dieser Wörter nur noch dem Sprachgelehrten bekannt ist. Dazu gehören u. a. »Kiste« aus griech. κίστη über lat. *cista;* »Leier« aus griech. λύρα über lat. *lyra;* »Musik« aus griech. μουσική über lat. *musica;* oder das

Atlas Wort »Atlas« für ein Landkartenwerk, in dieser Bedeutung bei uns gebräuchlich, seit Mercator die Gestalt dieses sagenhaften Riesen, der das Himmelsgewölbe auf seinen Schultern trug, 1595 auf dem Titelblatt seines in Duisburg erschienenen epochemachenden Kartenwerkes abbildete.

Ob das übernommene Wort wirklich urgriechisch war oder dem Griechischen in grauer Vorzeit von anderen Völkern und aus anderen Sprachen zugewachsen war, hat dabei keine Rolle gespielt, ja war wohl meist unbekannt. So sind z. B. *chrysos* »Gold« (daher »Chrysantheme«), *kyparissos* »Zypresse«, *daphne* »Lorbeer«, *phoinix* »Palme« (aus dem Lande der Phöniker), *tapis* »Teppich« schon als Lehnwörter ins Griechische gelangt.

Die vielen Wörter in Theologie und Kirche, die aus dem Griechischen zu uns gekommen sind, werde ich beim Deutschen erwähnen.

Chaos Das Wort »Chaos« ist griechisch, aber nicht jeder weiß, daß unser Wort »Gas« aus ihm entstanden ist, gebildet von dem in Brüssel wirkenden Chemiker J. B. van Helmont (1577-1644); er wollte damit, nachdem der berühmte Arzt Paracelsus ein Jahrhundert früher die Luft mit dem griechischen Wort *chaos* bezeichnet hatte, eine Bezeichnung schaffen für die verschiedenen Arten von »Luft«, aus denen - wie man damals zu erkennen begann - die atmosphärische Luft zusammengesetzt ist.

Ohne allzuviel Rücksicht auf das alte Griechisch hat die moderne Medizin griechische Ableitungssilben wie *-osis* und *-itis* adoptiert und zur Schaffung zahlloser neuer Komposita benutzt: »Arthritis«, »Appendizitis«. Diese Suffixe sind so populär, daß der Volksmund sie spielerisch auch an deutsche Wortstämme anfügt: »Die leidet an Rederitis.«

Vermittlung durch das Lateinische

Daß wir einen großen Teil des griechischen Erbes, den größeren wohl, auf dem Wege über das Lateinische angenommen haben, ist deutlich an unserer Betonung griechischer Namen und Begriffe abzulesen. Als griechische Sprache, Bildung, Philosophie, Literatur nach Italien strömten und die Römer zu gelehrigen Schülern der Griechen wurden, sind griechische Namen und Wörter vielfach der lateinischen Sprechweise angepaßt worden; besonders Cicero hat in diesem Prozeß eine Schlüsselrolle gespielt, indem er für Hunderte griechischer Wörter treffende lateinische Entsprechungen prägte; er hat damit der späteren abendländischen Philosophie in weitem Ausmaß das Vokabular geliefert.

Die eigenartige Betonungsweise des Griechischen, das ja meist die Endsilben, nicht selten die letzte Silbe heraushebt, lag den Römern nicht. So wurde aus [họmerɔs] lat. *Homẹrus* und nach Weglassen der Endung deutsch »Homer«; aus [hɛraklẹs] lat. *Hẹrcules;* aus [sokrạtes] lat. *Sọcrates,* aus [fɛ̱ɪ̱dias] wurde *Phịdias.*

Die Liste läßt sich fast beliebig weiterführen. In »Alexander« betonen wir die dritte Silbe, nicht die zweite wie die Griechen, in »Theater« betonten die Griechen die erste Silbe, in »Helena« die zweite, in *tyrannos* die erste, in *kamelos* (»Kamel«) die erste.

Bei manchen Wörtern und Namen spielt es eine Rolle, daß wir sie auf dem Wege griechisch-lateinisch-französisch-deutsch übernommen haben. So bei griech. [filọsofɔs], lat. *philọsophus,* franz. nach Wegfall der Endung, von der nur ein tonloses *e* kündet, *philosophe* [filozɔf], deutsch »Philosoph«. Ähnlich bei den Namen »Euklid«, »Hesiod« u. v. a.

Ich muß noch als Mittel der Wortbildung das Suffix -ισμός erwähnen, da die -ismen bei uns zur Seuche geworden sind und sich täglich vermehren. Im Griechischen war dieses Suffix sehr selten; wir können es nicht mehr entbehren.

»Graeca graece«

Es ist eine lange debattierte Streitfrage, ob wir richtig handeln, wenn wir griechische Wörter so »entstellt« aussprechen, ob wir also wieder [zokrạtes] sprechen sollen, nicht [ɛʃylus] sagen, sondern [a̱i̱sxylɔs]; ob wir »Iphygenie« auf dem »ge« betonen sollen oder auf der Schlußsilbe. Hier stehen sich zwei Prinzipien gegenüber; einerseits die Forderung *graeca graece,* wörtlich »Griechisches auf griechisch«, nämlich zu schreiben und auszusprechen – und der andere, im Bereich der Sprache weithin gültige Satz: Was sich allgemein eingebürgert hat, ob bei der Schreibung, der Aussprache oder der Bedeutung eines Wortes, muß als »richtig« gelten – ein anderer, absolut verbindlicher Maßstab ist nicht aufzufinden.

FÜNFTES KAPITEL

Latein – Mutter Europas

Der Siegeszug

Beispiellos ist der Siegeszug des Lateinischen, von der Sprache – oder sollen wir sagen, dem Dialekt? – eines bescheidenen bäuerlichen Gemeinwesens auf ein paar Hügeln am Tiber zur Staats- und Verwaltungssprache eines Weltreiches und zur Umgangssprache der Mehrheit seiner Bewohner. Übertroffen wird dieser Siegeszug nur noch durch den des lateinischen Alphabets. Dieses hat den größten Teil der bewohnten Erde erobert (und die ist heute von sechs Milliarden Menschen bewohnt statt von etwa 150 Millionen in der Blütezeit des Römerreiches), nämlich beide Amerika, Australien und Neuseeland, große Teile Afrikas und Asiens (zuletzt Indonesien und Malaysia, möglicherweise bald China) und natürlich den überwiegenden Teil Europas.

Das lateinische Abc

Die Römer haben ihre Buchstaben aus den griechischen entwickelt. Es ist nicht entschieden, ob sie das griechische Vorbild direkt übernommen haben, etwa über *Cumae* (griech. Κύμη, heute *Cuma*), die älteste griechische Kolonie auf dem italienischen Festland, die schon im 8. Jahrhundert v. Chr. bestand – oder aber durch Vermittlung der Etrusker, die etwa im 7. Jahrhundert v. Chr. bereits eine an die griechische eng angelehnte Schrift verwendeten.

Man schrieb jahrhundertelang nur mit *Versalien* (Großbuchstaben). Diese haben ihre Grundform bis in unsere heutige Schrift hinein bewahrt. Als *capitalis quadrata* hat diese Schrift in den Inschriften der frühen Kaiserzeit ihre monumentale Prägung erreicht. Die kleinen Buchstaben *(Minuskeln)* sind Schöpfungen viel späterer Zeit, entstanden durch allmähliches Umformen der Versalien unter dem Einfluß des manuellen Schreibens, das eine Abrundung der meisten Winkel und ein flüssiges Verbinden der Zeichen anstrebt.

Die Gewohnheit, von links nach rechts zu schreiben, hat sich erst allmählich durchgesetzt. Die ältesten lateinischen Inschriften sind linksläufig oder aber bustrophedon.

Tironische Noten, die Stenographie des Altertums: Liste von Zeichen mit lateinischer Erklärung aus einer Handschrift des 8. Jahrhunderts.

Kurzschrift

Die Römer besaßen auch bereits eine Kurzschrift. Der Dichter Ennius, vor allem aber Tiro, ein Freigelassener, der Cicero als Schreiber diente, haben diese Kurzschrift entwickelt. Man nannte sie *Tironische Noten* und benutzte sie bis ins Mittelalter. Das Wort »Stenographie« besteht zwar aus griechischen Bestandteilen (»Engschrift«), ist aber erst 1602 von dem Engländer John Willis eingeführt worden.

Geschichte
Archaisches Latein

Die älteste uns faßbare Periode in der Entwicklung der lateinischen Sprache rechnet man von den Anfängen (etwa 6. Jahrhundert) bis etwa 250 v. Chr. Die älteste bekannte Inschrift steht auf einer Fibel, die in Praeneste, dem heutigen Palestrina, gefunden wurde und um 600 v. Chr. entstanden ist. Die Inschrift ist linksläufig geschrieben, selbstverständlich in Großbuchstaben, und lautet, in Rechtsläufigkeit umgesetzt:

MANIOS : MED : FHE ⋮ FHAKED : NUMASIOI.

Anmerkung: Nach neuen italienischen Forschungen soll die Fibel eine Fälschung sein.

Auch wer in der Schule klassisches Latein gelernt hat, tut sich nicht ganz leicht, das zu verstehen: *Manius me fecit Numasio* = »Manius hat mich für Numasius gemacht«, d. h. »angefertigt«. Die Endung *-os* ist später zu *-us* geworden *(Manios > Manius); med* hat das *-d* abgeworfen; der Name *Numasios* wurde später umgeformt zu *Numerius*.

Beim Verbum fällt die Verdoppelung der Stammsilbe *(fhefhaked)* zur Bildung der Vergangenheitsform auf. Diese *Reduplikation* findet sich im klassischen Latein zwar nicht beim Verbum *facere* »machen«, aber bei einer Reihe anderer Verben (z. B. *tangere* »berühren«, Vergangenheitsform *tetigi*) und parallel auch im Griechischen und in anderen indogermanischen Sprachen.

Das klassische Latein: eine kurze Blütezeit

Nach einer Übergangszeit, deren Sprache man *Altlatein* nennt, erlangt das Lateinische um 100 v. Chr. die Form, die aus den Werken der großen römischen Dichter - wie Catull, Vergil, Horaz, Ovid - und Historiker (wie Cäsar, Sallust, Livius) bekannt ist. Gemessen an dem über tausend Jahre umspannenden Entwicklungsgang der lateinischen Sprache (wenn man vom Mönchs- und Vulgärlatein des Mittelalters absieht) erscheint dieses Zeitalter der klassischen Latinität erstaunlich kurz. Man rechnet es vom Auftreten Ciceros bis zum Tod des Kaisers Augustus im Jahre 14 n. Chr., das ist ein rundes Jahrhundert.

Die Folgezeit

Der folgende Abschnitt, *nachklassisch* genannt, wird bis 200 n. Chr. gerechnet, der letzte, *Spätlatein,* von 200 bis 500. In dieser Zeit machte die Sprache starke Wandlungen durch. Auf die Folgezeit mit dem Übergang zu den *romanischen* Sprachen aus dem Vulgärlatein kommen wir später zurück.

Die Sprache des Imperiums

Der Siegeszug der lateinischen Sprache begleitet den Siegeszug der römischen Legionen - oder folgt ihm. Der Stamm der *Latiner,* die zu Beginn des Aufstiegs das Gebiet zwischen Albanerbergen, dem Tiber und dem Meer bewohnten, dürfte um 1000 v. Chr. aus dem Norden nach Italien eingewandert sein. Seine Sprache wurde zunächst nur in diesem bescheidenen Bezirk mit einem Durchmesser von einigen Dutzend Kilometern gesprochen. Unter den Städten dieser Landschaft, *Latium* genannt, hat Rom erst allmählich, unter manchen Rückschlägen, seine führende Stellung errungen. Das Lateinische war zunächst nicht mehr als ein Dialekt unter anderen. Südlich von Rom wurde *Oskisch* gesprochen, nordöstlich von Rom *Umbrisch* - beide, nach den spärlich erhaltenen Denkmälern zu schließen, dem Latein sehr ähnlich. Man führt die verschiedenen Dialekte des frühen Italien auf ein hypothetisches *Ur-Italisch* zurück, und, soweit man es rekonstruieren kann, erweist sich dies als dem ältesten (archaischen) Griechisch sehr ähnlich. *Faliskisch* und *Venetisch* sind weitere Sprachen oder Dialekte, von denen Spuren - in Inschriften - erhalten sind.

Die Etrusker

Die *Etrusker* hingegen, die ihre Wohngebiete weiter nördlich hatten, Städte besaßen, deren kulturelle Überlegenheit, zeitweise auch politische Übermacht lange Zeit den Aufstieg Roms, ja seine pure Existenz gefährdete, sprachen eine Sprache, die mit keinem dieser indogermanischen Dialekte, überhaupt mit keiner anderen Sprache verwandt ist. Sie benutzten ihr vom griechischen abgeleitetes Alphabet, so daß man die erhaltenen Inschriften lesen, damit freilich noch nicht notwendigerweise verstehen kann. Mit ihrer blutigen Unterwerfung durch die Römer, an der Sulla als Diktator einen beträchtlichen Anteil hat, ist ihre Sprache erloschen, im wesentlichen schon im Jahrhundert Ciceros, wenn auch Reste sich erhalten haben mögen, besonders in der Toscana, deren Name auf die *Tuscer* (andere Bezeichnung für die Etrusker) zurückgeht.

Nachdem sie und das Bergvolk der Samniten unterworfen waren, konnten die Römer ihren Machtbereich auf ganz Italien ausdehnen, auch den ihrer Sprache mit Ausnahme derjenigen Teile Unteritaliens, die das Griechische beibehielten. Die Eroberung Italiens war etwa 250 v. Chr. abgeschlossen. Die Expansion ging aber sogleich weiter, griff auf die Inseln Sardinien, Korsika, Sizilien über. Nachdem Karthago, die wichtigste mit Rom konkurrierende Macht im westlichen Mittelmeer, niedergeworfen, ja ausgelöscht war, wurden Nordafrika, Spanien, Gallien (in etwa das heutige Frankreich), Teile Germaniens und Britanniens, die Balkanhalbinsel und auch Griechenland und die Randländer des östlichen Mittelmeers einschließlich Ägypten dem Reich einverleibt. So können wir heute römische Baudenkmäler und Ruinen in allen diesen Ländern bewundern.

Die römischen Kolonien, zentral von der Hauptstadt des Imperiums aus verwaltet, wurden durch feste Straßen mit ihr verbunden. Diese Straßen und der Handel und Verkehr auf ihnen, die militärische Besetzung der Provinzen, die römische Verwaltung und Rechtsprechung, schließlich auch Besiedlung, - umgekehrt auch das Hereinströmen Hunderttausender von Menschen nach dem Mittelpunkt Rom: dies alles wirkte zusammen dahin, daß die lateinische Sprache überall - außer in den östlichen Reichsteilen - die bisher dort gesprochenen Sprachen überlagert und großenteils verdrängt hat, nicht ohne dabei Einflüsse, auch Lehnwörter, aus den Sprachen der unterworfenen Völker, z. B. auch aus dem Etruskischen, aufzunehmen. Der Westen des Reiches und die Donauländer sprachen nun überwiegend lateinisch – im Osten blieb das Griechische herrschend, zumal die Römer es für ihre östliche Reichshälfte zur zweiten Amtssprache erklärten.

Das klassische Latein in der Form, die es im Zeitalter Ciceros erreicht hatte, war die herrschende Sprachnorm; zur Bildung hiervon weit abweichender Dialekte scheint es zunächst nicht gekommen zu sein.

Wie sprachen die Römer?

Schon mancher hat sich wohl die Frage gestellt: Wenn ein deutscher Schüler eines humanistischen Gymnasiums einen klassischen lateinischen Text laut vorläse (im Altertum kannte man *nur* lautes Lesen) und wenn ein wiedererstandener Römer ihm zuhörte: würde er seine Sprache sofort erkennen und den Text mühelos verstehen? Oder sprachen die Römer vielleicht ganz anders? Dem Schriftbild des heutigen Französisch etwa läßt sich auch nicht ansehen, wie die Franzosen es aussprechen. Woher können wir z. B. wissen, ob Caesar diesen Namen [kɛ̲zar] oder [tsɛ̲zar] aussprach, ob Cicero sich [ki̲kero] oder [tsi̲tsero] (oder auch noch anders) nannte?

k oder z?

Die Franzosen sprechen ein *c* vor *e* oder *i* heute als scharfes [s] aus, die Italiener wie [tʃ], die Spanier wie ein englisches [θ]. *Irgendwann* muß die »Erweichung« des [k] zu einem Zischlaut eingetreten sein: in späterer Zeit – oder sprach schon Cicero so?

Die Forschung verfügt über zahlreiche Anhaltspunkte, um diese Frage zu beantworten.

Ein Indiz bilden Fälle, in denen lateinische Texte mit griechischen Buchstaben niedergeschrieben wurden. Ein Grieche hätte für den k-Laut stets das griechische *Kappa*, für den z-Laut ein *Zeta* verwendet. Hinweise lassen sich insbesondere auch gewinnen aus Lehnwörtern, die aus dem Lateinischen in andere Sprachen übernommen wurden. Daß das deutsche Wort »Kaiser« nichts anderes darstellt als die Übernahme des Namens Caesar (die Verschiebung der Bedeutung vom Namen einer Person zur Funktion des Herrschers ist vielleicht bei den germanischen Stämmen, nicht bei den Römern eingetreten), läßt darauf schließen, daß *zur Zeit dieser Übernahme* die

Römer den Anlaut als [k] (und den Vokal wahrscheinlich als Diphthong) gesprochen haben. Ähnliches gilt dann für Wörter wie »Kiste« aus lat. *cista* oder »Keller« aus lat. *cellarium*. Andererseits ist aus dem lateinischen *cella* unser Wort »Zelle« gekommen (nicht »Kelle«!).

Die Übernahme solcher Lehnwörter läßt sich niemals auf den Tag genau datieren, aber ihr erstes Auftauchen in der zweiten Sprache gibt doch starke Anhaltspunkte. So sind die Fachgelehrten heute der Meinung, daß die Römer der klassischen Zeit das *c* stets als k-Laut gesprochen haben, daß die »Erweichung« einer späteren Sprachepoche angehört. »Kaiser« gilt übrigens als ältestes lateinisches Lehnwort in den germanischen Sprachen.

Nasale

Es wird auch angenommen, daß Silben auf *-m* und *-n* mit *Nasalvokal* gesprochen wurden, so daß der Anfang des Spruches *Dulce et decorum est pro patria mori* (»Süß und ehrenvoll ist es, für das Vaterland zu sterben«) im Munde eines Römers etwa [dulkɛt dɛkorũst ...] geklungen hätte (nur fünf Silben!).

Vokale

Während man, dies zugrundelegend, die Konsonanten vermutlich annähernd »echt« aussprechen kann, kann man die *Länge der Vokale* einem Text, solange man die lateinische Sprache nicht beherrscht, nicht ansehen. Es macht aber einen wesentlichen Bedeutungsunterschied aus, ob ein Vokal kurz oder lang gesprochen wird: In dem Satz *Europa antiqua historia sua clara est* stehen die Wörter *Europa antiqua ... clara ...* im Nominativ: das *a* am Ende ist kurz zu sprechen; *historia sua* steht im Ablativ, das *a* ist lang zu sprechen. Beachtet man das nicht, wird der Satz für den Hörer unverständlich oder auch mehrdeutig. Er bedeutet, richtig ausgesprochen: »Das alte Europa ist durch seine Geschichte berühmt«.

Der Niedergang

Der Zusammensturz des Weltreiches, der sich früh in den Einfällen »barbarischer«, vor allem germanischer Stämme über die Reichsgrenzen hinweg ankündigt, zieht schließlich das Ende des Lateinischen als einer »lebenden«, d.h. von großen, geschlossen siedelnden Bevölkerungsgruppen im Alltagsleben gesprochenen Sprache nach sich. Die Wissenschaft setzt den Zeitpunkt, zu dem das Latein zur »toten« Sprache wird, um 500 oder 600 n. Chr. an.

Eine solche Zäsur zu setzen, befriedigt unser Bedürfnis nach Gliederung und Periodisierung – aber kann man im Ernst vom »Tod« des Lateinischen sprechen? Die Sprecher dieser Sprache werden ja nicht plötzlich ausgerottet, sie leben und sprechen weiter; sie nehmen auch keine andere Sprache an. Aber die Sprache, die sie sprechen, ist *anders*. Verändert hat sich die Sprache immer, auch in den ersten nachchristlichen Jahrhunderten, und das *gesprochene* Latein *(Vulgärlatein)* war schon zur klassischen Zeit vom geschriebenen, literarischen durchaus verschieden. Aber nun haben die Veränderungen ein Ausmaß erreicht, das es angezeigt erscheinen läßt, sie nicht mehr einfach *Latein* zu nennen.

Die Sprache der Kirche

Längst vor dem oben berührten Einschnitt war das Lateinische, die Sprache des heidnischen Imperiums, zur Sprache der christlichen Kirche - jedenfalls im westlichen Europa - geworden. Damit öffnet sich einer der Wege, auf denen das Latein über das Mittelalter hinweg bis in die Gegenwart mindestens für einen breiten Bereich Leben und Lebenskraft bewahren konnte. Etwa vom 2. Jahrhundert ab ist diese Entwicklung zu beobachten. Tertullian, einer der frühen »Kirchenväter«, ein Karthager, der etwa 160 n. Chr. geboren ist, hat an der Formung dieses *Kirchenlatein* einen bedeutenden Anteil.

Tertullian

Während das Latein sich allmählich im Raum der Kirche gegenüber dem Griechischen - der Sprache des Neuen Testamentes! - durchsetzte, nahm es zugleich mit den christlichen Ideen und Begriffen zahlreiche Wörter aus dem Griechischen in sich auf, Wörter wie *apostolus, diaconus, episcopus, evangelium, propheta,* die in der Form »Apostel«, »Diakon«, »Bischof«, »Evangelium«, »Prophet« so fest in unserer deutschen Sprache eingewurzelt sind, daß sie kaum noch als Fremdwörter empfunden werden. Auch »Almosen« (aus griech. *eleemosyne*) gehört in diese Reihe.

Das Lateinische ist die Sprache der Patristik, der Kirchenväter der römischen Zeit, und der Scholastik, der christlichen Philosophie des Mittelalters. Es wurde zur Sprache der kirchlichen Verkündigung und des Gottesdienstes und zu einem Instrument der päpstlichen Herrschaft. Die erste Rundfunkansprache eines Papstes wurde 1931 in lateinischer Sprache gehalten.

Erst in unserer Zeit ist durch das II. Vatikanische Konzil die Monopolstellung des Lateinischen eingeschränkt worden. Das Lateinische war zwar alleinige Verhandlungssprache des Konzils (es fand keine Simultanübersetzung der Ansprachen und Diskussionen in andere Sprachen statt), doch wurde für die Meßfeier der Gebrauch der jeweiligen Landessprache neben der lateinischen zugelassen – eine bis heute noch umstrittene Entscheidung.

Die festgehaltene Tradition, nach der der Papst amtliche Verlautbarungen, insbesondere Enzykliken, weiterhin in Latein hinausgehen läßt, hat, da die Kirche sich mit allen Erscheinungen des modernen Lebens auseinandersetzen muß, dazu geführt, daß für viele technische Gegenstände lateinische Namen gebildet wurden. *Accedat ad microphonium Eminentissimus* … (»Es trete ans Mikrophon Eminenz …«), so kündigte der leitende Sekretär einen neuen Redner an. »Mikrophon« ist natürlich ein griechisches Wort. …

Die Einheit geht verloren

Um die zweite Entwicklung außerhalb der Kirche schildern zu können, muß man jetzt unbedingt eine Differenzierung vornehmen, und zwar sowohl nach Sprachschichten wie auch nach Regionen. *Sprachschichten:* Etwa vom 6. Jahrhundert ab entfernt das Lateinische als Sprache der Literatur, der Wissenschaft, der Geistlichkeit sich verstärkt von der gesprochenen Sprache, oder besser umgekehrt: Die sich wandelnde vulgärlateinische Volkssprache entfernt sich noch weiter vom schriftlich tradierten Latein. Es wird angenommen, daß etwa bis zum Jahre 800 ein Bürger Spaniens, Italiens, Frankreichs eine lateinisch gehaltene Predigt noch verstehen konnte; danach entfernen sich die Zweige immer weiter vom Latein und voneinander. Die zwei Jahrhunderte von 600 bis 800 werden als Übergangszeit bezeichnet; mit ihrem Ablauf zeichnet sich das Entstehen einer vom schriftlichen Latein – und auch vom mündlichen, soweit es, z. B. in den Klöstern, weiterhin gesprochen wurde – deutlich abgehobenen Volkssprache ab, die allmählich auch zur Schriftsprache wird.

Und hier muß nun die oben angekündigte *regionale* Differenzierung einsetzen: Die Entwicklung verläuft in den verschiedenen Regionen verschieden, es entsteht nicht *eine* Nachfolgesprache des Lateinischen, es entsteht eine ganze Reihe solcher Sprachen. Ihnen gilt das Sechste Kapitel.

Das Latein des Mittelalters

Während das Vulgärlatein, die gesprochene Sprache, mit dem Ende der Übergangszeit erlischt, um den nun selbständig werdenden Tochtersprachen Platz zu machen (diese Phase ist, bei regionalen Unterschieden im einzelnen, ungefähr mit dem 9. Jahrhundert erreicht), besteht das Schriftlateinische nicht nur weiter; nein, es setzt zu einer neuen, reichen Entfaltung, ja zu einem neuen Siegeszug an und wird für ein knappes Jahrtausend das Verständigungsmittel des ganzen gebildeten Europa. Man nennt das Lateinische dieser Epoche, nicht sehr glücklich, *Mittellatein*. Horizontal betrachtet, nach seinem Herrschaftsgebiet, erfaßt es ein noch größeres Gebiet als das Latein der Spätantike: Es hat diese Stellung von Irland im Westen bis nach Ungarn und Polen im Osten, von Sizilien und Südspanien (Nordafrika ging mit der Eroberung durch den Islam dem lateinischen Europa verloren) bis nach Skandinavien.

Natürlich spielt es hierbei eine entscheidende Rolle, daß die christliche Kirche das Lateinische zu ihrer Sprache gemacht hatte. Darin lag auch ein Anspruch des Papsttums, der eigentliche Erbe des einstmals weltbeherrschenden Rom zu sein. In der *Roma aeterna* (dem »Ewigen Rom«) hatten einst Konsuln, Könige und Cäsaren geherrscht, jetzt residierte dort das Oberhaupt der Christenheit.

Daß die Kirche das Lateinische pflegte und damit am Leben hielt, ist nicht etwa nur für den Bereich des kirchlichen Lebens wichtig. Da weltliche Schulen oder gar Hochschulen im Mittelalter praktisch nicht existierten, war das gesamte Schul- und Bildungswesen den Männern der Kirche anvertraut. In den Klöstern bewahrten Generationen frommer und fleißiger Mönche große Teile des antiken Schrifttums durch liebevolles handschriftliches Kopieren vor dem Untergang. In den Klosterschulen lernte jeder Schüler, der den geistlichen Beruf ergreifen oder eine Universität beziehen wollte, Latein, den Schlüssel, der allein ihm Zugang zur höheren Bildung verschaffte.

Karolingische Renaissance

Die Entwicklung verlief nicht gradlinig, sondern in Wellen. Einen ersten Aufschwung bildet die Erneuerungsbewegung, die Karl dem Großen wesentliche Impulse verdankt und *karolingische Renaissance* genannt wird. Der Kaiser berief Gelehrte aus England (Alkuin) und aus Italien an seinen Hof, aus Ländern, in denen lateinische Gelehrsamkeit sich besser bewahrt hatte als in Mitteleuropa. Er selber erlernte die lateinische Sprache und soll sie so fließend wie das Fränkische gesprochen haben – gesprochen, nicht geschrieben, denn, obwohl er sich bemühte, die Kunst des Schreibens zu erlernen, gelang es ihm nicht; er pflegte, wenn er Dokumente zu unterzeichnen hatte, seinem vom Schreiber vorgezeichneten Monogramm eigenhändig nur einen Strich - als Siegel der Authentizität - beizufügen.

Diese Erneuerungsbewegung reinigte das Latein von Einflüssen des Vulgärlateinischen. Das Latein der klassischen römischen Autoren galt wieder als Richtschnur. Schulen wurden eingerichtet - mit Latein als alleiniger Unterrichtssprache -, die über tausend Jahre leben sollten. Der äußerste Westen, Britannien und das bereits im 5. Jahrhundert christlich gewordene Irland, bildeten ein neues Zentrum, von dem aus das Christentum, und mit ihm das Lateinische, das mittlere und nördliche Europa eroberten.

Scholastik

Einen wichtigen Anteil an der oben erwähnten Bereicherung des Lateinischen hat die unter dem Namen *Scholastik* zusammengefaßte Theologie und Philosophie des Mittelalters. »Philosophie« ist dabei so weit zu fassen, daß sie fast alle Wissensgebiete noch einschließt, die heute als selbständige Wissenschaften existieren. Die jahrhundertelange Denkarbeit der großen Köpfe des Mittelalters vollzog sich in lateinischer Sprache und schlug sich in lateinisch geschriebenen Werken nieder. Das Lateinische wurde dabei verfeinert, rationaler, abstrakter, zum Ausdruck feiner Nuancen wie strenger Logik tauglich gemacht, zugleich reicherte es infolge einer blühenden Übersetzertätigkeit seinen Wortbestand mit zahlreichen Wörtern aus dem Griechischen wie dem Arabischen an.

Humanismus

Neue Anstöße zur Pflege des Lateinischen und zu einer Rückbesinnung auf klassische Vorbilder, im Mittelpunkt die Schriften Ciceros, brachte die als *Humanismus* bezeichnete Geistesbewegung, die von Italien ausgehend das ganze Abendland ergriff. Einer der Ahnherren dieser großen Bewegung ist der Dichter Francesco Petrarca (1304-74), der zugleich aber neben Dante zu den Begründern der modernen italienischen Sprache und Literatur zählt. Um die Wiederbelebung des klassischen Latein hat sich auch Lorenzo Valla (1407-57) verdient gemacht. Aus einer erbitterten Fehde Vallas mit seinem Zeitgenossen Poggio Bracciolini soll die verächtliche Bezeichnung

»Küchenlatein« stammen. Mit ihr sollte das entartete Latein karikiert werden, das in den Klöstern, und besonders von den Laienbrüdern in den Klosterküchen, gesprochen wurde. Dieses (am klassischen Latein gemessen) »verderbte« Latein, wie es später auch in den Dunkelmännerbriefen *(Epistulae obscurorum virorum)* von Ulrich von Hutten und anderen deutschen Humanisten verulkt wurde, hatte freilich den Vorzug, eine quicklebendige (und damit ständigem Wandel unterworfene) Sprache zu sein, während das Latein der Wissenschaft immer der Gefahr einer Erstarrung ausgesetzt blieb.

Dunkelmännerbriefe

Hochschule und Wissenschaft

Die Universitäten des Mittelalters, wie sie vom 12. Jahrhundert an aufblühen, an der Spitze damals Bologna, Oxford, Paris, kennen als Unterrichtssprache nur das Lateinische. Das sorgte für eine Einheit – der Sprache wie des Gedankens – im ganzen Abendland. Albertus Magnus konnte in Paris ebenso wirken und lehren wie in Köln, Nicolaus Copernicus absolvierte seine Studien – Theologie, Jurisprudenz, Mathematik, Astronomie und Medizin – in Krakau, Bologna, Padua und Ferrara.

Grob gesprochen kann man sagen, daß alle wichtigen Werke der Philosophie und der Wissenschaft etwa von 800 bis 1700 im ganzen Abendland in lateinischer Sprache erschienen. Was die Werke des Mittelalters anlangt, etwa die von Thomas von Aquin, Wilhelm von Ockham oder Kaiser Friedrich II., so weiß das jedermann; es gilt aber auch für die späteren Jahrhunderte:

Latein als Wissenschaftssprache

Das Hauptwerk des Copernicus erschien in seinem Todesjahr 1543 unter dem Titel *De revolutionibus orbium coelestium* (»Über die Umdrehungen der himmlischen Kreise«).

Ebenfalls 1543 erschien das Hauptwerk des in Brüssel geborenen Andreas Vesalius *De humani corporis fabrica libri septem* (»Sieben Bücher über den kunstvollen Bau des menschlichen Körpers«). Es legt den Grund für die moderne Anatomie.

1600 erschien die grundlegende Schrift des Engländers William Gilbert *De magnete magnetisque corporibus et de magno magnete tellure* (»Über den Magneten, die magnetischen Körper und den großen Magneten Erde«); sie bringt erste Erkenntnisse über Erdmagnetismen und Elektrizität.

Die Werke Johannes Keplers erschienen lateinisch:

Mysterium cosmographicum, Harmonices mundi (»Weltharmonik«), 1619.

Das Hauptwerk Francis Bacons, das die Erneuerung der gesamten Wissenschaft auf empirischer Grundlage fordert und das Zeitalter der modernen Wissenschaft einleitet, wurde 1620 angekündigt: *Instauratio magna* (»Die große Erneuerung«); es blieb unvollendet.

William Harvey gab seine bahnbrechende Entdeckung des Blutkreislaufs 1628 unter dem Titel *De motu cordis et sanguinis in animalibus* (»Über die Bewegung des Herzens und des Blutes bei den Tieren«) bekannt.

Der Tscheche Johann Amos Comenius (der Name ist nach humanistischem Brauch latinisiert aus tschechisch *Komenský*), Bahnbrecher der modernen Pädagogik, nannte sein 1658 erschienenes Grundwerk *Orbis sensualium pictus* ... (»Die sichtbare Welt in Bildern«; der genaue Titel ist viel länger); es wurde bis ins 19. Jahrhundert im Schulunterricht benutzt.

Benedictus de Spinoza (Name ebenfalls latinisiert aus *Baruch d'Espinoza;* er entstammte einer in den Niederlanden lebenden jüdischen Familie, deren Vorfahren aus Portugal vertrieben worden waren) nannte sein Hauptwerk *Ethica, ordine geometrico demonstrata* (»Ethik, nach Art der Mathematik dargestellt«), 1677.

Isaac Newton schrieb sein Hauptwerk, das die klassische, bis Einstein beherrschende Physik begründete, als *Philosophiae naturalis principia mathematica* (»Mathematische Grundlagen der Naturphilosophie«) im Jahre 1687.

Carl von Linné ließ sein Werk, mit dem er die Systematik in Botanik und Zoologie begründete, im Jahre 1735 als *Systema naturae* erscheinen; es wuchs ihm unter den Händen von einer bescheidenen Broschüre bis zum zwölfbändigen Werk mit 6000 Seiten.

Noch im 18. Jahrhundert hat der Schweizer Leonhard Euler seine mathematischen Hauptwerke in lateinischer Sprache veröffentlicht, auch im 19. Jahrhundert wählte sein Fachgenosse Carl Friedrich Gauß das Lateinische.

Dissertationen mußten in all diesen Jahrhunderten stets in lateinischer Sprache eingereicht und anschließend in einer Disputation mündlich verteidigt werden.

Übergang zur Nationalsprache

Mit dem Erstarken des Nationalgefühls wurde die Monopolstellung des Lateinischen in der Welt der Wissenschaft erst unterhöhlt und schließlich gebrochen. In

Deutschland hielt Christian Thomasius (1655–1728), einer der Vorkämpfer gegen den Hexenwahn, an der Universität Leipzig erstmals Vorlesungen in deutscher Sprache, womit er sich allerdings zunächst eine schändliche Ausweisung aus Stadt und Hochschule einhandelte. Leipzig ist für den Übergang vom Latein zur Volkssprache auch insofern kennzeichnend, als seine älteste Zeitung, die bereits um 1650 gegründete »Leipziger Zeitung«, in den ersten hundert Jahren ihres Bestehens zweisprachig – lateinisch und deutsch – erschien.

Lebendiges Latein

Als Christian Thomasius und seine Kollegen in anderen Ländern vom Lateinischen als Sprache der Wissenschaft zu den jeweiligen Landessprachen umschalteten, war die Rolle des Lateinischen im Abendland damit keineswegs ausgespielt. Wie und wo es weiterlebte, will ich in diesem Schlußabschnitt an einigen Beispielen zeigen. Dabei geht es nicht um die umfassende Frage: Was verdankt unsere abendländische Kultur den Römern, und was lebt von ihrem Erbe fort? Darauf wäre eine zureichende Antwort nur in der Form eines ganzen Buches zu geben. Es geht nur um das Weiterwirken und die heutige Rolle der lateinischen Sprache.

Von Budapest bis Washington

Wenig bekannt ist, welche Rolle das Lateinische in Ungarn, also einem nichtromanischen Land, gespielt hat. Nachdem das Reitervolk der Magyaren in seinem heutigen Siedlungsgebiet seßhaft geworden war, begann mit Stephan I., dem Heiligen (ungar. *Szent István* [sɛnt iʃtva:n], wobei *Szent* eine Übernahme des lateinischen *sanctus* darstellt) die führende Rolle der Kirche (1001 Gründung des Erzbistums Esztergom) und damit des Lateinischen, das nicht nur Kirchensprache, sondern zugleich Verwaltungs- und Kanzleisprache wurde. Bis 1840, über 800 Jahre lang, führte das ungarische Parlament seine Debatten in lateinischer Sprache. Ein Jahrhundert früher, 1741, spielte sich ein berühmt gewordener Vorfall ab: Kaiserin Maria Theresia, nach dem 1740 erfolgten Einmarsch der Preußen unter Friedrich II. (dem Großen) in Schlesien, bat vor dem Preßburger Landtag um den Beistand »der tapferen und ritterlichen ungarischen Nation« – in lateinischer Sprache. Und ihr antwortete der Zuruf: *Vitam nostram et sanguinem consecramus* – »Wir weihen (dir) unser Leben und Blut«. Einige Anekdoten ranken sich um dieses Ereignis, und boshafte

Historiker kommentieren, die Ungarn hätten so lange am Lateinischen festgehalten, um nicht deutsch reden zu müssen. Auch heute erscheinen die Veröffentlichungen der Ungarischen Akademie der Wissenschaften unter lateinischem Titel.

Polen

Eine bedeutsame Rolle hat das Lateinische auch in Polen gespielt, wohl Hand in Hand mit, aber nicht ausschließlich bedingt durch das dort besonders enge Verhältnis zur katholischen Kirche - wird doch Maria, die Mutter Jesu, bis heute als Königin von Polen bezeichnet und im Gebet angeredet. Die wissenschaftliche Beschäftigung mit der lateinischen Sprache ist in Polen bis heute intensiv. Polens Nationaldichter Adam Mickiewicz wurde Professor für lateinische Literatur an der Universität Lausanne. Besonders Krakau ist heute noch eine Pflegestätte der klassischen Philologie. Als die Unesco um Spenden zur Wiederherstellung der Krakauer Altstadt bat, wurde Krakau als TOTIUS POLONIAE URBS CELEBERRIMA bezeichnet (»die berühmteste Stadt ganz Polens«).

Am Gegenpol unserer Zivilisation, in den USA, ist lateinisches Erbe an Schulen und Hochschulen ebenfalls lebendig. Auch pflegt man dort - ähnlich wie in Europa -, wenn es um Inschriften geht, die für die Dauer gedacht sind, sich gern des Lateinischen zu bedienen. Dollarnoten wie Münzen tragen ein lateinisches Motto.

Hinzugefügt sei, daß die Werbung fast überall, wenn sie nach Marken- oder Firmennamen Ausschau hält, auf lateinische Wörter zurückgreift. Man denke nur an »Lux«, »Facit«, »Eterna«, »Multimix«, »Continental«, »Victoria«.

Medizin, Biologie, Astronomie

Alle Fachausdrücke der Medizin sind lateinisch (soweit sie nicht griechisch sind). Die Anatomie bezeichnet alle Körperteile lateinisch. Der Arzt schreibt die allgemeinen Anweisungen auf Rezepten lateinisch. *Rp.* beginnt er: *Recipe* »Man nehme«. Sogar die Zahlen schreibt er römisch: nicht 10 Tabletten, sondern *X*.

Die Nomenklatur in Botanik und Zoologie ist lateinisch. Wie sollte eine internationale Verständigung möglich sein, wenn jeder Forscher die Pflanzen und Tiere (es gibt über eine Million Arten) in seiner Muttersprache benennen wollte - zumal die »Vulgärnamen« sogar innerhalb eines Sprachgebietes manchmal durcheinandergehen? Auch die Rangordnungen, in die die Lebewesen eingestuft werden (tagtäglich werden ja neue Arten entdeckt und beschrieben) sind lateinisch bezeichnet.

Rangstufen der biologischen Nomenklatur

Regnum	»Reich«
Classis	»Klasse«
Ordo	»Ordnung«
Familia	»Familie«
Tribus	»Stamm«
Genus	»Gattung«
Species	»Art«
Varietas	»Abart, Spielart«

Auch Sternbilder werden in der Astronomie mit ihren lateinischen Bezeichnungen angeführt, die international einheitlich sind. Und obwohl die Einteilung des Sternhimmels nach Sternbildern naturwissenschaftlich gesehen völlig willkürlich ist, bedienen sich die Astronomen doch bis heute, um einen bestimmten Stern zu identifizieren, dieses Hilfsmittels: α *Leonis* = der Stern »alpha (Regulus)« im Sternbild des Löwen.

Das Recht

Unser Rechtswesen hat jahrhundertelang unter dem bestimmenden Einfluß des großartigen Rechtssystems gestanden, das die Römer entwickelt haben. In vielen Bereichen ist es für unser Recht grundlegend geblieben. Vor unseren Gerichten wird zwar längst nicht mehr in lateinischer Sprache verhandelt, aber manche lateinischen Rechtsgrundsätze sind so populär geblieben, daß man ihnen alle Augenblicke auch in Tageszeitungen begegnen kann, etwa *In dubio pro reo* »Im Zweifelsfall zugunsten des Angeklagten« (bis heute gültiger Rechtsgrundsatz für das Urteil in Strafprozessen); *Minima non curat praetor* »Um Kleinigkeiten kümmert sich der Prätor nicht; Nebensächlichkeiten gehören nicht vor den Richter«; *Ultra posse nemo tenetur* (oder *obligatur*) »Über sein Vermögen (Können) hinaus ist niemand verpflichtet«. Weitere Beispiele am Schluß dieses Kapitels.

Am stärksten wirkt die lateinische Sprache fort in ihren romanischen Tochtersprachen und durch die Beiträge, die sie zur Entwicklung auch anderer, nicht-romanischer Sprachen geleistet hat. Darauf komme ich bei der Behandlung der deutschen und englischen Sprache zurück.

Unser Kalender

Der Kalender gehört zum allgemeinen Kulturerbe und zugleich zum sprachlichen Erbe. Sache und Namengebung durchdringen sich hier. Darum schalte ich einige Sätze zu diesem Thema ein.

Unser Kalender stammt in den wesentlichen Grundzügen von den Römern. Schon das Wort haben wir von ihnen: *Kalendae* hieß der erste Tag eines jeden Monats. Das Wort kommt von *calare* »rufen«. Warum es mit *k* geschrieben wurde (statt mit *c*) und warum es in der Mehrzahl steht, ist nicht aufgeklärt. Ausgerufen wurde am ersten jedes Monats, auf welchen Tag die Monatsmitte *Idus* (ein Plural; Wort unbekannten, nicht lateinischen Ursprungs, wahrscheinlich etruskisch) fiel (je nach Monatslänge), genauer, auf welchen Tag die *Nonae*, der 9. Tag vor den Iden, fielen. Wie umständlich! In der Tat zählten die Römer die Tage rückwärts: Es gab für sie den »16. Tag vor den Kalenden des August« oder »den 3. Tag vor den Iden des März«. - Die Redensart »etwas *ad calendas graecas* aufschieben« (d.h. bis zum St. Nimmerleinstag) hat sich bis heute erhalten.

Die Monate

Unsere Monatsnamen sind bis heute lateinisch. Versuche, sie einzudeutschen, die schon mit Kaiser Karl dem Großen begannen, haben sich nicht durchgesetzt, ebensowenig wie die Monatsnamen der Französischen Revolution (z. B. *Brumaire*). Warum heißt aber der 9. Monat des Jahres »September« = »der siebte«, der 10. Monat »Oktober« = »der achte«, usw.? Das römische Jahr begann ursprünglich mit dem 1. März. An diesem Tag traten auch die jeweils neugewählten Konsuln ihr Amt an. Im Jahre 154 v. Chr. (die Römer zählten natürlich die Jahre anders, häufig *ab urbe condita*, Ton auf *con* = »von der Gründung der Stadt an«, welche die Sage in das Jahr 753 v. Chr. verlegt) brach in der Provinz Hispania ein Aufstand gegen die römische Herrschaft aus, und zwar im Dezember. Dem Senat erschien es zweckmäßig, mit der Niederschlagung lieber gleich die beiden neuen Konsuln zu betrauen, die ihr Amt bei Jahresbeginn, also am 1. März, antreten sollten; um das schneller herbeizuführen, beschloß man, das Jahr (154 v. Chr.) solle nur zehn Monate haben. Seither feiern wir Neujahr am 1. Januar. Es hat allerdings lange gedauert, bis sich das überall eingebürgert hat.

Dem September gingen ursprünglich *Quintilis* und *Sextilis* (also: »der 5. bzw. 6. Monat«) voraus; ersterer wurde zu Ehren Cäsars in *Julius*, letzterer zu Ehren des Kaisers Augustus in *Augustus* umbenannt.

Julianischer und Gregorianischer Kalender

Das römische Jahr hatte bis Cäsar zwölf Monate von entweder 29 oder 31 Tagen (nur der Februar hatte 28), zusammen war es mit 355 Tagen - da es sich am Mond orientierte – um rund 10¼ Tage gegenüber dem wirklichen Sonnenjahr zu kurz. So mußte man jedes zweite Jahr einen ganzen Schaltmonat von 22 oder 23 Tagen einschieben. Die Reform, die Cäsar mit Hilfe des alexandrinischen Mathematikers Sosigenes durchführte, gab den Monaten ihre bis heute gültige Länge – das ergab fürs Jahr zehn Tage mehr. Der verbleibende Vierteltag wurde durch einen alle vier Jahre einzuschiebenden Schalttag ausgeglichen. Dieser »Julianische Kalender« trat in Kraft, nachdem Cäsar im Jahr 46 v. Chr. 90 (neunzig) Schalttage eingeschoben hatte. Er war so gut, daß Papst Gregor XIII. ihn im Jahre 1582 – nachdem er durch Wegfall von zehn Tagen die Übereinstimmung mit den astronomischen Tatsachen wiederhergestellt hatte – nur noch geringfügig zu korrigieren versuchte: alle vier Jahre ein Schalttag, beim vollen Jahrhundert fällt der Schalttag aus, aber nach je 400 Jahren tritt er ein; also auch im Jahre 2000.

Die Woche

Die siebentägige Woche ist nicht römischen Ursprungs, sondern geht wohl über das Christentum auf das Judentum zurück, das den siebten Tag als Sabbath begeht. Unsere Namen für die Wochentage sind allerdings Übersetzungen der entsprechenden spätlateinischen Namen: »Montag« = *dies lunaris,* »Dienstag« = *dies Martis* (»des Kriegsgottes Mars«, ersetzt durch »Ziu«), »Donnerstag« = *dies Iovis* (»des Jupiter«, ersetzt durch »Donar«), »Freitag« = *dies Veneris* (»der Venus«, ersetzt durch »Freya«). Aus der Reihe tanzen der »Mittwoch« *(dies Mercurii)* als rein deutsche Wortbildung, und der »Sonntag« (*dies dominica,* »Tag des Herrn«). In unseren Nachbarsprachen sind römische Namen unmittelbar erhalten: frz. *lundi, mardi, mercredi* ... engl. *Saturday (dies Saturni).*

Die 7-Tage-Woche führte Konstantin der Große verbindlich ein, sie begann mit dem Sonntag. Erst seit 1976 beginnt bei uns – nach einer damals in Kraft getretenen DIN-Norm – die Woche mit dem Montag.

Prägnant und monumental

Daß das Latein in seiner Blütezeit eine Sprache von sprühender Vitalität war, geschmeidig, elegant, gleich geeignet zu tiefem Ernst wie zur Ironie und zum Obszönen, machtvoll hallend im Munde des großen Redners, präzise und nüchtern im Munde des Historikers, des Staatsmannes, des Juristen – dies alles vermag sich mancher, der in der Schule stöhnend lateinische Vokabeln gepaukt oder

Verbalformen memoriert hat, nur schwer vorzustellen – denn wer hat es schon so weit gebracht, daß er Horaz oder Cicero mühelos lesen kann, so daß er nebenbei auf den lebendigen Fluß und den Wohlklang der Sprache lauschen könnte?

In der Erinnerung von uns späten Nachfahren ist eher haften geblieben, daß diese Sprache zu äußerster Knappheit und Prägnanz taugte, zu Prägungen, die wie in Stein gemeißelt oder in Bronze gegossen klingen, die manchmal etwas Monumentales, für die Ewigkeit Geschaffenes an sich haben.

Tatsächlich sind nicht nur zahllose Wörter unserer Sprache römisches Erbe – oft in ihrer eingedeutschten Form gar nicht mehr als solche kenntlich wie etwa »Mauer«, »Fenster«, »Straße«; es haben vielmehr auch ungezählte rein lateinische Aussprüche, Maximen, Redensarten, Sprichwörter die Zeiten überdauert, sind bis heute lebendig geblieben und fließen bei passender Gelegenheit in unsere Rede ein. Ich möchte eine Auswahl solcher lateinischer Kern- und Merksätze hier vorführen und ordne sie der Einfachheit halber alphabetisch nach ihren Anfängen an, mit deutscher Übersetzung und soweit nötig mit kurzem Kommentar.

»Geflügelte Worte« – lateinisch

Ab ovo »Vom Ei an«. Dieses Wort des Horaz wird bei uns oft in der verkürzten Form gebraucht und soll dann etwa sagen »Von Adam und Eva an« (weit ausholend). Vollständig lautet es *Ab ovo (usque) ad mala* »Vom Ei bis zu den Äpfeln« und bezieht sich darauf, daß die Römer ihre Gastmähler mit Ei als Vorspeise zu eröffnen, mit Obst zu beschließen pflegten. An anderer Stelle lobt Horaz Homer, daß er seine Geschichte nicht *ab ovo* beginne, d. h. mit dem Doppelei, dem Helena entschlüpft war.

Audiatur et altera pars »Auch der andere (Teil) soll (an)gehört werden«, bezogen auf Streitfälle, besonders auf Gerichtsverfahren. Der Spruch stand jahrhundertelang über dem Portal vieler Gerichtsgebäude, ist aber im Wortlaut im römischen Recht nicht nachzuweisen, allerdings in etwas poetisch gedehnter Form bei Seneca.

Cesare Borgia

Aut Caesar aut nihil »Entweder Caesar oder gar nichts«. Wahlspruch des Papstsohnes Cesare Borgia, dessen ehrgeiziges Ziel es war, Alleinherrscher über ganz Italien zu werden; er ließ diese Worte auf Münzen prägen.

Mäzen

Beatus ille qui procul negotiis »Glücklich, wer fern von

den Geschäften«. Dieses Lob der Muße sang der Dichter Horaz, dem sein Gönner Maecenas (von dessen Namen unsere Worte »Mäzen«, »Mäzenatentum« abgeleitet sind) ein Landgut geschenkt hatte.

Die Devise der Habsburger

Bella gerant alii, tu felix Austria nube »Mögen andere Kriege führen – du, glückliches Österreich, heirate!« An einen Vers des Ovid angelehnter Leitsatz der Politik der Habsburger, die ihr Reich durch geschickte dynastische Heiraten mehrten. Entstanden im 14. Jahrhundert oder früher.

Bis dat qui cito dat »Doppelt gibt, wer schnell gibt«. Römisches Sprichwort.

Carpe diem »Nutze den Tag«. Aus einer Ode des Horaz.

Karthago

Ceterum censeo Carthaginem esse delendam »Im übrigen bin ich der Meinung, daß Karthago zerstört werden muß«. Nicht schriftlich belegter, aber seit dem Altertum überlieferter Ausspruch des älteren Cato, mit dem er fast jede seiner Reden vor dem Senat abschloß.

Cogito ergo sum »Ich denke, folglich bin ich (existiere ich)«. Kernsatz des französischen Philosophen René Descartes.

Credo quia absurdum

Credo quia absurdum »Ich glaube (gerade), weil es absurd ist«. Dem christlichen Kirchenlehrer Tertullian zugeschrieben, in seinen erhaltenen Schriften allerdings nicht nachzuweisen.

Cui bono? »Wem nützt es? Wer hat den Vorteil davon?« Kriminalistischer Merksatz: Prüfe stets, wer bei einem Verbrechen (z. B. einem Mord) etwas gewinnt (vielleicht der Erbe?). In diesem Sinne bei Cicero gebraucht, soll auf Lucius Cassius zurückgehen. Manchmal auch benutzt in dem Sinne »Was soll's?«, »Wozu das alles?«

Absolutismus

Cuius regio, eius religio Grundsatz der absolutistischen Politik, nach dem durch Reformation und Gegenreformation die Bevölkerung Deutschlands konfessionell gemischt war: »Wessen Land, dessen Religion«. Die Untertanen mußten sich der Religion des Herrschers unterwerfen. Auch in der Form *Cuius regio, illius et religio.*

Cum grano salis »Mit einem Körnchen Salz«: Man soll einen Satz, einen Ausspruch nicht zu wörtlich nehmen, sondern »mit einer Prise Salz«, d. h. mit Verstand, sinngemäß. Auf Plinius zurückgeführt.

De mortuis nil nisi bene »Von den Toten nur gut«, d. h. über Verstorbene soll man nicht schlecht sprechen. Wahrscheinlich nach griechischem Vorbild geformter Satz; manchmal zitiert *De mortuis nil nisi bonum* - und von einem englischen Schüler übersetzt als *In the dead there is nothing but bones.*

Difficile est satiram non scribere »Es ist schwer, keine Satire zu schreiben«, d.h. es liegt nahe, hier zum Satiriker zu werden. Von dem Satiriker Juvenal.

Teile und herrsche

Divide et impera »Teile und herrsche!« In alten römischen Quellen nicht nachzuweisen, aber als Grundsatz römischer Politik, z.B. bei der Behandlung des besiegten Griechenland, deutlich erkennbar. Vielleicht erst in der Renaissancezeit geprägt, Wahlspruch vieler erfolgreicher Staatsmänner, besonders auch der Habsburger.

Do ut des »Ich gebe, damit (auch) du (mir) gibst«. Rechtsgrundsatz bei der Einteilung und Auslegung von Verträgen.

Duo cum faciunt idem, non est idem »Wenn zwei dasselbe tun, ist es nicht dasselbe«. Nach Terenz.

Ecce homo

Ecce homo »Siehe, welch ein Mensch!« Wort des Pontius Pilatus über Jesus Christus.

Errare humanum est »Irren ist menschlich«. Sprichwort.

Exegi monumentum aere perennius »Ich habe (mir, mit meinem Lebenswerk) ein Denkmal errichtet, dauerhafter als Erz«. Stolzes Wort des Horaz.

Ex oriente lux »Aus dem Osten (kommt das) Licht«. Soll besagen, daß (von Rom aus gesehen) höhere Bildung, Kultur, Zivilisation aus dem Osten gekommen sind.

Ex ungue leonem »Aus der Kralle das (ganze) Tier (den Löwen)«. Nach einer griechischen Anekdote über einen Künstler, der aus der Tatze allein den ganzen Bau dieses königlichen Tieres zu rekonstruieren vermochte. Heute meist verwendet in dem Sinne »Aus den Spuren, aus der Handschrift erkennt man, wer hier am Werke war«.

Fiat iustitia pereat mundus »Die Gerechtigkeit nehme ihren Lauf, selbst wenn die Welt darüber zugrunde geht«. In positiver Auslegung, als Bekenntnis zu höchster Gerechtigkeit, Wahlspruch des Kaisers Ferdinand I.; heute meist als Ironisierung einer allzu formalen Rechtsauslegung und Rechtsprechung.

Fortiter in re, suaviter in modo »Fest in der Sache, verbindlich in der Form«. Auf Horaz zurückgeführt.

Habent sua fata libelli »Büchlein haben ihre Schicksale«. Zurückgeführt auf einen Grammatiker Terentian, gemeint in dem Sinne: Es hängt vom Leser ab, was er aus einem Buch macht.

Homo homini lupus »Der Mensch ist dem Menschen Wolf«. Wort des englischen Staatsphilosophen Thomas Hobbes.

Iacta est alea »Der Würfel ist gefallen«. Nach Sueton Ausspruch Cäsars, als er 49 v. Chr. das Flüßchen Rubikon – und damit die Schwelle zum blutigen Bürgerkrieg – überschritten hatte. Manche Forscher vermuten, Cäsar habe nicht diesen Satz gesprochen, sondern – in Anlehnung an ein bekanntes griechisches Sprichwort (er sprach gut Griechisch) vielmehr gesagt: »Jetzt mögen die Würfel fallen«. *Cäsar am Rubikon*

Ignoramus, ignorabimus »Wir wissen es nicht, (und) wir werden es nicht wissen«. Ausspruch des Naturforschers Emil du Bois-Reymond, eines Hugenotten, 1873 in Leipzig, der besagen sollte: Die Geheimnisse der Natur kennen wir (Naturforscher) nicht, wir werden sie auch nie ergründen. »Ins Inn're der Natur dringt kein erschaff'ner Geist.«

In hoc signo vinces »In diesem Zeichen wirst du siegen«. Nach der Überlieferung erschien dem Kaiser Konstantin vor einer Schlacht im Jahre 312 n. Chr. in einer Vision das Bild des Kreuzes (als Symbol des Christentums) und dazu die genannte Inschrift. Der Kaiser siegte, trat zum Christentum über und machte es zur Staatsreligion. *Kaiser Konstantin*

Inquietum (est) cor nostrum, donec requiescat in Te »Unruhig ist unser Herz, bis es ruhet in Dir«. Wort des Kirchenvaters Augustinus in seinen »Bekenntnissen«, wahrscheinlich angelehnt an ein Wort Ciceros.

INRI Abkürzung für *Iesus Nazarenus Rex Iudaeorum* »Jesus von Nazareth, König der Juden«. Inschrift der Tafel, die auf Geheiß des Pontius Pilatus am Kreuz Christi angebracht wurde. *INRI*

In vino veritas »Im Wein ist Wahrheit«, d. h. der Wein löst die Zunge und bringt die Wahrheit ans Licht. Dem Plinius zugeschrieben, vielleicht griechischen Ursprungs (Alkaios).

Iustitia est fundamentum regnorum »Die Gerechtigkeit ist die Grundlage der Reiche (der Herrschaft)«. Wahlspruch des Kaisers Franz I. von Österreich.

Manus manum lavat »Eine Hand wäscht die andere«. Schon bei antiken Autoren belegtes Sprichwort.

Medias in res »Mitten hinein in die Sache!« Wort des

Horaz als Mahnung an den Dichter wie für den, der gewandt und amüsant unterhalten möchte.

Medicus curat, natura sanat »Der Arzt kuriert, (nur) die Natur heilt«. In griechischer Fassung dem Hippokrates zugeschrieben.

Beim Triumphzug

Memento te hominem esse »Denke daran, daß du (nur) ein Mensch bist!« Wenn ein Feldherr nach einem bedeutenden Sieg durch einen Triumphzug geehrt wurde und, in die Purpurtoga gekleidet und mit Lorbeer bekränzt, im vierspännigen Prunkwagen zum Capitol fuhr, mahnte ihn dieser ständig wiederholte Zuruf daran, nicht hochmütig zu werden und sich nicht den Göttern gleich zu fühlen.

Mens sana in corpore sano »Gesunder Geist in gesundem Körper«. Meist falsch angewendet in dem Sinne: Gesundheit des Geistes setze einen gesunden Körper voraus, oder gar: Gesundheit des Geistes stelle sich als Folge körperlicher Gesundheit quasi von selber ein. Der von Juvenal stammende Satz lautet vollständig *Orandum est, ut sit mens sana in corpore sano* »Zu erflehen ist (man soll die Götter bitten um) einen gesunden Verstand in einem gesunden Körper«, soll heißen: Gesundheit des Leibes und gesunder Verstand sind für den Menschen am wichtigsten, ja das einzig Wichtige.

Das Lächeln der Auguren

Mirari, quod non rideret haruspex »Es ist zum Wundern, daß der *Haruspex* (der Opferbeschauer, der wahrsagende Priester) nicht lacht«. Eine Weisheit, die auch in dem Wort vom »Lächeln der Auguren« steckt.

Mors certa, hora incerta »Der Tod ist gewiß, (seine) Stunde ist ungewiß«. Häufig als Inschrift auf alten Uhren.

Multum non multa »Vieles, nicht vielerlei«. Wahlspruch des jüngeren Plinius, auf die Lektüre bezogen: Man soll viel oder vieles lesen, aber nicht vielerlei! Motto Arthur Schopenhauers für sein Hauptwerk.

Mundus vult decipi »Die Welt will betrogen werden«. Manchmal Paracelsus zugeschrieben, manchmal dem päpstlichen Legaten Caraffa (später Papst Paul IV.); stammt aber aus Sebastian Brants »Narrenschiff« (1494), lat. Fassung bei Sebastian Franck (»Paradoxa ...«, 1534).

Naturam expellas furca, tamen usque recurret »Du magst die Natur mit der Forke (Heugabel) austreiben, sie wird doch stets zurückkehren«. Horaz hat dieses Wort auf den Garten gemünzt, es paßt aber auch auf die »Natur« des Menschen.

Natura non facit saltum »Die Natur macht keinen Sprung«. Urheber nicht bekannt. Von Goethe gerühmter Spruch: In der Natur geht alles stetig, in gesetzmäßiger Entwicklung, in fließenden Übergängen zu.

Ne bis in idem »Nicht zweimal für dasselbe«. Rechtsgrundsatz: Eine rechtskräftig abgeschlossene Sache ist endgültig erledigt, sie darf nicht wieder aufgegriffen, insbesondere darf ein Verurteilter nicht nochmals wegen derselben Tat angeklagt werden.

Nemo ante mortem beatus »Niemand ist vor seinem Tode glücklich zu preisen«. Nach der Überlieferung Antwort des weisen Solon auf die Frage des reichen Königs Krösus *(Kroisos),* wer der Glücklichste unter den Sterblichen sei. Und Krösus endete in schmachvoller Gefangenschaft. *Krösus*

Nervus rerum »Der Nerv (aller) Dinge«. Gemeint ist das Geld, das heute noch oft so genannt wird. Von Cicero geprägt in Anlehnung an Demosthenes.

Noli me tangere »Rühr mich nicht an!« Nach dem Johannes-Evangelium Worte Jesu zu Maria Magdalena.

Non olet »Es stinkt nicht«. Kaiser Vespasian besteuerte die Handwerker (Gerber u. a.), die den Urin aus den in den Straßen Roms als Pissoirs aufgestellten Amphoren verwerteten. Als sein Sohn Titus ihn deswegen tadelte, hielt der Kaiser ihm ein Geldstück unter die Nase: »Riechst du etwas? Es stinkt nicht.« Heute: Dem Geld merkt man seine - vielleicht anrüchige - Herkunft nicht an. *Non olet*

Non scholae sed vitae discimus »Nicht für die Schule lernen wir, sondern für das Leben«. Pädagogisches Motto. Freilich hatte der Urheber, Seneca, voll bitterem Spott über das Bildungswesen seiner Zeit geschrieben: *Non vitae sed scholae discimus* »Da lernt man für die Schule anstatt fürs Leben!«

Nuda veritas »Die nackte Wahrheit«. Redewendung von Horaz.

Ora et labora »Bete und arbeite!« Wahlspruch des Heiligen Benedikt von Nursia, Begründer des Benediktiner-Ordens in seinem Stammkloster auf dem Monte Cassino und damit des abendländischen Mönchtums. *St. Benedikt*

O tempora, o mores »Was für Zeiten, was für Sitten!« Ausruf des Cicero über die beklagenswerten Zeitumstände, in einer Rede im Jahre 63 v. Chr., von seinem später freigelassenen Sklaven Tiro in Kurzschrift festgehalten.

Panem et circenses »Brot und Spiele«. Ausruf des Juvenal: Brot und Spiele sind alles, was die Menge braucht und verlangt.

Pars pro toto »Der Teil für das Ganze«. Grundsatz römischer Philosophen und Logiker: Man kann aus einem Teil auf das Ganze schließen.

Principiis obsta »Widerstehe den Anfängen!« Wenn sich ein Übel, ein Laster erst festgesetzt haben, sind sie nur noch schwer auszurotten (Ovid).

Nero *Qualis artifex pereo* »Welch ein Künstler geht mit mir zugrunde!« Von Sueton überlieferter Ausspruch des Kaisers Nero, der sich als Dichter und Sänger produzierte, vor seinem Selbstmord.

Qui tacet, consentire videtur »Wer schweigt, stimmt offenbar zu«, d. h. wird so angesehen oder behandelt, als habe er zugestimmt. Grundsatz aus dem Kirchenrecht.

Quod licet Iovi, non licet bovi »Was Jupiter zusteht, steht dem Ochsen (noch lange) nicht zu«. Sprichwort.

Quod non est in actis, non est in mundo Rechtsgrundsatz: »Vor Gericht findet nur Berücksichtigung, was vor Gericht vorgebracht wurde und in den Akten festgehalten ist«. Heute oft ironisch verwendet.

Relata refero »Ich berichte (nur), was (mir) berichtet wurde«. Nach Herodot.

Repetitio est mater studiorum »Wiederholung ist die Mutter des Studierens«, oder: »Übung macht den Meister«. Wahrscheinlich Sprichwort.

Roma locuta, causa finita »Rom hat gesprochen, die Sache ist damit endgültig entschieden«. Rechtsspruch, der den Primat des Bischofs von Rom in der ganzen Christenheit unterstreicht.

Semper aliquid haeret »Es bleibt immer etwas hängen«. Ein Ratschlag für Verleumder, nach Plutarch, erneuert durch Francis Bacon.

Sine lege nulla poena »Ohne Gesetz keine Strafe«. Rechtsgrundsatz aus dem *Corpus iuris* in stark verkürzter Form. Eine Strafe darf nur verhängt werden für eine Tat, die durch ein Gesetz (das vor der Tat ergangen ist) ausdrücklich unter Strafe gestellt ist. Heute eine der Grundlagen jedes Rechtsstaates.

Der Snob *Sine nobilitate* »Ohne Adel(sprädikat)«. In der abgekürzten Form *s. nob.* Eintrag in die Matrikeln (Schüler-, Studentenlisten) englischer Schulen und Universitäten, die überwiegend von Angehörigen des Adels besucht wurden.

Weil junge Leute mit diesem Vermerk ihre adligen Kommilitonen oft an Schneid, Aufwand und Marotten zu übertrumpfen suchten, soll sich aus dieser Abkürzung das Wort »Snob« entwickelt haben.

Si tacuisses, philosophus mansisses »Hättest du geschwiegen, wärest du ein Philosoph geblieben: Hättest du den Mund gehalten, könntest du noch heute für einen gescheiten Menschen gelten«. Wahrscheinlich zurückgehend auf den »Trost der Philosophie« von Boethius.

Societas leonina »Löwenartige Gesellschaft«: Sprichwörtliche Bezeichnung für einen Zusammenschluß sehr ungleicher Partner, bei dem der Stärkere alle Vorteile (den »Löwenanteil«) einheimst.

Sub specie aeternitatis »Unter dem Gesichtspunkt der Ewigkeit gesehen«. Ausspruch des niederländisch-jüdischen Philosophen Baruch d'Espinoza (Benedictus de Spinoza). *Spinoza*

Suum cuique »Jedem das Seine«. Abgewandelt aus einem Wort Ciceros, wörtlich in einem Satz des Kirchenvaters Ambrosius von Mailand: *Iustitia suum cuique tribuit* »Die Gerechtigkeit weist jedem das Seine, das ihm Gebührende zu«. *Suum cuique* war auch die Devise des preußischen Schwarzen Adlerordens.

Tabula rasa »Glatte Tafel« = die mit dem breiten Ende des Griffels geglättete Wachstafel, wie sie die Römer zum Schreiben benutzten: alles Frühere ausradiert, die Tafel bereit, Neues aufzunehmen. Heute: *Tabula rasa* machen = »Reinen Tisch machen, dann gründlich neu beginnen«.

Tempora mutantur nos et mutamur in illis »Die Zeiten ändern sich und wir uns mit ihnen«. Satz des Ovid über die Vergänglichkeit und den ewigen Wandel alles Menschlichen.

Ubi bene ibi patria »Wo es mir gut geht, da ist mein Vaterland«. Sprichwort, ähnlich ein Ausspruch des Cicero: Kennzeichen des römischen Kosmopolitismus.

Ut desint vires tamen est laudanda voluntas »Wenn auch die Kräfte fehlen, so bleibt doch der (gute) Wille zu loben«. Ausspruch von Ovid.

Vae victis »Wehe den Besiegten!« Das Wort wird zurückgeführt auf Brennus, einen gallischen Fürsten, der im 4. Jahrhundert v. Chr. Rom eroberte und plündern ließ. Als das Lösegeld abgewogen wurde, soll er sein Schwert auf die Waagschale geworfen und dabei diesen Ausspruch getan haben.

Caesars Lapidarstil

Veni, vidi, vici »Ich kam, sah, siegte«. Dieses Wort Caesars stammt aus einem Bericht über seinen Blitzfeldzug in Pontus.

Videant consules »Die Konsuln mögen zusehen«. Kurzformel für *Videant consules ne quid res publica detrimenti capiat* »Die Konsuln mögen sich darum bemühen, daß dem Staat kein Schaden geschieht«. So lautete der Beschluß, mit dem der Senat bei Gefahr im Verzug den Konsuln diktatorische Gewalt übertrug.

Meine kleine Blütenlese mag zeigen, wie vieles aus dem römischen Leben in seiner originalen sprachlichen Gestalt bis heute seine Lebenskraft und Gültigkeit bewahrt hat. Natürlich haben wir im Deutschen zahlreiche Redensarten und Zitate auch aus unseren Nachbarsprachen: *Time is money; Last not least; L'Etat c'est moi; Noblesse oblige; Se non è vero è ben trovato* usw.; das wundert niemanden, während die Fortwirkung des Lateinischen durch die Jahrhunderte doch erstaunlich ist.

Humanistische Bildung

Durch Jahrhunderte galt bei uns nur der als gebildet, der die Sprachen, die Literatur, die Geschichte der »Alten Welt«, also Griechenlands und Roms, kannte. Bis zum Ausgang des 19. Jahrhunderts war dieses Bildungsideal gültig.

Der englische Historiker Arnold Toynbee, geboren 1889, hat, mit einem Gefühl von Dankbarkeit, festgestellt, daß um die Jahrhundertwende, als er Schule und Universität absolvierte, nicht nur in Großbritannien, sondern in der ganzen westlichen Welt eine Art von Bildung tonangebend war, »die 500 Jahre vorher in Italien entstanden war«. Der Studierende sollte mit dem Griechischen und Lateinischen vertrauter gemacht werden als mit Deutsch und Französisch, er sollte in der Lage sein, in beiden Sprachen gute Prosa wie Verse zu verfassen. Warum? Der höchste Vorzug dieser »klassischen« Erziehung ist nach Toynbee, daß sie den Menschen in den Mittelpunkt stellt.

Dieses Ideal wird höchstens noch in den wenigen »humanistischen« Gymnasien hochgehalten. Als Grundlage unseres Bildungswesens haben wir es aufgegeben. Ob dieser Schritt richtig war – darüber sind bis heute die Meinungen geteilt.

Latein und die Einheit Europas

Kann Europa zur Einheit zusammenwachsen, wenn es die sprachliche Vielfalt beibehält? Gewiß – um das zu begründen, verweist man gern auf das Vorbild der Schweiz, in der vier Sprachgruppen einträchtig unter einem staatlichen Dach vereinigt sind; überdies gibt es viele Staaten auf der Erde mit mehrsprachiger Bevölkerung.

In welcher Sprache sollen aber die Institutionen eines vereinigten Europa sprechen? Es ist schwer vorstellbar, daß in einem »Europa der Zehn, der Zwölf oder Sechzehn« jede Sprache als Verhandlungssprache gleichberechtigt ist. Man wird sich auf Englisch, Französisch, Deutsch als Arbeitssprachen einigen; die Vertreter kleinerer Länder müssen sich anpassen.

Wäre es nicht besser, eine einheitliche europäische Gemeinsprache zu haben, die mit keiner der Nationalsprachen zusammenfällt und damit keiner Nation einen Vorteil verschafft?

Dafür wird von manchen Seiten Latein vorgeschlagen. Ist es nicht seit langem eine »tote« Sprache? Antwort: Haben nicht die Israeli die schon seit viel längerer Zeit tote hebräische Sprache wieder erweckt und zur Sprache eines modernen Staates gemacht?

Die Befürworter einer »lateinischen Lösung« des Problems machen geltend: Latein ist die Muttersprache Europas. Das lateinische Erbe hält Europa zusammen. »Keine politische oder wirtschaftliche Organisation kann jemals leisten, was die kulturelle Einheit uns gibt« – dieses Wort des englischen Nobelpreisträgers T. S. Eliot wird dazu zitiert.

Stoff zum Nachdenken!

SECHSTES KAPITEL

Die stolzen Töchter

Vom Latein zu den romanischen Sprachen

Wir wenden uns jetzt zurück zu der Übergangszeit, in der sich die lateinische Schrift- und Hochsprache, obzwar auch sie sich wandelte, von dem gesprochenen Volkslatein immer weiter entfernte. Diese Volkssprache ist es, aus der in stetiger Entwicklung unsere heutigen *romanischen* Sprachen hervorgewachsen sind, und da sich die Volkssprache in den verschiedenen Teilen des weiten Römerreichs in verschiedene Richtungen entwickelte, haben wir heute nicht eine Nachfolgesprache des Lateinischen, sondern mehr als ein halbes Dutzend. Warum erfolgte diese Aufspaltung in verschiedene - heute beträchtlich verschiedene - Sprachen? Einmal dürften die Sprachgewohnheiten der Völker aus der Zeit, bevor sie das Lateinische übernahmen, noch nachgewirkt haben. Die Forschung nimmt an, daß solches Nachwirken noch anhalten kann, wenn die frühere Sprache bereits so gut wie ausgestorben ist. Dialektunterschiede bei den römischen Besatzungstruppen können eine Rolle gespielt haben.

Mit dem Verfall der zentralen Autorität Roms verringerte sich auch die Kommunikation unter den Reichsteilen, und es ist ein überall zu beobachtendes Phänomen: Zwei Sprachgemeinschaften, seien es nun große Bevölkerungsgruppen oder die Bewohner eng benachbarter, aber durch schroffe Bergketten getrennter Gebirgstäler, nehmen, sobald sie voneinander isoliert werden, eine immer stärker divergierende sprachliche Entwicklung. Auf diese Weise war im 9. Jahrhundert eine beträchtliche Anzahl vulgärlateinischer Dialekte entstanden. Welche von ihnen zu »Sprachen« im vollen Wortsinne wurden, also zu Staats-, Schrift-, Literatursprachen, wurde durch außersprachliche Faktoren bestimmt: politische, verwaltungsmäßige und soziale.

Im allgemeinen wird das *Französische* unter ihnen an erster Stelle genannt - nicht wegen der Zahl seiner Sprecher, die ist für das Spanische, nimmt man Lateinamerika hinzu, viel größer, sondern wegen seiner zwei Jahrhunderte lang führenden Rolle als Sprache der Höfe und der Diplomatie, der feineren Bildung und der oberen Gesellschaftsschichten in vielen Ländern einschließlich des Zarenreiches. Zu Staatssprachen sind ferner *Spanisch, Italienisch, Portugiesisch* und *Rumänisch* aufgestiegen, dazu das *Rätoromanische,* das die Schweiz seit 1938 neben Deutsch, Französisch und Italienisch zur vierten Landessprache erhoben hat.

Das *Katalanische,* das um seine Anerkennung lange ringen mußte, das im Spanien Francos unterdrückt war, aber heute gesprochen wie geschrieben wieder lebendig ist (in Katalonien und Andorra ist es Amtssprache), hat eine eigene Literatur; eine wichtige Literatursprache war im Mittelalter auch das *Provenzalische* im Süden Frankreichs.

In weitem Ausmaß kann man auch das heutige *Englisch* als Tochtersprache des Lateinischen ansehen; wir besprechen es später in einem eigenen Kapitel.

Gemeinsamer Wortschatz

Die romanischen Sprachen haben ihren Grundwortschatz aus dem Lateinischen übernommen, nicht immer allerdings aus der Schriftsprache; z. B. ist das lateinische Wort für »Kopf« *caput* zwar im span. *cabeza* erhalten, aber ital. *testa* und frz. *tête* gehen auf lat. *testa* zurück, das »Scherbe« bedeutet und wahrscheinlich von römischen Soldaten in abwertender Weise benutzt wurde wie im Deutschen »Birne« oder »Rübe« für »Kopf«.

Das Schriftbild konserviert

Die Gemeinsamkeit des Wortschatzes tritt im Schriftbild meist klarer hervor als im gesprochenen Wort, weil die »konservative« (bewahrende) Rechtschreibung besonders im Französischen ältere Wortformen festhält, von denen sich die gesprochene Sprache inzwischen weit entfernt hat. Als Beispiel kann das Zahlwort für 5 dienen, das im Lateinischen *quinque* lautet. Daraus wurde

»Fünf« als Beispiel

	Schreibung	Aussprache
französ.	*cinq*	[sɛ̃k] oder [sɛ̃]
ital.	*cinque*	[tʃi̯ŋkwe]
span.	*cinco*	[θi̯ŋkɔ]
portug.	*cinco*	[sĩku]
rumän.	*cinci*	[tʃĩtʃ]

Die Aussprache des Stammvokals läßt es glaubwürdig erscheinen, daß schon die Römer einen Vokal, dem ein *n* folgt (oder auch ein *m*), nasal ausgesprochen haben sollen.

Das Phänomen: Schreibung ähnlich oder gleich, Aussprache verschieden – tritt deutlich hervor bei den Konsonanten *c* und *g*, sofern ihnen ein *e* oder *i* folgt. Die lateinische Aussprache von *c* und *g* als [k] bzw. [g] vor *o, u* hat sich erhalten: Aus lat. *corvus* »der Rabe« wurde frz. *le corbeau*, ital. *il corvo*, portug. *o corvo* und span. *el cuervo* – im Spanischen ist meist ein *ue* an die Stelle eines lateinischen betonten *o* getreten, vgl. *fuerte* »stark«, *puerto* »Hafen«. Ein *c* vor *a* im Lateinischen ist im Französischen meist zu *ch* [ʃ] geworden: *champ* aus *campus*, *château* aus *castellum* (für das verlorene *s* steht als »Grabstein« der *accent circonflexe;* vgl. unten). Das *c* vor *e* und *i* wird dagegen heute noch in den wichtigsten romanischen Sprachen jeweils anders gesprochen, aber in keiner wichtigen mehr als [k]. Aus lat. *centum*, [kȩntum] (»hundert«) wird frz. *cent* [sã], ital. *cento* [tʃȩnto], span. *cien* [θıȩn] usw. Soll ein *g* vor *e* oder *i* als echtes [g] gesprochen werden, so muß der Franzose vor dem Vokal ein *u*, der Italiener ein *h* einschieben: ital. *la giacca* [dʒąka] »die Jacke«; aber *il ghiaccio* [giątʃo] »das Eis«. Entsprechend im Französischen: *gêner* [ʒene] »stören, in Verlegenheit bringen«, aber *guérir* [gerir] »heilen«.

Es lassen sich Dutzende von Seiten füllen mit Beispielen dafür, wie sich lateinische Wörter in den Tochtersprachen teils erhalten und teils verwandelt haben, und dabei lassen sich Gesetze des Lautwandels auffinden wie das oben erwähnte von *o* zu *ue* im Spanischen, wie die Erweichung eines anlautenden *c*, lat. [k], im Französischen: aus *causa* »die Sache« wird *chose* [ʃoz].

Die Verwandtschaft des Lateinischen mit seinen Tochtersprachen wird auch sehr sinnfällig, wenn man die Vaterunser-Bitte »Unser tägliches Brot gib uns heute« in fünf Sprachen untereinanderschreibt:

Vaterunser

lat.:	*Da nobis hodie panem nostrum quotidianum*
französ.:	*Donne-nous aujourd'hui notre pain quotidien*
span.:	*Danos hoy nuestro pan cotidiano*
ital.:	*Dacci oggi il nostro pane quotidiano*
portug.:	*O pão nosso de cada dia dai-nos hoje*

Dubletten

Während der Grundwortschatz des Französischen – wie seiner Schwestersprachen – überwiegend aus der (vulgär)lateinischen Sprache des Altertums und des Mittelalters stammt, ist eine zweite Welle von Lehnwörtern aus dem Lateinischen in der Zeit des Humanismus und der Renaissance eingedrungen, vielfach mehr Wörter der Schriftsprache, der Gelehrtensprache. Es kam dabei vor, daß ein lateinisches Wort, das schon längst im Französischen lebte, noch ein zweites Mal übernommen wurde, nun in einer dem lateinischen Original recht ähnlichen Form, während das alte Erbwort schon mannigfache Lautwandels- und -verschiebungsprozesse durchlaufen hatte. Solche Dubletten sind z. B.

Beispiele

Lateinisch	Älteres Erbwort	Neues Lehnwort
causa	*la chose* »die Sache«	*la cause* »der Grund, der Prozeßgegenstand«
sacramentum	*le serment* »der Eid«	*le sacrement* »das Sakrament«
hospitalis (Adj.)	*l'hôtel* »die Herberge«	*l'hôpital* »das Krankenhaus«

Ähnliche Erscheinungen gibt es im Englischen. Das Beispiel *hospitale*, das wir hier gerade vor Augen haben, gibt Anlaß zu der Feststellung, daß der Zirkumflex, frz. *accent circonflexe*, das dachförmige diakritische Zeichen über einem Vokal, in der Regel als Zeichen für ein im Lateinischen vorhandenes, dann untergegangenes *s* (zuweilen auch für einen anderen ausgefallenen Laut) anzusehen ist; so auch in *asinus* »der Esel«, frz. *âne; costa*, frz. *côte* »die Küste«; *festum* »das Fest«, frz. *fête; testa* »die Scherbe, das irdene Gefäß«, frz. *tête* (»Kopf«); presbyter (urspr. griech.) »der Priester«, frz. *prêtre* usw.

Wir wollen aber, damit wir nicht allzutief in die *Romanistik*, die Lehre von den romanischen Sprachen, hineingeraten und, bevor wir sie als einzelne noch etwas genauer mustern, den Blick zunächst auf das richten, was die Tochtersprachen ungeachtet der Gemeinsamkeiten im Wortschatz (im *Lexikon* oder auch in der *Lexik*) viel tiefer von ihrer gemeinsamen Mutter unterscheidet als die Wandlungen der Aussprache. Sie haben nämlich, in unterschiedlichen Graden, ihren Bau, ihre Struktur verändert.

Wandlungen im Sprachbau

Auf die Frage: Welche unter den heutigen europäischen Sprachen steht ihrem Sprachtypus nach dem Latein am nächsten? erhalten wir vom Linguisten, vermutlich etwas zögernd, eine überraschende Antwort: vielleicht das Neugriechische oder einige slawische Sprachen! Etwa das Russische, das ein ausgeprägtes Kasussystem hat, sogar mit sechs Fällen gegenüber den fünf des Latein. Nun – selbstverständlich haben alle heutigen romanischen Sprachen auch eine Deklination. Worin liegt der Unterschied?

Das Lateinische zeigt die Fälle (und damit die Beziehungen des betreffenden Wortes zu anderen Satzbestandteilen) in der Weise an, daß zum Wortstamm ein zweites Formelement *(Morphem)* hinzutritt und mit ihm verschmilzt: *amicus* »der Freund«, *amici* »des Freundes«; *lex* »das Gesetz«, *legis* »des Gesetzes«, *legem* »das Gesetz« (Akk.). Und im Französischen? Da bleibt der Stamm (im Singular) ganz unverändert, der Kasus wird lediglich durch das hinzutretende *de* (beim Genitiv), *à* (beim Dativ) ausgedrückt. Die Flexion erfolgt im Lateinischen *synthetisch* (durch Verschmelzung der Formelemente), im Französischen *analytisch* (die Elemente bleiben getrennt). Die Ursachen einer solchen Wandlung sind vielfältig, sie dürften u. a. darin liegen, daß die analytische Flexion einfacher ist, leichter zu lernen, leichter zu handhaben: *de* und *à* kommen immer zur Anwendung, während im Lateinischen, je nach der Deklinationsklasse, der ein Substantiv angehört (und die meistens, aber nicht immer, an der Nominativendung zu erkennen ist) eine jeweils andere Abwandlung erfolgen muß: Singular auf *-us*, Plural auf *-i* (oder aber auch auf [-u:s]), Singular auf *-a*, Plural auf *-ae* usw. Das analytische Verfahren hat auch den Vorzug der Eindeutigkeit. Im Lateinischen hat dasselbe Morphem mehrere Funktionen: *amici* kann sowohl »des Freundes« wie »die Freunde« heißen – welches davon, kann nur der Satzzusammenhang ergeben. Die Ablativ-Endung stimmt häufig mit der Endung eines anderen Falles überein: *gladio* kann »dem Schwert« meinen, aber auch »mit dem Schwert, durch das Schwert«.

Vom synthetischen zum analytischen Sprachtypus

Eine Entwicklung vom synthetisch-flektierenden Typus hin zum analytischen hat sich in allen romanischen Sprachen vollzogen. Und wie steht es bei den Verben, bei der Konjugation? Im Lateinischen herrscht wiederum ein weitgehend synthetisches Verfahren: *amo, amas, amat,* »ich liebe, du liebst, er liebt«, sind eindeutig durch das mit dem Stamm verschmolzene Morphem festgelegt, so eindeutig, daß das Lateinische auf das Hinzusetzen des Personalpronomens im allgemeinen verzichten kann, wie es auf die Artikel, den bestimmten wie den unbestimmten, verzichtet, eben wegen der (freilich nicht immer ganz eindeutigen) Endungen – auch hierin ist das Russische ihm gleich. Aber auch andere Verbalformen erscheinen im Lateinischen als ein Wort, z. B. die Vergangenheit von *legere* »lesen«: *legi* »ich habe gelesen« (mit langem [e]), frz. *j'ai lu;* sogar der passive Infinitiv: *legi* »gelesen werden« (mit kurzem [ɛ]), frz. *être lu.*

Ein solcher Wandel wie der hier geschilderte ist immer (nur) tendenziell, nicht absolut. Denn auch das Lateinische hat analytische, also zusammengesetzte Verbalformen: *factum est* (von *facere*) »es ist gemacht worden«, frz. *cela a été fait,* und andererseits bewahren z. B. das Französische und das Spanische in Vergangenheitsformen eine synthetische Flexion: frz. *je bois* (von *boire*) »ich trinke«; *je bus* »ich trank«; span. *entro* (von *entrar*) »ich trete ein«; *entré* »ich trat ein«.

Zusammenfassend (und wie immer vereinfachend): Das Lateinische bewirkt Deklination und Konjugation größtenteils durch Morpheme, die mit dem Wortstamm verschmelzen (wobei sich manchmal auch der Stamm verändert wie in *lex, legis*). Seine Tochtersprachen bevorzugen für diesen Zweck Morpheme, die im Satz selbständig bleiben, wie die Präpositionen bei den Kasus, Hilfsverben bei vielen Verbalformen wie Passiv und Futurum.

Französisch
Das Lautsystem

Fast jeder Franzose wird es gern hören, wenn man seine Muttersprache als die bedeutendste, die stolzeste unter den Töchtern der Mutter Latein bezeichnet. Weniger gern wird er zugeben, daß ausgerechnet diese Tochtersprache sich in mannigfacher Hinsicht am weitesten von der Mutter fortentwickelt hat; darüber täuscht manchmal die konservative Orthographie des Französischen hinweg.

Die Franzosen verwenden im Prinzip dasselbe lateinische Alphabet wie wir. Viele Konsonanten sprechen sie auch ähnlich aus wie die Deutschen. Allerdings, das *g* vor *e* und *i* wird zum [ʒ]; das *v* ist immer [v] und nicht wie im Deutschen manchmal auch [f]; das *h* bleibt stumm; trotzdem gibt es zwei Arten von *h*: das *h* in *héros* (»Held«) ist ein *h aspiré,* es wird zwar nicht wirklich behaucht wie ein deutsches [h], macht sich aber bemerkbar, indem es die Bindung *(liaison),* das Herüberziehen eines vorangehenden Konsonanten nicht zuläßt - man spricht also den Plural *les héros* [le ero], während der Plural von *harmonie,* geschrieben *les harmonies,* [lezarmoni] zu sprechen ist.

Die Unterschiede liegen hauptsächlich bei den Vokalen. In der Schrift kommen zwar nur die fünf Grundvokale *a, e, i, o, u* vor. Aber das führt irre. Nicht in erster Linie deswegen, weil das *e* durch diakritische Zeichen ergänzt werden kann: *é* mit dem *accent aigu* [aksã(t) egy] wird gesprochen etwa wie das deutsche e in »Lehm«; mit dem *accent grave* [aksã grav] wird es oft wie unser ä gesprochen, ohne Akzent verkümmert es meist zum fast tonlosen [ə] wie der Endvokal im deutschen Wort »Stube«. Das Auffallende des französischen Vokalsystems liegt aber in den Nasalvokalen, von denen es vier gibt und die den meisten Ausländern Ausspracheschwierigkeiten bereiten, jedenfalls wenn sie nicht wie Polen oder Portugiesen Nasale auch in ihrer eigenen Sprache haben. Die Nasale werden nicht durch eigene Schriftzeichen markiert, sondern durch das auf den Vokal folgende *m* wie in *nom* [nõ] »Name« oder durch folgendes *n* wie in *non* [nõ] »nein«. Aber so einfach ist die Sache nicht! Das *n* wirkt nasalierend auf den vorangehenden Vokal, wenn es das Wortende bildet wie im Beispiel *non,* auch wenn ein Konsonant folgt wie in *mont* [mõ] »Berg« oder *monde* [mõd] »Welt«, nicht aber, wenn ein Vokal folgt wie in *une* [yn] »eine« oder wenn das *n* (bzw. das *m*) verdoppelt folgt wie in den Flußnamen *Garonne* [garɔn] und *Somme* [sɔm].

Orthographie

Die französische Orthographie ist im wesentlichen historisch. Sie hält einen Lautstand fest, von dem sich die mündliche Sprache in vielen Fällen weit entfernt hat.

So bewahrt die Schrift weitgehend Konsonanten am Wortende, die nicht mehr gesprochen werden: *front* [frõ] »Stirn«, *vert* [vɛr] »grün«. Das allein muß schon dazu führen, daß die Sprache eine Vielzahl von Homonymen, gleichklingenden Wörtern, aufweist. So kann das gesprochene Wort [vɛr] vier verschiedene Bedeutungen haben, wobei bei der Schreibung die Unterschiede hervortreten: *ver* heißt »Wurm«, *vers* bedeutet »gegen (gen)«, *verre* »Glas«, *vert* »grün«. Im allgemeinen ergibt im gesprochenen Text der Satzzusammenhang, welches Wort gemeint ist. Aber ein Franzose kann die mündliche gestellte Frage »Wie schreibt man [vɛr]?« nur mit einer Gegenfrage beantworten.

Viermal [vɛr]

Hier sei angemerkt, daß diese Eigenart das Französische leicht, elegant und schnell sprechbar macht (darauf kommen wir gleich noch zurück), aber doch einen Verlust an Eindeutigkeit mit sich bringt, wie besonders deutlich wird, wenn man die entsprechenden italienischen Wörter daneben stellt: *verme* [vẹrme] »Wurm«; *verso* [vẹrso] »gegen«; *vetro* [vẹtro] »Glas«; *verde* [vẹrde] »grün«.

Nicht nur hat das gesprochene Französisch auf Endvokale verzichtet - auch die geschriebene Sprache hat Laute fallen lassen wie in *père* [pɛr] aus lat. *pater* »Vater«; in *vie* [vi] aus lat. *vita* »Leben«.

Homonyme

Die Homonyme im gesprochenen Französisch sind zahllos. Man kann spaßeshalber einen Anfangskonsonanten wählen und dazu einen Vokal und stellt dann schnell fest, daß es meist zwei oder gar drei Wörter gibt, die phonetisch diesem Muster entsprechen, aber sich in Schreibung und Bedeutung radikal unterscheiden:

peau »Haut«, *pot* »Topf«, beide gesprochen [po]; *saut »Sprung«, sceau* »Siegel«, *seau* »Eimer« und *sot* »Dummkopf«, alle gesprochen [so].

Keine Komposition

Mühelos können wir im Deutschen durch Zusammenleimen von zwei oder mehr Wörtern ein neues Wort *(Kompositum)* bilden. Dem Französischen fehlt dieses Mittel. Wo wir »sonnenverbrannt« sagen können, muß der Franzose *brûlé par le soleil* sagen, für »Sonnenfinsternis« *éclipse de soleil,* für »Feuerversicherung« *assurance contre l'incendie* »Versicherung gegen die Feuersbrunst«, statt »Feuerversicherungsgesellschaft« (denn das Spiel läßt sich im Deutschen *ad libitum* fortsetzen) *compagnie d'assurance contre l'incendie.*

Diese Leichtigkeit, Komposita zu bilden, fehlt schon im Lateinischen. Für »Haushaltung« muß(te) der Lateiner sagen *administratio rerum domesticarum;* ähnlich übrigens der Russe домашнее хозяиство, auch seine Sprache muß hier umständlicher sein. Diejenigen, die Latein modernen Bedürfnissen anpassen wollen, haben inzwischen schon die komplizierten lateinischen Benennungen moderner technischer Einrichtungen durch Verkürzung handlicher gemacht; sie sagen für den »Fernsehempfänger« nicht mehr *instrumentum televisionis* (griech.-lat. Neubildung) *excipiendae,* wörtlich »Vorrichtung zum Empfang des Fernsehens«, sondern einfach *televisorium,* für den »Reißverschluß« *clausura tractilis.*

Akzent und Sprachmelodie

Für die Bedeutung eines Wortes hat der Akzent (die Tongebung) im Französischen keine entscheidende Bedeutung. Der Sprecher kann deshalb Tonstärke und -höhe weitgehend frei variieren. Zu dem eleganten, fließenden Klang, den das Französische aufweist, trägt das bei; doch hauptsächlich ist er durch zwei andere Eigentümlichkeiten bedingt: Zum einen durch die bereits oben erwähnte Übung, einen Konsonanten am Wortende, der normalerweise stumm bleibt, doch auszusprechen, wenn das folgende Wort mit einem Vokal beginnt, und so eine nahtlose Verbindung beider Wörter herzustellen. »Es ist drei Uhr« – wenn wir das sagen, müssen wir im Deutschen zwischen »drei« und »Uhr« pausieren und den Luftstrom ein wenig unterbrechen. Der Franzose, der sagen möchte *il est trois heures* stünde vor derselben Situation, denn das *s* von *trois* ist stumm, und das *h* von *heures* ebenfalls. Stünde – denn in Wirklichkeit spricht er bei *trois* das *s* als weichen Konsonanten aus, schließt das [œ] von *heures* an und sagt [ilɛtroazœr].

Noch stärker wird der charakteristische Fluß der französischen Rede durch eine Erscheinung bedingt und ermöglicht, die wir schon berührt haben: die Stummheit der meisten Endkonsonanten führt dazu, daß die große Mehrzahl aller französischen Silben (ca. 80%) offene Silben sind: sie enden auf einen Vokal (sie beginnen mit einem Konsonanten, können aber auch – was wir im Deutschen kaum kennen, überhaupt nur aus einem Vokal bestehen wie *est* [ɛ] »ist«, *ou* [u] »oder«, *as* [a] »hast« usw.).

So entstehen beim Sprechen Sätze, die weitgehend aus Konsonant-Vokal-Konsonant- usw. bestehen. *Il ne me l'a pas dit,* »Er hat es mir nicht gesagt«, klingt dann, besonders wenn das *l* von *il,* wie neuerdings zu beobachten, noch unterdrückt wird: [inəməlapadi]. Vergleichen Sie das mit dem deutschen Satz, wenn Sie ihn laut und möglichst bühnendeutsch, mit klaren Endkonsonanten, aussprechen: »Er hat es mir nicht gesagt«. Das ist viel schwerfälliger, freilich auch deutlicher; das einzelne Wort bewahrt seine Selbständigkeit oder, wie man auch sagt, seinen Körper.

Andere romanische Sprachen können wir aus Raumgründen nicht mit der gleichen Ausführlichkeit behandeln wie das Französische (wenngleich der Liebhaber dieser Sprache hier noch vieles vermißt), wollen aber auf jede einen kurzen Blick werfen.

Italienisch

Werdegang

Die Entwicklung vom Vulgärlatein zum *Italienischen* hat sich stetig, in kleinen Schritten, sozusagen fugenlos vollzogen. Als die französische Volkssprache schon als etwas vom Latein deutlich Verschiedenes empfunden wurde (vgl. die »Straßburger Eide«, die ich im Kapitel über die deutsche Sprache erwähnen werde), empfanden die Bürger Italiens anscheinend Schriftsprache und Volkssprache noch als nahe verbunden: das Volk sprach eben, wie überall, etwas einfacher, etwas nachlässiger, seine Sprache wurde *lingua vulgaris,* »Vulgärsprache« genannt.

So liegt der Zeitpunkt, von dem ab man von einer selbständigen italienischen Sprache sprechen kann, hier etwas später als beim Französischen. 1960 proklamierte man in Italien als »Jahrtausendjahr« der Sprache, weil aus dem Jahre 960 ein Dokument erhalten ist, in dem beide Sprachformen nebeneinander auftreten. Es handelt sich um eine Urkunde, im Zusammenhang mit dem Landbesitz des Klosters Monte Cassino, genauer einiger Filialklöster desselben in der Gegend von Capua. Der Text ist lateinisch, aber die Aussagen einiger Zeugen, die in der Nähe ansässig waren, sind in deren Sprechweise in das Protokoll eingegangen. Ein Zeuge sagte: *Sao ko kelle terre, per kelle fini que ki contene, trenta anni le possette parte sancti Benedicti.* Das *k* fällt auf, an seiner Stelle steht im heutigen Italienisch *qu* oder *ch.* Heute würde dieser Bauer so sprechen: *So* (»Ich weiß«) *che quelle terre* (»daß diese Ländereien«) *per quei confini descritti in questo* (»in den Grenzen, wie sie in diesem« - d.h. in dieser Karte - »beschrieben sind«) *trent'anni* (»30 Jahre«) *furono possedute dai Santi Benedettini* (»den Benediktinern gehört haben«).

Der Sonnengesang

Der berühmte Sonnengesang des Franz von Assisi (1181/82-1226) stellt die älteste erhaltene Dichtung in der Volkssprache dar. Eine Probe:

Laudato sie, mi Signore, cum tuncte le tue creature
spetialmente messor lo frate sole,
lo qual' è iorno, et allumini per lui;
et ellu è bellu e radiante cum grande splendore;
de te, Altissimo, porta significatione.

»Gelobt seist Du, mein Gott, mit all Deiner Kreatur -
Erstlich unserer Schwester, der Sonne,
Die am Tag Du entzündest für uns
Und die schön ist und strahlet mit großem Glanze:
Von Dir, Erlauchtester, trägt sie Bedeutung.«

Anmerkung: Statt »Schwester« steht im Original *frate* »Bruder«, weil *sole* im Italienischen männlichen Geschlechts ist.

Wer ein wenig von beiden Sprachen weiß, erkennt deutlich, wie dieser Text etwa in der Mitte zwischen dem klassischen Latein und dem modernen Italienisch steht.

Die Toskana – Wiege des Italienischen

Nicht Umbrien allerdings, wo der Heilige wirkte – nicht weit von Perugia und dem Trasimenischen See – und in dessen Dialekt er predigte und dichtete, sondern die Toskana wurde zur Wiege der heutigen italienischen Hochsprache. Florenz wurde im 13. und 14. Jahrhundert zu einem literarischen Mittelpunkt, gefördert durch seine politische Macht und sein wirtschaftliches Gewicht als Finanz- und Handelszentrum. Dante Alighieri (1265–1321) mit seiner »Göttlichen Komödie« *(Divina Commedia)*, Petrarca und Boccaccio, letzterer durch seine kunstvolle Prosa, machten den Dialekt ihrer toskanischen Heimat zur Literatursprache, die zu der ganz Italiens wurde, in einem langen Entwicklungsgang freilich. Noch im 19. Jahrhundert hat Italiens berühmtester Romancier Alessandro Manzoni sein Werk *I promessi sposi* (»Die Verlobten«, wörtlich »Die versprochenen Gatten«) zunächst im Dialekt seiner lombardischen Heimat geschrieben, es dann in jahrelanger Mühe, von Freunden unterstützt, von den »Lombardismen« gereinigt (»die Wäsche im Arno spülen« nannte er das) und erst 15 Jahre später in der heute allein noch verbreiteten schriftsprachlichen (toskanischen) Fassung neu erscheinen lassen. Goethe, der das Werk über alles schätzte, hat nur die ältere Fassung gekannt.

Der Mutter am nächsten

Ein wiedererstandener Römer würde wohl in einem Text in heutigem Italienisch leichter als in anderen romanischen Sprachen der Gegenwart seine Sprache wiedererkennen. Dafür spricht, daß viele italienische Wörter die ursprüngliche lateinische Form buchstabengetreu bewahrt haben, z. B. unter den Verben *amare* »lieben«, *cadere* »fallen«, *cantare* »singen«, *cedere* »weichen«, *finire* »beenden«, *lavare* »waschen«, *mandare* »schicken«, *perdere* »verlieren«, *ridere* »lachen«, *sapere* »wissen«, *servire* »dienen«, *tacere* »schweigen«, *venire* »kommen«, *vivere* »leben«.

Andere Wörter weichen von der lateinischen Ursprungsform so geringfügig ab, daß der Zusammenhang mit Händen zu greifen ist: *habere* – *avere* »haben«, *amor* – *amore*

»Liebe«, *habitare* - *abitare* »bewohnen«, *aqua* - *acqua* »Wasser«, usw.

Die vier Konjugationstypen des Italienischen entsprechen den ebenfalls vier des Lateinischen: Es gibt Infinitive auf *-are (amare), -ere (sapere), -ere* (unbetont wie in *credere*) und *-ire (venire).*

Schreibung und Aussprache

Dem Ideal, daß die Schreibung die Aussprache eines Wortes eindeutig anzeigt, kommt das heutige Italienisch sehr nahe. Um einen Text laut lesen zu können, muß man nur wenige Regeln beachten, etwa: *c* ist [tʃ] vor *e* und *i,* sonst [k]; *g* ist [dʒ] vor *e* und *i,* sonst [g]; *h* ist stumm; *sci* wird [ʃi] gesprochen, *schi* aber [ski]. Ein Doppelkonsonant wird auch in der Aussprache markiert: bei *nonna,* »Großmutter«, wird das *n* länger ausgehalten, auch bei *sette,* »sieben«, verweilt man auf dem [t].

Die zahlreichen italienischen Dialekte, die sich eines munteren Lebens erfreuen und unter sich sehr verschieden sind, haben sich überwiegend vom Lateinischen weiter entfernt als die Hochsprache.

Sardisch

Auf der Insel Sardinien spricht man *Sardisch* – von den Linguisten als eigene Sprache behandelt, nicht als italienischer Dialekt. Das Sardische ist dem alten Latein unter allen heutigen romanischen Sprachen am ähnlichsten. Auch in der Kirche kann man es dort heute hören. Am Ende der Messe erklingt: *Sa missa es finida, andais in paxe* – »Die Messe ist beendet, gehet in Frieden«; *sa* als bestimmter Artikel ist vom Lateinischen *ipsa* abgeleitet, der weiblichen Form von *ipse* »selbst«.

Regelmäßigkeit der italienischen Flexion

Während man die Konjugation der Verben im Italienischen doch erst mit einiger Mühe erlernen muß, ist die Beugung des Substantivs sowie des zugehörigen Adjektivs von großer Einfachheit und Regelmäßigkeit. Die meisten Substantive enden auf einen Vokal: die männlichen haben ein *-o* und bilden den Plural auf *-i: l'anno* »das Jahr«, *gli anni* »die Jahre«. Die weiblichen haben ein *-a* und bilden den Plural auf *-e: la corona* »die Krone«, *le corone* »die Kronen«. Endet das Wort auf *-e,* tritt im Plural ein *-i* ein: *il fiore* »die Blume«, *i fiori* »die Blumen«. Endet der Singular auf einen Konsonanten oder betonten Vokal, bleibt das Wort unverändert, nur der Artikel zeigt den Plural an: *la città* »die Stadt«, *le città* »die Städte«.

Natürlich gibt es eine Reihe von Ausnahmen, die man notgedrungen auswendig lernen muß; z.B. ist *mano*

(»Hand«) trotz des Endvokals *o* Femininum - wie schon das lateinische *manus.*

Die Sprache der Musik

Mit seinen offen, klar gesprochenen Vokalen, Schönwettervokalen gewissermaßen, eignet sich das Italienische in besonderem Maße dazu, gesungen zu werden. Für das Ohr ist es ein größerer Genuß, eine italienische Oper in der Originalsprache zu hören als in einer Übersetzung. Unsere musikalischen Vortragsbezeichnungen wie »moderato«, »adagio«, »andante«, »presto«, »vivace«, »ritardando«, »sostenuto«, »staccato« sind alle italienisch.

Spanisch
Vom Vulgärlatein zur Weltsprache

Die Provinz Hispania hat rund sechs Jahrhunderte lang, von 200 v. Chr. bis 400 n. Chr., unter römischer Herrschaft gestanden. Vor den Römern waren die Karthager als Eroberer dort, nach ihnen erst Goten, dann Araber. Die Sprache der römischen Eroberer hat die vorher gesprochenen (keltischen) Sprachen vollständig verdrängt. Lediglich im Norden haben die Basken, die sich selbst als *Euskaldunak* bezeichnen, seit der vorrömischen Zeit ihre Sprache und Eigenart bis heute bewahrt; nach massiver Unterdrückung durch das Franco-Regime leben sie seit 1979 unter einem Autonomie-Statut. Ihr Siedlungsgebiet erstreckt sich über die Pyrenäen auch nach Frankreich hinein. Ihre Sprache ist mit keiner Nachbarsprache verwandt, das Baskische ist eine der wenigen auf europäischem Boden lebenden nichtindogermanischen Sprachen. Seit dem 19. Jahrhundert haben die Basken eine eigene Literatur in ihrer Sprache. Das *Baskische* wird am Anfang des Zehnten Kapitels näher behandelt.

Bis auf das Baskenland hat das Lateinische die Iberische Halbinsel vollständig erobert. Dieser Prozeß muß schnell abgelaufen sein. Nach einem Bericht des Tacitus soll ein Bauer aus der Gegend von Tarragona unter der Folter in der Sprache seiner Ahnen geschrien haben. Daß dies eigens berichtet wird, spricht dafür, daß diese Sprache damals schon weitgehend erloschen war.

Unter den vulgärlateinischen Dialekten der Übergangszeit hat das *Kastilische,* das in der Gegend um Madrid und Burgos gesprochen wurde, schließlich eine Vorrangstellung erreicht. Es wurde, wie das Toskanische in Italien, Grundlage und Vorbild der Schriftsprache, die im Spanischen *Castellano,* also *Kastilisch,* heißt. Gesprochen wird auch heute in ausgeprägten Dialekten, von denen das *Gali-*

cische ganz im Westen Spaniens dem Portugiesischen näher steht als der spanischen Hochsprache und auch als selbständige Sprache angesehen werden kann.

Verbreitung heute

Spanisch wird heute nicht nur in Spanien und auf den Kanarischen Inseln gesprochen. Es ist Staats- und Umgangssprache in ganz Lateinamerika, von Mexiko bis Feuerland, mit der allerdings bedeutenden Ausnahme Brasiliens. Wo die Spanier einst als Kolonialherren geherrscht haben, auch auf vielen wichtigen Inseln der Karibik, ist ihre Sprache geblieben. Auf den Philippinen ist ihr Einfluß allerdings im Zurückgehen. Doch reicht das spanische Sprachgebiet heute weit über Mexikos Nordgrenze hinaus in die USA hinein und ist dort noch im Vordringen. In einigen Südstaaten der USA ist es zu Hause geblieben, seit Mexiko 1848 New Mexico, Texas, Arizona und den besseren Teil Kaliforniens an die USA abtreten mußte. Heute ist das Spanische im Vordringen, nicht nur in Florida durch dort aufgenommene kubanische Flüchtlinge, sondern im ganzen Süden, als Folge der unkontrollierten Einwanderung riesiger Heerscharen von arbeitsuchenden Mexikanern, Jahr für Jahr. Stellenweise bilden die *Hispanos* schon eine Mehrheit und erheben die Forderung, das Spanische neben dem Englischen im amtlichen und öffentlichen Gebrauch zuzulassen. Und in New York ist Spanisch infolge des Zuwandererstroms aus Puerto Rico nächst dem Englischen die meistgesprochene Sprache.

Spanisch und Latein

Das heutige Spanisch steht dem Latein in vielerlei Hinsicht näher als das Französische, aber nicht so nahe wie Italienisch. Es hat seinen eigenen Entwicklungsgang genommen, vielleicht bedingt durch die periphere Lage im gesamten Herrschaftsbereich des Lateinischen, vielleicht durch Einflüsse vorrömischer Sprachen, vielleicht durch eine andersartige Zusammensetzung der römischen Soldaten und Siedler, die hierherkamen; sicher aber durch die lange Herrschaft des Islam und damit der Araber, die 711 bei Gibraltar einfielen, dem Land eine wirtschaftliche und kulturelle Blüte brachten und erst vom 11. bis 15. Jahrhundert *(Reconquista)* durch christliche Heere wieder vertrieben wurden. Die Araber haben in der Sprache Spaniens – und nicht nur in der Sprache – deutliche Spuren hinterlassen. Zwar stammt der überwiegende Teil des spanischen Grundwortschatzes aus dem Lateinischen, viele Wörter haben ihre lateinische Form sogar recht getreu bewahrt,

Einfluß des Arabischen

aber arabische Lehnwörter - neben solchen keltischer und griechischer Herkunft - drangen in beträchtlicher Zahl ein, auch als Folge der zeitweise starken kulturellen Überlegenheit der Araber. So sind nicht nur geographische Bezeichnungen wie *Gibraltar* oder *Alcázar* arabischer Herkunft (*Dschebel-al-Tarik*, »Felsen des Tarik«, des Anführers der arabischen Eroberer beim ersten Eindringen; *alcázar* »Festung«), sondern auch wichtige Wörter der Umgangssprache, die oft mit der bezeichneten Sache selbst übernommen wurden - wie bei der Übernahme vieler lateinischer Wörter durch die Germanen. So wurde aus dem *amir-al-bahr,* wörtlich »Emir des Meeres«, im Spanischen über mehrere Zwischenstufen *almirante,* daraus über das Englische schließlich unser »Admiral«. Arabische Wörter sind auf diesem Wege in die meisten übrigen europäischen Sprachen, nicht nur die romanischen, eingebürgert worden, z.B. »Algebra«, »Alkohol«, »Magazin«, »Tarif«, »Ziffer« und »Zucker«.

Einige kennzeichnende Wandlungen vom Latein zum Spanischen:

Die Pluralbildung durch Wechsel des Endvokals wird aufgegeben zugunsten der vereinfachten Regel: Die Mehrzahl wird durch Anhängen von *-s* gebildet - *hijo* [ixɔ] »Sohn«, *muchos hijos* [mutʃɔs ixɔs] »viele Söhne«.

Das Beispiel zeigt gleich eine zweite Lautwandlung: lateinisches *f* (lat. *filius* »Sohn«) am Wortbeginn wird unter bestimmten Bedingungen zu *h,* und dieses wird nicht ausgesprochen: aus *facere* wird *hacer,* »machen«; aus *farina* wird *harina,* »Mehl«.

Lateinisches kurzes betontes *e* bzw. *o* werden zu den Doppellauten *ie* und *ue:* aus *terra* wird *tierra* »Erde«; aus *tempus* wird *tiempo* »die Zeit, das Wetter«; aus *pons* (Gen. *pontis*) wird *puente* »Brücke«.

Viele Wörter verlieren eine Silbe und werden kürzer, kompakter, aus *insula* wird *isla* »Insel«.

Eine knappe Sprache

Das Spanische ist eine knappe Sprache. Geschrieben nimmt sie relativ wenig Raum ein, wie jeder sieht, der einmal ein zweisprachiges Buch in die Hand nimmt, in dem der spanische und der deutsche Text nebeneinander stehen, etwa Ortega y Gassets geistvollen Aufsatz *Miseria y esplendor de la traducción* (»Elend und Glanz der Übersetzung«) in der meisterhaften Übersetzung von Gustav Kilpper.

Laut und Schrift

Das Spanische weist eine nahezu perfekte Kongruenz von Orthographie und Aussprache auf: Wer weiß, wie der Spanier einige Laute abweichend vom Deutschen ausspricht und dazu die ganz simplen Betonungsregeln kennt, kann einen spanischen Text so vorlesen, daß ein Spanier ihn versteht - wenn es auch dem Ausländer höchstens nach Jahren gelingt, den unnachahmlichen Tonfall und die blitzschnelle Sprechweise des Spaniers perfekt zu erlernen.

Katalanisch

Das *Katalanische,* in dem seit Francos Sturz und dem Autonomiestatut für Katalonien auch wieder Zeitungen und Bücher gedruckt werden dürfen, wird in Katalonien und auf den Balearen gesprochen; mancher deutsche Tourist auf Mallorca mag sich schon über die merkwürdig unspanischen Inschriften an Häusern gewundert haben. Seinem Charakter nach steht es zwischen dem Spanischen und dem einstmals bedeutenden Provenzalischen.

Portugiesisch

Wer Spanisch gelernt hat, wird vielleicht eine portugiesische Zeitung mit einiger Mühe entziffern können; gesprochenes *Portugiesisch* wird er kaum verstehen. Sogleich werden ihm die zahlreichen Vokale und Diphthonge auffallen, von denen die meisten auch nasaliert auftreten. Im Unterschied zum Französischen können auch *i* und *u* nasal vorkommen; Nasale gibt es auch vor einem anderen Vokal, sie werden dann durch das diakritische Zeichen ˜(Tilde) markiert: leão [liə̃u] »Löwe«.

Ungewohnt für ein an Spanisch gewöhntes Ohr sind ferner die zahlreichen Zischlaute, da *s* im Wortauslaut oft wie [ʃ] gesprochen wird; in Brasilien spricht man jedoch [s]. Schließlich betont der Portugiese die akzenttragende Silbe so stark, daß die übrigen Silben fast geflüstert klingen, die Vokale unbetonter Silben können - ähnlich wie im Russischen - ihre Klangfarbe ändern.

Da das Portugiesische in ganz Brasilien - dem Riesenland mit über hundert Millionen Einwohnern, die sich mit kaum zu verantwortender Geschwindigkeit vermehren - Staatssprache und vorherrschende Umgangssprache ist, gehört es nach der Zahl seiner Sprecher zu den wichtigen Sprachen der heutigen Welt. Vorherrschend, sagte ich, weil nicht nur Indio-Dialekte noch fortleben, sondern auch viele Einwanderer noch ihre Heimatsprache aufrechterhalten. In einer Riesenstadt wie São Paulo kann man auf der

Straße Portugiesisch, Italienisch, Spanisch, Deutsch, Polnisch und ein halbes Dutzend weiterer Sprachen hören.

Rumänisch

Die östlichste der Lateintöchter ist in ihrem Entwicklungsgang nicht so gut dokumentiert wie die meisten ihrer Schwestern. Fest steht, daß die Römer diese ferne Provinz, die Kaiser Trajan im Jahre 107 n. Chr. eroberte und *Dacien* nannte, nicht nur besetzt, sondern alsbald auch besiedelt haben. Seither hat sich hier, abgetrennt von den anderen romanischen Sprachen, zwischen slawisch und ungarisch sprechenden Nachbarvölkern, eine Sprache entwickelt, die auf der einen Seite viele Eigenarten des Lateinischen bewahrt, auf der anderen vielfältige fremde Einflüsse aufgenommen hat. Diese kommen hauptsächlich aus dem Ungarischen, Türkischen, Griechischen und aus slawischen Sprachen (Bulgarisch, Russisch), auch aus dem Italienischen und Französischen. Diese Einsprengsel, hauptsächlich im Wortschatz, machen etwa zehn Prozent aus, doch ist der im Alltag am häufigsten verwendete Grundwortschatz ganz überwiegend lateinischer Herkunft.

Schrift

Diese in ihrem Klang sehr klare und ausgewogene Sprache wurde früher mit kyrillischen Buchstaben geschrieben. Das Moldauische, eine Variante des Rumänischen, wird in der Republik Moldawien gesprochen. Als man dort im 19. Jahrhundert offiziell das lateinische Abc übernahm, hat man dies benutzt, um eine Orthographie einzuführen, die mit der gesprochenen Sprache in hervorragendem Ausmaß übereinstimmt. Von 1940 bis 1990 wurde für das Moldauische die kyrillische Schrift verwendet.

Besonderheiten

Einige Besonderheiten dieser Sprache will ich noch erwähnen:

Im Gegensatz zu den anderen romanischen Sprachen, die nur Maskulinum und Femininum kennen und das lateinische Neutrum nicht weiterführen, hat das *Rumänische* ein drittes Geschlecht, das außer neutral auch *ambigen* heißt, »doppelstämmig« oder »doppelgeschlechtlich«; die Substantive dieser Kategorie haben im Singular männliche, im Plural weibliche Form.

Der bestimmte Artikel wird im Rumänischen nachgestellt und verschmilzt mit dem Hauptwort: *realitate* »Wirklichkeit«, *realități* »Wirklichkeiten«, *realitățile* »die Wirklichkeiten« (*ț* wird [ts] ausgesprochen).

Das Rumänische hat einen eigenen Kasus für die Anrede *(Vokativ)*, wie ihn auch das Lateinische, wenn auch nur für eine bestimmte Klasse von Substantiven, besitzt. Zwei solcher lateinischer Vokative sind in geflügelte Worte eingegangen: Cäsars Frage *Et tu, Brute?* »Auch du, Brutus?« und die Frage des Petrus *Quo vadis, domine?* »Wohin gehst du, Herr?« enthalten den auf *-e* endenden Anredefall. Er lebt fort in der rumänischen Anrede *domnule* »Herr«.

Spaniolisch oder Ladino

Daß jemand den Nobelpreis für Literatur bekommt für Werke, die er nicht in seiner ursprünglichen Muttersprache geschrieben hat, ist schwer vorstellbar. Selbst Joseph Conrad, der mit seinen englisch geschriebenen Büchern Weltruhm erntete, aber als Józef Konrad Korzeniowski in Polen geboren wurde, ist das nicht vergönnt gewesen. Nun ist es doch eingetreten. Elias Canetti erhielt für seine in deutscher Sprache - in vorbildlichem Deutsch - geschriebenen Werke den Nobelpreis. Geboren wurde er 1905 in Rustschuk (Bulgarien). Seine Muttersprache ist, obwohl sie selbst in Lehrbüchern manchmal übersehen wird, ein wichtiges und interessantes Mitglied der romanischen Sprachfamilie.

Als nach der Rechristianisierung Spaniens und Portugals die dort ansässigen Juden nur noch die Wahl zwischen Verfolgung (oder Übertritt zum Christentum) und Emigration hatten, wanderten sie in Gruppen aus: nach den Niederlanden (Spinoza entstammte einer solchen jüdischen Familie), nach Italien, nach Nordafrika (von wo sie nach dem Zweiten Weltkrieg vertrieben wurden), nicht wenige in das damalige Osmanische Reich. Zu diesem gehörte jahrhundertelang auch die Dobrudscha, wo Canetti aufwuchs, als Kind einer jüdischen Familie, die bei ihrer Flucht aus Spanien ihre damals in Spanien gesprochene Sprache mitgenommen und seither bewahrt hatte. Man nennt sie *Jüdisch-Romanisch*, auch *Ladino*, auch *Gudezmo*.

Rustschuk (heute Ruse) war sicher eine Stadt, die einem sensiblen Kind das Gehör für Sprachen schärfen konnte. Man konnte dort an einem Tage sieben oder acht Sprachen hören. Canetti: »Außer den Bulgaren, die oft vom Lande kamen, gab es noch viele Türken, die ein eigenes Viertel bewohnten, und an dieses angrenzend lag das Viertel der Spaniolen, das unsere. Es gab Griechen, Albanesen, Armenier, Zigeuner. Vom gegenüberliegenden Ufer der Donau kamen Rumänen, meine Amme ... war eine Rumänin. Es gab, vereinzelt, auch Russen.«

Obwohl über weit entfernte Länder verstreut, konnten diese *Spaniolen*, wie sie auch genannt wurden (ihre Sprache danach auch *Spaniolisch*) den Charakter ihrer Sprache inmitten aller fremden Umwelten bewahren. Mit dieser Sprache ist auch Canetti aufgewachsen, wie er in seinen Jugenderinnerungen unter dem Titel »Die gerettete Zunge« berichtet; das Deutsche hat er wesentlich später in Österreich und der Schweiz erlernt.

Die spanisch-jüdischen Gemeinden in Osteuropa sind heute großenteils ausgelöscht, anderswo aber, u. a. in Griechenland, in den USA und neuerdings vor allem in Israel, ist ihre Sprache lebendig geblieben. Dort erscheint auch eine Zeitung *La Luz de Israel* – der Titel zeigt, wie ähnlich die Sprache dem Spanischen ist, in diesem Fall sogar identisch.

Weitere Glieder der Romania

Die Gemeinschaft der romanische Sprachen sprechenden Völker wird manchmal als *Romania* bezeichnet. Nicht beschrieben habe ich das *Okzitanische (Provenzalische)* in Südfrankreich, einst die Sprache der Troubadour-Poesie, das durch Frédéric Mistral u. a. im 19. Jahrhundert zu neuem literarischem Leben erweckt wurde; sodann das bis heute lebendige Rätoromanisch, seit 1939 vierte Landessprache der Schweiz. Es wird hauptsächlich in Graubünden gesprochen. Ihm verwandt sind das in Südtirol (Grödnertal) erhaltene *Ladinisch* und das im Nordosten Italiens gesprochene *Friaulisch (Friuli)*, das je nach Betrachtungsweise als ausgeprägter Dialekt des Italienischen oder auch als eigene Sprache angesehen wird. Auch das *Sardische* (auf Sardinien zuhause), das im 19. Jahrhundert ausgestorbene *Dalmatinische* und das *Galicische* (im Westen Spaniens, dem Portugiesischen nahestehend) gehören zur Romania. Schließlich ist das *Korsische* zu nennen, dem Italienischen nahestehend, heute – auch von der französischen Verwaltung – als selbständige Sprache anerkannt.

SIEBENTES KAPITEL

Germanisch und Deutsch

Was heißt »deutsch«?

Es liegt nahe, dieses Kapitel mit der Frage zu beginnen, warum unsere Sprache »Deutsch« heißt, genauer: wann, wo, wie die Bezeichnungen »deutsch«, »die Deutschen«, »Deutschland« geschichtlich aufgekommen sind, welche ursprüngliche Bedeutung darinsteckt; auch, ob das Adjektiv oder der Eigenname zuerst da war.

Eine Menge Forschungsarbeit und auch viel Spekulation sind jahrzehntelang für diese Frage aufgewendet worden. Es scheint, daß man drei Entwicklungsstränge unterscheiden kann, die allmählich zusammenfließen. Schauplatz des Geschehens ist mit Sicherheit das Frankenreich, und der Zeitabschnitt, in dem es spielt, reicht vom 7. bis zum 11. Jahrhundert.

»Deutsch« und »welsch«

Im Westteil des Frankenreiches hat sich um 700 das Adjektiv **þeuðisk* oder **þiuðisk* (die Form ist nur erschlossen, nicht schriftlich belegt, darum das Sternchen) verbreitet, das »dem eigenen Stamm zugehörig« bedeutete und alsbald in ein Verhältnis des Gegensatzes zu *walhisk* (Ursprung des Wortes »welsch«) trat. Das Wort ist dann in der Form *theodiscus* ins Lateinische übergegangen. Ein früher Beleg für diese lateinische Form findet sich in dem Bericht des päpstlichen Legaten Georg von Ostia an den Papst Hadrian I. aus dem Jahre 786, der in Abschrift erhalten ist. Berichtet wird über eine Synode, die in England stattgefunden hat und bei der bestimmte Dokumente verlesen wurden *tam latine quam theodisce,* d.h. sowohl auf lateinisch wie – ja, wie ist *theodisce* hier zu übersetzen? Es meint offenbar die Volkssprache, also das Angelsächsische jener Zeit, vielleicht auch allgemeiner die Sprache der germanischen Stämme unter Einschluß der Angelsachsen.

Der nächste Schritt vollzieht sich unter der Herrschaft Karls des Großen, der in seine Hof- und Amtssprache dieses lateinische Wort übernimmt, gewiß in der Absicht, damit eine einheitliche Bezeichnung für die germanischen Stämme einzuführen, soweit sie in seinem Reich zusammengeschlossen sind, und damit das Bewußtsein der Zusammengehörigkeit zu erzeugen oder zu stärken. Zunächst wird das Wort vorwiegend zur Bezeichnung der Sprache - *theodisca lingua* - verwendet.

Teutonen, teutonisch

Etwa gleichzeitig ist zu beobachten, daß das lateinische Wort *teutonicus* »teutonisch«, das schon im klassischen Latein vorkommt (u. a. in Vergils *Aeneis*) und einen germanischen Stamm bezeichnet, allerdings manchmal auch auf die Kelten bezogen wurde - daß dieses Wort jetzt zur Bezeichnung der Germanen schlechthin dient und allmählich mit *theodiscus* gleichbedeutend wird, ja dieses Wort verdrängt und ersetzt, so daß in lateinischen Texten des Mittelalters die Deutschen meist als Teutonen *(teutonici)* auftreten.

Mitte des 10. Jahrhunderts finden sich dann erste Belege für *diutisk* als deutsches Wort, aus dem sich unser heutiges Wort »deutsch« entwickelt hat. Ab 1100 häufen sich die Belege in Verwendungen wie *diutschiu land*. Im »Annolied«, das vor 1100 im Gebiet von Köln entstanden ist, kommen Ausdrücke wie *in diutischemi lande, diutischiu sprechin* mehrfach vor.

Auf diesen Wegen hat sich die Entwicklung von einem ursprünglichen Adjektiv, das kein Eigenname war, sondern »zum eigenen Stamm gehörig« bedeutete, zu unserem heutigen Volksnamen vollzogen.

Die Straßburger Eide

Ein Schlaglicht auf die Zeit, in der sich im Frankenreich allmählich die romanische Westhälfte und die germanische Osthälfte sprachlich (und auch politisch) auseinanderentwickelt haben, werfen die »Straßburger Eide« aus dem Jahre 842. Damals wurde ein Bündnis zwischen dem westfränkischen König Karl II., genannt der Kahle, und dem ostfränkischen König Ludwig II., genannt der Deutsche, durch feierliche Eide bekräftigt, und damit die angetretenen Heerscharen beider Herrscher der Eidesleistung folgen konnten, bediente man sich nicht der (dem Volke schon fremd gewordenen) lateinischen Sprache; vielmehr wurden die Eidesformeln in einer romanischen (volkssprachlichen) und in einer ebenfalls volkssprachlichen althochdeutschen Fassung gesprochen. (Jeder Herrscher leistete den Eid in der Sprache des Partners.) Die erstgenannte Fassung ist dem Lateinischen noch sehr nahe. Sie beginnt: *pro deo amur et pro christian poblo et pro nostro commun salvament,* etwa: »In der Liebe Gottes und des Christenvolkes und zu unser aller Heil und Erlösung«. Der ostfränkische Text beginnt: *in godes minna ind in thes christianes folches ind in unser bedhero gehaltnissi* ...

Mit diesem Blick auf das Frühstadium in der Entwicklung des Deutschen haben wir etwas vorgegriffen: Deutsch ist ja nicht - wie Griechisch und Albanisch - als Einzelsprache Mitglied der großen indoeuropäischen Familie; es gehört vielmehr einem Zweig an, der aus etwa einem Dutzend eng verwandter Sprachen besteht: es gehört zu den *germanischen* Sprachen und damit zu derjenigen Gruppe, die unter allen Zweigen des Indogermanischen, mindestens was weltweite Verbreitung anlangt, die Spitzenstellung einnimmt.

Die germanischen Sprachen
Heutiger Bestand

Die heute lebendigen germanischen Sprachen lassen sich einfach einteilen. Sie bilden zwei Gruppen, eine westliche und eine nördliche. Die westliche umfaßt die beiden am weitesten verbreiteten Mitglieder: das *Englische* und das *Deutsche,* dazu das *Niederländische,* welches - als Hoch- und Schriftsprache - mit dem *Flämischen* identisch ist, schließlich das aus dem Niederländischen hervorgegangene *Afrikaans (Kapholländisch)* und das *Friesische.* Zur nördlichen Gruppe gehören *Schwedisch, Norwegisch, Dänisch, Isländisch* und *Färöisch.*

Sprecherzahlen

Nach der Zahl der Sprecher steht das Englische an der Spitze; infolge seiner Ausbreitung über die USA, Kanada, Australien und Neuseeland, Südafrika und weitere Teile des früheren britischen Kolonialreiches, z. B. in der Karibik, wird es heute von schätzungsweise 320 Millionen Menschen als Muttersprache gesprochen; außerdem ist es die bei weitem wichtigste Zweitsprache der heutigen Welt. Es gibt keine Statistik darüber, aber es ist sicher, daß viele Millionen, z. B. in Indien, in Kenia, in Singapur und Hongkong, das Englische als Zweit- und Verkehrssprache beherrschen und benutzen. An zweiter Stelle unter den germanischen Sprachen rangiert das Deutsche mit etwa 100 Millionen Sprechern, von denen die Masse in der Bundesrepublik, in Österreich und im deutschsprachigen Teil der Schweiz lebt. Deutschsprechende gibt es außerdem in den 1945 abgetrennten deutschen Ostgebieten (Polen, Böhmen), in Rumänien (Siebenbürgen, Banat), in der ehemaligen Sowjetunion, auch in Übersee (Südwestafrika, Chile, USA, wo das *Pennsylvania Dutch* sich fast zu einer eigenen Sprache entwickelt hat). Deutsch als Zweit- und

An einer Autostraße in Pennsylvania: Das Schnellrestaurant lädt - außer mit dem Anpreisen von strawberry pie - auch in Pennsylvania Dutch zur Einkehr ein: Kumm esse!

Verkehrssprache spielte bis zum Zweiten Weltkrieg eine führende Rolle in Osteuropa; als Zweitsprache im Unterricht ist es auch heute noch wichtig, u. a. in Rußland. Die Zahl der Menschen, die das Deutsche als Fremdsprache erlernen, dürfte 18 Millionen erreichen. In dieser Zahl sind allerdings die in der Bundesrepublik lebenden Ausländer und deren Kinder enthalten.

An dritter Stelle steht das Niederländisch-Flämische mit etwa 20 Millionen Sprechern. Die übrigen Sprachgemeinschaften haben Sprecherzahlen zwischen 8,5 Millionen (Schwedisch) und wenigen zehntausend (Färöisch, auf den Färöer-Inseln, die heute, bei weitgehender Autonomie, zu Dänemark gehören).

Entstehung

Daß die germanischen Sprachen eine zusammengehörige Gruppe bilden, daran besteht kein Zweifel, denn sie werden einander, je weiter man in die Vergangenheit zurückgeht, immer ähnlicher - so ähnlich, daß der Schluß auf eine gemeinsame Mutter, *Urgermanisch* genannt, zwingend ist, auch wenn diese Sprache nicht schriftlich belegt ist (wie es dagegen beim Lateinischen für dessen Tochtersprachen der Fall ist), sondern nur erschlossen werden kann. Woraus erschlossen? Dafür können - außer der Vergleichung der Wortstämme und der grammatischen Formen in den verschiedenen germanischen Sprachen und in deren geschichtlicher Entfaltung - eine Reihe weiterer Anhaltspunkte benutzt werden:

1. Erwähnungen germanischer Wörter bei Schriftstellern und Historikern der Antike wie Cäsar: *urus* (»Ur, Auerochs«), *alces* (»Elche«, Plural), *glesum* (»Bernstein«, daraus unser Wort »Glas«), *ganta* (»Gans«), *medus* (»Met«), *harpa* (»Harfe«), *runa* (»Rune«).

2. Orts- und Flurnamen.

3. Wörter, die von nichtgermanischen Sprachen in früher Zeit aufgenommen wurden: so repräsentiert das finnische Wort für »König« *kuningas* eine sehr ursprüngliche Form dieses germanischen Wortes, ebenso finnisch *rengas* (»Ring«).

Die gotische Bibel

Vereinzelt existieren schriftliche Belege aus den ersten vor- und nachchristlichen Jahrhunderten: die Inschrift auf einem in der Steiermark gefundenen Helm, der gegen 300 v. Chr. angefertigt sein soll - die Deutung ist jedoch umstritten; Inschriften in Runenschrift (es gab mehrere verschiedene Runenalphabete), die bis in die ersten Jahrhun-

Der »Codex argenteus« ist das älteste schriftliche Zeugnis einer germanischen Sprache (des Gotischen), niedergeschrieben um 600 in Italien. Ausschnitt aus einem Einzelblatt, das im Dom von Speyer aufgefunden wurde.

derte christlicher Zeit zurückführen; weitaus am wichtigsten ist jedoch die gotische Bibelübersetzung, die ein Bischof *Ulfilas* (oder *Wulfila*) um die Mitte des 4. Jahrhunderts angefertigt hat. Sie ist in der Gegend des heutigen Bulgarien entstanden; das Gotische, die Sprache dieser Übersetzung, wurde damals an der Westküste des Schwarzen Meeres gesprochen. Das Westgotische bildet gemeinsam mit anderen ebenfalls untergegangenen Sprachen die Gruppe des Ostgermanischen.

Die Handschrift ist im Original nicht erhalten, jedoch in Abschriften, die um 600 in Italien entstanden sind, in der Zeit, als die Goten dort herrschten. Das wertvollste Teilstück ist der *Codex argenteus,* geschrieben auf purpurfarbenem Pergament in silbernen und goldenen Lettern, den heute die Universitäts-Bibliothek in Uppsala verwahrt. Er umfaßt auf 188 Blättern Teile der vier Evangelien. Der Bischof, der dem arianischen Christentum anhing, hat für diese Niederschrift ein eigenes, an das griechische Vorbild angelehntes Alphabet entworfen. Diese Übersetzung ist bei weitem das älteste erhaltene Dokument des frühen Germanischen; alle anderen Sprachen sind frühestens vom Jahre 700 ab schriftlich bezeugt. Die Überschrift des Matthäus-Evangeliums lautet in gotischer Fassung: *Aiwaggeljo þairh Maþþaiu.*

Die germanische Lautverschiebung

Der Zeitraum, in dem das Germanische sich als selbständiger Zweig aus dem vorher anzunehmenden Ur-Indogermanischen herausgebildet hat, liegt weit vor der durch Dokumente erfaßbaren Zeit. Es ist anzunehmen, daß dieser Prozeß sich zwischen 2000 v. Chr. und 500 v. Chr. abgespielt hat. Das Stichwort »Lautverschiebung«, dem wir hier zum ersten Mal begegnen (zum zweiten Mal treffen wir es bei der Entstehung des Hochdeutschen an), bedarf einer Erläuterung. Man versteht darunter eine durchgehende, gleichartige Veränderung von Lauten (gewöhnlich Konsonanten) einer Sprache; es handelt sich also nicht um Einzelfälle, wie sie hie und da plötzlich auftreten, manchmal unerklärbar bleiben, sondern um eine gesetzmäßige Veränderung, wobei »Gesetz« freilich in Anführung zu setzen ist. Wichtig ist auch, daß man sich eine solche Veränderung nicht als in einem Ruck, in kurzer Frist ablaufend vorstellen darf, sondern als ein allmähliches Geschehen, das sich, von einem Zentrum (oder mehreren Zentren) ausgehend, allmählich über ein ganzes Sprachgebiet ausbreitet. Die germanische Lautverschiebung ist ein recht verwickeltes Phänomen. Sie vollständig zu beschreiben, würde die Geduld jedes Lesers, der nicht Germanist werden will, gewiß überfordern.

Der Kern der Sache besteht darin, daß an die Stelle der drei Konsonanten [p], [t], [k], wo sie in der indoeuropäischen Ursprache vorkommen, andere Konsonanten treten, und zwar nicht Verschlußlaute, sondern Reibelaute, nämlich: im Anlaut eines Wortes werden sie ersetzt durch [f], [θ] und [x], im Inlaut durch die entsprechenden stimmhaften Konsonanten [v], [ð], [γ]. Weitere Veränderungen betreffen die im ursprünglichen Indogermanischen vorhandenen, »behauchten« Konsonanten [bh], [dh], [gh].

Am Beispiel läßt sich das besser verstehen: Dem [p] in lat. *pater* entspricht ein [f] in deutsch »Vater«, engl. *father;* dem [t] in lat. *frater* entspricht ein [ð] in engl. *brother,* ein [d] in deutsch »Bruder«; dem [k] in lat. *cornu* entspricht ein [h] in deutsch »Horn« (got. [hauru]). Die wichtigsten Erkenntnisse über diese erste Lautverschiebung, auch »germanische« genannt, stammen von Jacob Grimm, ergänzende von dem Dänen K. Verner.

Weitere Eigenheiten der germanischen Sprachen

Die Gruppe der germanischen Sprachen hat einige weitere Züge gemeinsam, die sie sowohl vom Allgemein-Indogermanischen wie auch von den übrigen Zweigen der Familie abheben. Dazu gehören - abgesehen von Verschiebungen im Vokalsystem - vor allem drei Züge:

1. Der *Wortakzent,* der im Indogermanischen grundsätzlich auf jeder Silbe eines Wortes liegen konnte, fällt jetzt einheitlich auf die erste Silbe eines Wortes (Ausnahme: grundsätzlich unbetonte Vorsilben); das führt im weiteren Verlauf dazu, daß klangvolle Endsilben - die nun keinen Ton mehr tragen - geschwächt werden oder ganz entfallen.

2. Die *Deklination* wird vereinfacht. Die ursprünglichen acht Fälle gehen auf sechs, später noch weniger, zurück.

3. Das *Konjugationssystem* der Verben wird ebenfalls stark vereinfacht. Im Ur-Indogermanischen gab es neben Singular und Plural den Dual, der nun allmählich aufgegeben wird; es gab fünf Modi, von denen nur Indikativ, Konjunktiv und Imperativ erhalten bleiben; es gab eigene Formen für das Passiv, die in den germanischen Sprachen durch Konstruktionen mit Hilfsverb ersetzt werden; es gab eine Anzahl von Infinitiven und Partizipien.

4. Gegenüber diesen Vereinfachungen steht etwas, das eher eine Komplizierung darstellt: es entwickelt sich die doppelte Deklination des *Adjektivs*. Sie läßt sich am heutigen Hochdeutschen, das dieses Phänomen bewahrt hat, am besten erläutern. Warum sagen wir »das klein*e* Mädchen«, aber »ein klein*es* Mädchen«? Grundsätzlich haben wir das *Kongruenzprinzip:* Satzglieder oder deren Bestandteile werden in ihrer grammatischen Form aufeinander abgestimmt, im besonderen: Begleiter des Substantivs wie Artikel (oder Pronomen) und das als Attribut beigefügte Adjektiv werden in Genus, Numerus und Kasus dem Substantiv angeglichen. Beispiele für Kongruenz des Artikels: »der Garten, des Gartens, die Gärten«; des Pronomens: »mein Garten, meines Gartens, meine Gärten«.

Jetzt zum Adjektiv. Auch dieses folgt (jedenfalls in seiner Verwendung als Attribut, denn im Prädikat bleibt es unflektiert: »Der Garten ist schön«) dem Substantiv: »verdammt*er* Unsinn - verdammt*e* Kurve - verdammt*es* Gerede«. Setze ich aber den bestimmten Artikel davor, so kennzeichnet dieser schon eindeutig das Geschlecht: »der verdammte Unsinn - die verdammte Kurve - das verdammte Gerede«. Ebenso kennzeichnet der bestimmte Artikel auch bereits den Kasus und den Numerus. Die deutsche Sprache begnügt sich damit, wenn diese Kennzeichnung *einmal* erfolgt, in diesem Fall beim Artikel. Geschieht das, so kann das Adjektiv auf kennzeichnende Endungen verzichten, es unterliegt jetzt der sogenannten »schwachen« Deklination (die nur -e und -en als Endungen kennt). Dies mag zur Erklärung des Prinzips genügen.

Zur Einteilung der germanischen Sprachen

In älteren Lehrbüchern und Nachschlagewerken findet man eine verhältnismäßig simple Einteilung in Nord-, West- und Ostgermanen. Die neuere Forschung, gestützt auch auf Ausgrabungsbefunde, hat eine differenziertere Einteilung an deren Stelle gesetzt. Diese teilt das »Germanenvolk« in fünf Gruppen auf: Nordgermanen, Nordseegermanen, Weser-Rhein-Germanen, Elbgermanen und Oder-Weichsel-Germanen, benannt natürlich nach ihren (vermuteten) frühesten oder jedenfalls sehr frühen Wohngebieten.

Auf diese Ausgangslage folgen die Jahrhunderte, in denen Wanderungen und Eroberungszüge das Bild immer wieder verschieben. Die Nordgermanen bleiben in dieser Zeit noch lange in ihrer skandinavischen Heimat, brechen aber aus dieser schließlich zu den Wikingerzügen auf, die sie bis nach Nordamerika im Westen und bis ins Mittelmeer im Süden führen. Zu den Nordseegermanen gehören die Friesen sowie die Angeln und Sachsen, die Britannien erobern; von den Sachsen bleibt jedoch ein Teil auf deutschem Boden zurück (Festlandsachsen) und bildet hier einen der stärksten und wichtigsten Stämme, der schließlich den Franken unter Karl dem Großen unterliegt. Aus den Weser-Rhein-Germanen, die sich nach Süden und Westen vorschieben, geht als wichtigster der Frankenstamm hervor. Die Elbgermanen, die sich ebenfalls nach Süden ausdehnen, erst bis zu den deutschen Mittelgebirgen, dann bis an die Alpen, bringen die Kernstämme der Alemannen im Westen und der Baiern im Osten hervor; zu ihnen zählen auch die Langobarden, die große Teile Italiens erobern und zeitweise beherrschen. Die Oder-Weichsel-Germanen schließlich haben sich nach Osten und Süden bewegt, bis ans Schwarze Meer, bis Süditalien, Spanien, Afrika, haben sich als Volk aber nirgends behaupten können. Ihre Sprachen sind erloschen, nur das Gotische zeugt von ihrer Eigenart und ihrer Klangschönheit, während die Sprachen der Burgunden, Heruler, Gepiden, Wandalen und viele andere unwiederbringlich verklungen sind.

Herkunft der heutigen Sprachen

Wie verhalten sich die heute lebenden germanischen Sprachen zu dem soeben andeutungsweise geschilderten Stadium? Eindeutig ist die Zuordnung im Norden: Auf die Dialekte der Nordgermanen gehen die fünf heute lebenden, zusammenfassend auch als »nordgermanisch« bezeichneten Sprachen zurück: *Schwedisch, Dänisch, Norwegisch, Isländisch, Färöisch.* Einfach ist die Beziehung auch bei den Nordseegermanen: Aus den Dialekten der alten Angeln und Sachsen ist das heutige *Englisch* hervorgewachsen (das später allerdings noch zahlreichen anderen Einflüssen unterworfen war), sowie das in Resten noch lebende *Friesisch.*

Wie steht es mit den beiden hier nicht zugeordneten Sprachen, dem *Deutschen* und dem *Niederländischen?* Diese beiden Sprachen lassen sich nicht von einer der erwähnten fünf Stammesgruppen herleiten. Zu ihrer Entstehung haben vielmehr beigetragen die Sachsen, die zu den Nordseegermanen gehören (soweit sie nicht nach England zogen, sondern auf dem Festland verblieben), die Alemannen und die Baiern, die auf die Elbgermanen zurückgehen, die Franken, die auf die Weser-Rhein-Germanen zurückgehen, sowie die Thüringer (auch Thüringe), deren Abgrenzung zu den Franken hin problematisch ist. Zu beachten ist, daß alle hier genannten Hauptstämme in der Völkerwanderungszeit erst zusammengewachsen sind aus wesentlich kleineren Stämmen, die sich zu Verteidigung oder Eroberung zusammengeschlossen und einheitlicher Führung unterstellt hatten.

Von einer niederländischen Sprache als selbständiger Sprache neben der deutschen kann man erst seit wenigen Jahrhunderten sprechen; mit der lange erstrebten, aber rechtlich erst mit dem Westfälischen Frieden von 1648 verwirklichten Unabhängigkeit der Niederlande vom Reich wurde die dort gesprochene Sprache, bis dahin eine der niederdeutschen Mundarten, zur Staats- und Schriftsprache erhoben.

Bevor wir zur Entstehung des Deutschen übergehen, werfen wir einen Blick auf die nordgermanischen Sprachen sowie auf das Niederländische als wichtigste germanische Nachbarsprache des Deutschen.

Skandinavische Sprachen

Die heutigen *skandinavischen* Sprachen (auch *nordgermanische* Sprachen genannt, etwas mißverständlich, weil dies zugleich ein sprachgeschichtlicher Terminus ist) sind in ihrem frühesten für uns greifbaren Entwicklungsstadium bezeugt durch eine Anzahl von Inschriften in einem Runenalphabet. Sie stammen aus der Zeit zwischen 200 und 600 n. Chr., sind damit teilweise älter als der gotische Bibeltext. Sie stehen auf Gebrauchsgegenständen und Waffen oder sind in Stein gemeißelt, bezeichnen oft den Eigentümer oder Hersteller. *Ek Hlewagastiz Holtijaz horna tawido* – dies steht auf einem goldenen Horn, gefunden bei Gallehus in Dänemark, um das Jahr 400 gefertigt: »Ich, Hlewagastiz, Sohn des Holti, habe (dieses) Horn gemacht«. Die bekannten Runentexte enthalten nur wenige

Eine der Deutungen der Runen von Gallehus

hundert Wörter. Soweit man aus diesem spärlichen Material Schlüsse ziehen kann, gab es noch keine klaren sprachlichen Unterschiede zu benachbarten Dialekten.

Diese bilden sich aus vom 7. Jahrhundert ab. Es entsteht ein Gemein-Nordgermanisch, das mit der unerhörten Expansion der Wikinger – etwa zwischen 750 und 1050 – von Skandinavien aus auf Länder übergreift, wo es die Basis der heute dort gesprochenen Sprache geworden ist: Island, die Färöer-Inseln; dazu auf zahlreiche Gebiete, wo die Wikinger zwar einfallen und Staaten bilden, sich auf die Dauer aber nicht halten können: Shetland- und Orkney-Inseln, die Hebriden, Grönland, Teile von Schottland, Irland, England, Frankreich (Normandie) und Rußland. Hier ist das Nordgermanische wieder verschwunden, hat freilich, besonders im Englischen, in den obsiegenden Sprachen Spuren hinterlassen.

Aufspaltung in Dialekte

Mit der großen wikingischen Expansion setzt die Differenzierung in Dialekte ein, zuerst wohl in einen *westlichen* Bereich (Norwegen, Island, Nordseeländer) und in einen *östlichen* (Schweden und Dänemark), dann in die einzelnen Sprachen.

Im Laufe dieser Jahrhunderte währenden Entwicklung nehmen diese Sprachen viel Wortgut aus anderen auf, vereinzelt im Zuge der Christianisierung aus dem Englischen, in Folge der engen Wirtschaftsbeziehungen im Zeitalter der Hanse ferner aus dem Niederdeutschen; im Zeitalter der Reformation unter dem Einfluß von Luthers Bibelübersetzung, die starke Wirkung übte, auch aus dem sich bildenden Hochdeutschen. Überschlägig betrachtet haben sich die Isländer in bezug auf Lehnübernahmen am stärksten zurückgehalten; sie haben sich – bis heute – bemüht, fremde Wörter ihrer Sprache anzugleichen oder an ihrer Stelle Neubildungen und Lehnübersetzungen zu verwenden.

Die Unterschiede zwischen den Einzelsprachen sind heute zum Teil beträchtlich. Ein Schwede, ein Däne, ein Norweger werden unter sich, wenn jeder seine Muttersprache gebraucht, eine gewisse Verständigung erzielen können; mit einem Sprecher des Isländischen oder Färöischen wird ihnen das nicht gelingen.

Ähnlichkeiten im Schriftbild

Die Ähnlichkeiten zwischen den nordischen Sprachen, besonders im Wortschatz, treten deutlicher im Schriftbild hervor, weil die Rechtschreibung aller dieser Sprachen einen historischen Einschlag hat, also einen früheren Lautstand im Schriftbild bewahrt. Dies ist auch im Deutschen der Fall, noch ausgeprägter im Englischen, und auch für den Menschen deutscher wie englischer Muttersprache gilt, daß er die Verwandtschaft der nordischen Sprachen mit seiner eigenen im Schriftbild leichter wahrnimmt als beim Hören.

Beispiele

Schwedisch	Dänisch	Isländisch	Englisch	Deutsch
dag	*dag*	*dagur*	*day*	Tag
snö	*sne*	*snjór*	*snow*	Schnee
fisk	*fisk*	*fiskur*	*fish*	Fisch

Was man für das Isländische an diesem Beispiel erraten kann, trifft zu: Es hat die klangvollen Endungen aus früheren Sprachstadien am besten bewahrt. Das gilt auch für die Formen des Verbums. Das Isländische hat im Präsens für vier der sechs Personen eine eigene Endung als Kennzeichnung – im Gegensatz z. B. zum Englischen, das nur noch die 3. Person Singular mit einem *-s* markiert.

Isländisch	Deutsch	Englisch
ég kalla	ich rufe	*I call*
þú kallar	du rufst	*you call*
hann kallar	er ruft	*he calls*
við köllum	wir rufen	*we call*
þið kallið	ihr ruft	*you call*
þeir kalla	sie rufen	*they call*

Das Erkennen von »Wortgleichungen« wird in manchen Fällen dadurch erschwert, daß die Nordmänner bestimmte Konsonanten im Anlaut fallengelassen haben. So entsprechen sich:

Deutsch	Englisch	Schwedisch	Dänisch
Jahr	*year*	*år*	*år*
Joch	*yoke*	*ok*	*åg*

Hier ist das anlautende *j* weggefallen; in anderen Wörtern ist – vor *o* und *u* – ein *w* abgestoßen worden:

Deutsch	Englisch	Schwedisch	Dänisch
Wort	*word*	*ord*	*ord*
Wolle	*wool*	*ull*	*uld*

Kann der Deutsche oder Engländer so in einem gedruckten schwedischen, dänischen, norwegischen Text zumindest eine ganze Reihe vertrauter Elemente entdecken – ganz abgesehen von den zahlreichen gemeinsamen Fremdwörtern griechischer und lateinischer Wurzel –, so wird ihm das beim Hören der gesprochenen Sprache nur gelegentlich gelingen. Die Intonation, die Sprechmelodie, die Verwendung des Akzents lassen die Sprachen fremdartig klingen, und in dieser Beziehung sind darüber hinaus auch die Unterschiede innerhalb der skandinavischen Sprachen deutlich ausgeprägt.

Zweimal Norwegisch

Zum *Norwegischen* möchte ich noch einen Hinweis anfügen. Es gibt genau genommen nicht *eine* norwegische Sprache, sondern deren *zwei* – bis heute bestehen beide nebeneinander und sind nach dem Gesetz gleichberechtigt. Die Gründe sind historischer Art. Die ältere Form, *Riksmål* [ri̱ksmɔ:l] genannt, geht auf die lange dänische Herrschaft über Norwegen zurück, die bis 1814 bestanden hat. Bis dahin war das Dänische in Norwegen Schriftsprache.

Bokmål

Riksmål, heute *Bokmål* genannt, entstand auf dänischer Grundlage durch Anpassung an den Wortschatz und die Aussprache der norwegischen Dialekte. Dem wachsenden nationalen Selbstbewußtsein der Norweger im Zeitalter der Romantik genügte dieses »norwegisierte« Dänisch nicht. Um 1850 veröffentlichte *Ivar Aasen,* ein damals noch junger Mann, Autodidakt in der Sprachwissenschaft, nach sorgfältigen Vorarbeiten den Vorschlag für eine neue Sprache auf der Grundlage der gesprochenen Dialekte. Er bot zugleich ein Wörterbuch und eine Grammatik an, dazu eine Auswahl literarischer Texte in dieser neuen Sprache, die man zunächst *Landsmål* nannte; die heutige amtliche

Nynorsk

Bezeichnung lautet *Nynorsk.* Die Sprache fand Anklang und 1907 staatliche Anerkennung, ist durch gute Schriftsteller verfeinert und weitergebildet worden, hat aber das Riksmål nicht verdrängt. Die großen Dichter des 19. Jahrhunderts wie Ibsen haben sich der älteren, dem Dänischen näherstehenden Sprachform bedient.

Niederländisch/ Flämisch

In seinen Anfängen ist das Niederländische nicht gut belegt. Es hat seine Wurzeln wesentlich im Fränkischen und damit bei den Rhein-Weser-Germanen, ist aber erst um 1200 in Dokumenten und in einer damals aufblühenden eigenen Literatur faßbar.

Die weitere Entwicklung der Sprache ist eng verflochten mit dem politischen Schicksal dieser Region. Im Zuge des niederländischen Freiheitskampfes gegen die spanische Herrschaft (16. Jahrhundert) sagten sich die protestantischen Nordprovinzen von Spanien los und bildeten eine »Republik der Vereinigten Niederlande«, die mit dem Westfälischen Frieden von 1648 endgültig aus dem Verband des Deutschen Reiches ausschied und seither als souveräner Staat besteht. In diesem Staat wurde, abgesehen von bescheidenen friesischen Sprachinseln, nur Niederländisch gesprochen; daß es zur Staatsssprache wurde – und sich damit als selbständige Schriftsprache neben dem Deutschen konstituierte –, erscheint folgerichtig.

Der südliche Teil des Sprachgebiets hatte ein wechselvolles Schicksal. Er wurde in den Revolutionsjahren, nachdem er bis dahin zu Österreich gehört hatte, von Frankreich annektiert, 1815 mit dem Nordteil des Sprachgebiets zu einem »Königreich der Vereinigten Niederlande« zusammengeschlossen. Das hatte aber nur kurz Bestand. Der konfessionelle Gegensatz – Norden protestantisch, Südteil katholisch – und der kulturell-sprachliche Gegensatz – Norden niederländisch, Süden wallonisch, also französisch sprechend – sprengte das künstliche Gebilde bereits 1830. Das Königreich Belgien entstand. Die eben erwähnten Gegensätze decken sich in territorialer Hinsicht nicht. Die nun zu Belgien gehörenden katholischen Flamen mußten fast ein Jahrhundert kämpfen, bis schließlich 1922 ihre Sprache gesetzlich als zweite Amtssprache Belgiens der französischen gleichgestellt wurde. Bekanntlich bedroht der Gegensatz zwischen Flamen und Wallonen bis heute die politische Einheit Belgiens.

Die Hochsprache

Das Niederländische als Staatssprache der Niederlande und das Flämische als zweite Amtssprache Belgiens unterscheiden sich kaum; es handelt sich um dieselbe Sprache. Das flämische Sprachgebiet reicht an der Südgrenze Belgiens auch nach Frankreich hinein. Niederländisch ist schließlich noch Amtssprache in einigen ehemaligen niederländischen Kolonien. Die einheitliche Standardform der Sprache (Schrift-, Hochsprache) wird *Algemeen Beschaafd Nederlands* genannt, wörtlich »Allgemeines kultiviertes« (genauer »geschliffenes, geschabtes«) »Niederländisch«. Es gibt zahlreiche Dialekte, die jeweils an der Grenze zum deutschen Sprachgebiet nahtlos, unmerklich in die auf der deutschen Seite gesprochenen Dialekte übergehen.

Für das Verhältnis des Deutschen zum Niederländischen gilt ähnliches wie für das Verhältnis zu den skandinavischen Sprachen. Mündliche Verständigung ist allenfalls fragmentarisch möglich (sofern man nicht einen der auf deutscher Seite gesprochenen niederdeutschen Dialekte versteht), während im Schriftbild die Verwandtschaft ins Auge springt und ein oft weitreichendes - jedenfalls ungefähres - Verstehen des Textes ermöglicht. Als Beispiel ein Text im deutschen Original und in niederländischer Übersetzung.

Textbeispiel deutsch und niederländisch

»Dieses Buch wendet sich nicht an Fachphilosophen. Ihnen vermag es nichts Neues zu sagen. Es wendet sich an die vielen, die - ob akademisch gebildet oder nicht - inmitten der Arbeit und Sorge des Alltags und im Anblick der großen geschichtlichen Umwälzungen und Katastrophen unserer Zeit den Versuch nicht aufgeben, sich im Wege selbständigen Nachdenkens mit den Rätseln der Welt und den ewigen Fragen des Menschseins auseinanderzusetzen, und die die Annahme nicht von vornherein zurückweisen, daß die Gedanken und Werke der großen Denker aller Zeiten dabei Rat und Hilfe geben können. Die Frage ist, ob sie das können und in welchem Sinne.«

Dit boek richt zich niet tot vakfilosofen. Hun heeft het niets nieuws te bieden. Het richt zich tot de talrijke personen die - academisch gevormd of niet - te midden van de arbeid en de zorgen van het dagelijks leven, en getroffen door de grote geschiedkundige omwentelingen en catastrofes van onze tijd, de pogingen niet opgeven om, langs de weg van zelfstandig nadenken, klaarheid te verkrijgen omtrent de raadselen van de wereld en de eeuwige vragen van de mensheid, en die niet zonder meer de onderstelling van de hand wijzen, dat de gedachten en werken van de grote denkers van alle tijden daarbij raad en hulp kunnen geven. Het is de vraag, of zij dat kunnen, en in welk opzicht ... (H.J. Störig, »Kleine Weltgeschichte der Philosophie«, niederländ. Ausgabe, übersetzt von P. Brommer.)

»Falsche Freunde«

Allerdings muß man sich bei der Beschäftigung mit einer der eigenen nahe verwandten Sprache besonders sorgfältig vor den »falschen Freunden« hüten: Wörtern, die einem so bekannt vorkommen, aber doch in beiden Sprachen gerade nicht synonym sind. Da gilt verstärkt, was ein kluger Mann gesagt hat: daß der gewissenhafte Übersetzer jedes Wort im Wörterbuch nachschlägt, ganz besonders aber die Wörter, die er gut zu kennen glaubt.

Afrikaans

Seit Mitte des 17. Jahrhunderts haben holländische Kolonisten vom Kap der Guten Hoffnung aus Südafrika besiedelt. Deutsche Siedler und französische Hugenotten folgten ihnen bald. Um 1800 waren von den weißen Bewohnern über die Hälfte niederländischer Muttersprache, 28% deutscher, 15% französischer; ein ganz kleiner Rest verteilte sich auf andere sprachliche Herkunft. Erst nach 1800, als die Engländer die Kapkolonie in ihren Besitz gebracht hatten, folgten englische Siedler.

Die holländischen Siedler, *Buren* genannt, suchten sich dem englischen Druck zu entziehen, indem sie in dem berühmten »Großen Treck« neue Siedlungsgebiete weiter nördlich aufsuchten, wo sie sich nach blutigen Kämpfen mit den Kaffern niederließen.

Erst nach langwierigen kriegerischen Auseinandersetzungen (Burenaufstand 1880, Burenkrieg 1899-1902) kam es 1910 zur Bildung der Südafrikanischen Union, in der die vorwiegend burisch besiedelten Gebiete mit den vorwiegend britisch besiedelten zusammengeschlossen sind. In dieser Republik ist die eine Amtssprache das Englische, im wesentlichen in der Form, wie es die Kolonisten seit 1820 mitgebracht haben; die zweite Amtssprache ist *Afrikaans,* früher meist *Kapholländisch* genannt - eine Sprache, die natürlich aus der Sprache der ersten niederländischen Siedler hervorgewachsen ist, aber seit dem 17. Jahrhundert so starke Veränderungen durchgemacht hat, daß sie heute als eigene - wenn auch dem Niederländischen nah verwandte - Sprache anzusehen ist.

Die Sprache der Buren wurde sowohl von vielen nichtholländischen weißen Siedlern wie auch von zahllosen schwarzen Bewohnern des Landes (bzw. schwarzen Einwanderern) erlernt und gesprochen, und es trat das ein, was in solchen Fällen fast immer zu beobachten ist: die Sprache wurde verändert, und zwar in Richtung auf Vereinfachung, Verminderung des Formenschatzes, Beseitigung von Ausnahmen.

Die Vereinfachung zeigt sich einmal in der Verkürzung der Wörter. Aus niederländisch *wagen* (»Wagen«) wird *wa;* aus *leggen* (»legen«) wird *lê*. Sie zeigt sich weiter darin, daß die Konjugationsendungen praktisch vollständig wegfallen:

Deutsch	Niederländisch	Afrikaans
ich laufe	*ik loop*	*ek loop*
er läuft	*hij loopt*	*hy loop*
wir laufen	*wij loopen*	*ons loop*
sie laufen	*zij loopen*	*sy loop*

Afrikaans wird Amtssprache

Afrikaans wurde 1925 anstelle des Niederländischen zur zweiten Amtssprache der Union erklärt. Bisher haben die beiden Sprachen eine so weitgehende Ähnlichkeit bewahrt, daß Verständigung zwischen dem europäischen Niederländer und dem Buren ohne große Schwierigkeit möglich bleibt. Langfristig gesehen führt aber die Aufgabe der Flexionsendungen in aller Regel zu weiteren Veränderungen in der Sprachstruktur, etwa im Satzbau - wie es an der Entwicklung des Englischen abzulesen ist.

Die deutsche Sprache: Werdegang

Im Gedanken an meine erhofften deutschen Leser bin ich unsicher, wie ich den jetzt folgenden Kernteil dieses Kapitels anfassen soll. Soll ich ihn sehr ausführlich halten in der Annahme, der Leser wolle viel wissen, weil es sich nun um seine Muttersprache handelt? Oder denkt er eher: »Wozu lange Ausführungen - Deutsch kann ich ja schon«?

Ich meine, es ist eine Sache, eine Sprache (mehr oder weniger) zu »können«, also mündlich und schriftlich zu »beherrschen« (ein kühner Ausdruck - ist es nicht eher so, daß die Sprache uns beherrscht?); es ist eine ganz andere Sache, über die Geschichte einer Sprache, über ihren Bau, über ihre Eigenheiten Bescheid zu wissen, besonders auch im Vergleich zu anderen (ihr nahestehenden oder extrem fernstehenden) Sprachen. Solche Kenntnisse braucht der normale Sprecher nicht (jedenfalls ist er in der Regel dieser Meinung); er bewegt sich in seiner Sprache so selbstverständlich wie ein Fisch im Wasser. Es ist übrigens wieder eine andere Sache, die eigene Sprache zu sehen mit den

Augen (und zu hören mit den Ohren) eines Ausländers, der sie erlernen will oder muß. Diesem wird manches rätselhaft, problematisch, sogar widersprüchlich erscheinen, was das heranwachsende deutsche Kind niemals als Problem empfindet und infolgedessen überhaupt nicht bemerkt.

Dieses »Fremdheitsprofil« (ein Ausdruck von Dietrich Krusche), das die Sprache dem Sprachfremden darbietet, ist von der Sprachwissenschaft eigentlich erst in jüngster Zeit entdeckt und zum Gegenstand der Forschung und Lehre gemacht worden: »Deutsch als Fremdsprache« (oder auch: »als Zweitsprache«) ist ein junges Fach, zur heutigen Bedeutung wohl erst aufgestiegen durch die mehreren Millionen Ausländer in der Bundesrepublik Deutschland.

Wie also dieses Kapitel gestalten? Ich möchte einen kurzen Überblick geben zuerst über den Werdegang der deutschen Sprache, unter besonderer Berücksichtigung der Einflüsse und Zuflüsse aus fremden Sprachen, danach auf die Gegenwart und auf einige Probleme eingehen, die sich aus dem heutigen Zustand der Sprache ergeben.

Althochdeutsch

In den bisherigen Kapiteln dieses Buches sind wir immer wieder dem Phänomen begegnet, daß eine ursprünglich einheitliche Sprache sich aufspaltet in deutlich zu unterscheidende Zweige, aus denen sich womöglich wiederum eigenständige Sprachen herausdifferenzieren. Im Werdegang des Deutschen begegnen wir jetzt dem entgegengesetzten Prozeß: Das Deutsche ist zusammengewachsen aus den Dialekten verschiedener Stämme. Während das Frankenreich, vor allem unter der Herrschaft Karls des Großen, äußere Voraussetzung, sozusagen den Rahmen für diesen Werdegang bot und auch wichtige An-

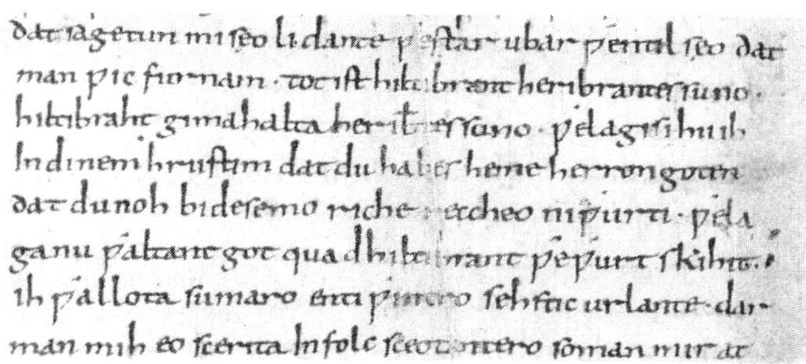
dat sagetun mi seolidante ƿestar ubar ƿentilseo dat
man ƿic furnam. tot ist hiltibrant heribrantes suno.
hiltibraht gimahalta heribrantes suno. ƿela gisihu ih
in dinem hrustim dat du habes heme herron goten
dat du noh bi desemo riche reccheo ni ƿurti. ƿela
ga nu ƿaltant got quad hiltibrant ƿeƿurt skihit.
ih ƿallota sumaro enti ƿintro sehstic ur lante dar
man mih eo scerita in folc sceotantero so man mir at

Althochdeutsch: Textseite aus dem »Hildebrandslied«, dem ältesten, nur in Bruchstücken erhaltenen germanischen Heldenlied, niedergeschrieben um 810 von Mönchen des Klosters Fulda.

stöße gab, ist doch die deutsche Sprache nicht aus dem fränkischen Dialekt hervorgegangen. Zu ihrer Entfaltung haben alle Stämme beigetragen, mal der eine führend, dann der andere.

Der älteste Abschnitt in der Entwicklung wird von 750 bis 1050 gerechnet. Die Sprache dieser Zeit wird *Althochdeutsch* genannt. Vorher kann man von einer »deutschen« Sprache noch nicht sprechen.

Zweite Lautverschiebung

Daß der Zug zur Integration sich durchsetzt, wird einerseits verständlich, sobald man sich die politischen Rahmenbedingungen (Reichsbildung), die wirtschaftlichen (Entwicklung des Fernhandels) und nicht zuletzt die geistigen (Vordringen des Christentums) genauer vergegenwärtigt. Es ist gleichwohl höchst bemerkenswert, weil sich kurz vorher – einsetzend etwa 550 n. Chr. – ein Prozeß vollzogen hat, der die verschiedenen germanischen Stammesdialekte zwischen Alpen und Meer einander nicht nähergebracht, sie vielmehr eher voneinander entfernt hat: die zweite Lautverschiebung (im Unterschied zur ersten, mit welcher sich die germanischen Sprachen als Gruppe aus dem übrigen Indogermanisch aussondern); die zweite wird auch »hochdeutsche Lautverschiebung« genannt.

Hochdeutsche Lautverschiebung

Sie besteht im Kern darin, daß die drei germanischen Konsonanten (Verschlußlaute) *p, t, k* sich in bestimmter Weise verändern, daß sie zu gedehnten Reibelauten (Spiranten) werden, nämlich zu ff, ss und hh [x]. Die Dehnung, durch Doppelschreibung angedeutet, fällt im Wortauslaut häufig weg.

Dieses Prinzip veranschaulichen folgende Beispiele:

Altsächsisch	Althochdeutsch	Neuhochdeutsch
opan	*offan*	offen
etan	*ezzan*	essen
makôn	*mahhôn*	machen

Beispiele für die Veränderung im Wortauslaut:

skip	*skif*	Schiff
hwat	*hwaz*	was
ik	*ih*	ich

In anderen Fällen – abhängig von der Stellung des Lautes im Wort, seiner Nachbarschaft zu anderen Lauten – werden *p, t, k* ersetzt durch sogenannte Affrikaten, d. h.

Verbindungen von Verschlußlaut und Reibelaut. Aus *p* wird pf, aus *t* wird z [ts], aus *k* wird kch [kx] (heute nur in Dialekten vorkommend).

Beispiele hierfür:

Altsächsisch	Althochdeutsch	Neuhochdeutsch
plegan	*pflegan*	pflegen
kempio	*kempfo*	Kämpe, Kämpfer
tehan	*zehan*	zehn
herta	*herza*	Herz

Die Germanisten mögen mir verzeihen, daß ich diesen verwickelten Vorgang hier nur andeute. Worauf ich hinaus will: Diese Lautverschiebung hat ihren Ausgang offenbar im Alpenraum genommen. Sie hat sich voll durchgesetzt im heutigen Süddeutschland, also in den Dialektbereichen Bairisch, Schwäbisch, Alemannisch; im Fränkischen nur ungefähr im Bereich des heutigen Bundeslandes Bayern. Sie hat sich kaum oder gar nicht durchgesetzt im Niedersächsischen (auch nicht im Friesischen und Niederländischen, die heute nicht mehr zum deutschen Sprachbereich gehören). Sie hat sich teilweise durchgesetzt in einer mittleren Zone, die etwa (mit heutigen Bezeichnungen) Rheinfranken, Moselfranken, Thüringen, Obersachsen, Schlesien umfaßt.

Seitdem haben wir in Deutschland die Bereiche des Niederdeutschen und des Oberdeutschen, getrennt (oder besser: verbunden) durch einen mittleren Ost-West-Streifen, dessen Dialekte in vieler Hinsicht aber den oberdeutschen eher näherstehen als den niederdeutschen. Und seit jener fernen Zeit schon haben wir (im wesentlichen) die sogenannte *Benrather Linie,* benannt nach der Stadt Benrath, bei der sie ihren westlichen Ausgangspunkt hat und von der sie ungefähr über Kassel, südlich an Magdeburg vorbei nach Frankfurt/Oder verläuft. Nördlich dieser Linie herrscht das Niederdeutsche, dort hört man in der Volkssprache »ik« oder »ek« statt »ich«, »Water« statt »Wasser« usw. Jeder weiß wohl, daß unser heutiges Deutsch stärker auf dem Ober- und Mitteldeutschen ruht als auf dem Niederdeutschen. Man mag das – mit Kurt Tucholsky (»Schloß Gripsholm«) – bedauern.

Benrather Linie

Obwohl wir Heutigen Althochdeutsch nicht hören, sondern allenfalls mühsam lesen können – auch dabei wird

Klangfülle

uns noch deutlich, um wieviel voller und farbiger diese Sprache unserer Vorfahren geklungen hat, verglichen mit der heutigen, vor allem weil sie unbetonte Silben und klangvolle Vokale hat, die später zu einem matten [ə] verkümmert sind. Ein kurzes Beispiel habe ich schon mit den »Straßburger Eiden« gebracht, als zweites hier das Vaterunser in einer althochdeutschen (ostfränkischen) Fassung, die um 825 entstanden ist:

Fater unser, thû thâr bist in himile, sî giheilagot thîn namo, queme thîn rîhhi, sî thîn uuillo, sô her in himile ist, sô sî her in erdu, unsar brôt tagalîhhaz gib uns hiutu, inti furlâz uns unsara sculdi ...

Der eine Leser wird mehr die Konstanz über 1100 Jahre hinweg, der andere mehr die Abweichungen wahrnehmen.

Christentum, Mönchtum

Unter den Faktoren, die in der althochdeutschen Periode unsere Sprache beeinflußt und geformt haben, scheinen mir am wichtigsten der Einfluß des Christentums und die mit seinem Vordringen verknüpfte Übernahme antiken Bildungsgutes - eine Aufgabe, die Karl der Große, ein Herrscher von seherischem Weitblick, bewußt mit der Übernahme der römischen Reichsidee seinem Volk (oder: seinen Stämmen) gestellt hatte.

Die Christianisierung schlägt sich nieder in der Übernahme vieler Wörter aus der christlichen Doktrin als Fremdwörter oder Lehnwörter; darauf komme ich im folgenden Abschnitt zurück. Hier möchte ich das Hauptgewicht darauf legen, daß damals eine Aufgabe gelöst wurde, deren Größe und Schwierigkeit von heute aus nur

Eines der wichtigsten Dokumente der deutschen Sprachgeschichte ist der zwischen 1220 und 1235 durch Eike von Repgow verfaßte »Sachsenspiegel« (hier niederdeutsche Handschrift; das Werk wurde zuerst in Latein niedergeschrieben).

noch schwer zu ermessen ist: Den germanischen Stämmen in ihrer kriegerischen Wesensart und ursprünglichen Denkweise waren christliche Vorstellungen und Wertbegriffe wie Sünde, Schuld (im moralischen Sinne), Gnade, Vergebung, Barmherzigkeit fremd. Wer Latein gelernt hat, dem ist eine Wortgleichung wie lat. *misericordia* = dt. »Barmherzigkeit« selbstverständlich; es war aber ein mühsames, tastendes, manchmal jahrzehntelanges geistiges Ringen nötig, bis es gelang, ein solches deutsches Wort zu prägen, zu erklären, zu verbreiten, es heimisch zu machen.

Diese Arbeit ist zum überwiegenden Teil von Mönchen geleistet worden, in Klöstern ehrwürdigen Alters wie Fulda, Lorsch, Wessobrunn, Weißenburg im Elsaß, St. Gallen, Reichenau. Nicht nur Wörter wurden in den Sprachschatz aufgenommen und bereicherten ihn; auch die Satzmuster des Lateinischen wirkten stark auf den deutschen Satzbau ein, zumal in den Anfangszeiten das »Übersetzen« aus dem Lateinischen sich überwiegend in *Glossen* und Interlinearversionen niederschlug, d. h. in deutschen Erläuterungen oder so gut wie wörtlichen deutschen Entsprechungen zum lateinischen Text.

Einer der Meister in dieser sprachschöpferischen Arbeit ist Notker von St. Gallen, der sich weitgehend von der engen Anlehnung an das Lateinische löst und sich souverän in der nun entstehenden deutschen Sprache bewegt.

Mittelhochdeutsch

Viereinhalb Jahrhunderte - 1050 bis 1500 - umspannt der nächste Entwicklungsabschnitt. In der lautlichen Struktur unterscheidet sich das Mittelhochdeutsche vom Althochdeutschen in mehrfacher Beziehung. Es hat sich also wieder allerlei verändert, und insofern sind die Begriffe »erste, zweite Lautverschiebung« ein wenig irreführend. Die Sprache entwickelt sich dauernd - auch heute. Die klangvollen Vokale schwächen sich vielfach schon zu [ə] ab (aus *geban* wird »geben«). Dadurch verlieren manche Formen der Deklination und Konjugation ihre Unterscheidungskraft; damit werden Artikel und Pronomen wichtiger als vorher. Der Umlaut (*mahtig* wird »mächtig«) verbreitet sich.

Wichtiger aber ist die innere Entwicklung der Sprache, ihre geistige Durchbildung. Diese läßt sich an Hand von vier Stichworten andeuten: Geistlichkeit - Mystik - Rittertum - Dichtung. Zu jedem ein paar Worte:

Die Geistlichen

Neben den Ordensgeistlichen, den Mönchen, treten jetzt

die Geistlichen in den Gemeinden, die Weltgeistlichen, als Autoren in Erscheinung mit einem Schrifttum, das, die Grenzen der gelehrten Theologie hinter sich lassend, auch volkstümliche Predigt, Legenden, erzählende Darstellung biblischer Stoffe umfaßt.

Die Mystiker

Von kaum zu überschätzender Bedeutung ist das Wirken der christlichen *Mystiker,* unter denen Meister Eckhart (um 1260–1327, aus Thüringen) und seine Schüler Tauler und Seuse (lat. *Suso*) hervorragen. Das Denken der Mystiker kreist um Gott und Menschenseele und die Einheit beider, und es vollzieht sich überwiegend in deutscher Sprache, die allerdings erst dazu tauglich gemacht werden muß, die schwierigen, oft ans Unsagbare grenzenden Einsichten und inneren Erlebnisse zu vermitteln. Viele deutsche Abstrakta auf »-keit«, »-lich«, »-ung« haben die Mystiker geschaffen: »Geistigkeit«, »wesentlich«, »Anschauung« – um nur für jedes ein Beispiel zu bringen. Der Begriffs- oder Wortschatz der späteren deutschen Philosophie ist weitgehend damals neu geprägt oder mit neuem Bedeutungsgehalt erfüllt worden. Eine Probe davon, wie die Sprache in mittelhochdeutscher Zeit geklungen hat, sei den Schriften Eckharts entnommen, und zwar dem Traktat *Von Abegescheidenheit* (»Von der Abgeschiedenheit«) – darunter ist die tiefinnere Ruhe in der Vereinigung mit dem göttlichen Seinsgrund gemeint:

Ich hân der geschrift vil gelesen, beidin von den heidenischen meistern und von den wîssagen und von den alten und niuwen ê, und hân mit ernste und mit ganzem vlîze gesuochet, welhiu diu hochste und diu beste tugent sî …

(*wîssagen* »Propheten«, *ê* »Testament«, *vlîze* »Fleiß«).

Das Rittertum

Mit dem Stichwort *Rittertum* stoßen wir darauf, daß das Bildungsmonopol der Geistlichkeit jetzt gebrochen ist. Es ist eine höfische Gesellschaft entstanden, die auch »höfische«, und das heißt weltliche, Dichtung hervorbringt und aufnimmt. Die drei großen Namen sind Hartmann von Aue, Wolfram von Eschenbach, Gottfried von Straßburg.

Die Sprache dieser Dichter ist überregional, von den Dialekten abgehoben und schon weitgehend einheitlich im ganzen deutschen Sprachgebiet.

Diese sprachliche und literarische Blütezeit ist nur von kurzer Dauer gewesen. Sie fällt ungefähr zusammen mit der Herrschaft der großen Kaiser der Sachsen und der Staufer, die erstmals wohl auch in breiteren Schichten so etwas wie deutschen Nationalstolz hat entstehen lassen, und sie endet mit dem politischen Niedergang im 14. Jahrhundert.

Frühes Neuhochdeutsch

Auf Alt- und Mittelhochdeutsch folgt Neuhochdeutsch – so las man's früher, aber die neuere Forschung hat herausgefunden, daß es angemessen ist, noch eine Unterteilung vorzunehmen und eine *frühneuhochdeutsche* Periode einzuschieben, die bis zum Dreißigjährigen Krieg reicht und diesen noch einschließt. Einerseits wirkt der Verfall der Reichsgewalt in dieser Zeit, die Stärkung der einzelnen Territorien zersplitternd auch auf die Sprache. Dem wirkt aber entgegen, daß die Macht der Territorialherren sich festigt und daß von den »Kanzleien« der weltlichen und geistlichen Fürsten Anstöße zu einer Vereinheitlichung der Schriftsprache ausgehen. Und wenn es sich um ein bedeutendes Machtzentrum handelte wie Prag, Meißen, Köln, so konnten solche Anstöße weithin wirken.

Eine genauere Betrachtung der Rahmenbedingungen, als sie hier gegeben werden kann, wird den Aufstieg des städtischen Bürgertums in Betracht ziehen (damit die wachsende Bedeutung der nüchternen Sprache des Geschäftslebens, des Handels, weltenweit entfernt von den Idealen ritterlicher Minne), das Aufkommen der Universitäten (1348 Prag, 1365 Wien, 1386 Heidelberg, es folgen Köln, Erfurt, Leipzig, Rostock, Löwen, Greifswald und noch weitere sieben bis zum Jahre 1506); die Geistesbewegung des Humanismus; schließlich auch die gewaltige Ausweitung des deutschen Sprachraums durch mehrere

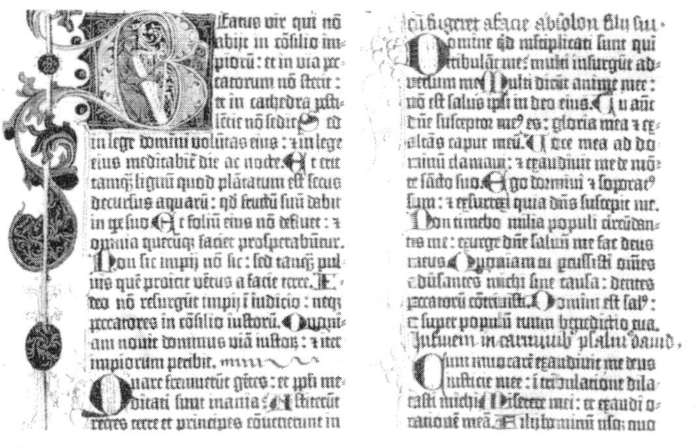

Zur Erfindung des Buchdrucks: Teil einer Seite aus der 1452–55 durch Gutenberg in Mainz gedruckten sog. 42-zeiligen Bibel (lateinischer Text). Dieses erste Werk der Buchdruckerkunst ist in seiner künstlerischen Vollkommenheit niemals übertroffen worden.

Jahrhunderte intensiver Ostkolonisation, denn Danzig, Riga, Breslau, Prag, sogar Krakau waren inzwischen zu Stätten deutscher Sprache und Kultur geworden.

Aus der zeitlichen Ferne betrachtet treten aber zwei andere Vorgänge als bestimmende Faktoren hervor: die Erfindung des Buchdrucks (dessen Wirkungsmöglichkeiten durch das inzwischen bekanntgewordene Papier als billigem Druckträger vervielfältigt wurden) und das Auftreten Martin Luthers; zeitlich eng aufeinanderfolgend: Gutenbergs Erfindung um 1450, Luthers Wirken einsetzend bald nach 1500.

Maximilian und Meißen

Tendenzen in Richtung auf Vereinheitlichung der Sprache waren schon vor Luther sichtbar. Eines ihrer Zentren bildete der Hof des Kaisers Maximilian I. (1493–1519). Er selbst und mehrere seiner Mitarbeiter haben auf einen einheitlichen Sprachgebrauch in amtlichen Dokumenten gedrängt. Augsburg und Nürnberg waren Mittelpunkte des sich schnell entfaltenden Buchdrucks. Die Drucker selbst waren, um ein möglichst großes Publikum erreichen zu können, an Einheit des Sprachgebrauchs und der Rechtschreibung interessiert. Die Sprachform, die sich mit und durch Luther schließlich durchsetzt und zur Grundlage der *neuhochdeutschen* Sprache wird, ist jedoch nicht die des kaiserlichen Hofes, sondern die des östlichen Mitteldeutschland, von der Saale bis nach Schlesien, wie sie in der kursächsischen Kanzlei in Meißen gepflegt wurde. Luthers eigene Worte (aus einer seiner Tischreden): »Ich habe keine gewisse, eigene Sprache im deutschen, sondern brauche der gemeinen deutschen Sprache, das mich beide, Ober- und Niederlender, verstehen mögen. Ich rede nach der sechsischen cantzlei, welcher nachfolgen alle Fürsten und Könige in Deutschland«.

Martin Luther

Keineswegs übernahm Luther einfach diese Vorlage. Seine unerhörte sprachschöpferische Kraft nahm sie aber als Ausgangspunkt für seine Bibelübersetzung (1522–34) und seine zahllosen Flugschriften, die der nun schon überall heimische Buchdruck schnell bis in die hintersten Winkel des Reiches verbreitete. Vor der Lutherschen waren insgesamt schon 18 Bibelübersetzungen ins Deutsche, darunter vier ins Niederdeutsche, im Druck erschienen, dazu Übersetzungen einzelner Bibelteile. Manches davon wie auch das verbreitete religiöse Erbauungsschrifttum zog Luther mit zu Rate, ließ sich von diesem ebenso anregen

Luther-Bibel: Dieses Exemplar, gedruckt um 1700, enthält Luthers Originaltext samt seinen Randbemerkungen.

wie von der urwüchsigen Redeweise des Volkes, dem er »aufs Maul schaute«. Das mindert seine einzigartige Leistung nicht. Man kann sagen: Kein einzelner Mensch, auch keiner der großen klassischen Dichter, hat die Entwicklung der deutschen Sprache so tief und so nachhaltig beeinflußt wie Martin Luther, in dem religiöse Ergriffenheit, schöpferische Sprachkraft und die philologische Sorgfalt des Übersetzers sich vereinten. Luthers Anliegen war, die Heilige Schrift seinem Volk zu vermitteln – sprachliche Regeln zu geben, lag ihm fern, doch hat sein Werk in dieser Richtung gleichwohl stark gewirkt. Dazu muß man nicht nur in Betracht ziehen, daß in den ersten 50 Jahren nach dem ersten Erscheinen der Lutherbibel allein durch den Drucker Hanns Luft in Wittenberg 100000 Exemplare von ihr gedruckt wurden, sondern hinzunehmen, daß die Bibeltexte, außer daß sie eifrig gelesen, auch von vielen Menschen auswendig gelernt wurden.

AVISO 20
Relation oder Zeitung.
Was sich begeben vnd zugetragen hat/ in Deutsch: vnd Welschlandt/ Spannien/ Niederlandt/ Engellandt/ Franckr: Vngern/ Osterreich/ Schweden/ Polen/ Item Rom vnnd Venedig/ Wien/ Praag/ Andorff/ Cöln/ Franckfort und Gräffenhagen/ Lintz. ec.
So von Nürnberg den 16. May anhero / vnnd sonst Wochentlichen Avisen vnd angelangen.
Gedruckt im Jahr/ 1615.
Seite 1 Nr. 20 der ‚Nürnberger Zeitung' vom Jahre 1615.

Eine der ersten deutschen Zeitungen, erschienen 1615 in Nürnberg; das Blatt ist 20 cm hoch.

So beeinflußte Luthers schlichte, kraftvolle und treffende Sprache die Sprachgewohnheiten breiter Schichten. »Bibelfest« zu sein, d. h. große Partien der Schrift auswendig zu wissen oder zu tausend Bibelworten sofort den Fundort zu wissen: das war bis zur Zeit Goethes und darüber hinaus ein ehrendes Beiwort. Luthers Sprache wirkte auch auf die katholischen Bevölkerungsteile. Er hat selbst mit Befriedigung ausgesprochen, »das ich auch meine undankbare Jünger, dazu meine Feinde reden gelert habe«. Im nördlichen Teil Deutschlands, wo zu Luthers Zeit das Niederdeutsche als Sprache der Kanzleien und des öffentlichen Lebens noch lebendig war, hat Luthers Einfluß die Annahme der hochdeutschen Schriftsprache durch die niederdeutschen Länder zumindest angebahnt, vollendet hat sie sich erst später, auch unter dem Einfluß gelehrten humanistischen Schrifttums. Luthers Wirkung reicht über die alten Reichsgrenzen hinaus bis nach Siebenbürgen und zu den Baltendeutschen. Der Schulunterricht, für den Luther energisch eingetreten ist, festigte die nun gewonnene hochsprachliche Einheit.

Das Narrenschiff

Aus der Literatur der frühneuhochdeutschen Epoche sei wenigstens ein kleines Probestück angefügt. Es ist entnommen dem »Narrenschiff« von Sebastian Brant, das 1494 (also vor Luthers Auftreten) in Basel erstmals gedruckt wurde und schnell eine weite Verbreitung erlangte dank seiner zupackenden, dem einfachen Mann verständlichen Sprache, unterstützt durch die zahlreichen eindrucksvollen Holzschnitte. Auch der hier folgende Satz ist von einem Holzschnitt begleitet:

Der hütt der hewschreck an der sunn
Und schüttet wasser in eyn brunn
Wer hüttet das syn frow blib frum.

»Der hütet Heuschrecken bei Sonnenschein
und schüttet Wasser in einen Brunnen,
wer aufpaßt, daß seine Frau brav bleibe«.

(Das Tun aller drei ist gleichermaßen vergeblich; der Holzschnitt zeigt denn auch drei Narren).

Opitz, Sprachgesellschaften

Obwohl die bewußte Pflege der Sprache durch gelehrte Männer, ebenso der Kampf gegen ihre Überfremdung, ein Hauptkennzeichen der Zeit nach dem Dreißigjährigen Kriege ist, setzen solche Bestrebungen doch schon im 16. und in der ersten Hälfte des 17. Jahrhunderts ein. Hier ragt Martin Opitz hervor, geboren 1597, mit seinem 1624 er-

Holzschnitt »Von Frauenhüten« aus Sebastian Brants »Narrenschiff« (1494).

schienenen »Buch von der Deutschen Poeterey«, in dem er die Loslösung von lateinischen Vorbildern und eine dem Charakter der deutschen Sprache angemessene Dichtkunst fordert. Etwa gleichzeitig, im Jahre 1617, entstand die *Fruchtbringende Gesellschaft,* begründet nach italienischem Vorbild von dem Fürsten Ludwig von Anhalt-Köthen, eine überwiegend aus Adelskreisen zusammengesetzte Gemeinschaft, die sich bewußt der Pflege der Muttersprache widmete. Eine ganze Reihe ähnlicher Gründungen folgte.

Der Kampf gegen das Überhandnehmen von Fremdwörtern lebte bereits damals, und wie auch in späteren vergleichbaren Zeitabschnitten wurden zahlreiche Verdeutschungen vorgeschlagen, von denen viele vergessen sind, andere aber unsere Sprache für die Dauer bereichert haben wie »Verfasser« statt »Autor«, »Sinngedicht« statt »Epigramm«, »Briefwechsel« statt »Korrespondenz«.

Neuhochdeutsch (ab 1650); Schottel

Trotz Opitz' richtungweisendem Wirken läßt die Wissenschaft die neueste Periode der Sprachentwicklung erst nach seinem Tode (1641) beginnen, und zwar mit Justus

Georg Schottel, der sich auch *Schottelius* nannte, einem Niederdeutschen (Hildesheim, Hamburg, Leiden, Braunschweig sind die Stationen seines Lebensweges), der fast noch Zeitgenosse Opitz' war. Seine »Teutsche Sprachkunst« erschien 1641; 1663 folgte die grundlegende »Ausführliche Arbeit von der Teutschen Haubtsprache« (die Großschreibung der Substantive hatte sich seit Luther weitgehend durchgesetzt). Schottel plädiert für eine über den Dialekten stehende Hochsprache; er behandelt Rechtschreibung, Interpunktion, Wortbildung, Etymologie und Satzbildung (Syntax) sowie die Kunst des Versemachens.

Thomasius

Eine andere bahnbrechende Tat für die deutsche Sprache ist Christian Thomasius zu danken. Im Jahre 1687 hat dieser an der Universität Leipzig Vorlesungen in deutscher Sprache gehalten und damit einen wesentlichen Schritt dazu getan, daß die jahrhundertelange Alleinherrschaft des Lateinischen als Sprache der Wissenschaft gebrochen wurde. Thomasius hat zwei Jahre später auch die erste literarische Zeitschrift in deutscher Sprache herausgegeben. Thomasius, der als einer der mutigsten Kämpfer gegen den damals weitverbreiteten Hexenwahn nicht genug zu rühmen ist, steht mit seinem Schritt vom Lateinischen zum Deutschen natürlich nicht allein, sondern im Zuge einer allgemeinen Entwicklung, die in den meisten kulturell führenden Ländern Europas des Lateinische zugunsten der aufblühenden Nationalsprachen zurückdrängt, zeitweise schon wesentlich früher als in Deutschland. Auch in seinem Vaterland steht er nicht allein.

Leibniz und Christian Wolff

So hat Gottfried Wilhelm Leibniz, einer der bedeutendsten Mathematiker und Philosophen der neuen Zeit, ein wahrhaft universaler Geist, seine Landsleute in zwei Schriften ermahnt: »Ermahnung an die Teutsche, ihren Verstand und ihre Sprache besser zu üben« (1683); »Unvorgreifliche Gedanken betr. die Ausübung und Verbesserung der teutschen Sprache« (1697 verfaßt, erst 1717 erschienen). Seine eigenen Werke hat er allerdings überwiegend in lateinischer oder in französischer Sprache geschrieben. Leibniz' Schüler Christian Wolff, einflußreicher Philosoph, hat die Sprache der Philosophie durch geglückte Wortprägungen bereichert und damit seinen großen Nachfolgern von Immanuel Kant an ihr Werk erleichtert.

Die gelehrte Welt, der diese Männer zugehören, hat im 17. Jahrhundert ein unvergleichlich größeres Gewicht als je zuvor. Allein in einem Jahrhundert sind zu den oben genannten 14 neue Universitätsgründungen (nicht alle von dauerndem Bestand) hinzugekommen. Es entsteht eine breite bürgerliche Bildungsschicht, großenteils dem Staat als Lehrer und Beamte dienend, als Träger der weiteren sprachlichen Entwicklung.

Bleiben wir noch ein wenig bei den Gelehrten, bevor wir uns den Männern zuwenden, die zum weiteren Werden der deutschen Sprache vielleicht noch mehr als sie beigetragen haben: den Dichtern. Wenigstens vier Namen will ich noch nennen, viele andere verschweigend und ihren Trägern damit Unrecht tuend.

Gottsched

An Königsbergs Universität begann Johann Christoph Gottsched als Fünfzehnjähriger zu studieren, aber Leipzig wurde zur Stätte seines Wirkens, nachdem er Königsberg fluchtartig hatte verlassen müssen, um den Werbern des Preußenkönigs für seine berühmten »Langen Kerls« zu entgehen. Gottsched war in Leipzig Professor und Rektor der Universität; er begründete Zeitschriften, wirkte führend in Dichtergesellschaften mit, strebte eine Reform des Theaters an. Für unseren Zusammenhang wichtig ist seine »Grundlegung einer deutschen Sprachkunst, nach den Mustern der besten Schriftsteller des vorigen und jetzigen Jahrhunderts abgefasset« (1748). Kein trockener Schulmeister spricht hier, sondern ein Mann, der wohl weiß, daß Vorbilder noch wichtiger sind als Regeln. Gottscheds Buch ist das erste, das im gesamten deutschen Sprachgebiet als maßgebend angesehen wurde.

Adelung

Mehr als Sammler denn als kühner Denker ist Johann Christoph Adelung anzusehen, dessen »Deutsche Sprachlehre« 1781 erschien. Also nur kurze Zeit nach Gottsched – doch in der deutschen Literatur eine entscheidende Zeit, denn Lessing, Wieland, Goethe, Herder waren inzwischen mit ihren ersten Werken hervorgetreten. Das von Adelung geschaffene Wörterbuch wurde auch von den Klassikern der deutschen Dichtung gern zu Rate gezogen (von Goethe existiert ein Brief an Schiller, in dem er bittet, ihm »seinen Adelung« bald zurückzugeben). Freilich, das Verhältnis Adelungs zur Sprache – wie das seiner Vorgänger – ist im Grunde unhistorisch, auf das Gegenwärtige eingeengt; es fehlt ihm die historische Tiefendimension, die mit dem Wirken der Brüder Grimm in die wissenschaftliche Betrachtung der deutschen Sprache kommt.

Jacob und Wilhelm Grimm

Der ältere der beiden Brüder, Jacob, ist 1785 geboren, Wilhelm 1786. Beide wurden 1837 ihres Amtes als Professoren der Universität Göttingen enthoben, weil sie zusammen mit fünf Kollegen (»Göttinger Sieben«) gegen einen Verfassungsbruch des Königs von Hannover protestiert hatten. Gemeinsam haben sie die »Kinder- und Hausmärchen« gesammelt und herausgegeben. Gemeinsam haben sie auch ihr monumentales »Deutsches Wörterbuch« geplant, das 1854 zu erscheinen begann und mehr als ein Jahrhundert danach, 1960, von ihren Nachfolgern abgeschlossen werden konnte. Als Sprachforscher ist Jacob der bedeutendere der Brüder. Aus seiner Feder stammen die »Deutsche Grammatik« (1819–37) und die »Geschichte der deutschen Sprache« (1848). Jacob Grimm, der als Ahnherr der Wissenschaft der Germanistik gilt, sieht als erster die deutsche Sprache – und die Sprache überhaupt – in der Einheit ihrer Entwicklung durch die Jahrhunderte. Neben die Sprachvergleichung, die die Verwandtschaft

Die Brüder Wilhelm (1786–1859, links) und Jacob Grimm (1785–1863) nach einem Gemälde von Elisabeth Jerichau.

aller indogermanischen Sprachen entdeckt hatte (und an der er, wie früher bemerkt, einen entscheidenden Anteil hat), setzt Grimm die Sprachgeschichte.

Es wird Zeit, daß wir unseren Blick auf die Dichter richten, die in dem hier betrachteten Zeitabschnitt die entscheidenden Beiträge zur Entwicklung und Formung der deutschen Sprache geleistet haben. Auch hier kann ich nur einige ausgewählte Namen nennen. Ich beschränke mich auf fünf Männer, deren Werk jeweils einen Markstein in der Sprachentwicklung darstellt. Über jeden lediglich ein paar Worte.

Klopstock

Das Wirken Friedrich Gottlieb Klopstocks (1724–1803) fällt zwar in die Zeit der Aufklärung, doch dem aufklärerischen Ideal einer nüchternen, rationalen Sprache steht er durchaus fern. Obwohl er auch ein Meister des knappen Prosastils ist – in seinen großen Werken kommen Gefühl, Leidenschaft und hohe Ideale zu ihrem Recht. Klopstocks Auffassung der religiösen und nationalen Berufung des Dichters, seine persönliche Souveränität, die ihn befähigte, sich von Zeitströmungen und auch von modischen (französischen) Vorbildern freizumachen, schließlich seine sprachschöpferische Kraft führten die deutsche Literatursprache zu neuer Freiheit. Im Formalen lehnte er sich manchmal an antike Vorbilder an – so in seinem in Hexametern abgefaßten biblischen Epos »Der Messias«. Später ging er zu freien Rhythmen über. Viele eigenwillige Wortprägungen, die seitdem in der Sprache der Dichtung Heimatrecht haben, gehen auf Klopstock zurück, so »stillanbetend«, »sanftleuchtend«, »blütenumduftet« – wie man sieht, Zusammensetzungen. Klopstocks Einfluß auf die ihm folgenden bedeutenden Dichter ist kaum zu überschätzen. Allerdings macht davon gerade der, den ich als nächsten nenne, eine Ausnahme.

Lessing

Wenn die Sprache durch Klopstock an poetischem Höhenflug gewann, so verdankt sie seinem Zeitgenossen Gotthold Ephraim Lessing (1729–1781) einen ganz andersartigen Gewinn: eine Befreiung von formaler Fessel und Gängelung zu einer Prosa von Prägnanz, epigrammatischer Kürze, Klarheit, einfachem, durchsichtigem Aufbau und einer persönlichen Färbung, die sich u.a. darin zeigt, daß der Autor in der Ich-Form spricht und den Leser durch direktes Ansprechen in einen persönlichen Dialog zieht. »Halten Sie das für richtig? Ich nicht«. Eine solche

Sprechweise halten wir heute in einem Essay, einem Leitartikel für selbstverständlich, aber vor Lessing hat es sie kaum gegeben. Lessing spielt mit der Sprache, ruft Dialekt und Umgangssprache zu Hilfe. Auf der anderen Seite hat er in seinen Dramen (vor allem in »Nathan der Weise«) den fünffüßigen Jambus so vollendet und suggestiv verwendet, daß diese Form bis in die deutsche Klassik hinein und über sie hinaus Geltung behalten hat. »Schnell fertig ist die Jugend mit dem Wort« - diese Sentenz, die Schiller seinen Wallenstein sprechen läßt, ist nach diesem Muster gebildet.

Wieland

Lessing wird heute noch auf vielen Bühnen gespielt. Klopstock wird vom großen Publikum kaum noch gelesen. Auch Wieland nicht - leider, muß man hinzufügen, weil man sich damit einen Lesegenuß entgehen läßt. Christoph Martin Wieland (1733-1813), Shakespeare-Übersetzer, Philosophieprofessor, Prinzenerzieher, ist unter seinen literarischen Zeitgenossen der weltmännische, geistreiche, oft an französischen Vorbildern orientierte *Causeur*. Wenn die Frage, was die deutsche Sprache ihm verdankt, mit einer schrecklich vereinfachenden Formel beantwortet werden muß, so lautet diese: Eleganz, Leichtigkeit und eine Prise Frivolität.

Zu Goethe und Schiller

Gleich nach dem Zweiten Weltkrieg wurde mit den Arbeiten für ein Goethe-Wörterbuch begonnen. Es soll Goethes gesamten Wortschatz erfassen, wie er sich in seinen dichterischen Werken, Tagebüchern, Briefen, Gesprächen, naturwissenschaftlichen Schriften, amtlichen Äußerungen - kurz, in der riesigen Menge von Texten aller Art, die wir von Goethe besitzen, niedergeschlagen hat. Und zwar sollen die Wörter nicht einfach zusammengestellt werden, vielmehr wird jedes in seinem Kontext erscheinen, in (natürlich ausgewählten) Beispielsätzen. 1978 ist der erste Band erschienen (Buchstabe A). Einige Jahrzehnte dürften wohl vergehen, bis dieses Riesenwerk - begonnen als Gemeinschaftsarbeit von Gelehrten der DDR und der Bundesrepublik - abgeschlossen vorliegt. Wer sich einen Eindruck von dem Reichtum der Goetheschen Sprache verschaffen will, braucht nicht die Vollendung des Wörterbuchs abzuwarten, dazu genügt eine eingehende Beschäftigung mit den bisher vorliegenden Teilen.

Der Zahl nach betrachtet ist Goethes Wortschatz um ein Mehrfaches größer als der eines normalen Deutschsprechenden (das Wörterbuch soll etwa 80000 Stichwörter behandeln). Er enthält viele von Goethe neu geprägte Wörter.

Es wäre vermessen, Goethes Bedeutung für die deutsche Sprache mit einigen Sätzen beschreiben zu wollen. Wer seine Werke liest, wird der deutschen Sprache in ihrer höchsten Ausbildung, in ihrer bisher gelungensten Synthese von Freiheit, Tiefe des Gedankens und sprachlicher Kunst begegnen.

Goethes Freund Friedrich Schiller, Kleist, Hölderlin, Kafka haben sprachliche Kunstwerke gleichen Ranges geschaffen, doch Goethe hat in seinem langen Leben (1749-1832) den Kosmos, soweit er dem Menschen zugänglich ist, wohl am umfassendsten »zur Sprache gebracht«.

Die Vollendung

Die Literaturgeschichte hört nicht mit der Klassik auf. Trotzdem breche ich die Darstellung hier ab, denn die Autoren der letztvergangenen 150 Jahre haben zwar der Sprache viele neue Seiten und Möglichkeiten abgewonnen, sie aber nicht in so tiefreichender Weise geformt oder umgeprägt wie Klopstock oder Goethe. Vielmehr darf man die Behauptung wagen, daß die deutsche Schriftsprache mit Goethe und Schiller ihre höchste Entwicklungsstufe erreicht hat (oder hatte?). Goethe selbst empfand wohl so, denn in seinem Todesjahr 1832 schrieb er in einem Brief, die deutsche Sprache habe jetzt einen so hohen Grad der Ausbildung erreicht, »daß einem jeden in die Hand gegeben ist, sich … dem Gegenstande wie der Empfindung gemäß nach seinem Vermögen glücklich auszudrücken«. Bestand da nicht die Gefahr, daß die Mittelmäßigkeit sich dieses nun vollendeten Instruments bemächtigen würde? Das befürchtete wohl Goethe auch schon, als er schrieb, »daß nun jedes mäßige Talent sich der vorliegenden Ausdrücke als gegebener Phrasen mit Bequemlichkeit bedienen kann«.

Gelehrte als Meister der Sprache

Es wäre ungerecht, wollten wir nur die Dichter als Baumeister und Meister unserer Sprache würdigen und andere nicht wenigstens erwähnen: Staatsmänner, Bismarck vor allem, zahlreiche Gelehrte verschiedenster Fächer, Philologen mit Jacob Grimm an der Spitze, Historiker, Juristen, auch Philosophen, in deren Schriften die deutsche Sprache Glanz und Höhe erreicht hat. Von den Philosophen möchte ich Arthur Schopenhauer und Friedrich Nietzsche ausdrücklich nennen.

Ein Streiflicht auf die weitere Entwicklung

Es ist zweifelhaft, ob unsere Sprache seit den Tagen Goethes schöner geworden ist. Sicher ist, daß sie sich seither wesentlich verändert hat.

In den Jahren um 1830 starben die Großen der deutschen Literatur, Philosophie und Musik aus der Zeit ihrer höchsten Blüte; allein binnen fünf Jahren Beethoven (1827), Schubert (28), Clausewitz (31), Hegel (31), Goethe (32). Etwa von da ab greift die industrielle Revolution, in England schon im Gange, mit Macht auf Deutschland über (ob dies ein zufälliges Zusammentreffen ist?). Die Eisenbahn, die Maschine treten ihren Siegeszug an, die Menschen werden in großen Städten zusammengepfercht, tiefgreifende soziale Kämpfe und Veränderungen setzen ein. Sie wirken sich in mannigfacher Weise auf die deutsche Sprache aus.

Ich nenne, unvollständig nur und andeutend, ein paar kennzeichnende Züge aus diesem Wandlungsprozeß.

Presse und Medien

Im Zeitalter der allgemeinen Schulpflicht erreicht die nun entstehende Massenpresse, erreichen später auch die anderen »Medien« (das Wort ist ebenso neu wie die Sache) immer breitere Kreise und schließlich fast die gesamte Bevölkerung. Dadurch gewinnen Schriftsprache und Umgangssprache ein Übergewicht gegenüber der Mundart; bis etwa zur Goethezeit (deren Wortschatz uns schon in mancher Hinsicht fremd zu werden beginnt) war die Mehrzahl der Dorf- und Kleinstadtbewohner - der größere Teil der Bevölkerung - nur während des sonntäglichen Kirchgangs der Hochsprache ausgesetzt.

Umwälzungen

Im Zuge der politischen und sozialen Umwälzungen werden viele neue Wörter gebildet und bürgern sich schnell ein. Schlagworte wie »Kapitalismus«, »Sozialismus«, »Kommunismus«, »Anarchismus«, »Nihilismus«, wie »Streik«, »Klassenkampf«, »liberal« sind Kinder des 19. Jahrhunderts; andere wie »totaler Krieg«, »Eiserner Vorhang«, »Schwarzmarkt«, »Dritte Welt« sind erst in unserem aufgekommen.

Technik

Ebenso stark oder noch stärker ist das Eindringen neuer Wörter aus Technik und Naturwissenschaft in die Alltagssprache. »Elektrizität«, »Eisenbahn«, »Flugzeug«, »Automobil«, »Telefon« entstammen dem 19., »Atomenergie«, »Reaktor« und die zahlreichen Wörter, die die Problematik der »Umwelt« ins Bewußtsein heben (»Waldsterben«, »Saurer Regen«) dem 20. Jahrhundert.

Sport

Neue Wörter aus der Sprache des Sports wie »Spurt«, »Clinch«, »Finish«, »Profi«, »Training«, »Libero«, »Rekord« werden Allgemeingut. Aus der Psychologie kommen »Verdrängung«, »Komplex«, »Motivation«, aus der Sprache der Werbung und der Medien kommen »Slogan«, »Moderator«, »Spot«, »Live-Übertragung«, »Bildschirm«, »Recorder«, »Monitor«, aus der Elektronik »Computer«, »Programmierung«, »Hardware« in die Sprache jedermanns. Die ständig zunehmende Bürokratisierung und »Verrechtlichung« des öffentlichen Lebens bescheren uns viele Neuschöpfungen, darunter nicht wenige Mißgeburten.

Abschleifungsprozesse

Neben dem Anwachsen, ja der Vervielfachung des Wortschatzes ist ein Abschleifen alter Formen, auch ihr Verlust, ein Zug zur Vereinfachung zu beobachten. So kommt z. B. das Dativ-e beim Substantiv außer Gebrauch, man sagt und schreibt »an jenem Tag« (statt »Tage«) oder »er gehorcht meinem Rat« (statt »Rate«). Der Konjunktiv wird immer seltener, man sagt »wenn er offen sprechen würde« (statt »spräche«). Auch das Schluß-e bei der 1. Person Singular wird vielfach weggelassen, man sagt »ich trink keinen Schnaps, ich seh gern Krimis« statt »trinke«, »sehe«; »Krimi« ist übrigens eines der zahlreichen Kurzwörter, die sich in unserer Sprache tummeln. Komposita werden im Übermaß gebildet, darunter so zweifelhafte wie »pflegeleicht«.

Neudeutsch

Morgen werden sich die Krankenhäuser in *Gesundheitszentren* oder *Heilungsresidenzen* oder *Fitness-Oasen* umbenennen. Übermorgen dann werden, nach dem Vorbild von *vollschlank,* die Kranken als *Mattgesunde* aufstehen und wandeln. Die selber bereits reichlich euphemistischen Friedhöfe wird man zu *Ruheparks* umstilisieren. Schon immer wurde das Sterben gern schonend umschrieben … Wie könnte das moderne Wort für den Tod lauten? *Steiflebendigkeit?* Oder *Vitalschwäche?*

Dieter E. Zimmer: Redens Arten, 1986. Buchfassung eines Aufsatzes in der »Zeit«.

Es ist kein Kunststück, im Laufe eines Jahres viele hundert neue Wörter aufzusammeln, vor allem aus der Presse, aus Zeitschriften wie dem »Spiegel«, aus der »Szene«, der »Schickeria«, der Jugendsprache – Wörter, die vorher noch nie gehört wurden. Man weiß nie, welche davon Eintagsfliegen sind.

Ich möchte mit diesen wenigen Hinweisen lediglich meinen Lesern ein wenig die Augen öffnen für die Veränderungen, die sich in der Sprache fast täglich vollziehen, von den meisten Zeitgenossen nicht bewußt wahrgenommen – es ist wohl auch auf diesem Gebiet so, daß für den Diagnostiker, Historiker, Kulturkritiker das, was alle stillschweigend hinnehmen oder schlicht für selbstverständlich halten, mindestens ebenso aufschlußreich ist wie das, was man lautstark diskutiert, propagiert oder bekämpft. Die Entwicklung unserer Sprache seit 150 Jahren und ihre Gefährdung, besonders seit 1945, kann in einem Buch, das Dutzende von Sprachen beschreiben möchte, nicht zu ihrem vollen Recht kommen.

Die deutsche Sprache: Fremde Zuflüsse

Jede Sprache, die wir kennen, ist durch andere Sprachen beeinflußt, ist mit anderen Sprachen vermischt – wie sollte das anders sein bei der Sprache der Deutschen, die ringsum von Nachbarn anderer Zunge umgeben sind?

Fremde Einflüsse können auch den Bautyp, die Grammatik, den Satzbau einer Sprache verändern. In dieser kurzen Übersicht möchte ich mich auf den Wortschatz beschränken.

Lehnwörter

Es gibt verschiedene Möglichkeiten für die Art, wie fremde Wörter in eine Sprache übernommen werden. Ein Volk lernt bei einem anderen eine Sache, einen Begriff, eine Institution kennen, übernimmt sie und dazu die Bezeichnung aus der fremden Sprache. Das übernommene Wort kann sich in Gestalt, Aussprache, Schreibung der neuen Sprachheimat so vollständig angleichen, daß es überhaupt nicht mehr als fremd empfunden wird, daß höchstens noch die Sprachgelehrten um seine fremde Herkunft wissen. So sind zahlreiche Wörter aus dem Lateinischen von den germanischen Stämmen übernommen und anverwandelt worden. Wer denkt heute daran, daß »Schule« (<lat. *schola*), »Probe« (<mittellat. *proba*), »Tisch« (<lat. *discus* »Teller, Scheibe, Platte«) einmal »fremde« Wörter waren? Solche eingedeutschten Wörter, die sich auch in Aussprache und grammatischer Behandlung vollständig nach den entsprechenden Regeln der deutschen Sprache richten, nennt man *Lehnwörter.* Ist so weitgehende Angleichung nicht eingetreten (oder erst auf halbem

Wege), spricht man von *Fremdwörtern*. Einfache Beispiele sind »Philosophie« (griech.), »Operation« (lat.), »Sergeant« (frz.), »Spaghetti« (ital.), »Jeans« (engl.).

Nachbildungen

In anderen Fällen gelingt es, ein Wort einer anderen Sprache mit Bildungsmitteln der eigenen Sprache perfekt nachzubilden. So wird aus frz. *demi-monde* dt. »Halbwelt«, aus lat. *compassio* dt. »Mitleid«. In solchen Fällen spricht man von *Lehnübersetzung*. Im Unterschied dazu liegt eine *freie Nachbildung* vor, wenn ein eigenes Wort sich als Ersatz für ein fremdes einbürgert, ohne diesem nachgebildet zu sein. So kann »Automobil« durch »Kraftwagen«, »Billett« durch »Eintrittskarte«, »Passagier« durch »Fahrgast« ersetzt werden.

Was die deutsche Sprache alles dem Lateinischen und dem Griechischen verdankt, habe ich schon bei der Behandlung dieser Sprachen angedeutet. Ich gehe hier nicht noch einmal darauf ein, erst recht nicht auf die Frage, ob die so übernommenen Wörter möglicherweise gar keine »echten« lateinischen oder griechischen darstellen, sondern in diese Sprachen wiederum von außen hineingelangt waren. Ich möchte aber darauf hinweisen, daß die germanischen Stämme, bevor aus deren Sprache das Deutsche hervorgewachsen ist, schon eine Menge lateinischen Wortgutes aufgenommen hatten, so daß die Basis des Deutschen schon mit lateinischen Bestandteilen durchsetzt ist.

Frühe Übernahmen

Die Übernahmen jener frühen Zeit konzentrieren sich auf bestimmte Lebensbereiche. Einige möchte ich nennen und mit Beispielen belegen.

Blicken wir zuerst auf den Bereich von Haus und Hof, von Familien- und Arbeitsleben. Es kann nicht verwundern, daß die Grundbegriffe des Weinbaus, den die Germanen erst durch die Römer kennenlernten, überwiegend auf lateinische Wörter zurückgehen. Die Herkunft dieser uralten Lehnwörter ist dem heutigen Sprecher nicht mehr bewußt. Wenn er den »Kelch« (<lat. *calix*, Genitiv *calicis*) erhebt, um »Wein« (<lat. *vinum*) oder auch »Most« (<lat. *vinum mustum*) zu trinken, der zuvor beim »Winzer« (<lat. *vinitor*) durch die »Kelter« (<lat. *calcatura*) gegangen und durch einen »Trichter« (<lat. *tractarius*) abgefüllt worden ist – er ahnt kaum, daß er sich hier ganz nach Art der alten Römer und in ihrer Sprache »delektiert« (lat. *delectare*, eine spätere Übernahme).

Im Gartenbau sind u.a. die »Kirsche« (<lat. *ceresia*)

und die »Pflaume« (<lat. *prunum*) römischer Herkunft, von den Kräutern die »Minze« (<lat. *menta*), vom Gemüse der »Kohl« (<lat. *caulis*), »Rettich« und »Radieschen« (<lat. *radix*, Gen. *radicis*).

Viele Bezeichnungen aus dem Bauwesen sind lateinischer Herkunft, denn die Germanen lernten den Steinbau erst von den Römern: »Mauer« (<lat. *murus*), »Keller« (<lat. *cellarium*), »Pfeiler« (<mittellat. *pilarium*), »Fenster« (<lat. *fenestra*), »Ziegel« (<lat. *tegula*), »Pflaster« (<lat. *plastrum*), »Straße« (<lat. *via strata* »gepflasterte Straße«).

In der Küche finden wir lateinisches Erbe u.a. in diesem Wort selbst (<lat. *coquina*), »Kessel« (<lat. *catinus*, Verkleinerungsform *catillus*), »Schüssel« (<lat. *scutella*).

Auch im Handel sind zentrale Begriffe von den Römern entlehnt: der »Kaufmann« selbst (<lat. *caupo* »Schankwirt, Händler mit Eßwaren«), die »Münze« (<lat. *moneta*), das »Pfund« (<lat. *pondo*).

Seltener sind Entlehnungen im Militärwesen; aber immerhin ist ein von vielen als »urgermanisch« empfundenes Wort wie »Kampf« vom lat. *campus* (Schlachtfeld) abgeleitet.

Mittelalter

In althochdeutscher Zeit, als sich das geistige Leben in den Klöstern konzentrierte, sind viele Wörter aus diesem Lebensbereich zu uns gekommen. So »Abt« und »Nonne« und natürlich »Kloster« selbst (von *claustrum* »Schloß, Riegel, verschlossener Raum«); im Zusammenhang mit den Klosterschulen Ausdrücke wie »Schule«, »Tinte«, »Tafel«, »Brief«. In dieser Zeit wurden auch geglückte Lehnübersetzungen geschaffen wie etwa »Gewissen« für *conscientia* (eine genaue Nachbildung), »geistlich« für *spiritualis*. In die mittelhochdeutsche Zeit fallen die Kreuzzüge und die Blüte des Rittertums. In dieser Periode sind viele Wörter aus dem Französischen übernommen worden. Beim Blick auf das Ursprungswort müssen wir beachten, daß es sich um das Altfranzösische jener fernen Zeit handelt. Beispiele: »Abenteuer« (<altfrz. *aventure*), »Lanze« (<*lance*), »Banner« (<*bannière;* das Wort war allerdings früher aus dem Westgermanischen ins Romanische gelangt; »Banner« war im 18. Jahrhundert veraltet; 1801 hat es Schiller in der »Jungfrau von Orléans« wieder belebt; »Panier« ist mit »Banner« verwandt), »Flöte« (<*flaüte*, ursprünglich ein provenzalisches Wort). Manche Wörter wurden in jener Zeit übernommen, die vorher aus dem Germanischen in den fränkisch-französischen Bereich gekommen waren, so »Harnisch« und »Seneschall«. Die Endung »-ieren« für Verben drang damals aus dem Französischen ins Deutsche ein und ist bis heute lebendig und fruchtbar, hat allerdings in manchen Wörtern einen Beigeschmack des Fremdartigen und Gekünstelten bis heute behalten.

Französischem Einfluß ist es auch zuzuschreiben, daß in diesem ritterlichen Zeitalter neben die altdeutsche Anrede mit »du« die distanziertere Form mit »ihr« tritt (damals *ir* geschrieben), die dann im 17. Jahrhundert durch »Sie« ersetzt wurde; heute ist in der jüngeren Generation eine allgemeine Nivellierung zum »du« hin zu beobachten – ein sprachliches Phänomen, in dem sich ein gesellschaftlicher Wandel anzeigt.

Kreuzzüge

Das Zeitalter der Kreuzzüge bringt auch Entlehnungen aus entlegeneren Sprachen mit sich. Aus dem Persischen haben wir »Schach«, aus dem Arabischen u.a. »Zucker«, aus dem Italienischen »spazieren« übernommen. Andererseits führt die vordringende deutsche Ostkolonisation nicht nur zu starkem Einfluß des Deutschen auf osteuropäische Sprachen (darüber sprechen wir hier nicht), sondern auch zu Übernahmen aus diesen ins Deutsche. »Grenze« kommt aus dem Polnischen, »Dolmetsch« über das Ungarische aus dem Türkischen. Der Name »Zeisig« geht auf den tschechischen, »Stieglitz« auf den slowenischen Namen des Vogels zurück.

Die Übernahmen aus dem Lateinischen laufen durch all die Jahrhunderte weiter. Als Beispiel aus dem kirchlichen Leben: »Orden«, »Kardinal«; aus dem staatlichen: »Majestät«, »Zepter«; aus dem Schulwesen: »Aula«, »Pult«; aus Medizin und Pharmazie: »Körper«, »Puls«, »Baldrian«. Dazu kommen weitere Lehnübersetzungen, z.B. »Überfluß« für *abundantia*, »Fegefeuer« für *ignis purgatorius*.

Neuere Übernahmen

Mit der wachsenden Verselbständigung des Niederländischen im 14. und 15. Jahrhundert wird diese Sprache nun auch zur Quelle von Lehnwörtern. Seit dieser Zeit sind »Kante«, »Plakat«, »Stoff«, »Karotte« u.v.a. im Deutschen heimisch geworden.

Französisch

Dem Französischen des 17. Jahrhunderts entstammen »Truppe«, »Garde«, »Appetit«, »Audienz«; dem Italienischen zahlreiche Ausdrücke des Geld- und Bankwesens, in dem die Italiener damals führend waren: das Wort »Bank« selbst, »Giro«, »Konto«, »netto« und »brutto«, »Risiko«, »Kredit«, »Bilanz«. Auch zur seemännischen Sprache hat das Italienische beigesteuert: »Kompaß«, »Fregatte«, »Havarie«. Die Soldatensprache übernimmt viele romanische Wörter, ohne daß immer feststellbar ist, ob sie aus dem Französischen, Spanischen, Italienischen gekommen sind. Dies gilt für »Kanone«, »Granate«, »Alarm«, »Kommando«, »Brigade«, »Kartusche«, »Garnison«, »Leutnant«.

Durch romanische, vorwiegend italienische Vermittlung erwirbt die deutsche Sprache arabische Wörter wie »Alkohol«, »Lack«, »Matratze«.

Italienisch Der italienische Einfluß bleibt weiterhin spürbar im 17. Jahrhundert, als u.a. zahlreiche musikalische Fachausdrücke ins Deutsche übernommen werden: »Viola«, »Violine«, »Violoncello«, vor allem auch fast sämtliche Vortragsbezeichnungen: »adagio«, »lento«, »presto«, »andante«, »largo«, »forte«, »piano«.

Englisch Das Englische hat bis 1700 wenig Einfluß auf das Deutsche gehabt. Wörter der Seemanns- und der Kaufmannssprache hat es geliefert. Vom 19. Jahrhundert an strömt eine Fülle englischer Wörter ein, die mit dem Sport zu tun haben: das Wort »Sport« selbst, dazu u.a.: »Training«, »Start«, »Jockey«, »Hockey«, »Match«, »fair«. Ferner wird England jetzt tonangebend in Gesellschaft und Mode, und so übernehmen die Deutschen Wörter wie »Gentleman«, »flirten«, »Dandy«, »Cut«, »Ulster«, »Raglan«, »Pullover«. Das weltumspannende englische Kolonialreich hat Wörter aus exotischen Sprachen ins Englische gelangen lassen, die nun von dort ins Deutsche kommen: »Punsch« aus dem Indischen (wegen der fünf Zutaten), »Pyjama«, »Dschungel« ebenso; andere wie »Khaki« und »Schal« aus dem Persischen. Das Niederländische bereichert weiterhin die Sprache der Seefahrt mit Wörtern wie »Kai«, »Küste«, »bugsieren«, »baggern«.

Exotisch Die exotischen Einsprengsel ins Deutsche entstammen so vielen Sprachen, daß man sie kaum alle aufzählen kann. Nur einige Beispiele: Den Arabern verdanken wir »Gamasche«, »Sofa«, »Razzia«; den Türken »Kaviar« und »Joghurt«; aus einheimischen Sprachen Altamerikas kommen

»Tabak«, »Kautschuk«, »Kanu«, »Tomate«, »Schokolade«, »Mahagoni«, »Zigarre«; aus afrikanischen Sprachen »Gnu«, »Schimpanse«, »Zebra«; aus Australien »Känguruh«, aus Japan »Bonze« und »Harakiri«.

Überfremdung und Gegenwehr

Zeitweilig haben sich fremde Wörter in so mächtigem Strom nach Deutschland hinein ergossen, daß man fürchten mußte, die Sprache werde durch Überfremdung ihre Eigenart verlieren. Dagegen haben viele bedeutende Männer angekämpft, die dann als »Puristen« verschrien und lächerlich gemacht wurden. So hat sich sogar Goethe über den Sprachreiniger J. H. Campe lustig gemacht, der um 1800 für viele Fremdwörter Verdeutschungen suchte und vorschlug. Im Laufe der Zeit haben viele seiner kühnen und geschickten Neubildungen sich eingebürgert. Campe setzte für die »Guillotine« das »Fallbeil«, für das »Rendezvous« das »Stelldichein«, für den »Supplikanten« den »Bittsteller«; er hat die deutsche »Umgangssprache« (auch dieses Wort hat er geschaffen) reicher und schöner gemacht. Romantik und wachsendes Nationalgefühl brachten eine Rückbesinnung auf die eigene Vergangenheit und die angestammte Sprache. So wurden halb oder ganz vergessene alte deutsche Wörter wie »Minne«, »Fehde«, »Recke«, »Kür« wiederbelebt. Auch Richard Wagner hat in dieser Richtung gewirkt.

Heutiger Bestand

Sprachgebiet

Das Deutsche ist Amts- und Verkehrssprache in der Bundesrepublik Deutschland, in Österreich, in den deutschsprachigen Teilen der Schweiz und in Liechtenstein sowie neben dem Italienischen in Südtirol.

Das geschlossene deutsche Sprachgebiet ist damit grob bezeichnet. Sieht man genauer zu, deckt sich die Sprachgrenze streckenweise mit den politischen Grenzen, auf große Strecken hin aber nicht.

Norden

Im Norden fällt die deutsch-dänische Staatsgrenze bis auf kleine Minderheiten mit der Sprachgrenze zusammen, ebenso im Westen gegen die Niederlande und Belgien, hier mit Ausnahme des Gebiets von Eupen-Malmedy, das seit dem Versailler Vertrag zu Belgien gehört, aber deutschsprechende Bevölkerung hat. Luxemburg gehört historisch zum deutschen Sprachgebiet; Umgangssprache ist überwiegend ein moselfränkischer Dialekt. Amtssprachen sind Französisch, Deutsch und Letzeburgisch; in den Schulen wird sowohl deutsch wie französisch unterrichtet.

Westen und Süden Gegenüber dem Französischen ist das Deutsche seit Jahrhunderten im Zurückweichen. In Lothringen - seit 1918 (wieder) zu Frankreich gehörend - gibt es noch eine kleinere, im Elsaß eine beträchtliche Zahl deutschsprechender Bürger. In der Schweiz grenzt das Deutsche zunächst ans französische Sprachgebiet (Bern, Biel, Freiburg), dann ans italienische und rätoromanische. Die Kantone Wallis und Graubünden sind zwei- oder dreisprachig. Im Süden deckt sich die deutsche Sprachgrenze im großen und ganzen mit der Südgrenze der Republik Österreich, doch gehört das 1918 zu Italien geschlagene Südtirol zum deutschen Sprachgebiet (heute offiziell zweisprachig), während andererseits in Kärnten eine kleine slowenische, im Burgenland eine kroatische Minderheit leben.

Osten Im Osten ist infolge der Vertreibungen nach 1945 alles Land jenseits der Grenzen Deutschlands und Österreichs heute fremdes (tschechisches, polnisches) Sprachgebiet, doch sind, teils aus dem früheren deutschen Sprachgebiet, teils aus bedeutenden geschlossenen Sprachinseln in Böhmen, Polen (hauptsächlich Schlesien), in Rumänien (hauptsächlich Siebenbürgen) und in der bisherigen UdSSR, viele Deutsche zurückgeblieben, deren Zahl auf drei Millionen geschätzt wird.

Außerhalb Europas haben deutsche Kolonisten ihre Sprache bewahrt in Teilen der USA (Pennsylvanien), in Südamerika (bes. Chile, Südbrasilien), im ehemaligen Deutsch-Südwest-Afrika.

Grob gesprochen hat das Deutsche sich ein Jahrtausend lang immer weiter nach Osten ausgedehnt; das so gewonnene Sprachgebiet ist mit dem Verlust des durch Hitler vom Zaun gebrochenen Weltkrieges zum überwiegenden Teil wieder verlorengegangen. Im Westen hat das Deutsche durch die Verselbständigung des Niederländischen und das Vordringen des Französischen starke Einbußen erlitten.

Wortschatz Die Frage, wieviel Wörter eine Sprache hat, ist ebenso wenig eindeutig zu beantworten wie die Frage, wieviel Sprachen es auf der Erde gibt. Die Antwort hängt u.a. davon ab,

1. ob man jede Beugungsform eines Wortes - z.B. »schlagen, schlage, schlägst, geschlagen, schlug, schlüge« usw. - als eigenes Wort zählt oder nicht;

2. wie man Zusammensetzungen (Komposita) erfaßt und zählt - bei der Komponierfreudigkeit des Deutschen, das täglich neue Bildungen zuläßt und auch hervorbringt, gibt es hier keine feste Grenze;

3. wie man den eigenen Wortschatz der Dialekte ausgliedert oder mitzählt - auch hier gibt es nur fließende Grenzen (»Kappes«, »Kren«, »Obers«: Mundart oder regionale Varianten der Hochsprache?);

4. wieweit man die möglicherweise vergänglichen Neubildungen, die fast täglich hervorsprießen, erfassen soll (und kann);

5. - und dies ist heute vielleicht das am schwersten wiegende Abgrenzungsproblem -, wieweit man den Wortschatz der Fachsprachen mitrechnen soll. Hier ist zu beachten, daß Wörter aus Fachsprachen ohne Unterlaß in die Umgangssprache eindringen, etwa aus dem Sport: »Endspurt«, »Handikap«, »Clinch«; aus Werbung und Medien: »Schlagzeile«, »Aufmacher«, »Moderator«, »Talkshow«, »Live-Sendung«; aus der Technik, besonders der Elektronik: »Video-Recorder«, »Bandbreite«, »Hardware«; aus der Psychologie: »Fehlleistung«, »Minderwertigkeitskomplex«, »Verdrängung«. Weite Teile der Fachsprachen, etwa die riesig ausgedehnte Terminologie der Botanik, Zoologie, Chemie, bleiben dagegen dem Nichtfachmann fast völlig unbekannt.

Zahlenangaben

Als Anhalt mögen folgende Zahlen dienen: Ein einfacher Bürger kommt im täglichen Leben mit wenigen tausend Wörtern aus. Ein Gebildeter, beispielsweise ein Gelehrter oder Schriftsteller, kann mehrere zehntausend Wörter benutzen (aktiver Wortschatz) und sehr viel mehr verstehen, wenn sie ihm begegnen (passiver Wortschatz). Große Wörterbücher, seien es einsprachige Wörterbücher des Deutschen, seien es zweisprachige Wörterbücher (Deutsch-Englisch usw.), weisen 100000 bis 200000 Wörter nach - wobei alte, heute untergegangene Wörter großenteils ausgelassen sind, soweit sie nicht in der heute noch von vielen gelesenen klassischen Literatur eine Rolle spielen. Der Wortschatz der Fachsprachen erreicht zusammengenommen eine Größenordnung von Millionen.

Regionale Gliederung: Mundarten

Auch heute, im Zeitalter der Massenmedien, erscheint das deutsche Sprachgebiet dem, der auf die gesprochenen Dialekte hört, als ein bunter Teppich, ein vielfältiges, kaum überblickbares Muster von weiträumigen Dialektgruppen und lokalen Spracheigentümlichkeiten, die fast von Dorf zu Dorf verschieden sind. Geschichtlich sind die heutigen Dialekte abzuleiten aus den Dialekten der germanischen Stämme in der Völkerwanderungszeit und den darauf beruhenden Mundarten, die schon das Althochdeutsche aufweist; doch sind das ursprüngliche Bild und die räumliche Verteilung stark verändert durch Faktoren wie Binnenwanderung, Ostkolonisation, gegenseitige Beeinflussung, Ausstrahlung wirkungskräftiger Zentren. Das einschneidendste Ereignis in der Mundartgeschichte ist allerdings die zweite (altdeutsche) Lautverschiebung. Seit diesem Ereignis haben wir (wie schon beim Althochdeutschen bemerkt) die Hauptgliederung in drei in West-Ost-Richtung verlaufende Gürtel: im Norden das *Niederdeutsche* – das von der Lautverschiebung nicht oder kaum berührt wurde; im Süden das *Oberdeutsche*, in dem sie sich mehr oder weniger voll durchgesetzt hat, dazwischen das *Mitteldeutsche*, in dem sie teilweise wirksam gewesen ist. Ober- und mitteldeutsche faßt man als hochdeutsche Dialekte zusammen – ein Sprachgebrauch, der den Laien irritieren kann, der unter »Hochdeutsch« die Schriftsprache versteht.

Drei Gürtel

Die Grenze zwischen Niederdeutsch und Mitteldeutsch bildet eine Linie, die (wenn man das alte Reichsgebiet von 1938 zugrundelegt) ungefähr von Düsseldorf über Siegen, Göttingen, Quedlinburg verläuft, dann einen Bogen nördlich um Berlin herum schlägt (das dann zum mitteldeutschen Bereich gehört – für manche Forscher aber zum niederdeutschen) und weiter über Landsberg, Thorn zur Südgrenze Ostpreußens. Die Grenze zwischen Mittel- und Oberdeutsch verläuft etwa von Karlsruhe nach Ellwangen, biegt dann nach Nordosten, läuft östlich an Nürnberg vorbei nach Hof, von da wieder ostwärts Richtung Karlsbad.

Die Kluft zwischen dem gesprochenen Dialekt und der Schriftsprache ist naturgemäß am größten beim Niederdeutschen, weil die Schriftsprache auf mittel- und oberdeutschen Grundlagen ruht (und insofern zu Recht »Hochdeutsch« genannt werden darf).

Obwohl die Mundartforschung ein höchst lebendiger und interessanter Zweig der Sprachforschung ist, kann ich sie in diesem Rahmen doch nur streifen, und wenn ich dabei von Regionen und ihren Grenzen spreche, muß das immer mit einem Körnchen Salz verstanden werden. Der Mundartforscher, wenn er sich »im Felde«, in der Landschaft, unter den Menschen bewegt und ihre Sprechweise belauscht und aufzeichnet, geht in der Regel von einzelnen Wörtern oder deren besonderer Aussprache aus, wie sie für eine Mundart kennzeichnend sind, etwa von dem Wort »Pfinztag« (bairisch für »Donnerstag«), von »Jause« (österreichisch für »Vesper«) oder von der Scheidelinie zwischen »Dorf« und »Dorp« usw. Verbindet man auf der Landkarte alle Orte, in denen eine bestimmte Eigentümlichkeit zuhause ist, so entsteht eine *Isoglosse* genannte Linie. Die Isoglosse für fast jede beobachtete Eigenheit verläuft etwas anders als andere. Die Isoglossen verlaufen aber doch nicht chaotisch durcheinander, sondern in Bündeln, lassen also eine Großgliederung erkennen. Es ist ähnlich wie bei Isothermen, Isobaren und anderen Linien in der Meteorologie (abgesehen davon, daß diese schnell wandern): überall nur fließende Übergänge, und doch zeigt die Wetterkarte insgesamt deutlich zu scheidende Zonen.

Grob gesprochen lassen sich folgende Dialekte unterscheiden:

Niederdeutsch

Im niederdeutschen Gürtel am weitesten westlich das *Niederfränkische,* das Basis der niederländischen Schriftsprache geworden ist, aber nicht etwa mit dieser zusammenfällt. Es umfaßt die Hälfte Belgiens (flämisch) und reicht auch ziemlich weit ins deutsche Staatsgebiet hinein. Im Osten schließt sich an das *Westniederdeutsche,* unterteilt in *Niedersächsisch* (Bremen, Hamburg), *Westfälisch* (Münster, Dortmund) und *Ostfälisch* (Hannover, Magdeburg). Das *Ostniederdeutsche* zieht in verschiedenen Ausprägungen durch Mecklenburg, die Mark Brandenburg, Pommern und (ehemals) weiter nach Osten.

Mitteldeutsch

Der mitteldeutsche Gürtel umfaßt im Westen mehrere Spielarten des *Fränkischen:* das *Mittelfränkische,* unterteilt in *Ripuarisch* (Köln) und *Moselfränkisch* (Trier), und das *Rheinfränkische,* unterteilt in *Rheinpfälzisch* (Pfalz, Saarland, Mainz) und *Hessisch* (Fulda, Frankfurt). Nach Osten schließen sich *Thüringisch* und *Obersächsisch* an; und jenseits der Neiße beginnt – begann – der Bereich des *Schlesischen.*

Oberdeutsch

Der oberdeutsche Gürtel beginnt im Westen mit dem Bereich des *Alemannischen* (Elsaß, Südbaden, deutschsprachige Schweiz, Vorarlberg), in sich dreigegliedert von Norden nach Süden in *Niederalemannisch, Hochaleman-*

nisch und *Höchstalemannisch* - dieser Zweig, zuhause hauptsächlich im Wallis und in Graubünden, gilt als altertümlichste deutsche Mundart. Nach Osten zu folgt das *Schwäbische,* das bis zum Lech herrscht und manchmal mit dem Alemannischen zu einer Großgruppe zusammengefaßt wird. Nördlich grenzen an das *Südrheinfränkische* (Heilbronn) und das *Ostfränkische* (Würzburg, Bamberg). Der ganze Ostteil des oberdeutschen Gürtels wird vom *Bairischen* beherrscht, das von Ober- und Niederbayern sowie Tirol bis an die Grenzen Österreichs im Osten reicht, das darüber hinaus untergehende deutsche Sprachinseln im Osten und Südosten einschloß.

Schicksal der Mundarten

Trotz des Zustroms von Millionen Heimatvertriebenen aus dem Osten und Südosten des ehemaligen deutschen Sprachgebiets sind die früher dort - vor allem im Baltikum, in Ostpreußen und Danzig, in Schlesien, dem Sudetenland, in Siebenbürgen und dem Banat - gesprochenen Mundarten zum Untergang verurteilt. Die Generation der Vertriebenen hat zwar die angestammte Mundart beibehalten; ihre Kinder aber, die in Hessen, Franken, Bayern usw. aufwachsen, nehmen die Sprechweise der neuen Umgebung an und gehen sprachlich in dieser auf.

Gehen die Mundarten allgemein dem Untergang entgegen, tritt an ihre Stelle infolge Mobilität, Einwirkung der Medien u. a. ein mehr oder weniger einheitliches, höchstens noch nach Bildungsschichten und Generationen differenziertes Medium? Der Untergang der Mundarten ist schon öfters prophezeit worden. Es sieht so aus, als ob sie sich zwar verändern, aber doch lebendig bleiben.

Vertikale Gliederung: Sprachschichten, Schichtsprachen

Wie in jeder Kultursprache kann man auch im heutigen Deutschen eine »gehobene« Sprachschicht erkennen, die sich in Drama, Gedicht, Predigt, Festansprache zeigt. Zwischen ihr und der Sprache des täglichen Lebens, der »Umgangssprache«, liegt eine Zwischenschicht, die sich erkennen läßt im Essay, Leitartikel, im wissenschaftlichen oder populärwissenschaftlichen Vortrag, im Vorbringen vor Gericht, bei den professionellen Sprechern in Funk und Fernsehen - man könnte sie »gehobene Umgangssprache« nennen. Unterhalb der noch am Schriftdeutsch orientierten Umgangssprache beginnt der Übergang zum Dialekt. Die mündliche Sprache fast jedes Deutschen ist durch den Dialekt seiner Heimat gefärbt, auch dann, wenn er diesen Dialekt weder gesprochen hat noch spricht.

Nicht in ein solches Schichtschema einzuordnen sind die traditionellen Sondersprachen etwa der Bergleute, der Seeleute, der Jäger. An Bedeutung werden sie heute durch die neu aufgekommenen Fachsprachen weit übertroffen.

Nicht in eine »vertikale« (d.h. soziale) Gliederung einzuordnen ist das Aufkommen einer Jugendsprache, mit der sich eine heranwachsende Generation eigene Ausdrucksmöglichkeiten schafft und zugleich gegen Ältere abgrenzt.

Heutiges Deutsch: Trends und Probleme

In diesem Schlußabschnitt will ich auf einige Tendenzen in der neuesten Entwicklung der deutschen Sprache aufmerksam machen, auch bedenkliche und gefährliche, ohne wesentlich mehr geben zu können als Stichworte und vielleicht Denkanstöße - denn das Thema könnte ein eigenes Buch füllen und wäre das auch wert.

Amputation am Sprachkörper

An die Spitze möchte ich die Tatsache stellen, daß 1945 mit dem Verlust wesentlicher Teile des deutschen Sprachgebiets nicht einfach eine regionale Verkleinerung eingetreten ist; eher kann man den Vorgang mit einer mehrfachen Amputation vergleichen. Noch immer gilt - vielleicht gegen frühere Zeiten etwas abgeschwächt -, daß die Mundarten die lebendigen Quellflüsse sind, die den Hauptstrom der Gemeinsprache speisen und erneuern. Daß so geprägte, traditionsreiche Zweige der deutschen Sprache wie das Baltendeutsche, das Ostpreußische, Pommersche, Schlesische, die Sprache der Siebenbürger, Banater, Egerländer Deutschen in Kürze (mit dem Aussterben der ältesten »Heimatvertriebenen«) tot sein werden - niemand kann die Folgen berechnen, aber daß sie einen nicht wiedergutzumachenden Schaden und Verlust bedeuten, scheint unbestreitbar.

Rangverlust des Deutschen

Mit dem Ende des Zweiten Weltkrieges hat die einstige Weltgeltung des Deutschen als Sprache der Philosophie, großer Dichtung und vor allem als Sprache der Wissenschaft einen empfindlichen, kaum mehr aufzuholenden Rückschlag erlitten. Sieht man genauer zu, so wird klar, daß dieser Rückschlag nicht nur auf den verlorenen Krieg zurückgeht, sondern auch auf den Antisemitismus, der eine Elite führender Gelehrter und Schriftsteller in die Emigration zwang; daneben auf die ideologische Intoleranz des nationalsozialistischen Regimes, die auch nichtjüdische Intellektuelle in die äußere oder innere Emigration trieb und ihrer Wirkungsmöglichkeit beraubte. Die Erschütterung des deutschen Ansehens durch das Bekanntwerden der nationalsozialistischen Greueltaten kam hinzu. Zwar wird Deutsch auch heute, u. a. in Osteuropa und in China, vielfach von jungen Menschen gelernt, deren Pläne und Hoffnungen auf wissenschaftliches Arbeiten zielen; das Englische hat auf jeden Fall den ersten Rang als Sprache der Wissenschaft inne, von dem es auf absehbare Zeit kaum verdrängt werden wird. Zunehmend werden naturwissenschaftliche Publikationen deutscher Naturwissenschaftler gleich in englischer Sprache geschrieben und gedruckt.

Gefährdete Einheit

Die Teilung des 1945 gebliebenen Rumpfdeutschland in zwei Staaten, die grundverschiedene Gesellschaftssysteme aufwiesen und einander feindlichen Blöcken angehörten, hatte Auswirkungen auf die Sprache. Während in der Bundesrepublik ein starker, überstarker Einfluß des amerikanischen Englisch zu bemerken ist, blieb in der DDR der direkte Einfluß des Russischen, etwa in Form von Entlehnungen, gering, doch durchdrang die marxistische Ideologie das ganze tägliche Leben, ebenso die Literatur - und damit die Sprache. Neue Wörter kamen auf, viele Abkürzungen darunter, ältere wurden mit verändertem Inhalt erfüllt. Das Wörterbuch der deutschen Gegenwartssprache, eine beachtliche wissenschaftliche Leistung, bekannte sich als erstes Wörterbuch, das konsequent auf dem Boden der marxistisch-leninistischen Weltanschauung stand. Entsprechend eingefärbt waren Artikel über politische Schlüsselbegriffe wie etwa »Freiheit«, »Demokratie«, »Grundrechte«, »Gewerkschaft«. Im ganzen hat jedoch die deutsche Teilung die Einheit der deutschen Sprache nicht zerstören können.

Rechtschreibreform

Die Normen der deutschen Rechtschreibung, wie sie seit Bismarcks Reichsgründung, u. a. auf Betreiben Konrad Dudens, entwickelt und 1901 durch eine Vereinbarung zwischen Österreich-Ungarn, der Schweiz und dem Deutschen Reich in Kraft gesetzt worden sind, gelten in den deutschsprachigen Ländern im wesentlichen bis heute. Duden und andere Urheber jener Regelung hielten sie nur für einen ersten Schritt auf dem Weg zu einer besseren und einfacheren Rechtschreibung. Fast ein Jahrhundert lang ist über weitere Reformschritte diskutiert worden. 1996 ist unter den deutschsprachigen Ländern eine maßvolle Reform vereinbart worden, die ab 1998/99 in den Schulen und in den Medien zugrunde gelegt wird.

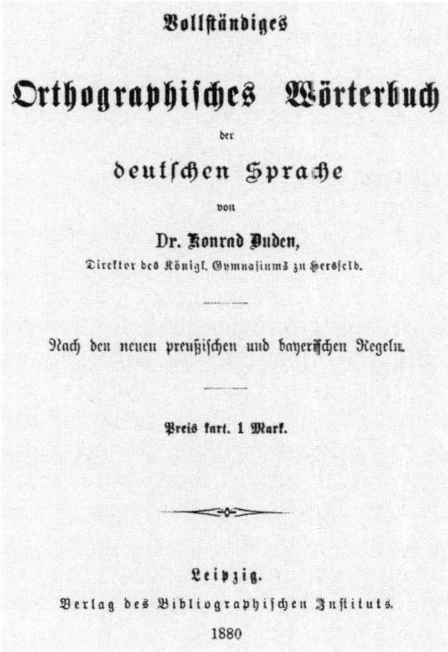
Vollständiges

Orthographisches Wörterbuch

der

deutschen Sprache

von

Dr. Konrad Duden,

Direktor des Königl. Gymnasiums zu Hersfeld.

Nach den neuen preußischen und bayerischen Regeln.

Preis kart. 1 Mark.

Leipzig.

Verlag des Bibliographischen Instituts.

1880

Der »Ur-Duden«: Titelblatt des bescheidenen ersten »Orthographischen Wörterbuchs« von Konrad Duden (1880), das nur knapp 200 Seiten hatte.

Großschreibung

Im Mittelpunkt der Reformdiskussion stand die deutsche Gepflogenheit, außer Satzanfängen und Eigennamen auch Substantive sowie als Substantive fungierende andere Wortarten (»das Ich«, »die Sieben«, »das eben Gesagte«, »ein helles Grün«) mit großen Anfangsbuchstaben zu schreiben – eine Eigenart des Deutschen, die sich seit der Zeit Martin Luthers herausgebildet hat. Die jetzt in Kraft gesetzte Reform hält am Prinzip »Substantive groß« fest, gestaltet aber die Regeln einfacher und folgerichtiger. Das zum Teil hiermit zusammenhängende Problem der Getrennt- oder Zusammenschreibung ist ebenfalls neu geregelt; der Grundsatz lautet: »im Zweifel getrennt«. Vereinfacht wurden zudem verschiedene Laut-Buchstaben-Zuordnungen wie zum Beispiel die allgemeine Gültigkeit des Stammprinzips (»Band« – »Bändel«; »Schnauze« – »schnäuzen«), der Gebrauch von ss und ß (»dass«, »Kuss«, aber: »Gruß«, »Straße«) sowie die Regeln für Kommasetzung, Silbentrennung am Zeilenende und die Schreibung von Fremdwörtern. Es ist zu hoffen, daß der Kompromiß zwischen den Forderungen nach radikaleren Reformen (insbesondere Kleinschreibung und durchgängige Ersetzung von ß durch ss) und den beharrenden Kräften für Jahrzehnte Bestand hat. Für Schulen, Verlage und Behörden bringt die Reform trotz ihres gemäßigten Charakters wesentliche Aufwendungen mit sich.

Laut und Schrift

Viel weiter gehen Forderungen, die auf ein grundsätzlich anderes Verhältnis zwischen Laut und Schrift (Phonem und Graphem) zielen. Hier wäre u. a. zu denken an eine Abschaffung des v (neben f und w überflüssig), des x (Ersetzung durch ks, cks oder chs), des q (Ersetzung durch kw), Ersetzung der Buchstabenkombinationen sch und ch durch neue Zeichen; folgerichtige Kennzeichnung der langen Vokale, die jetzt mal durch Vokalverdoppelung (»Moor«, »Waage«), mal durch Dehnungs-e (»Wiese«), mal durch Dehnungs-h (»Hohn«, »Bühne«) und mal gar nicht erfolgt (»war«, »wir«, »Los«, »Mal«). Diese Andeutungen reichen aus, um deutlich zu machen, daß eine Reform dieser Art die geschriebene Sprache fast bis zur Unkenntlichkeit verändern könnte. Eine so weitgehende Umgestaltung dürfte auch auf längere Sicht in der Sprachgemeinschaft nicht durchzusetzen sein.

Überfremdung

Die führende Stellung der USA unter den Siegermächten des Zweiten Weltkrieges, ihre wirtschaftliche und technische Führungsrolle, der schnelle Wandel von Anschauungen und Gewohnheiten im Verhältnis der Geschlechter, der Generationen, das Aufkommen neuer »Subkulturen« unter jungen Menschen - dies und manches andere in Amerika, was in Deutschland, mindestens in den ersten zwei bis drei Jahrzehnten nach Kriegsende, als richtungweisend, vorbildlich, nachahmenswert empfunden wurde: dies alles hat dazu geführt, daß angloamerikanische Wörter in großer Zahl ins Deutsche übernommen wurden. Gegen ein vergleichbar starkes Anwachsen amerikanischer Einflüsse ins Französische hat sich der französische Staat seit Präsident de Gaulle mit der Kampagne gegen das *Franglais* gewehrt – mit zweifelhaftem Erfolg.

Die Vorliebe der Deutschen für amerikanische Wörter war zum Teil eine Sache der Mode und des Zeitgeistes, sie wurde aber sehr begünstigt durch die große Anzahl griffiger, kurzer Wörter, die das Englische, besonders in seiner amerikanischen Ausprägung, bereithält. Man denke nur an »Tip«, »Trip«, »Hit«, »Pop«, »Rock«, »Gag«. Besonders stark war und ist die amerikanische Einwirkung in der Sprache der Werbung, des Sports, der »Rauschgiftszene«, der Wirtschaft (»Input«, »Floating«), der Medien, der Raumfahrt und Elektronik.

Verfall der Sprachkultur

Lange Zeit wurde völlige Beherrschung von Orthographie und Grammatik als untrügliches Kennzeichen von Bildung gewertet. Wenn heute Rechtschreibfehler in der Schule nicht mehr als Todsünden, sondern eher als läßliche Sünden bewertet werden, so mögen manche in einem Zeitalter der »Permissivität« sich damit abfinden. Den zunehmenden Klagen über den Verfall von Sprachbewußtsein und Sprachkultur kann man aber mit diesem Hinweis nicht begegnen. Wenn Lehrfirmen und Berufsschulen, Gymnasien, Hochschulen, Bundeswehr und Behörden, die Anwärter für Beamtenlaufbahnen einzustellen haben, übereinstimmend feststellen, daß ein Großteil der Bewerber über unzureichende Kenntnisse und Fähigkeiten im Deutschen verfügt, und wenn man dabei nicht nur auf einen Mangel an Rechtschreibkenntnissen, sondern auch an Ausdrucksfähigkeit hinweist, dann ist das Symptom einer gefährlichen, ja alarmierenden Entwicklung. In unserem Zeitalter, da geschriebene Sprache auf Papier und Bildschirm in vorher unvorstellbaren Massen auf die Menschen einströmt, da andererseits das Überleben als Industriestaat davon abhängt, ob man in den Bereichen fortgeschrittenster Technologie zur Spitzengruppe zählt – in solcher Zeit kann es nicht gleichgültig sein, wie richtig, wie gut, wie klar gesprochen und geschrieben wird. Vielmehr ist Verfall der Sprache Anzeichen für gesellschaftlichen und kulturellen Verfall.

ACHTES KAPITEL

Jiddisch und Rotwelsch – und ein Blick auf die Zigeunersprache

Jiddisch und Deutsch

Sachlich wäre es ohne weiteres gerechtfertigt, das *Jiddische* im Rahmen des Kapitels über das Deutsche zu behandeln, denn das Jiddische, hervorgegangen aus deutschen Dialekten vergangener Jahrhunderte, ist (wie die Sprachgelehrten sich ausdrücken) eine »Nah- und Nebensprache« des Deutschen. Kaum eine der germanischen Schwestersprachen des Deutschen steht ihm so nahe wie das Jiddische – mit Ausnahme vielleicht des Niederländischen. Die Verständigung mit einem Niederländer oder Flamen ist dem Deutschsprechenden heute noch möglich, sofern er das Plattdeutsche beherrscht. Eine Verständigung mit Angehörigen der jiddischen Sprachgemeinschaft wird dagegen einem Süddeutschen besser gelingen, denn das Jiddische stammt von mittel- und oberdeutschen Dialekten ab. Ich widme ihm ein eigenes Kapitel, auch wegen seines engen Zusammenhangs mit dem Rotwelschen, der deutschen Gaunersprache, vor allem aber, weil es sich hier um ein äußerst interessantes und zugleich wenig bekanntes Gebiet handelt.

Zur Klärung der Begriffe

»Jiddisch« – so definiert Franz Joseph Beranek, einer der nicht zahlreichen Sachkenner unter den Sprachgelehrten – »ist die Sprache, der sich die nichtassimilierten aschkenasischen, das heißt mittel- und osteuropäischen Juden im Alltagsleben innerhalb der Familie und der jüdischen Gemeinschaft bedienen oder bis vor kurzem bedient haben«.

Schauen wir uns diese Definition näher an!

»Die *nichtassimilierten* Juden«. Das heißt: Soweit sich die Juden in europäischen Ländern in Sprache und Lebensgewohnheiten dem Volk, unter dem sie lebten, voll angepaßt – »assimiliert« – hatten, haben sie ihre Eigensprache aufgegeben; sie sprechen dann, auch im Alltag und unter sich, nur noch Deutsch, Französisch, Italienisch, Englisch usw., die Sprache des jeweiligen Gastlandes.

Aschkenasim und Sephardim

»Die *aschkenasischen* Juden«: Dies ist im Zitat selbst erklärt. So bezeichneten sich, und bezeichnet man, die Juden Ost- und Mitteleuropas; das sind diejenigen, die im deutschen Sprachgebiet leben oder lebten oder aus ihm, unter Mitnahme ihres deutschen Idioms, nach Osten ausgewandert sind. Der Gegenbegriff zu den *Aschkenasim* (eine hebräische Pluralform) lautet *Sephardim:* so bezeichnet man die in Spanien und Portugal lebenden oder von dort stammenden Juden, deren Eigensprache das *Spaniolische* ist; wir haben es im Sechsten Kapitel kennengelernt.

Übrigens hat die Entwicklung vom Deutschen zum Jiddischen nicht nur eine Parallele in der Geschichte der Sephardim, die ihr altertümliches Spanisch bei ihrer Vertreibung mitnahmen, es festhielten und in der Fremde zum Spaniolisch oder »Judenspanisch« fortentwickelten. Eine weitere Parallele findet sich außerhalb Europas, im Iran, wo die dort ansässigen Juden ebenfalls ein vom Persischen abzweigendes, eigenes »Judenpersisch« hervorgebracht haben. Ansätze zu einer Parallelentwicklung hat es auch in Italien gegeben; sie haben jedoch nicht bis zur Ausbildung einer eigenen Sprache geführt.

»Im *Alltagsleben* innerhalb der Familie und der jüdischen Gemeinschaft«: Hiermit ist eine Abgrenzung nach zwei Seiten hin ausgesprochen: »Im Alltagsleben« steht hier im Gegensatz zu »im religiösen Bereich, im Kultus«. Hier nämlich bediente und bedient sich der Jude des ehrwürdigen Hebräisch, der Sprache des Alten Testaments, sowie des diesem eng verwandten Aramäischen, der Sprache des Talmud, in dem das nachbiblische religiöse Schrifttum der Juden gesammelt ist. Da dieses Schrifttum in den Talmudschulen Grundlage des Unterrichts war, nicht nur des Religionsunterrichts, kann eine - mehr oder weniger gute - Kenntnis des Hebräischen und Aramäischen bei der jüdischen Bevölkerung Europas vorausgesetzt werden, allerdings nur bei ihrer männlichen Hälfte.

»Innerhalb der Familie und der jüdischen Gemeinschaft«: Hierin liegt eine zweite Abgrenzung. Außerhalb dieses Bereichs, im Umgang mit Nichtjuden, mußten sich die Juden der Sprache ihrer deutschen, polnischen, ungarischen usw. Umgebung bedienen, die sie in der Regel auch erlernten und beherrschten.

Verwirrung der Namen

Das »Jiddische Wörterbuch« von Siegmund A. Wolf heißt im Untertitel: »Wortschatz des deutschen Grundbestandes der jiddischen (jüdischdeutschen) Sprache«. Bezeichnungen wie »Jüdischdeutsch«, »Judendeutsch«, »Judenteutsch« begegnet man häufig; entsprechend im Französischen *Judéo-Allemand,* im Englischen *Judaeo-German.* Meinen sie alle dasselbe wie »Jiddisch«? Mehr oder weniger ja, der Sprachgebrauch ist nicht einheitlich. Es scheint sich aber die Differenzierung durchzusetzen, daß man die Bezeichnung »Judendeutsch« usw. reserviert für die älteren Stufen der Sprache, für die Zeit, als die Juden unter der deutschen Bevölkerung lebten, noch nicht ins Ghetto verbannt; in diesen Zeiten gaben sie wohl ihrem Deutsch schon eine gewisse Eigenfärbung, doch waren die Unterschiede zur Sprechweise ihrer nichtjüdischen Nachbarn noch gering. »Jiddisch« meint dagegen die Sprache in dem späteren Stadium, als sie sich gegenüber dem Deutschen verselbständigte, u.a. durch Aufnahme hebräischer und später auch slawischer Bestandteile. Der Name »Jiddisch« hatte sich im 19. und 20. Jahrhundert unter den osteuropäischen Juden eingebürgert, daneben nannten sie ihre Sprache auch *Mameloschen,* wörtlich »Muttersprache«. »Mameloschen« ist auch der Titel eines Buches von Otto F. Best über die jiddische Sprache und Literatur; ein zweites dem Laien besonders entgegenkommendes Buch ist von Salcia Landmann verfaßt und heißt »Jiddisch – das Abenteuer einer Sprache«.

Mameloschen

Um die Verwirrung voll zu machen: Die Juden haben ihre Sprache lange Zeit hindurch einfach *taitsch* genannt, und das Verbum für »in die eigene«, d.h. jiddische, »Sprache übersetzen« heißt bis heute *taitschen* – also »verdeutschen«.

Jiddistik: Dialekte

Die Jiddisten – so nennt man die Leute, die das Fach der *Jiddistik* wissenschaftlich betreiben – unterscheiden innerhalb des Jiddischen ein halbes bis ganzes Dutzend verschiedener Dialekte, etwa vom *Elsässisch-Jiddischen* im Westen bis zum *Kurländisch-Jiddischen* im Baltikum. Damit wollen wir uns hier nicht aufhalten; wohl aber muß ich den grundlegenden Unterschied zwischen *West-* und *Ostjiddisch* erwähnen. Das westjiddische Sprachgebiet umfaßt den deutschen Sprachraum nebst einigen Randgebieten, vor allem den Niederlanden, Belgien, dem Elsaß, der Schweiz, Südfrankreich (Rhônegebiet), der Lombardei sowie Böhmen und Ungarn im Osten. Die in diesem Bereich lebenden Juden haben sich ganz überwiegend seit dem

Aufklärungszeitalter emanzipiert (die bürgerlich-rechtliche Gleichstellung errungen) und assimiliert; sie haben die Sprachen ihrer Umgebung angenommen und ihre hergebrachte jüdische Redeweise, oftmals unter erleichtertem Aufatmen und nicht ohne Scham, abgelegt. Das Westjiddische ist damit praktisch ausgestorben, ohne die Entwicklungsstufe einer voll ausgebildeten Umgangs-, Schrift- und Literatursprache erreicht zu haben.

Ganz anders die Entwicklung des Ostjiddischen! Aus ihm hat sich das eigentliche Jiddisch herausgebildet. Damit sind wir beim Hauptthema und müssen jetzt ziemlich weit in die Geschichte zurückgreifen.

Auftreten der Juden in Deutschland

Seit wann gibt es Juden in Deutschland? Obwohl dokumentarische Belege nur spärlich erhalten sind, gilt es als sicher, daß bereits im Gefolge der Römer Juden in Gebiete an Rhein und Donau gekommen sind und sich dort niedergelassen haben. Sichere Nachweise für ihre Anwesenheit gibt es dann wieder aus dem frühen Mittelalter; offen ist, ob Juden auch die Zeit der Völkerwanderung und die »dunkle« Epoche von 400 bis 800 – in der gleichwohl rückblickend schon Grundlagen eines werdenden Europa erkennbar werden (z. B. mit dem Entstehen des Benediktinerordens) – auf deutschem Boden überdauert haben. Jedenfalls war zur Zeit Karls des Großen der Fernhandel offenbar wesentlich in jüdischen Händen, die Ausdrücke *iudaeus* (»Jude«) und *mercator* (»Kaufmann«) wurden manchmal als Synonyme verwendet. Für 965 sind jüdische Kaufleute in Magdeburg bezeugt.

In jener Zeit lebten die Juden unter den Deutschen, ohne unterdrückt oder entrechtet zu sein; es ist anzunehmen, daß auch ihre Sprechweise – abgesehen vom religiösen Bereich – sich nicht nennenswert von der ihrer deutschsprachigen Nachbarn unterschieden hat.

Erste Verfolgungen

Das Zeitalter eines friedlichen Nebeneinander endete mit dem Beginn der Kreuzzüge, deren erster 1096 stattfand. Als »Mörder des Herrn« wurden Juden von da an grausam verfolgt, es kam zu regelrechten Blutbädern unter ihnen. Es ist zu beachten, daß der damals zuerst vehement ausbrechende Antisemitismus (er führte diesen Namen noch nicht) in erster Linie aus religiösem, also christlichem Eiferertum gespeist war – abgesehen von Aberglauben und primitivem Haß gegen Andersartige. Auch in folgenden Jahrhunderten hatten antisemitische Bewegungen und Verfolgungen, die immer wieder aufflackerten, religiöse Motive als wirklichen Antrieb oder Vorwand.

Während dieser ersten Verfolgungswelle, die das 12. Jahrhundert füllt und in das 13. hineinreicht, sind Juden in großer Anzahl nach Osten geflüchtet und haben sich in Osteuropa, zuerst besonders in Polen, niedergelassen. Sie begründeten eigene, kleinstädtische Siedlungen, man ließ sie zunächst in Ruhe. Sie brachten ihre deutsche Sprache mit und behielten sie bei, sei es aus der dem Judentum eigenen konservativen Grundeinstellung, sei es aus Treue zur früheren Heimat, sei es um der Verbindung mit den in Deutschland zurückgebliebenen Glaubensbrüdern willen. Die polnische Sprache anzunehmen, hatten sie wenig Anlaß; sie empfanden die deutsche Kultur, die sie mitbrachten, wohl der des bäuerlichen Polen gegenüber als überlegen.

In dieser ersten Vertreibungswelle, die mit dem Einfall der Tataren (1241) ihr Ende fand, müssen wir den Anfang zur Entwicklung eines eigenständigen Jiddisch sehen; seine Sprecher waren nun aus der deutschen Umwelt in eine slawische versetzt. Ihre Sprache löste sich von der deutschen und nahm einen eigenen Entwicklungsgang, in dessen Verlauf slawische Wörter, hauptsächlich aus dem Bereich des täglichen Lebens in Haushalt, Handwerk, Landwirtschaft, in das Jiddische eindrangen.

Isolierung in Ghettos

Ein zweiter Anstoß zu dieser Sonderentwicklung liegt jedoch in Deutschland selbst. Die verbliebenen Juden wurden hier vom 13. Jahrhundert ab (IV. Laterankonzil, 1215) zunehmend entrechtet, die schon vorher existierenden Judenviertel in geschlossene Ghettos verwandelt, die den Juden zwangsweise zugewiesen wurden. Diese Isolierung im Verein mit der Einschränkung der Erwerbsmöglichkeiten, u. a. durch das Zunftwesen, und der Tatsache, daß den Juden die meisten Berufe verschlossen waren, führte auch innerhalb Deutschlands eine stärkere Absonderung und Eigenentwicklung der Juden herbei. Sie sahen sich eingeengt auf ihren eigenen Kreis und ihre angestammte Religion. Der ersten jüdischen Wanderungswelle sind weitere gefolgt, u. a. im 16. Jahrhundert, als wiederum zahlreiche Juden aus dem deutschen Reichsgebiet einschließlich Böhmen und Österreich nach Osten flohen. Im Laufe der Zeit entstanden jüdische Siedlungen auch in Litauen, in der Ukraine, sodann im eigentlichen Rußland bis zu einer Linie, die grob gesprochen von Sankt Petersburg (früher Leningrad) im Norden nach Rostow am Don im Süden verlief. Durch einen Erlaß des Zaren war den Juden 1794 die Niederlassung in diesem »jüdischen Ansiedlungsrayon« erlaubt worden. Diese Regelung hat bis zur Oktober-Revolution Bestand gehabt.

Rückwanderungen

Ich kann hier nicht auf die Siedlungsgeschichte im einzelnen eingehen, würde aber die Dinge grob verzeichnen, wenn ich den Eindruck erweckte, als seien Juden in immer neuen Wellen nur vor deutscher Intoleranz zu den friedvollen Slawen gewandert. Nein - es kam auch im Osten zu fürchterlichen Judenverfolgungen - *Pogromen* (das Wort ist russischen Ursprungs), vor allem im 17. Jahrhundert durch aufständische Kosaken unter dem Hetman (»Anführer«; dieses polnische und russische Wort geht auf das deutsche »Hauptmann« zurück) Chmjelnicki, doch auch noch im 19. Jahrhundert, und als Folge davon manchmal auch zu Rückwanderungen, also Fluchtbewegungen in westlicher Richtung, z. B. um 1650 aus Polen und der Ukraine nach Amsterdam. Sigmund Freud, Schöpfer der Psychoanalyse, der in Mähren geboren wurde und bis zu seiner erzwungenen Emigration in Wien wirkte, berichtet aus der mündlichen Überlieferung seiner Familie, diese habe lange Zeit in Köln gelebt, sei wegen der Judenverfolgungen im 14. oder 15. Jahrhundert nach Osten geflohen und im 19. Jahrhundert »von Litauen über Galizien nach dem deutschen Österreich« zurückgekehrt.

Sprachliche Sonderentwicklung

Was die sprachliche Entwicklung anlangt - und nur um diese geht es hier, aber sie muß ohne Kenntnis der zugrundeliegenden historischen Vorgänge unverständlich bleiben - so hat sich die Herausbildung eines Jiddisch, das den Namen einer eigenen Sprache neben dem Deutschen verdient, in einem Jahrhunderte dauernden Prozeß vollzogen, unter mannigfachen Verwicklungen und auch Rückschlägen. Die ersten Schritte dieses Prozesses liegen mangels erhaltener Dokumente großenteils im Dunkel. Faßbar wird die Entwicklung etwa ab 1400.

Der kranke Löwe

Eines der frühesten Dokumente ist ein heute in Cambridge verwahrtes Manuskript aus dem Jahre 1382 (handschriftlich natürlich, der Buchdruck wurde erst um 1450 erfunden). Es beginnt:

Ein boser lew moelich der wart krank
gross jomer dass er rank.
di tir schouten sin gross not,
ob er lebt oder wer tot.
der hirz trat im in den munt …

Ein Unterschied vom zeitgenössischen Deutsch ist kaum zu bemerken. Aus etwa derselben Zeit stammt die älteste bekannte Fassung der deutschen »Gudrunsage«, in einer jüdisch-deutschen Handschrift – was man daran erkennt, daß sie nicht in lateinischen, sondern in hebräischen Buchstaben niedergeschrieben ist. (Auf die Rolle der hebräischen Schrift komme ich noch zurück.)

Das Ma'asse-Buch

Das zweite Beispiel, das ich anführe, stammt schon aus dem Zeitalter des Buchdrucks, es ist entnommen dem 1601 in Basel gedruckten *Ma'asse-Buch* (*ma'asse* = hebr. »Geschichte, Begebenheit«). Der Verfasser ist nicht bekannt. Es beginnt:

ein schoen ma'asse buch.
kumt her, ir liben man un vrauen,
un tut das schen ma'asse buch
onschouen …

»Der kleine Josssele«

Ein drittes Beispiel aus der jüngsten Vergangenheit entnehme ich den von Salcia Landmann veröffentlichten – von drei jüdischen Sammlern zur Verfügung gestellten – jiddischen Anekdoten. Ich erläutere nur die wenigen dem heutigen deutschen Leser unverständlichen Wörter.

Der klejner Jossele, as (»als = wenn«) *er zekrigt sich* (»streitet sich«) *mit tate-mame* (»Papa und Mama«), *hot a tewe* (*tewe* = »Natur, Angewohnheit«) *zu sezn sich untern tisch un wejnen a ganze scho* (»Zeit, Stunde«).

Treft sich amol a ness (= »Wunder«; *bal nejss* wurden wundertätige Rabbi genannt), *Jossele sezt sich untern tisch un noch* (»nach«) *finf minut rajsst er iber* (»reißt er über = unterbricht er«) *sajn gewejn.*

»Jossele, hosst schojn ojfgehert zu wejnen?«

»Nejn, mame«, entfert (»antwortet«) *doss sundl* (»Söhnlein«), *»ich ru mich nor op«* (wörtlich »ab = aus«).

Wortschatz und Bau des Jiddischen
Deutscher Grundstock

Wer nur solche Beispiele aufnimmt und vielleicht dazu noch durch einen flüchtigen Blick in ein Wörterbuch erfährt, daß *schpil* »Spiel«, *schpot* »Spott«, *schtal* »Stall«, *gesunt* »gesund«, *geschwessterkind* »Vetter« oder »Base« ist, mag versucht sein zu fragen: Was ist das anderes als Deutsch, nur etwas konsequenter phonetisch geschrieben?

Ein solcher Eindruck ist teils richtig, teils ganz falsch. Richtig ist, daß der Wortschatz des Jiddischen (ich rede jetzt vom heutigen Jiddisch, nicht von früheren Stufen der Entwicklung) zu rund drei Vierteln aus deutschen Wurzeln besteht (manche altdeutschen Wörter haben im Jiddischen ihre ursprüngliche Bedeutung bewahrt, im Hochdeutschen dagegen einen Bedeutungswandel durchgemacht), und daß auch die Struktur der Sprache, also Grammatik und Satzbau, ganz stark vom Deutschen geprägt ist. Irreführend ist der Eindruck trotzdem, in sechsfacher Hinsicht.

Religiöser Bereich

1. Die angeführten Texte wenden sich an das einfache Volk oder jedenfalls an eine breite Leserschaft und sind rein weltlicher Natur. Sobald wir uns dem Bereich der Religion nähern, treten verstärkt hebräisch-aramäische Bestandteile in Erscheinung, etwa *b'róche* »Segensspruch«; *duchenen* »den Segen erteilen«; *chálef* (ein rituelles Schlachtmesser); *dájen* »Richter«; *jojm-kiper* »Tag der Vergebung« (jüdisches Fest). Allerdings wird der Anteil solcher Hebraismen kaum zehn bis 15 Prozent eines Textes überschreiten, und Siegmund A. Wolf, ein Sachkenner, gibt ihren durchschnittlichen Anteil für das moderne Jiddisch sogar nur mit rund 5,5% an.

Logik

2. Die deutschen Dialekte, die dem Jiddischen zugrundeliegen, stellen eine Volkssprache dar, dem Alltag entwachsen, ziemlich fern jeder Intellektualität. Die Juden, die in den Talmudschulen das nachbiblische Schrifttum studierten – manche setzten dieses Studium lebenslang fort – wurden dadurch zu scharfsinnigem theologischem, dogmatischem, auch moralischem und juristischem Debattieren angeregt. Die Wörter und Begriffe, die sie dazu benötigten, entnahmen sie ihrer religiösen Sprache, so etwa *hanacha* »Voraussetzung«; *hen-hen* »sowohl, als auch«; *musskam* »angenommen, daß ...« oder *w'ha raja!* »dies ist der Beweis«. Man wird daran erinnert, daß wir in ähnlichen Fällen Formeln aus dem Lateinischen verwenden wie etwa *quod erat demonstrandum* »was zu beweisen war«; oder *tertium non datur* »ein Drittes (eine dritte Möglichkeit) gibt es nicht« (Satz vom ausgeschlossenen Dritten).

Slawisches

3. Außer den hebräischen Bestandteilen sind Wörter aus den Sprachen der slawischen Wirtsvölker der Juden, zuerst

vorwiegend aus dem Polnischen und Ukrainischen, später auch aus dem Russischen, ins Jiddische eingewandert. Sie gehören, wie schon gesagt, vorwiegend der Sphäre des städtischen und ländlichen Alltags an. Als Beispiele sollen genügen: aus polnischer Wurzel: *jarmulke* »Hauskappe«; *palke* »Knüppel«; *klejt* »kleiner Laden«; aus russischer Wurzel: *hosb* »Buckel«; *blinze* »Eierkuchen«; aus ukrainischer: *loksch* »Nudel«.

Andere Einsprengsel

4. Weitere Bestandteile des Wortschatzes stammen aus romanischen Sprachen, vor allem dem Spanischen, Französischen und Italienischen. Ihre Übernahme liegt bei manchen so weit zurück, daß die genaue Herkunft nicht mehr zu ermitteln ist. Diese Wörter gehören teilweise auch den Bereichen der Bildung und der Religion an; insoweit ist das einschlägige »Monopol« des Hebräischen hier durchbrochen. Beispiele: *benschen* »segnen« (span.); *fatscheijle* »Taschentuch« (ital.); *planchenen* »klagen« (provenzalisch).

Manche Ausdrücke stammen auch aus dem Lateinischen wie *memern* »der Toten gedenken« (von *memorare*) und aus dem Griechischen wie *apikojress* »Freigeist«, aus dem Namen des Philosophen Epikuros.

So darf man das Jiddische seinem Wortschatz nach eine Mischsprache nennen. Vielleicht ist es nützlich, hier anzumerken, daß es keine entwickelte Sprache gibt, für die die Feststellung nicht ebenso zutrifft - das Deutsche eingeschlossen.

Grammatik

5. Daß das Jiddische heterogene Bestandteile nicht nur vermischt, sondern zu einer Einheit verschmolzen hat, zeigt die Tatsache, daß grammatische Kategorien und Modelle auf Wörter verschiedenster Herkunft angewendet werden können. So können Verben hebräischer oder slawischer Wurzel die deutsche Infinitiv-Endung -en erhalten: *dawenen* »das Gebet verrichten«; die Herkunft des Wortstamms ist unsicher, deutsch ist er nicht. Umgekehrt kann ein deutschstämmiges Wort wie *pojer, pouer* »Bauer« den Plural mit der hebräischen Endung *-im* bilden: *pojerim, pouerim* »die Bauern«; ebenso bei Wörtern lateinischen Ursprungs: *doktorjim* »die Doktoren«. Und das jiddische *klojsnik,* bestehend aus dem deutschen Wort »Klause« und der slawischen Endung *-nik,* bezeichnet einen Menschen, der den ganzen Tag über in der Klause, d.h. im Betsaal sitzt.

Mit diesen Andeutungen zur Grammatik will ich mich hier begnügen.

Die Schrift

6. Am radikalsten würde dem Eindruck »Das ist ja fast reines Deutsch« entgegengewirkt, wenn der Leser die Beispieltexte nicht - wie oben gebracht - in einer Transkription in lateinischen Buchstaben vor sich sähe, sondern im jeweiligen Original: da sind sie nämlich in hebräischen Buchstaben geschrieben bzw. gedruckt.

Die Sitte, die Sprachen ihrer Gastländer in der ihnen vertrauten hebräischen Schrift aufzuzeichnen, haben die Juden nicht nur beim Deutschen, sondern für viele Sprachen befolgt. Die hebräische Schrift möchte ich im Zusam-

זה השער לה׳ צדיקים יבואו בו
איין
שוין פרואן בויכליין נאך
דער לעבן בשיידן וויא זיך איין איטלי־
פֿרויא זול הלטן מיט נידה אונ׳ חלה אונ׳ דיא
ליכט צו אנצינדן אן די שבתות אונ׳
ימים טובים
גדרוקט אין דער גוואלטין שטאט
באסיליאה הגדולה
אין דעם אז מיר צילן דרייא הונדרט
אונ׳ [illegible] אונ׳ צווי אין דער
קליינר צאל ·
על ידי יוסף בן לא״א אליעזר ז״ל חזן
מק״ק סונצא

Früher Druck eines jiddischen Buches in hebräischer Schrift: »Ein schoen fruen büchlein«, 1594 (Titelblatt).

menhang mit den semitischen Sprachen abbilden und erläutern (vgl. Zehntes Kapitel). Sie wird von rechts nach links geschrieben, ihr Alphabet hat im wesentlichen nur Zeichen für die Konsonanten. Die Vokale werden fortgelassen, der Leser ergänzt sie aus dem Zusammenhang (»ch whn n mnchn« - ist das verständlich?); in anderen Texten werden aber die Vokale durch Punktzeichen angedeutet.

Diese Sitte hat dazu geführt, daß die Wörter deutscher Herkunft im allgemeinen rein phonetisch aufgezeichnet wurden: »Schreibe wie du sprichst«. Dies tritt auch noch in der Transkription hervor. Man schreibt *ler* und nicht »leer«, *fukss* und nicht »Fuchs« (scharfes [s] wird immer durch *ss* wiedergegeben). Zeitweise, zum Schaden der jiddischen Eigenart, sind Angleichungen an hochdeutsche Schreibweisen versucht und propagiert worden.

Nachträge zur Entwicklungsgeschichte

Ich habe einen großen Sprung von den Anfängen zum modernen Jiddisch gemacht und dabei einiges übersprungen, was auch in einem gerafften Überblick erwähnt werden sollte.

Die Zeit, in der das Neujiddische sich als eigene Sprache konsolidiert und auch eine eigenständige Literatur zu entwickeln beginnt, mag man als etwa 1750 beginnend annehmen. Vor dieser Zeit mögen die oft erhobenen Vorwürfe, es handle sich bei dieser Judensprache um nichts anderes als ein verderbtes, verballhorntes Deutsch, ein Kauderwelsch und übles Gemisch, einen zutreffenden Kern gehabt haben. Nur muß man, um gerecht urteilen zu können, wissen, daß diese sprachliche Entwicklung das Produkt von Umständen war, die den Juden durch ihre christliche Umwelt aufgezwungen waren. Es verhält sich ganz ähnlich wie mit anderen Vorwürfen: Eigenschaften, die man abwertend als »typisch jüdisch« einstufte, wie Krämergeist, Wuchererturn, Feigheit im Kampf, waren das Ergebnis der den Juden aufgezwungenen Isolierung und der Tatsache, daß die meisten Berufe ihnen verschlossen blieben. Die Entwicklung des Staates Israel hat viele dieser Vorurteile und Vorwürfe verstummen lassen.

Nach 1750 war es - für den rückblickenden Betrachter - eine durchaus offene Frage, wie sich die sprachlichen Verhältnisse unter den Juden Osteuropas entwickeln würden. Die große Geistesbewegung der Auflärung, die ausging von England, dann nach Frankreich und Deutschland übergriff und der Errungenschaften wie das Ende der Hexenprozesse, die Abschaffung der Folter und der grausamen Leibesstrafen, schließlich auch der Sklaverei, die Proklamierung allgemeiner »Menschenrechte« für jeden zu verdanken sind, machte auch den Juden Hoffnung, allmählich eine bürgerliche Gleichberechtigung zu erlangen. Der allgemeine Ruf nach religiöser Toleranz ließ die Distanz zwischen Christen und Juden nicht mehr so unüberbrückbar erscheinen. In Frankreich mit der Revolution, in Österreich mit dem Toleranzedikt Josephs II. - allmählich lockerte sich der auf den Juden lastende Druck.

Moses Mendelssohn

Ich möchte eine Gestalt herausheben, an der sich die damalige Situation der Juden, auch in sprachlicher Hinsicht, deutlich abzeichnet: den Moses, Sohn des Mendel (oder Menachim) Heymann, der sich später Moses Mendelssohn nannte. (Seine Söhne begründeten das Bankhaus Mendelssohn, das bis 1933 als eine der führenden deutschen Privatbanken bestanden hat; sein Enkel war der Komponist Felix Mendelssohn-Bartholdy.)

Dieser Moses, in dem kleinen jüdischen Ghetto in Dessau (Anhalt) geboren, wanderte als Vierzehnjähriger zu Fuß nach Berlin, um bei einem berühmten Rabbi zu lernen. Eine wohlmeinende jüdische Familie nahm den bettelarmen Jungen auf, der bis dahin außerhalb der Talmudschule nur das in Mitteldeutschland übliche Judendeutsch gesprochen hatte. Die jüdische Geistlichkeit sah streng darauf, daß ihre Schüler nicht Deutsch lernten und sich damit vielleicht weltlichem Wissen und Treiben, der Gefahr der Ketzerei und Entfremdung vom mosaischen Glauben aussetzten. Moses Mendelssohn lernte entgegen diesem Verbot Deutsch, so gut, daß er bald schon Bücher in deutscher Sprache veröffentlichen konnte - eine Sensation. Er lernte ferner Latein, Griechisch, Englisch und Französisch, studierte die zeitgenössische deutsche Philosophie, fand Eingang in das gebildete Berliner Bürgertum. So wurde er mit Gotthold Ephraim Lessing bekannt, der ihm in der Gestalt des Nathan (»Nathan der Weise«) ein unvergängliches Denkmal gesetzt hat. Mendelssohn wollte erreichen, daß seine Glaubensbrüder zwar ihrer Religion treu blieben (das tat er auch, seine Söhne ließen sich und ihre Kinder aber protestantisch taufen); im übrigen sollten sie aber der äußerlichen und geistigen Enge des Ghettos entfliehen und in die europäisch-aufgeklärte Geisteswelt eintreten. Dazu sollten sie die Sprachen ihrer Umgebung annehmen und das Judendeutsche oder Jiddische abwerfen. Mendelssohn übersetzte auch das Alte Testament in ein sehr gutes Deutsch (mit hebräischen Buchstaben gedruckt).

Wie er dachten viele gebildete Juden im Osten, besonders in Litauen, wo das Judentum von Aufklärung und Rationalismus am stärksten erfaßt war. Die jüdischen Aufklärer - *Maskilim* genannt - wollten ihre Landsleute auf den von Mendelssohn gewiesenen Weg bringen. Um ihnen diese Botschaft zu verkünden, mußten sie sich allerdings notgedrungen der jiddischen Sprache bedienen. Diese haßten sie zwar und wollten sie beseitigen, aber wie sollten sie ihre weniger gebildeten Glaubensgenossen erreichen - wenn nicht in Jiddisch? So kam es dazu, daß die Prediger der Abschaffung des Jiddischen ihre Propaganda in dieser Sprache betreiben mußten.

Diese Propaganda hat ihr Ziel nicht erreicht. Vielmehr traten gerade in diesem geschichtlichen Augenblick nun Männer auf, die die Schönheit und Eigenart dieser bisher oft verachteten Sprache erkannten. Es entstand eine jiddische Literatur. Auf sie wollen wir noch einen kurzen Blick werfen.

Jiddische Literatur
Chassidismus

Die neuere jiddische Literatur hat zahlreiche Wurzeln im jüdischen Schrifttum vergangener Jahrhunderte. Wichtige Anstöße verdankt sie der mystischen religiösen Volksbewegung des *Chassidismus,* die vor allem im Süden des jüdischen Siedlungsgebietes, etwa ab 1800 lebendig war. Die von tiefer Frömmigkeit und Gottergebenheit durchdrungenen einfachen Sprüche, Anekdoten, Gleichnisse der Chassidim sind, wie es ihrem volkstümlichen Charakter entspricht, in Jiddisch verfaßt und überliefert. In unserem Jahrhundert hat sich Martin Buber um ihre Erhaltung und Verbreitung verdient gemacht.

Anfang des 19. Jahrhunderts erschienen - nach Moses Mendelssohns deutscher Übertragung - nun auch Übersetzungen von Bibeltexten ins Jiddische. 1817 erschien das erste weltliche und wissenschaftliche Werk in jiddischer Sprache: die Übersetzung einer deutschen Darstellung der Entdeckungsgeschichte Amerikas.

Breite Wirkung erreichte als einer der ersten jiddischen

Schriftsteller Israel Aksenfeld (1787 bis 1862), der mit Dramen und Erzählungen vor allem »die einfachen (jüdischen) Frauen, die keine andere Sprache kennen«, erreichen wollte. Er lebte in Odessa.

Als erster jiddischer Berufsschriftsteller gilt Isaak Meir Dik (1808–1893), dessen realistische Geschichten, in Heftform publiziert, große Auflagen erreichten.

Von da ab entwickelt sich der Strom des jiddischen Schrifttums so in die Breite - es entstehen Lyrik, Drama, sozialkritische und revolutionäre Schriften -, daß auch eine bloße Aufzählung von Namen nicht mehr sinnvoll ist. Deshalb möchte ich abschließend nur noch einige Dichter nennen, deren Werke eine gewissermaßen klassische Geltung erlangt haben. Mendele Mojcher Ssforin (ein Pseudonym, 1835-1917) ist einer der Schöpfer des modernen jiddischen Romans. Er schildert in vier großen Gesellschaftsromanen die jüdische Welt in Polen und Rußland.

Gedichte, Balladen, Legenden, vor allem aber Erzählungen hat Jitzhak Lejbusch Perez (1851-1915) geschaffen. Humor und tragisches Lebensgefühl durchdringen das Werk des Scholem Alejchem (1859-1916). Das Schaffen Schalom Aschs (1880-1957) gehört bereits unserem Jahrhundert an. Als erster jiddischer Schriftsteller hat er es zu weltweitem Ruhm gebracht.

Isaac Bashevis Singer (1904–1991), der jahrzehntelang in den USA lebte, aber in jiddischer Sprache schrieb, hat 1978 den Nobelpreis für Literatur erhalten.

Theater

Jiddisches Theater gab es bis zum Zweiten Weltkrieg in mehreren Städten Osteuropas. Als Begründer der jiddischen Theatertradition gilt Abraham Goldfaden (1840-1908). In den Jahren 1910/11 erlebte Franz Kafka in Prag jiddische Theatergastspiele. Lange Passagen seiner Tagebücher spiegeln die dabei empfangenen tiefen Eindrücke. Auch ein Stück von Goldfaden - »Sulamith«, eine Art Oper - erlebte er mit. In einer amerikanischen Untersuchung über *Kafka and the Yiddish Theatre* von 1971 (Verfasser: Evelyn Beck) ist überzeugend dargelegt, wie Kafkas Stil und Eigenart sich unter diesen Einflüssen von 1912 ab (»Das Urteil«) herausgebildet und gefestigt haben.

Zur Verbreitung des Jiddischen

Einigermaßen sichere Angaben über die Zahl der Menschen jiddischer (Mutter-)Sprache lassen sich für die Zeit vor der Ausrottung großer Teile des osteuropäischen Judentums unter Hitler machen. Sie soll damals elf bis zwölf Millionen betragen haben. Davon entfielen sechs bis sieben Millionen auf Mittel- und Osteuropa - einschließlich der asiatischen Teile der ehemaligen Sowjetunion: Nach der Revolution, als die Machthaber den zahlreichen »Nationalitäten« der Union weitgehende Autonomie versprachen, versuchte man in Birobidschan einen autonomen jüdischen Siedlungsdistrikt zu schaffen, der heute seine Eigenart verloren hat (keine jiddischen Schulen, Verwaltungssprache Russisch usw.); auch gab es außerhalb des »Ansiedlungsrayons« jüdische Gemeinden, v. a. in Großstädten wie Moskau, Baku, Tiflis.

Knapp drei Millionen Sprecher entfielen auf Nordamerika. Dorthin hatte sich ab 1880 ein starker Strom jüdischer Einwanderer ergossen, vorwiegend aus dem zaristischen Rußland, das den Juden im allgemeinen ebenso unfreundlich gegenüberstand wie das spätere sowjetische Regime.

Der Rest verteilte sich über alle Kontinente, mit je einem Schwerpunkt in Westeuropa und in Palästina.

Die heutige Zahl der Sprecher wird auf etwa vier Millionen geschätzt. Die wichtigsten Verbreitungsgebiete stellen jetzt die USA und Rußland dar. Dies leitet schon über zum tragischen Ende dieses Abschnitts.

Der Untergang

Die Vernichtung von Millionen Juden, die vorwiegend Jiddisch sprachen, hätte den Untergang dieser bemerkenswerten Sprache kaum herbeiführen können. Daß alle Sachkenner ihn gleichwohl nahegerückt sehen, hat verschiedene Gründe. Die drei wichtigsten will ich aufzählen.

In den *USA* werden die jüdischen Bevölkerungsteile schnell assimiliert. Sie behalten zwar ihre Religion - soweit sie nicht religiös indifferent sind -, aber sie nehmen die Sprache und die Lebensgewohnheit dieses riesigen Schmelztiegels an und vergessen allmählich das Jiddische. Daß es in New York noch Theater gibt, die in jiddischer Sprache spielen, daß in New York das wichtigste wissenschaftliche Zentrum für die Erforschung des Jiddischen, einst in Wilna zuhause, eine neue Heimat gefunden hat (es heißt *YIWO*), daß es sogar seine Dokumente von unschätzbarem Wert über den Atlantik retten konnte, wird aller Voraussicht nach diese Entwicklung nicht aufhalten.

Israel hat, nachdem die Juden dort einen eigenen Staat hatten begründen können, das als tot geltende *Hebräisch* zu neuem Leben erweckt. In der Knesseth wird in diesem neuen Hebräisch *(Iwrith)* verhandelt. Diese Entscheidung hat dem Weiterleben des Jiddischen einen wohl tödlichen Schlag versetzt – denn wo hätte diese jüdische Sprache eine bessere Überlebenschance gehabt als in diesem (von der arabischen Bevölkerung abgesehen) jüdischen Staat? Es gibt orthodoxe Gruppen in Israel, die das geheiligte Hebräisch als Profansprache ablehnen und aus dieser Haltung heraus im Alltag Jiddisch sprechen. Sie bilden eine kleine Minderheit.

Das dritte Land, das zum tragischen Ende des Jiddischen maßgeblich beigetragen hat, ist die frühere *Sowjetunion*. Ihre jüdische Bevölkerung wird heute auf 2,5 Millionen geschätzt, davon etwa eine halbe Million in Moskau. Die erstrebte Auswanderung ist nur einem bescheidenen Teil gelungen. Denen, die im Lande blieben oder bleiben mußten, war – wie den übrigen Religionsgemeinschaften – die freie Ausübung ihrer Religion durch den Staat verboten. Eine wichtige Quelle, aus der sich das Jiddische bei seinem Aufstieg zur Schrift- und Literatursprache gespeist hat, versiegt, wenn die Schicht der Rabbiner und der wohlhabenden Juden, die in erster Linie Träger der hebräischen Traditionskomponente war, nicht mehr existiert, und wenn es den nachwachsenden Generationen verboten ist, das religiöse Schrifttum in der Sprache der Väter zu lesen. »Auch ohne den schrecklichen Untergang der Jidden in den Hitler-Jahren würde die jiddische Sprache im sowjetischen Osten allmählich absterben« (Salcia Landmann).

Rotwelsch – die deutsche Gaunersprache
Avé-Lallemant

Um die Mitte des 19. Jahrhunderts diente ein deutscher Jurist mit dem schönen hugenottischen Namen Christian Friedrich Benedict Avé-Lallemant der Hansestadt Lübeck – damals ein selbständiger Staat – als höherer Polizeibeamter. Er interessierte sich für die Psychologie und Psychopathologie des Kriminellen und erkannte, daß er, wenn er der Polizei Wege zu wirksamerer Bekämpfung des Verbrechens weisen wollte, die gesellschaftliche Unterwelt eingehend studieren müsse. So versuchte er, Verbrecher zu beobachten, wo er konnte (z. B. ihre Geheimzeichen mit der Hand), ließ sich auch von ihnen belehren – sofern sie mitteilungswillig waren –, ebenso von einer diebischen alten Zigeunerin. Als Frucht langjähriger Studien erschien

1858 sein Werk »Das deutsche Gaunertum in seiner sozialpolitischen, literarischen und linguistischen Ausbildung bis zu seinem heutigen Bestande«. Längst vergessen sind die Romane und Sachbücher – darunter eines über Geheimschriften –, die er außerdem geschrieben hat, aber sein »Gaunertum« ist bis heute eine Fundgrube für jeden, der sich für die Geschichte der Kriminalität in Deutschland und für das Rotwelsch, die Gaunersprache, interessiert.

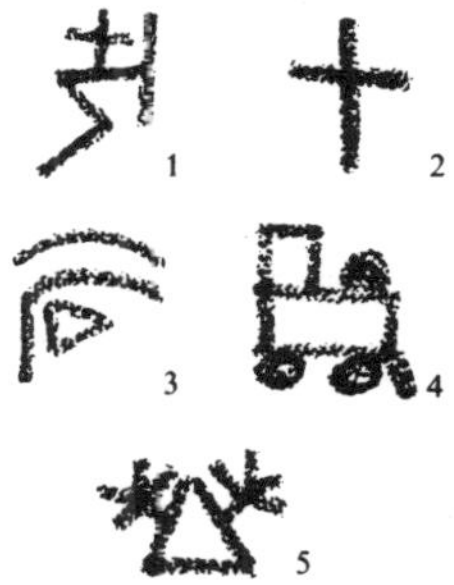

»Gaunerzinken« (hobo signs) in den USA:
1. Hier gibt's Essen gegen Arbeit.
2. Stell dich fromm, und du kriegst zu essen.
3. Du kannst im Heuschober schlafen.
4. Hier kannst du gut auf Züge aufspringen (die normale Fortbewegungsart der Hobos).
5. Vorsicht: Der Mann hat ein Gewehr.

Der Leser des Buches über das Gaunertum, eines gewichtigen Werkes, das in einer stark verkürzten Neuausgabe von 1914 immer noch zwei stattliche Bände umfaßt, bekommt anschaulich vor Augen geführt und erklärt, daß und warum von der Zeit Karls des Großen bis zur Zeit Avé-Lallemants Deutschlands Landstraßen fast ununterbrochen von vielerlei fahrendem Volk und Gesindel bevölkert und unsicher gemacht wurden, von Bettlern und Landstreichern, von fahrenden Scholaren, entlaufenen Priestern oder Mönchen, Taschenspielern, Marktschreiern, gegen deren Treiben die staatliche Gewalt oft nahezu ohnmächtig war; vom 12. Jahrhundert ab von Straßenräubern, später von desertierten und marodierenden Soldaten – wobei oft genug zwischen dem Treiben organisierter Söldnerheere und dem frei schweifender Banden kaum ein Unterschied war. Einen schrecklichen Blick in unsere Vergangenheit eröffnet das Buch, insofern es serienweise und ausführlich von den Prozessen berichtet, die gegen organisierte Banden stattfanden, und von den Strafen von heute unvorstellbarer Härte und Grausamkeit, die der Henker an den Verurteilten – gewöhnlich im Angesicht von Zuschauermengen – vollzog, wobei die Strafe oft genug Unschuldige traf, die unter der Folter (wie später die angeblichen Hexen) alles gestanden hatten, was der Ankläger hören wollte.

Lallemant bemerkte, daß sich das fahrende Volk und insbesondere sein krimineller Anteil zur Verständigung untereinander einer geheimen, den Außenstehenden unverständlichen Sprache bediente; er sah sich gezwungen, diese zu untersuchen, und als er feststellte, daß sie einen außerordentlich hohen Anteil von Wörtern aus dem Jiddischen enthält, beschloß er, beginnend mit den hebräischen Schriftzeichen, diese Sprache zu erlernen. Den letzten Teil seines Werkes in der Erstausgabe bildete eine jüdischdeutsche Grammatik nebst Wörterbuch, dazu Grammatik und Wörterbuch der Gaunersprache.

Der Name »Rotwelsch«

Die Erscheinung, daß Bettler und Gauner eine besondere Sprache ausbilden, eine Gruppen- oder Sondersprache, die von der Allgemeinsprache stark abweicht und deren Sprechern mehr oder weniger unverständlich ist, gibt es natürlich auch anderswo. Im Französischen nennt man diese Sprache *Argot,* im Englischen *Thieves' Latin* und anders. Im Deutschen ist seit dem Mittelalter der Name *Rotwelsch* eingebürgert, wobei »Rot« für den umherziehenden Berufsbettler steht (vielleicht, weil die Bettler sich häufig, um Mitleid zu erregen, mit Blut beschmierten oder eine blutdurchtränkte Binde um den Kopf schlangen). Und »welsch« heißt in diesem Fall nicht mehr als fremdartig, unverständlich. In Süddeutschland wurde diese Sprache auch *Jenisch* genannt. Irreführend ist es, wenn man von Diebssprache, Kundensprache, Bettlersprache spricht, als ob jede dieser Gruppen für sich eine Sondersprache entwickelt habe. Es handelt sich vielmehr um eine dem gesamten »fahrenden Volk« gemeinsame Sprache – mit einer wichtigen Ausnahme: Die Zigeuner (auf die ich am Schluß dieses Kapitels noch komme) haben zwar Ausdrücke zum Wortschatz des Rotwelschen beigesteuert, haben aber ihre eigene Sprache, die ganz anderer Art und Herkunft ist, bewahrt.

Ältere Literatur

Seit dem ausgehenden Mittelalter ist belegt, daß die Existenz der Gaunersprache den Bürgern und Behörden bekannt war. Im 14. und 15. Jahrhundert erschienen kleine Zusammenstellungen gaunerischer Wörter in Büchern. Aus dem Jahre 1450 ist ein »Baseler Rathsmandat wider die Gilen und Lamen« überliefert. *Lamen* bedeutet »Lahmen«; *gil* heißt wohl »fahl, bleich, gilb« und bezieht sich auf die Gewohnheit der Bettler (die damals schon eine gut organisierte Gilde bildeten), sich mit Lehm zu beschmieren, um kränklich zu wirken und Mitleid zu erwecken. Dieses Mandat enthält eine Liste rotwelscher Vokabeln.

Weithin bekannt wurde ein ab 1510 (Zeitalter des Buchdrucks) in vielen Auflagen verbreitetes Buch, *Liber vagatorum* geheißen: »Das Buch der Vaganten«, d.h. »der Fahrenden«. Es enthielt wiederum ein Miniatur-Wörterbuch der Gaunersprache. 1528 gab Martin Luther das Buch neu heraus mit einer eigenen Vorrede über seine Beweggründe: »... das solch büchlin nicht allein am tage bliebe, sondern

Hie nach volgt ein hůbschs bůch
lin genant Liber vagatorum dickiert von eim hochwir
digē meister nomine expertus in trufis\ dem Adone zů
lob vnd ere\sibi in refrigerium et solacium\ allen men-
schen zů einer vnderweisung vnd lere\vnd denen die di-
se stuck bruchen zů einer besserung vnd bekerung. Vnd
würt diß bůchlin geteilt in drey teil. Das erst teil saget
von allen narungen die die betler oder landtfarer bruch-
en\vnd würt geteilt in.xx.capitel.et paulo plus.dañ es
seind.xx.narungē.et vltra\da durch der mensch betrog
en vñ vberfüert würt. Das ander teil sagt etlich nota-
bilia die zů den vorgenanten narungen gehören. Das
drit sagt vō eim vocabulari\rotwelsch zů teütsch genāt.

Dem Text des »Liber vagatorum« ist diese hübsche Seite vorangestellt.

auch fast uberall gemein werde, damit man doch sehe und greiffe, wie der teuffel so gewaltig ynn der welt regiert ...« Also als Warnung und Information für den gesetzestreuen, frommen Bürger.

Einige Beispiele aus dem Rotwelsch des 16. Jahrhunderts mit der »Verdeutschung« in originaler Schreibweise:

Beschocher ›trunken‹; *Clafott* ›cleydt‹ (»Kleidung«); *Fetzen* ›arbeiten‹; *Gleidenboß* ›hurhauß‹ (»Bordell«); *Rot boß* ›betler herberg‹; *Sefeln* ›scheissen‹; *Wetterhan* ›hut‹; *Wunnenberg* ›hubsch jungfraw‹; *Zwicker* ›hencker‹.

Rotwelsch, Jiddisch und Deutsch

Im Unterschied zum Jiddischen stellt Rotwelsch »keine natürlich gewordene, sondern eine künstlich gemachte, geheime, abgeschlossene Sprache« dar (Avé-Lallemant), also eine Art Geheimcode, nur für Eingeweihte bestimmt. Woher konnten die Schöpfer einer solchen Sprache ihre Wörter nehmen, wenn sie doch von der Umwelt nicht verstanden werden sollten? Deutsche Wörter waren nur dann geeignet, wenn sie ungebräuchlich, wenig bekannt, einem entlegenen Dialekt entnommen waren - oder wenn man sie umdeutete, sozusagen umfunktionierte. Die einzige »fremde« Sprache, mit der die Fahrenden dauernd in Berührung kamen, war die Sprache der jüdischen Händler und Hausierer, die wie sie von Ort zu Ort zogen; also Judendeutsch bzw. Jiddisch; am besten geeignet waren aber jiddische Brocken, die hebräischer Wurzel und deshalb dem Durchschnittsdeutschen unverständlich waren. Da diese Wörter nun aber häufig der religiösen Sphäre angehörten, welche die Gauner kaum interessierte, wurden sie ebenfalls umgedeutet, und zwar oft in ebenso boshafter wie witziger Weise. Ein Beispiel macht das am besten klar. Fromme Juden pflegen an den Türpfosten ihrer Häuser, auch einzelner Räume, eine Kapsel zu befestigen, in der sich ein Schriftröllchen mit einem Bibelwort befindet. Der Gläubige berührt bei jedem Vorbeigehen die Kapsel respektvoll mit der Hand - ähnlich wie der Katholik das Weihwasser. Der »Türpfosten« heißt im Jiddischen *mesusa;* dieses Wort bezeichnete aber bald auch diese Kapseln oder Schriftröllchen. Im Rotwelsch tritt das Wort wieder auf: *mesuse* »Straßendirne, Nutte«. Wieso? Steht am Türpfosten, und jeder kann sie anfassen ...

Manche Erforscher des Jiddischen (im 19. Jahrhundert hat sich auch Hoffmann von Fallersleben, der Dichter des Deutschlandliedes, mit diesem Thema befaßt) haben die Bosheit, den Scharfsinn, den Witz - freilich regelmäßig eingesetzt zu bösartigem, blasphemischem Zweck - hervorgehoben, der sich in diesem Wortgut niedergeschlagen hat. Einer dieser Forscher, Gross, charakterisiert das Rotwelsch als ein Gebäude »von Geheimnisvollem und kindlich Unentwickeltem, von Umschreibungen und Andeutungen, von Unwahrem, Falschem und Geändertem, von Spott und Ironie, von Aalglattem und Unfaßbarem; sinnlich roh, widerstrebend, kosmopolitisch und strenge sich abschließend, überall verstanden und ohne Heimat«.

Als die Zigeuner auftraten - aber das war erst im 15. Jahrhundert - konnte man zusätzlich auf deren Sprache als Reservoir zurückgreifen.

Mehr Vokabular als Sprache

Gegenüber Lallemants Kennzeichnung muß ich einschränkend sagen, daß Rotwelsch keine Sprache im vollen Sinne, etwa mit eigenen Regeln für Satzbau und Grammatik und mit einem durchgebildeten Wortschatz für alles und jedes ist. Vielmehr stellt es, ähnlich wie die Sondersprachen der Jäger, Seeleute, Studenten, ein Vokabular dar, reich bestückt für Gebiete, die den Bettler und Gauner nahe angehen, vor allem für Dinge, die zu tun haben mit Verbrechen, Polizei, Gericht, Gefängnis, dazu mit Essen und Trinken (Saufen), mit dem Hurenhaus, mit Herbergen und mit dem Geld.

Um Mißverständnissen vorzubeugen, muß ich hinzufügen: Der erstaunlich hohe Anteil von Wörtern jiddischer Herkunft bedeutet nicht, daß die Sprecher des Rotwelsch großenteils oder gar überwiegend selber Juden gewesen wären. Es gibt keine Anzeichen dafür, daß Juden am fahrenden Volk und am Verbrechertum einen überproportionalen Anteil gehabt hätten. Allerdings hat es vereinzelt auch jüdische Banden gegeben – wen wundert das in Anbetracht der Behandlung, der die Juden immer wieder ausgesetzt waren?

Die Beherrschung der Gaunersprache bildete ein Kennzeichen, an dem ein Angehöriger der »Zunft« einen anderen fast unfehlbar erkennen konnte. In Franken ist einmal eine Gruppe fahrenden Volks seßhaft geworden, und ihr Rotwelsch hat sich in Gestalt des »Schillingsfürster Jenisch« bis in die Gegenwart erhalten. Auch in einem Stadtteil von Münster (Westfalen) kann man noch Rotwelsch hören; man nennt es dort »Masematte«.

Kostproben

Unter den zahlreichen gaunerischen Ausdrücken für »Geld« sind ›Blech‹, ›Pulver‹ Umdeutungen deutscher Wörter, ›Torf‹, ›Kies‹ und ›Moos‹, ›Pinkepinke‹, ›Zimt‹ dagegen jiddische Wörter hebräischen Ursprungs, ebenso ›Schmiere stehen‹ aus *schmira* »Bewachung«. ›Schlamassel‹ (»Pech«) ist jiddisch/rotwelsch, ebenso ›ausbaldowern‹ (»auskundschaften«), ›Bammel‹ (»Angst«), ›kess‹ (»frech, Bescheid wissend«), ›dof‹ (»dumm«), ›Fratze‹ (»Gesicht«), ›Kassiber‹ (»ein- oder ausgeschmuggelte schriftliche Nachricht«), ›Kluft‹ (»Kleidung«), ›Knast‹ (»Strafe, Gefängnis«), ›meschugge‹ (»verrückt«), ›Mischpoche‹ (»Sippe, Bande«), ›Mumpitz‹ (»Fehler, Unsinn«), ›nassauern‹ (»jmd. ausnehmen, auf eines anderen

Kosten zechen«), ›Pech‹ (»Unglück«), ›Penne‹ (»Herberge«), ›Pleite‹ (»Bankrott«), ›Schmus‹ (»dummes Geschwätz«), ›einseifen‹ (»betrügen«), ›Tinnef‹ (»Schund«).

Auch Redensarten, die jedermann für deutsch hält, wie etwa ›Das ist im Eimer‹; ›Wo der Barthel den Most holt‹; ›Jemandem wie einem kranken Gaul zureden‹ sind höchstwahrscheinlich durch volkstümliche Umdeutung aus jiddisch-rotwelschen Ausdrücken entstanden.

Vom Jiddischen ins Hochdeutsche

Ich möchte nicht den Eindruck erwecken, als seien alle Wörter jiddischen Ursprungs im heutigen Deutsch auf dem Weg über das Rotwelsche hereingekommen. Sie können auch – wie (höchstwahrscheinlich) ›Schmarotzer‹ oder ›bigott‹ – direkt übernommen sein. Schließlich können hebräisch-aramäische Wörter wie etwa ›Manna‹ (»Himmelsbrot«), ›Mammon‹ (»Reichtum«), ›Tohuwabohu‹ (»Durcheinander«) über deutsche Bibelübersetzungen zu uns gekommen sein, schließlich auch wie ›Jubiläum‹ aus hebr. *jobel* (»Widderhorn«, das zu Beginn eines Jubeljahres geblasen wurde) über das Lateinische (*iubilare* »jauchzen«, *annus iubilaeus* »Jubeljahr«).

Die Sprache der Zigeuner

Vorbemerkungen

Es ist hier ähnlich wie beim Jiddischen: Ohne Wissen über dieses Volk und sein Schicksal ist es schwer, etwas von der Eigenart seiner Sprache zu begreifen. Doch gestattet es der diesem Buch gezogene Rahmen nicht, auf dieses Volk, seinen Charakter, seine religiösen Vorstellungen, seine schönen Legenden über seine Herkunft und den auf ihm lastenden Fluch, auf seine Wahrsagekunst und Astrologie, seine Sitten und Gebräuche, näher einzugehen; oder auf seine Rolle in der europäischen Musik (vgl. Franz Liszt, der nicht nur *Ungarische Rhapsodien* komponiert, sondern auch ein Buch über die Musik der Zigeuner in Ungarn geschrieben hat; Johannes Brahms; Bizets *Carmen;* den *Zigeunerbaron* von Johann Strauß); und in der Literatur (Victor Hugo, Prosper Mérimée), auf die Verfolgung und Dezimierung in Vernichtungslagern der Hitlerzeit.

Das erste Auftreten von Zigeunern in Europa ist für den Anfang des 15. Jahrhunderts belegt. Nach dem Verfall der Herrschaft der »Goldenen Horde« wanderten sie in die Balkanländer ein, traten 1417 in Siebenbürgen auf, 1418 in Zürich, Frankfurt, Magdeburg, Lübeck, ein Jahr später in der Provence, 1420 in Holland, 1422 in Italien, 1433 in Dänemark, 1447 in Spanien. Im 16. Jahrhundert wird Schweden erreicht. Wo immer sie auftraten, sogleich heftete sich der Ruf, sie seien »diebisches Gesindel«, an ihre Fersen. Man schob sie ab, mit Geldzahlungen oder mit Gewalt; manche Länder versuchten erfolglos, sie seßhaft zu machen - Österreich unter Maria Theresia z. B. -, auch zu Leibeigenen.

Zur Erforschung der Zigeunersprache

»Dem Mimen flicht die Nachwelt keine Kränze«. Was dieses Schillerwort ausspricht, war zutreffend und im Grunde unvermeidlich, solange die Kunst des großen Schauspielers mit seinem Abtreten oder Hinscheiden unwiederbringlich dahin war. Die Erfindung des Tonfilms und des Magnetbands hat das geändert. Leider gilt der Satz *mutatis mutandis* auch für den Sprachforscher, selbst den bedeutenden, obwohl dessen Werk erhalten und zugänglich bleibt. Bei Lebzeiten wird er wenigstens von seinen Fachgenossen gekannt (wenn auch nicht immer anerkannt), in der Öffentlichkeit kennt man nicht einmal seinen Namen.

So genüge ich einer Ehrenpflicht, wenn ich hier einmal drei Männer und die Titel eines ihrer Werke nenne, die sich um die Entstehung und Entwicklung eines abgelegenen Gebietes der Sprachwissenschaft verdient gemacht haben: die *Romaniphilologie* - welch ein anspruchsvolles Wort für die Wissenschaft von der Sprache eines herumstreifenden, meist verachteten, allenfalls geduldeten Volkes! Die Zigeuner nennen sich in ihrer Sprache *Rom*, wörtlich »Mensch«, ihre Sprache das *Romani*. In der Bundesrepublik Deutschland nennen sie sich heute meist *Sinti*.

Das Wirken dieser drei Männer umspannt gerade ein Jahrhundert:

1782 erschien in Leipzig von Jacob Carl Christoph Rüdiger »Von der Sprache und Herkunft der Zigeuner aus Indien«. Es enthält erste Erkenntnisse über den Ursprung des Romani.

1844/45 erschien in Halle das Werk des auch auf anderen Forschungsgebieten bedeutenden August Friedrich Pott: »Die Zigeuner in Europa und Asien. Ethnographisch-linguistische Untersuchung, vornehmlich ihrer Herkunft und Sprache, nach gedruckten und ungedruckten Quellen«.

Franz Xaver Ritter von Miklosich, auch er der Öffentlichkeit kaum bekannt, obwohl einer der Großen seines

Faches als Begründer der slawischen Philologie, brachte mit seinem 1872-81 in Wien erschienenen Werk »Über die Mundarten und die Wanderungen der Zigeuner Europas« die Erforschung zu einem gewissen Abschluß.

Selbstverständlich haben auch Forscher anderer Länder, Franzosen, Engländer, Polen, Italiener, Norweger u.a., wesentliche Beiträge zur Forschung geliefert, neuerdings auch Zigeuner.

Die Sprache

Einerlei nun, ob Zigeuner, wie in Spanien vom 18. Jahrhundert ab, als Gitarrenspieler und Tänzer einen Platz in der Gesellschaft errangen oder ob sie, verfolgt oder widerwillig geduldet, durch Jahrhunderte ruhelos umherzogen – stets beherrschte ein Zigeuner mindestens zwei Sprachen: die des jeweiligen Aufenthaltslandes für den Umgang mit dessen Bewohnern, eine eigene für den Verkehr mit anderen Zigeunern. Häufig aber mehr als zwei Sprachen! In einer siebenbürgischen Chronik von 1762 heißt es, es sei ein Trupp von Zigeunern angekommen, »150 an Zahl und mit vielen Kindern, allesamt kundig des Deutschen, Magyarischen und Böhmischen, einige sogar Türkisch redend ...«

Erkenntnisse über die eigentliche Zigeunersprache zu erlangen, war für Außenstehende aus verschiedenen Gründen schwer. Einer liegt darin, daß die Zigeuner keine Schrift besaßen (heute gibt es jedoch Literatur in Romani); ein zweiter darin, daß Zigeuner Außenstehenden keinen Einblick in ihre Sprache gewährten; ein weiterer darin, daß es genau betrachtet eine Anzahl europäischer Zigeunerdialekte gibt (vgl. den Titel von Miklosichs Buch), aber keine darüberstehende Schrift- oder Hochsprache. Die Unterschiede zwischen den Dialekten sind deutlich, aber sie erlauben doch, daß Zigeuner aus ganz Europa sich untereinander mündlich verständigen können. Die Zahl der Sprecher wird für die Zeit nach dem Zweiten Weltkrieg auf drei Millionen geschätzt.

Der Ursprung

Was Rüdiger mehr vermutet als systematisch erwiesen hatte, ist durch die Arbeiten von Pott, Miklosich und weiteren Forschern zur Gewißheit geworden: Die Sprache der Zigeuner »wurzelt unwiderleglich in den Volksidiomen Vorderindiens, so daß sie, ungeachtet ihrer allgemeinen Verbasterung und Verworfenheit, doch zu der im Bau vollendetsten aller Sprachen, dem stolzen Sanskrit in blutsverwandtem Verhältnisse zu stehen, ob auch nur schüchtern, sich rühmen darf« (Miklosich).

Also: Es handelt sich um eine indogermanische Sprache, dem Altindischen verwandt. Aus Indien sollen die Zigeuner zwischen 500 und 1000 n. Chr. zu ihrer nicht endenden Wanderung aufgebrochen sein.

Die Beimischungen

Von Indien sind die Zigeuner zuerst nach Afghanistan, Iran und Armenien gelangt. Ein Teil ist dann nach Ägypten und weiter in andere nordafrikanische Länder gezogen. Ägypten hielt man längere Zeit für die Heimat der Zigeuner, im Englischen heißt der Zigeuner deshalb *gipsy* oder *gypsy*.

Die übrigen kamen über Kleinasien nach Griechenland und von dort, wahrscheinlich erst mehrere Jahrhunderte später, in die meisten Länder Europas. Aus allen wichtigen Aufenthalts- und Durchzugsländern haben sie Wörter in ihre Sprache aufgenommen, wie aus dem Armenischen und dem Griechischen.

Die ganze Geschichte der Zigeuner stecke in ihrer Sprache, so ist gesagt worden, und tatsächlich spiegelt der Wortschatz ihrer Sprache ihre Wanderungen, ja diese konnten teilweise eben mit Hilfe der Sprach- und Wortforschung erst ermittelt werden. Einige Proben machen das anschaulich.

Beispiele

Nach Wolfs Wörterbuch der Zigeunersprache stammen
batiriorum »eintauchen« – aus dem Türkischen,
batohoj »Ranzen« – aus dem Slowakischen,
dilos »Mittag, Süden« – aus dem Ungarischen,
befelis »Befehl« – aus dem Deutschen,
beléa »Mißgeschick« – aus dem Rumänischen,
berant »Stange, Stütze« – aus dem Neugriechischen,
kermuso »Maus« – aus dem Persischen,
kilma »Markt« aus dem Jiddischen bzw. Rotwelschen.

Es gibt auch Wörter aus dem Finnischen, aus skandinavischen Sprachen, aus dem Spanischen und Italienischen, auch aus dem Walisischen (in Wales leben viele Zigeuner). Über 70% der Wörter sind jedoch altindischen Ursprungs.

Beziehung zum Rotwelschen

Was hat der Abschnitt über die Zigeuner in diesem Kapitel zu suchen, das vom Jiddischen und Rotwelschen handelte? Daß, jedenfalls vom Anfang des 15. Jahrhunderts ab, sich die Züge der Zigeuner ebenfalls auf Deutschlands Landstraßen bewegten, Zigeuner, die sich als Pferdehändler und Kesselflicker, Bärenführer, Musiker, Taschendiebe, die Frauen mit Betteln und Wahrsagerei das Notwendige verdienten (mehr als das Notwendige kann der Nomade nicht brauchen); daß Lagerfeuer im nächtlichen Wald ebensowohl von Landfahrern wie von Räubern wie von Zigeunern angezündet sein konnten - und schließlich, daß reisende jüdische Kaufleute und Hausierer sich zwischen ihnen bewegten und sich wahrscheinlich zum eigenen Schutz auch solchen Gruppen angeschlossen haben: dies alles hat dazu geführt, daß das deutsche Gaunertum seine Sondersprache auch mit Brocken aus dem Idiom der Zigeuner angereichert hat. So sind einige Andeutungen über dieses Volk in meine Darstellung gelangt - ein Volk, das im technisch-industriellen Zeitalter wohl dazu verurteilt ist, seine Lebensweise - und damit seine Eigenart, und vielleicht auch seine Sprache, aufzugeben. Wieder ein Stück Natur wird damit »domestiziert«. In diesem Fall ist es die Menschennatur. Vielleicht die ursprüngliche?

Um Mißverständnissen vorzubeugen, weise ich darauf hin, daß die drei in diesem Kapitel behandelten Sprachen zwar in gewissen Beziehungen zueinander stehen, aber im Kern grundverschieden sind. Jiddisch: eine aus dem Deutschen hervorgewachsene, heute selbständige Einzelsprache der germanischen Sprachfamilie; Rotwelsch: die Sondersprache (der Soziolekt) der Fahrenden innerhalb des Deutschen; Romani: eine dem Altindischen nahestehende, mit anderen Bestandteilen stark durchmischte indogermanische Sprache.

NEUNTES KAPITEL

Englisch – die neue Weltsprache

Heutige Weltgeltung

»Weltsprache« hat man wohl auch das Lateinische auf der Höhe der römischen Macht genannt, das Griechische in der Zeit der Diadochen, das Französische als Sprache der europäischen Höfe, des Adels, der Diplomatie vom 17. bis 19. Jahrhundert – aber nur das *Englische* hat eine wirklich die Erde umspannende Geltung erlangt und zugleich eine weltumspannende Verbreitung. Auf allen Kontinenten ist es zuhause, in Europa, Amerika, Australien, Afrika, Asien.

Nach der Zahl der Menschen, denen es Muttersprache ist, wird es vom Chinesischen übertroffen. Die Weltgeltung des Englischen beruht aber nicht allein auf der Zahl derer, die es als Sprache ihrer Eltern erlernt haben – das dürften etwa 320 Millionen sein. Man muß diejenigen hinzunehmen, die in den zahlreichen Ländern leben, wo das Englische als überregionale Verkehrssprache dient wie in Indien, wo große Teile der Bevölkerung es als Zweitsprache benutzen, und schließlich diejenigen, die es aus politischem, geschäftlichem, wissenschaftlichem oder sonstigem Interesse erlernt haben. Die drei Gruppen zusammen dürften 700 bis 800 Millionen Menschen zählen. (Die Länder, in denen Englisch Amtssprache ist, haben zusammen etwa 1,5 Milliarden Einwohner, aber nicht jeder von diesen spricht diese Sprache.)

Einwirkung auf andere Sprachen

Der Einfluß des Englischen zeigt sich auch darin, daß es nicht nur auf das Deutsche, sondern auch auf andere Sprachen fast übermächtig einwirkt, in sie eindringt – wie die Wortbildungen *Franglais* (»anglisiertes Französisch«), *Russlish, Japlish* bezeugen und daß es zunehmend als internationale Sprache der Wissenschaft benutzt wird. Bevor wir das heutige Englisch betrachten, ein Überblick über den Entwicklungsgang dieser Sprache, dessen Anfänge – ähnlich wie beim Lateinischen – eher unscheinbar sind und nichts von dem späteren Aufstieg zur Weltsprache ahnen lassen.

Entwicklungsgang Der besseren Übersicht halber stelle ich eine Tabelle voran, die die wichtigsten Etappen der Entwicklung zeigt:

Hauptstationen

5./6. Jahrhundert	Landnahme und Ansiedlung der Angeln, Sachsen und Jüten
7. Jahrhundert	Christianisierung, damit Einfluß des Lateinischen
9. Jahrhundert	Einfälle und Ansiedlung von Wikingern
11. Jahrhundert	Beginn der normannischen Herrschaft
14. Jahrhundert	das Englische wird Gerichtssprache
15. Jahrhundert	Beginn des Buchdrucks in England
16./17. Jahrhundert	Blütezeit der Renaissance, »King-James-Bibel«
18. Jahrhundert	Samuel Johnsons Wörterbuch
17.-19. Jahrhundert	Auswanderer tragen das Englische nach Amerika, Indien, Australien, Neuseeland, Südafrika

In der Entwicklung der englischen Sprache unterscheidet man herkömmlicherweise (ähnlich wie beim Deutschen) drei Hauptperioden: *Altenglisch, Mittelenglisch, Neuenglisch*. Dabei wird das Altenglische vom Eindringen der Angeln und Sachsen (Mitte 5. Jahrhundert) bis zur normannischen Eroberung (Mitte 11. Jahrhundert) gerechnet; das Mittelenglische von dieser an bis 1500; das Neuenglische von 1500 bis heute. Man kann (wiederum ähnlich wie beim Deutschen, so verschieden auch sonst der Entwicklungsgang beider Sprachen ist) diese Einteilung dadurch verfeinern, daß man zwischen Mittel- und Neuenglisch eine Übergangsperiode annimmt, die dann etwa von 1400 bis 1660 zu rechnen ist.

Vor den Angelsachsen Bevor die Angeln und Sachsen in England landeten, war die Insel, die wir heute »Großbritannien« nennen, über tausend Jahre lang von keltischen Stämmen bewohnt, die im 8. Jahrhundert vor Christus vom europäischen Festland her eingewandert waren. Sie hatten sich über die ganze Insel und über Irland ausgebreitet, doch keinen einheitlichen Staat gebildet. Von dem keltischen Stammesnamen »Briten« ist der heutige Name der Insel abgeleitet.

Die Mittelmeervölker der Antike kannten die Insel und trieben mit ihr Handel, besonders die Phönizier. Im Jahre 55 v. Chr. setzte Julius Cäsar, um die vollzogene Eroberung Galliens abzusichern, mit einem Heeresverband über den

Kanal; bei einem zweiten Feldzug drang er bis über die Themse vor und erzwang die Anerkennung der römischen Oberhoheit.

Die Römer

Ab 43 v. Chr. war Britannia unter diesem Namen römische Kolonie. Die Römer dehnten ihr Herrschaftsgebiet bis zum Firth of Forth aus und drangen um 210 n. Chr. bis zur Nordspitze Britanniens vor. Zahlreiche Städte wurden gegründet, auch herrschaftliche Landsitze. Dennoch hinterließen die Römer, als ihre Herrschaft nach 450 Jahren endete, in der Sprache der einheimischen Bevölkerung wenig Spuren – ganz im Gegensatz zum benachbarten Gallien. So trafen die landenden germanischen Stämme in Britannien eine keltisch sprechende Bevölkerung an.

Altenglisch

Die Angeln, Sachsen und Jüten kamen hauptsächlich aus dem heutigen Schleswig-Holstein und aus Jütland. Ihre Führer Hengist und Horsa sollen im Jahre 449 n. Chr. bei Ebbsfleet gelandet sein, in dem Isle of Thanet genannten Landstrich, der sich weit in die Nordsee vorschiebt (Ramsgate und Margate liegen heute dort). Allerdings – diese Angabe entstammt der »Englischen Geschichte«, die der Mönch Beda Venerabilis (»Beda der Verehrungswürdige«) im Jahre 730, also fast 300 Jahre nach dem Ereignis, in lateinischer Sprache niedergeschrieben hat. Die Jüten ließen sich im südlichsten Teil Englands nieder, die Sachsen beiderseits der Themse (woran die Namen *Essex, Middlesex, Sussex* erinnern), die Angeln besiedelten allmählich das ganze übrige England bis weit nach Norden. Die keltisch sprechende Bevölkerung wurde allmählich abgedrängt in den Norden und Westen Schottlands und Nordenglands, nach Wales, nach Cornwall – die Gebiete, in denen sich keltische Sprachen (außer in Cornwall) bis heute erhalten haben.

Aus der eben geschilderten Verteilung entwickelten sich die Dialekte des Altenglischen. 596 entsandte Papst Gregor I. den Benediktinermönch Augustinus (nicht zu verwechseln mit dem großen Kirchenlehrer, der von 354 bis 430 gelebt hat) als Missionar nach England. Er landete dort mit 40 Ordensbrüdern, wurde Bischof und Primas mit Sitz in Canterbury. Diese Mönche und ihre Nachfolger machten England zu einem christlichen Land; sie machten zugleich den Norden des Siedlungsgebietes der Angeln (es lag nördlich des Flusses Humber und wurde deshalb *Northumbria* genannt) zum kulturell führenden Teil ganz

Englands, ja zu einem Zentrum, von dem befruchtende Wirkungen bis auf den Kontinent ausstrahlten. Hier im Norden wirkte Benedikt Biscop, der ein Kloster gründete; sein Schüler war der schon genannte Beda Venerabilis, dessen Schüler Ecgbeorht von York, dessen Schüler Alkuin von Tours, dessen Schüler Hrabanus Maurus, Abt des Klosters Fulda, *Praeceptor Germaniae,* »Lehrer Deutschlands« genannt, dessen Schüler Strabo, Abt des Klosters Reichenau im Bodensee.

Nord und Süd

Die Einfälle skandinavischer Wikinger, die Lindisfarne südlich von Edinburgh an der Nordseeküste, die Pflanzstätte dieser Gelehrsamkeit, im Jahre 793 plünderten, setzten dieser Blütezeit ein Ende. Vom 9. Jahrhundert ab verlagerte sich der kulturelle Schwerpunkt in den Süden, nach Winchester in Wessex, das König Alfred der Große (871-99) zu seiner Hauptstadt machte. Der Dialekt von Wessex, das Westsächsische, wurde allmählich zur Hochsprache der altenglischen Periode.

Sprachzustand

Aus dieser Zeit sind schriftliche Zeugnisse nicht nur in lateinischer, sondern auch in altenglischer Sprache erhalten. Wer nur heutiges Englisch kennt und einen Blick in solche ehrwürdigen Dokumente wirft, wird mit Staunen gewahr, welche gewaltige Veränderung die Sprache im Verlauf von tausend Jahren durchgemacht hat. Er erkennt zugleich, um wieviel näher das damalige Englisch dem Deutschen (auch dem heutigen) steht.

Vielleicht am auffälligsten ist, daß jedes Substantiv damals (wie im Deutschen) einem der drei grammatischen Geschlechter angehörte, und zwar ohne Beziehung auf ein »natürliches« Geschlecht, so daß z. B. *wīf* (heute *wife,* sprachverwandt mit dt. »Weib«) und *mægden* (heute *maiden,* sprachverwandt mit dt. »Maid«, »Mädchen«, »Magd«) sächlich waren. Der »Fuß« war männlich: *sē fōt,* die »Hand« weiblich: *sēo hond,* das »Auge« sächlich: *þæt ēage.* Wie im Deutschen war die »Sonne« damals weiblich, der »Mond« männlich. Starke Pluralformen (mittels Ablaut gebildete) gibt es heute nur noch wenige (z. B. *goose/geese, mouse/mice*), damals gab es viel mehr. Die Deklination der Substantive kannte vier Fälle.

Die Adjektive waren nicht - wie heute - unveränderlich, sondern wurden flektiert, und zwar in zwei Reihen: stark und schwach (wie heute noch im Deutschen). Auch die Pronomina wurden voll flektiert. Da die Substantive im allgemeinen keine eindeutig das Geschlecht kennzeichnenden Endungen hatten (wie es im Lateinischen, auch Spanischen und Italienischen weitgehend der Fall ist), so waren es die Flektionsendungen des begleitenden Adjektivs und die des vorangehenden Demonstrativpronomens (das als Artikel diente), die das Geschlecht anzeigten. Als diese Endungen allmählich abgestoßen wurden, verloren auch die Substantive (bis auf Bezeichnungen lebender Wesen und wenige andere Bereiche) ihr grammatisches Geschlecht.

Diese Entwicklung, die dem Englischen eine starke Vereinfachung gebracht hat, ohne seine Klarheit zu beeinträchtigen, setzte schon im Altenglischen ein, vor allem im Norden des Sprachgebiets, und setzt sich bis ins Mittelenglische fort. Bei der Konjugation des Verbums sind entsprechende Vereinfachungen erst später eingetreten.

Wikinger

Die vorhin erwähnten Wikinger, die zuerst aus Dänemark, später aus Norwegen kamen - oder auch aus Irland, von den Hebriden, von der Insel Man (wo sie vorher Niederlassungen begründet hatten) - die Wikinger, die damals die Welt erschütterten und deren Eroberungszüge sie nach Süden ins Mittelmeer, nach Osten bis Konstantinopel, nach Westen bis nach Amerika führten, traten in England keineswegs nur als Krieger und Seeräuber auf. Sie haben sich vielmehr in England angesiedelt, haben zahlreiche Städte und Dörfer gegründet, wovon die Ortsnamen mit Endungen wie *-by* »Dorf« *(Derby)* oder *-toft (Lowestoft)* bis heute zeugen, und eine Menge Wörter, ja in Einzelfällen auch grammatische Formen, zur Entwicklung des Englischen beigesteuert. Darauf komme ich noch zurück. In den Ortsnamen sind vielfach auch noch keltische Wurzeln zu erkennen.

Mittelenglisch: Die Normannen

Noch wirksamer als der Beitrag der Wikinger war der der nächsten Eroberer: der Normannen. Die Normannen waren Germanen, waren Wikinger. Während die Sprache der von Norden eindringenden Wikinger aber der der Angelsachsen eng verwandt war, hatten die Normannen, bevor sie nach England kamen, in der von ihnen eroberten Normandie gesiedelt und dort das Französische in seiner damaligen Form angenommen. Die Normannen hatten die Kühnheit ihrer Vorfahren bewahrt, die aus den Fjorden des Nordens hervorgebrochen waren, dazu aber sich die römisch geprägte Kultur ihrer neuen Heimat angeeignet, seit einer ihrer Anführer namens Hrolf im Jahre 912 das später »Normandie« genannte Gebiet vom französischen König zu Lehen erhalten hatte. Sie hatten dort einen starken, hervorragend organisierten Staat aufgebaut. Einer der Nachfahren jenes Hrolf, William mit Namen, setzte mit seinen Kriegern 1066 nach England über, landete bei Pevensey und begründete durch seinen Sieg von Hastings die normannische Herrschaft über England. Von da ab ist England für drei Jahrhunderte von Königen regiert worden, die französisch sprachen und die - mit einer Ausnahme - ihre Frauen stets aus Frankreich holten.

England wurde so für Jahrhunderte ein zweisprachiges Land: französisch sprechende Oberschicht, englisch sprechende Bauern und Bürger. Nimmt man hinzu, daß das Lateinische in der Kirche wie auch im Gerichtswesen beherrschend war, so muß man England für diese Zeit als dreisprachiges Land bezeichnen.

Englisch wird Amtssprache

Dieser Zustand dauerte tatsächlich dreihundert Jahre. 1362, mit dem *Statute of Pleading,* wurde das Englische zur alleinigen Verhandlungssprache vor Gericht bestimmt (während die Protokolle allerdings weiterhin lateinisch geführt wurden). Im selben Jahr wurde die Sitzung des Parlaments zum ersten Mal in englischer Sprache eröffnet. Wenn man will, kann man auch von einem viersprachigen Land sprechen, denn in Gegenden, wo Norweger gesiedelt hatten, namentlich im Norden, wurde noch bis in die Neuzeit hinein Norwegisch als Umgangssprache gesprochen.

Der Einfluß des Französischen in der Sprache des Hofes und des Rechts ist bis heute ablesbar an althergebrachten französischen Formeln wie *Dieu et mon droit* (Inschrift des königlichen Wappens), *Honni soit qui mal y pense* (Devise des Hosenbandordens), *Le roi le veult* (amtliche Formel für die Zustimmung des Königs zu vom Parlament beschlossenen Gesetzen) oder im schlichten Vermerk R. S. V. P. *(Répondez s'il vous plaît)* unter einer Einladung.

Chaucer

Geoffrey Chaucer (um 1340 bis 1400), geboren und gestorben in London, das nunmehr zum politischen und kulturellen Mittelpunkt geworden war, gilt als der Dichter, in dessen Werk sich die neue Entwicklungsstufe des Englischen verkörpert: das Verschmelzen der romanischen mit der germanischen Sprachschicht zu einer neuen Sprache. Chaucer beherrschte das Französische (neben Latein und Italienisch), dessen Kenntnis er bei seinen Lesern auch häufig voraussetzt, aber er bedient sich in seinen Werken *(The Canterbury Tales)*, die das Leben im England seiner Zeit anschaulich darstellen, bewußt der englischen Sprache.

In der mittelenglischen Periode hat sich bei der Konjugation der Verben eine ähnliche Vereinfachung durchgesetzt wie vorher schon bei der Deklination. Auf andere Eigenheiten des Mittelenglischen, besonders auf die Aufnahme romanischer Wörter und ihre Auswirkungen, komme ich bei der Betrachtung des Wortschatzes zurück.

Übergangsperiode

Chaucers Wirken markiert – oder besser: symbolisiert, denn sein Werk faßt Veränderungen, die sich über Jahrzehnte und Jahrhunderte hinzogen, wie ein Brennglas zusammen – das Ende der mittelenglischen Periode. Ab 1400 kann man von Neuenglisch sprechen, doch läßt sich eine Übergangsperiode erkennen, die etwa bis 1660 zu rechnen ist.

London, Oxford, Cambridge

Eines ihrer Kennzeichen besteht darin, daß London (wohl schon keltische Siedlung, von den Römern *Londinium* genannt, später auch Lundenburg geheißen) nun endgültig seinen Platz als Zentrum der weiteren sprachlichen Entwicklung einnimmt, als Sitz von Regierung und Parlament, als größte Stadt des Landes (mit 40000 Einwohnern zu Chaucers Zeit), als Zentrum des Handels. Die Rolle Londons und des südlichen England, dessen Sprache und Aussprache bis heute als verbindlich gelten (aber nicht für das amerikanische Englisch), wurde unterstützt dadurch, daß die beiden führenden Universitäten Oxford und Cambridge in der Nähe liegen; ferner dadurch, daß William Caxton, der Pionier der neuen Kunst des Buchdrucks in England, seine erste Werkstätte in Westminster (heute ein Teil Londons) einrichtete.

Buchdruck, Renaissance

Der auf Vereinheitlichung gerichtete Einfluß des Buchdrucks ist das zweite Kennzeichen dieser Übergangszeit. Das dritte ist das Aufblühen der klassischen Gelehrsamkeit, die Beschäftigung mit der griechischen und römischen Antike: die Renaissance, die, in Italien entstanden, in England sehr stark gewirkt hat. Das Griechische (im Mittelalter, wie in Deutschland, mehr gepriesen als wirklich gekannt) wurde nun eifrig studiert, griechische Wörter wurden in reicher Zahl adoptiert, sei es direkt, sei es über das Lateinische. Und das Lateinische selbst – es ist nur wenig übertrieben, zu sagen, daß es ins Englische inkorporiert wurde, und zwar diesmal nicht nur das Kirchenlatein, sondern das klassische Latein in seiner ganzen Fülle. So eifrig war man beim Übernehmen, daß lateinische Wörter, die über das Französische schon ins Englische übernommen waren, nun ein zweites Mal entliehen wurden, es entstanden Dubletten wie *frail* und *fragile, sure* und *secure* - auch darüber mehr im nächsten Abschnitt (vgl. auch S. 148).

»King-James-Bibel«, Shakespeare

Die genannte »Übergangszeit« bringt das Englische zu seiner vollen Reife in der 1611 vollendeten »King-James-Bibel«, in den Schriften von Gelehrten und vor allem im Werk William Shakespeares (1564-1616). Man braucht nur diesen Namen zu nennen, um klarzumachen, daß die weitere Entwicklung von hier an einen gewaltigen, fast unübersehbaren Strom darstellt. Es wäre vermessen, in die weitere Darstellung den ganzen Reichtum der englischen Literatur einzubeziehen.

Die Übergangszeit bringt auch die allmähliche Verdrängung des Lateinischen als Sprache der Wissenschaft durch das Englische. Francis Bacon und William Harvey veröffentlichten ihre Werke überwiegend in Latein. Isaac Newton ging nach seinem in Latein veröffentlichten Hauptwerk, den *Principia mathematica* von 1687, zu seiner Muttersprache über; *Opticks* erschien 1704 in englischer Sprache.

18./19. Jahrhundert

Wir richten jetzt unser Augenmerk auf die Sprachgelehrten und Wörterbuchmacher. Das Streben nach Ordnung und Einheitlichkeit in dem nun gewaltig gewachsenen Bau der modernen englischen Sprache zeichnet sie aus. Aus der Reihe der Gelehrten, die sich im 18. Jahrhundert um dieses Ziel bemüht haben, ragt ein Mann heraus: Samuel Johnson (1709-1784), zu seiner Zeit berühmt als Schriftsteller, Kritiker, Herausgeber einer großen Shakespeare-Ausgabe. Seinen Nachruhm verdankt er in erster Linie seinem um die Jahrhundertmitte erschienenen *Dictionary of the English Language*. Das Werk enthält und erklärt 43 500 Wörter. Es erklärt sie - und das war eine bedeutende Neuerung - mit Hilfe von nicht weniger als 118 000 Textstellen, herausgezogen aus der englischen Literatur. Diese Zitate erläutern den Gebrauch der Wörter und ihre Bedeutungsnuancen. Für das Verbum *to take* unterscheidet Johnson weit über hundert Bedeutungen.

Johnsons Wörterbuch

Webster

Ab 1800 entstanden spezielle Wörterbücher für das amerikanische Englisch, darunter das bis heute führende von Noah Webster (heute *Merriam-Webster*). Um die Mitte des 19. Jahrhunderts entstand in London eine *Philological Society,* die sich als Ziel setzte, auf der Grundlage des inzwischen erreichten Standes der Sprachwissenschaft (der viele Kommentare Dr. Johnsons nun als naiv erscheinen ließ) ein umfassendes neues Wörterbuch zu schaffen. Mehrere Herausgeber, darunter J. A. H. Murray, haben ihre Kräfte dieser Aufgabe gewidmet. Über fünf Millionen Belegstellen wurden exzerpiert, ein Drittel davon ist in das Werk eingegangen, das 1882 zu erscheinen begann und 1928 vollendet wurde, 15300 Seiten umfassend: das *Oxford English Dictionary (OED).* Es nützt die Erkenntnisse der seit Entdeckung des Sanskrit gewaltig aufgeblühten historischen Sprachwissenschaft (vgl. Zweites Kapitel) und gilt als eines der besten Wörterbücher der Welt.

Oxford Dictionary

Der Wortschatz des Englischen
Germanisch und romanisch

Obwohl das Englische Wörter aus zahlreichen Sprachen aufgenommen hat – daß dies in weitem Umfang freizügig und fast problemlos geschehen ist und weiterhin geschieht, ist geradezu eines seiner Hauptkennzeichen –, ist doch die große Mehrzahl der englischen Wörter oder Wortstämme germanischer oder romanischer Herkunft. In welchem Verhältnis? Grob gesprochen 50:50, sagen Fachleute. Aber hier muß man differenzieren: In der Alltagssprache und in der Sprache des einfachen Mannes ist der germanische Anteil weit größer. Die Benennungen innerhalb der Familie *(father, mother, brother, sister, son, daughter)* sind germanisch, ebenso »Tag« und »Nacht« *(day and night),* »Liebe« und »Haß« *(love and hate),* die Grundzahlen (*one, two, three, four, five* etc.), die Personalpronomen (*I, you, he, she, it* etc.), die Präpositionen (*under, after, by, with* etc.), die Konjunktionen (*and, or, when, before* etc.), die Hilfsverben – kurz: die am häufigsten vorkommenden Wörter sind germanisch.

Angelsächsisch und skandinavisch

Stammt der Grundbestand also – da keltische Wortstämme außer in Ortsnamen *(Dover, York)* oder Flußnamen *(Thames, Avon)* ganz selten sind – von den Angeln, Sachsen und Jüten? Nein! Ein beträchtlicher Teil stammt von den Skandinaviern. Es ist nicht leicht, diesen Anteil abzusondern, denn die Sprachen der germanischen Stämme waren in der altenglischen Periode (ca. 450 bis 1050) einander noch sehr ähnlich, so daß zahlreiche Wörter völlig gleich lauten würden, einerlei ob sie aus angelsächsischer oder skandinavischer Wurzel hervorgegangen sind. Dies gilt u. a. für *father* und *mother, summer* und *winter, tree* und *grass, green* und *white*. In anderen Fällen ist die Herkunft aus der Sprache der Wikinger eindeutig feststellbar. Dies gilt für viele sehr verbreitete Bezeichnungen alltäglicher Dinge wie z. B. *birth* (»Geburt«), *egg* (»Ei«), *knife* (»Messer«), *root* (»Wurzel«), *sky* (»Himmel«), *window* (»Fenster«, ›Windauge‹), um nur bei den Substantiven zu bleiben. Auch Ausdrücke aus dem Rechtswesen gehören dazu, darunter das Wort *law* (»Gesetz, Recht«) selbst. In einigen wenigen Fällen haben sich der angelsächsische und der skandinavische Stamm nebeneinander bis heute erhalten, z. B. *from* (»von ... her«) und *fro* (nur in der Wendung *to and fro*).

Der starke skandinavische Einfluß beruht natürlich nicht auf den anfänglichen Überfällen und Raubzügen der Wikinger, sondern auf ihrer anschließenden Siedlungstätigkeit. Wie verbreitet diese gewesen sein muß, läßt sich auch an der Fülle skandinavischer Orts- und Hofnamen ablesen. So deutet die Endung *-by* (»Dorf«) wie in *Derby, Whitby* (vgl. *Wisby* auf Gotland) klar auf eine skandinavische Siedlung, ebenso die Endungen *-beck* (»Bach«), *-fell* (»Hügel«), *-scale* (»Hütte«), *-thwaite* (»Waldlichtung«). Die heute unerhört verbreiteten Fügungen aus Verbum + Präposition oder Adverb wie *to take up, to blow up, to set out, to go in (for)* gehen ebenfalls auf die Skandinavier zurück.

Normannisch und Französisch

Der Löwenanteil an den Wörtern romanischen Ursprungs stammt aus dem Französischen, aus der Zeit, als Französisch die Sprache des Hofes und der Oberschicht war (ca. 1050–1350), als in den Kirchen Englands teils in lateinischer, teils in französischer Sprache gepredigt wurde, aber kaum in englischer. *Vor bote a man conne frenss me telp of him lute* – hieß es damals: »Wenn nicht ein Mann Französisch kann, man hält (spricht) von ihm wenig«.

Die Normannen brachten das Französische ihrer Wahlheimat auf der Südseite des Kanals mit; als aber der Herrschaftsbereich ihrer Könige sich zeitweilig über große Teile auch Zentral- und Südfrankreichs erstreckte, nahm das Englische auch Wortgut aus deren Dialekten auf, mit der Folge, daß zuweilen ein Wort in zwei verschiedenen Fassungen übernommen wurde. Aus dem Normannischen kommt *catch* (»fangen«), aus Mittel- oder Südfrankreich *chase*, ebenso bei *warden* und *guardian* (»Wächter«) u.a. Wegen dieses Umstandes habe ich in der Überschrift »Normannisch und Französisch« gesagt.

Soziale Schichtung

Daß Englisch die Sprache der unteren Schicht (also vor allem der Bauern), Normannisch = Französisch die der Oberschicht war, mag man daran ablesen, daß der »Ochse« als lebendes Tier *ox* heißt (germanisch), als Braten aber *beef* (aus dem Französischen), desgleichen bei *calf* und *veal*. Ähnliches zeigt sich bei den Bezeichnungen für Handwerker: einfache Gewerbe, die überall zuhause sind, haben englische Namen: *baker, miller, shepherd, shoemaker*. »Feinere« Handwerke, die mehr für die Wohlhabenden arbeiten, haben französische Bezeichnungen: *painter, tailor, sculptor*.

Der englische Wortschatz ist u.a. deshalb unerhört reich, weil für viele Dinge eine Bezeichnung germanischer Herkunft neben einer romanischen vorhanden ist, wobei meistens die an zweiter Stelle genannte romanische eine etwas andere, abstraktere, »vornehmere«, verfeinerte Nuance aufweist: *freedom* neben *liberty, depth* neben *profundity, happiness* neben *felicity*.

Antikes Wortgut

Kaum war zur Zeit Chaucers die Durchmischung der beiden Sprachschichten vollbracht, belebte die Renaissance das Interesse an den alten Sprachen Latein und Griechisch neu. Das führte zu einer beinahe hemmungslos zu nennenden Aufnahme neuer Wörter ins Englische, sei es aus dem Griechischen direkt, sei es aus dem Griechischen über das Lateinische oder aus dem Lateinischen direkt oder aus Latein über Französisch oder auch aus Griechisch über Arabisch und ein oder zwei weitere Vermittlersprachen. Das betraf zwar zunächst mehr die Gelehrten, aber der Buchdruck sorgte für schnelle Verbreitung der neuen Wörter.

Griechische Wörter wurden u.a. übernommen für den Bereich des Theaters: *theatre* selbst, *drama, comedy, tragedy, catastrophe, episode, scene, dialogue, prologue* u.a., ähnlich für die Sprache der Philosophie, der Dichtung, der Medizin. Griechische Suffixe wie *-osis* und *-itis* wurden im Englischen heimisch, für Krankheiten zunächst, allmählich auch für ironische Ableitungen: *radioitis* (vgl. deutsch »der hat die Rederitis«).

Dubletten

Wieder entstanden Dubletten dadurch, daß ein lateinisches Wort, das schon über das Französische eingebürgert war, jetzt ein zweites Mal direkt aus dem Lateinischen übernommen wurde, so trat (wie schon angedeutet) *fragile* neben *frail*, *pauper* neben *poor*, *secure* neben *sure* usw.

Auch romanische Suffixe wurden adoptiert, insbesondere *-able*, *-ment* und *-ation*, auch für germanische Wörter (*understandable*, *fulfilment*). Vom 16. Jahrhundert ab ist die Zahl der lateinischen Wörter im Englischen Legion; beachtenswert ist dabei, wieviele ohne Veränderung adoptiert wurden: *error, horror, genius, vacuum, omen, census, referendum, veto, complex, ultimatum* – alle auch im Deutschen bekannt, aber bei uns für die Dauer und bis heute mit dem Beigeschmack des Fremden behaftet.

Dubletten gibt es auch zwischen Wörtern griechischer und lateinischer Wurzel, etwa bei *metamorphosis* und *transformation* oder *synchronic* und *contemporary;* hier klingt das griechische Wort meistens etwas »gelehrter«.

Andere romanische Zuflüsse

Verglichen mit dem französischen ist der spanische und italienische Einfluß zwar geringer, aber er ist auf bestimmten Gebieten doch beträchtlich. Spanische Wörter im Englischen sind u. a. *armada, guerilla, tornado;* in anderen Fällen hat das Spanische als Vermittlersprache gedient für Wörter mehr exotischen Ursprungs; so bei *potato* und *tomato*, die aus indianischen Sprachen kommen. *Canyon, mustang, patio* kommen aus dem Spanischen. Dieses hat dem Englischen – wie dem Deutschen – auch viele arabische Wörter vermittelt, darunter *alcohol, assassin, cipher, elixir, sugar, zenith*. Italienische Benennungen durchdringen (wie im Deutschen) vor allem die Sprache der Musik.

Deutsch, niederländisch

Die Zahl deutscher Wörter ist relativ gering, *rucksack, blitz, weltanschauung* dienen oft als Paradebeispiele. Eine Anzahl deutscher Wörter hat als Vorbild für Lehnübersetzungen gedient. Aus »sinnvoll« wurde *meaningful*, aus »Rundfahrt« *round trip*, aus »Wunschdenken« *wishful thinking*. Etwas zahlreicher sind Wörter niederländischer Herkunft, besonders in der Seemannssprache; zu diesen zählen *buoy* (»Boje«), *dock, freebooter* (»Freibeuter«), *yacht*.

Exoten

Ähnlich wie für andere europäische Sprachen, auch das Deutsche, läßt sich für das Englische behaupten, daß es nur wenige Sprachen gibt, deren Wortschatz nicht irgendwelche Beiträge zum Englischen geliefert hat – wegen der zeitweise weltumspannenden Kolonialherrschaft der Engländer hier vielleicht noch stärker. Es gibt Wörter u. a. aus dem Russischen: *tsar, samovar;* dem Tschechischen: *robot;* dem Portugiesischen: *flamingo, veranda;* dem Türkischen: *coffee, kiosk, caviar;* dem Hindi: *nabob, guru, punch* (»fünf«, wegen der fünf Zutaten Arrak oder Rum, Zucker, Zitrone, Zimt, Wasser), *jungle, shampoo;* dem Persischen: *divan, bazaar;* dem Japanischen: *kimono, tycoon;* dem Malaiischen: *sago, bamboo;* weiter aus afrikanischen, indianischen, australischen Sprachen.

Eigenheiten des heutigen Englisch
Offene Grenzen

Es paßt zum vorhergehenden Abschnitt, wenn ich unter den insgesamt fünf besonderen Kennzeichen, die das (heutige) Englische im Vergleich zu anderen verwandten Sprachen aufweist, dies an die erste Stelle rücke: die Offenheit seiner Grenzen, was den Wortschatz anlangt; anders ausgedrückt: die Bereitwilligkeit, die Leichtigkeit, mit der es Wörter aus anderen Sprachen aufnimmt, sich einverleibt, wenn es gilt, eine neue Sache, Einrichtung, Mode zu benennen, und wenn eine fremde Sprache dafür ein passendes Wort anbietet. Daß die Übernahme das Wort sehr häufig unverändert läßt, es übernimmt, »wie es geht und steht«, das hängt mit einer zweiten Eigentümlichkeit zusammen:

Verlust der Flexionsendungen

Wenn das Deutsche ein Wort übernimmt wie z. B. *to jog* oder *to surf,* so wird die fremde Aussprache meist bewahrt, auch wenn sie den Regeln der deutschen Orthographie nicht entspricht [dʒɔg, sə:f]; aber das Wort muß, um im Satz benutzt werden zu können, die Flexionsendungen (in diesem Fall des deutschen Verbums) annehmen: »joggen, ich jogge, er joggt« usw.

Dem Englischen fällt die Adoption leichter, weil es im Zuge seiner Entwicklung die meisten Flexionsendungen abgestoßen hat und weil es, soweit solche noch existieren, einen hohen Grad von Regelmäßigkeit aufweist. Die englischen Substantive bilden – mit ganz wenigen, an den Fingern aufzählbaren Ausnahmen – den Plural durch Anhängen von *-s: dog – dogs; cat – cats; horse – horses.* Allerdings, bei der Aussprache tritt das Plural-*s* in diesen drei Beispielen verschieden auf: [dɔg*z*, kæt*s*, hɔs*iz*], je nachdem, ob ein weicher, ein harter Konsonant oder ein Vokal vorausgehen. Von den vier Fällen hat nur der Genitiv in Form des »sächsischen« Genitivs eine eigene Form: *the dog's leash* (»Leine«). Unregelmäßige Pluralformen gibt es eine Handvoll mit Ablaut: *man - men; woman - women; mouse - mice; louse - lice; foot - feet; tooth - teeth* und *goose - geese;* dazu die auf *-en: children, oxen, brethren.* Das Adjektiv ist nicht deklinierbar, wie schon früher festgestellt. Das Verbum kennt in den meisten Fällen außer dem Infinitiv, der dem Stamm entspricht *(ask),* nur die 3. Person Singular mit *-s (asks),* die Vergangenheit mit *-ed (asked)* und das Partizip/Gerundium mit *-ing (asking).* Im Vergleich dazu kann ein deutsches Verbum mehr als ein Dutzend Formen haben: »laufen, laufe, läufst, läuft, lief, gelaufen, laufend« usw. Umlautformen bei der Vergangenheit gibt es im Englischen allerdings ähnlich wie im Deutschen: *come - came, run - ran, give - gave* usw.

Die starke Vereinfachung bei den grammatischen Formen macht das Hantieren mit fremden Wörtern leichter.

Wortarten
Wortartwechsel

Mit dem weitgehenden Verlust der Flexionsendungen hängt eine weitere Besonderheit zusammen: Es gibt wenig die Wortart kennzeichnende Endungen wie das -en oder -n der deutschen Verben; *fire* »das Feuer«, *(to) fire* »feuern« (auch im Sinne von Hinauswerfen). Mühelos und fast unmerklich wechseln englische Wörter ihre Funktion im Satz (ihre Wortart - doch fragt sich, ob dieser Begriff richtig auf das heutige Englisch paßt). *I buy a book* (»ich kaufe ein Buch«: Substantiv); *I book a flight* (»ich buche einen Flug«: Verbum). Manchmal haben gleich geschriebene Wörter je nach Betonung verschiedene Bedeutung: *permịt* (»erlauben«), *pẹrmit* (»Erlaubnis«). Man könnte von einem hohen Grad von Fungibilität der englischen Wörter sprechen.

Wortbildung

Das schnelle Anwachsen des englischen Wortschatzes wird erleichtert durch verschiedene Mittel zur Bildung neuer Wörter. Auf ähnliche Weise wie im Griechischen und Deutschen können Komposita gebildet werden, wobei die Bestandteile verschiedenen Wortarten entstammen können: *gentleman, aircraft, shipbuilding* mögen als Beispiele genügen. An Suffixen und Affixen ist ein reiches Sortiment vorhanden. In der Sprache der Wissenschaft und Technik werden heute - wie im Deutschen - gern griechische Präfixe wie *poly-, macro-, micro-, para-* neben lateinischen wie *maxi-, mini-* benutzt. Die althergebrachten Suffixe haben oft keine eindeutige Funktion: die Endung *-er* bezeichnet in *worker* den Mann, der arbeitet, in *diner* den Wagen, in dem man ißt, in *fiver* den Betrag der Banknote.

Besonderheiten der englischen Wortbildung sind:

a) Wortmischungen wie *brunch* aus *breakfast* und *lunch; smog* aus *smoke* und *fog;*

b) Rückbildungen, d.h. Ableitungen, die streng genommen auf einer falschen Voraussetzung beruhen: *fisher* ist abgeleitet aus *to fish.* Also gab es vor *bulldozer* ein Verbum *to bulldoze?* Nein, aber es entsteht aus dieser Annahme, wie *to televise* aus *television.*

c) Zusammenziehung aus zwei Wörtern; aus *cable telegram* wird *cablegram;* aus *biology* (oder *biological*) *electronics* wird *bionics.*

d) Kürzungen (vgl. »Bus« aus »Autobus«): aus *advertisement* (»Inserat«) wird *ad,* aus *examinations* wird *exams.* Bei uns neigen Schüler und Studenten zu solchen Verkürzungen: »wir haben Mathe«; »das Abi machen«.

e) Häufig sind aus Initialen gebildete Wörter (*Akronyme*) wie *NASA* aus *National Aeronautics and Space Administration.*

Änderung des Sprachtypus

Je mehr eine Sprache auf Flexionsendungen verzichtet, um so starrere Regeln benötigt sie für die Wortstellung im Satz, um verständlich zu bleiben: »Der Jäger verfolgt den Bären«; dieser Satz verliert in der Umstellung »Den Bären verfolgt der Jäger« nichts von seiner Eindeutigkeit. Klingen Nominativ und Akkusativ aber völlig gleich, so muß die Zuordnung durch die Reihenfolge ausgedrückt werden: *The hunter pursues the bear* besagt das Gegenteil von *The bear pursues the hunter.*

Sprachen, die aus unflektierbaren Wörtern bestehen und den Satzzusammenhang durch die Reihenfolge der Wörter ausdrücken, nennt man *isolierende* Sprachen (mehr darüber im Zwölften Kapitel). Mit dem Verlust der Flexionsendungen ist das Englische diesem Sprachtypus nahegerückt. So wundert sich der Laie, wenn er in einem sprachwissenschaftlichen Werk, das Englische betreffend, den Satz liest: »Man kann es typologisch zwischen das Mongolische und das Chinesische stellen«.

Laut und Schrift

Das gesprochene Englisch hat auf seinem Wege einschneidende Wandlungen durchgemacht (Lautverschiebungen), auf die ich in diesem Kapitel nicht eingegangen bin. Es weist heute nicht weniger als zwölf verschieden gefärbte Vokale und neun Diphthonge auf, insgesamt 21 »Vokalphoneme«. Wie sollen die klar in der Schrift wiedergegeben werden, wenn das lateinische Alphabet benutzt wird, das nur fünf Vokalzeichen zur Verfügung stellt? Dies ist eine Wurzel des Auseinanderklaffens zwischen Laut und Schrift, das das heutige Englisch für den Ausländer schwer erlernbar macht. Es gibt kaum Regeln, deren Kenntnis es dem Lernenden ermöglicht, neu begegnende Wörter richtig auszusprechen. Und derselbe Laut kann im Schriftbild ganz verschieden aussehen: das lange [i] erscheint in *we* als *e*, in *bee* (»Biene«) als *ee*, in *read* als *ea*, in *machine* als *i*, in *key* (»Schlüssel«) als *ey*.

Die heute herrschende Orthographie geht in den Grundzügen auf das 15. Jahrhundert zurück, später eingetretenen Änderungen der Aussprache ist sie nicht angepaßt worden. Dies ist die zweite Ursache dafür, daß *sound* und *spelling* heute weit auseinanderklaffen.

Rufe nach Reform sind aus allen Jahrhunderten bekannt. Besonders beißenden Spott hat Bernard Shaw über die englische Orthographie ausgegossen. Er legte dar, daß man das Wort *fish*, wenn man den Laut [f] aus *enough* nimmt, den Laut [ɪ] aus *women* und den Laut [ʃ] aus *nation*, ebenso gut als *ghoti* schreiben könne. In seinem Testament vermachte er einen namhaften Betrag demjenigen, der ein Alphabet erfände, das es erlaubt, die englische Sprache lautgetreu und eindeutig zu schreiben. Auf Grund dessen ist ein *Shaw Alphabet* entwickelt worden; es hat 49 Buchstaben, also rund doppelt so viel wie das lateinische. Ein anderer Entwurf, genannt *ITA (Initial Teaching Alphabet)*, versucht es mit 44 Buchstaben. Beide Alphabete werden in Schulversuchen mit Anfangsklassen erprobt. Ein drittes System ist 1959 von Axel Wijk vorgeschlagen worden.

Es ist des Nachdenkens, ja des Staunens wert, daß eine Sprache mit so vertrackter, veralteter Orthographie zur unbestrittenen Weltsprache aufgestiegen ist.

Zentrifugale Tendenzen

In England und Schottland besteht eine Vielzahl von Dialekten, die große Unterschiede aufweisen. Dafür, wie Englisch »richtig« auszusprechen sei, ist herkömmlicherweise die *British Received Pronunciation (RP)*, die anerkannte Aussprache, maßgebend. Sie beruht auf den Sprachgewohnheiten der gebildeten Schicht in London und Südwestengland.

In den USA gibt es ebenfalls ausgeprägte Dialektunterschiede. In Neuengland mit dem Zentrum in Boston klingt das amerikanische Englisch dem europäischen (und damit der *RP*) am ähnlichsten. Im Süden ist es selbst für den, der ein gutes Schulenglisch spricht, streckenweise *unintelligible*.

In Kanada ist Englisch (neben Französisch) Landessprache, in Australien und Neuseeland herrscht es allein. In Indien und Pakistan dient es weithin als Verkehrssprache. In Südafrika ist es Staatssprache neben Afrikaans. Kann eine Sprache ihre Einheitlichkeit behaupten, die von so vielen Menschen in so vielen Ländern (dazu u. a. auf mehreren karibischen Inseln) gesprochen wird?

Bis jetzt sind die Unterschiede zwischen dem britischen und dem US-amerikanischen Englisch in der Schrift gering. Noch weniger als in der Vergangenheit wird aber das selbstbewußte Amerika die *Received Pronunciation* als Ideal ansehen. Unter dem Einfluß der Massenmedien und der hohen Mobilität der Bevölkerung wird sich eher eine eigene amerikanische Norm herausbilden.

So ist im Hinblick auf die zukünftige Entwicklung des Englischen manches unsicher. Sicher scheint, daß die Bedeutung des Englischen in der heutigen Welt noch zunehmen wird, und daß der unermeßliche, jetzt schon kaum zu übersehende Wortschatz dieser Sprache noch weiter anwachsen wird. Dazu wird die rapide technische und wissenschaftliche Entwicklung ebenso beitragen wie die Freude der Amerikaner an neuen Wortschöpfungen; die Lexikographen haben alle Mühe, das unablässig neu Aufkommende zu sammeln und zu sichten. Mit den Neuprägungen kann man Jahr für Jahr einen neuen Ergänzungsband zu den ohnehin riesigen Wörterbüchern des Englischen füllen.

ZEHNTES KAPITEL

Sprachfamilien der Erde: Nichtindogermanische Sprachen in Europa und Asien

Vorbemerkungen

In den vorangehenden Kapiteln haben wir uns (mit Ausnahme des Ersten Kapitels) nur mit indogermanischen Sprachen befaßt – nicht aus dem egozentrischen Grunde, daß die deutsche Sprache dieser Familie zugehört, sondern deshalb, weil diese weitverzweigte Sprachenfamilie in der heutigen Welt eine führende Rolle spielt – wie jeder Blick auf eine Sprachenkarte der Erde bestätigt. Die Völker Europas mit ihrem Wagemut, ihrem Abenteuergeist (oder soll man sagen: ihrer Aggressionslust), mit ihrem Organisationstalent, mit ihrer technisch-zivilisatorischen und damit auch militärischen Überlegenheit haben die ganze Erde erschlossen und zu großen Teilen auch unterworfen, und wo sie herrschten, haben sie, ähnlich wie die Römer in den westlichen Provinzen ihres Reiches, ihre Sprachen eingepflanzt, vielerorts so fest, daß sie auch nach dem Ende des Kolonialzeitalters beherrschend blieben.

Dieses Kapitel handelt von »nichtindogermanischen« Sprachen; den bestimmten Artikel lasse ich bewußt weg (wie auch zweimal in der Überschrift dieses Kapitels), denn es ist weder sinnvoll noch möglich, eine Übersicht über alle Sprachen der Erde zu geben, auch nicht über alle Sprach*familien*.

Was ist eine Sprachfamilie?

Dieser Ausdruck »Sprachfamilien« ist natürlich am Modellfall der indogermanischen Sprachen entstanden. Er bezeichnet – ebenso wie das synonyme »Sprachstamm« – eine Anzahl von Sprachen, die auf Grund genetischer Zusammengehörigkeit von der Wissenschaft zusammengefaßt und damit von anderen Sprachen abgehoben werden. Was heißt »genetische« Zusammengehörigkeit? Man muß wohl hier drei Stufen unterscheiden:

Drei Grade der Gewißheit

1. *Genetisch verwandt* sind Sprachen, deren Herausbildung aus einer gemeinsamen »Mutter«sprache auf Grund vieler und nahezu lückenloser schriftlicher Zeugnisse vor

Augen liegt. Dies gilt für die Entstehung der romanischen Sprachen aus dem Lateinischen.

2. Eine *Familie* bilden Sprachen, bei denen die Entwicklung aus einer gemeinsamen Ursprache zwar nicht so lückenlos belegt ist wie im Fall 1, sich aber beim Studium der Einzelsprachen oder -zweige, besonders wenn man die frühesten noch zugänglichen Stufen betrachtet, zwingend aufdrängt. Dies gilt für die indogermanische Familie, deren ältestes Stadium ja nicht belegt, sondern nur erschlossen ist.

3. Auf Grund von Ähnlichkeiten, die sich im Wortschatz finden (Vorsicht! Wörter können übernommen, entlehnt werden), vor allem aber in der Grammatik und auch in der Lautung (Phonetik), kann man die Hypothese aufstellen, daß bestimmte Sprachen – auch wenn die Entwicklung nicht so gut belegt ist wie bei 1. und 2. oder die Belege nicht so gründlich durchforscht sind – ebenfalls eine Familie bilden. Eine solche Hypothese kann wie jede wissenschaftliche Arbeitsannahme von der weiteren Forschung bestätigt *(verifiziert)*, aber auch widerlegt *(falsifiziert)* werden. Die Zusammenfassung z. B. indianischer, auch afrikanischer, auch längst ausgestorbener Sprachen zu Familien steht unter diesem Vorbehalt. In manchen Fällen muß die Wissenschaft – *faute de mieux* – einfach regionale Gruppen bilden, die Sprachen umfassend, die in demselben Großraum gesprochen werden.

Auswahlprinzip

Ich möchte versuchen, in einem geistigen Streifzug oder Spaziergang, der von Europa beginnend in Richtung von West nach Ost die ganze Erde umwandert, einige wichtige Sprachfamilien kurz vorzustellen. Was heißt »wichtig«? Eine Familie kann wichtig sein, wenn sie

1. mit Tochtersprachen in Europa vertreten ist; dies gilt z. B. für die uralischen Sprachen;

2. wenn sie kulturell und geschichtlich mit Europa besonders eng verbunden ist; dies gilt für die semitischen Sprachen, zu denen Hebräisch und Arabisch gehören;

3. wenn sie Sprachen bedeutender Kulturvölker umfaßt; dies gilt z. B. für die sino-tibetische Familie mit Chinesisch als Mitglied;

4. wenn sie von einer großen Menschenzahl gesprochen wird oder ein weites Gebiet überdeckt;

5. wenn sie Züge aufweist, die sprachwissenschaftlich (d. h. bei der Sprachvergleichung) bedeutsam sind.

Die Stoffmenge ist allerdings überwältigend. Es droht die Gefahr, daß der Leser - oder gar der Autor - darin ertrinkt. Man braucht als Anhalt einen roten Faden - dieser Ausdruck rührt daher, daß in die Taue der britischen Kriegsmarine im Zeitalter der Segelschiffe ein durchlaufender roter Strang eingeflochten war. Ich gebe deshalb vorher an, auf welche Sprachen oder Familien ich hier zu sprechen komme, und werde am Ende des nächsten Kapitels noch einen groben Überblick über von mir nicht erwähnte Gruppen geben.

Übersicht

Vorgestellt werden 1. das *Baskische,* eine isolierte (keiner Familie zuzurechnende) europäische Sprache, 2. die *uralischen,* 3. die *hamitisch-semitischen,* 4. die *altaischen,* 5. die *kaukasischen* Sprachen, 6. das *Chinesische* als wichtigstes Glied der *sino-tibetischen* Sprachfamilie. Es folgt ein Blick auf 7. die *drawidischen* Sprachen. Es folgen im nächsten Kapitel 8. die Sprachen des *pazifischen Raumes;* den Schluß bilden 9. die *indianischen* Sprachen Amerikas und 10. die Sprachen *Schwarzafrikas.*

Baskisch – ein Außenseiter

Heutiger Bestand

Im Südwesten Europas, beiderseits der westlichen Pyrenäen, wird eine Sprache gesprochen, die bisher allen Versuchen widerstanden hat, sie irgendeiner Familie oder Gruppierung zuzuweisen: das *Baskische.* Solche Versuche sind unternommen worden vor allem in Richtung auf eine Beziehung des Baskischen zur hamito-semitischen Sprachfamilie, zu kaukasischen Sprachen und zum Iberischen, der nur spärlich bekannten Sprache der Bewohner der »Iberischen Halbinsel« vor ihrer Einnahme durch die Römer. Bisher sind solche Zuweisungen wissenschaftlich nicht gesichert.

Der größere Teil des baskischen Sprachgebiets liegt auf der spanischen Seite in den Provinzen Vizcaya, Álava, Guipúzcoa und Navarra (die aber nicht alle geschlossen zum baskischen Gebiet gehören), der kleinere in Frankreich.

Die Zahl der Baskisch Sprechenden kann nicht exakt angegeben werden, teils wegen des Fehlens ausreichender statistischer Erhebungen, teils auch, weil ein großer Teil der Sprecher das Baskische neben dem Spanischen oder Französischen spricht. Ganz vorsichtig läßt sich sagen, daß es mehr als eine halbe Million, aber weniger als eine Million Basken gibt (abgesehen von Auswanderern in Übersee); davon 75 bis 80% auf der spanischen Seite. Einer offiziellen Autonomie haben sich die Basken nur ganz vorübergehend während des Spanischen Bürgerkriegs erfreut (1936/37). Nach dem Sturz Francos hat die neue spanische Verfassung den Basken weitgehende Autonomierechte zuerkannt, was bekanntermaßen einen radikalen Flügel nicht hindert, weiterhin mit gewaltsamen Mitteln für totale Unabhängigkeit zu kämpfen.

Vielfalt der Dialekte

Auffällig ist, daß das Baskische - trotz des relativ kleinen Sprachgebiets - in eine Anzahl von Dialekten zerfällt, die sich teilweise so stark voneinander unterscheiden, daß eine gegenseitige Verständigung ihrer Sprecher nur ganz begrenzt möglich ist; damit könnte man die Dialekte auch als eigene Sprachen klassifizieren. Einer der angesehensten Erforscher des Baskischen, Prinz Louis-Lucien Bonaparte (1813-91), hat acht Dialekte unterschieden.

Geschichte

Die Basken nennen ihre Sprache *Euskara,* sich selber *Euskaldunak.* Aus römischer Zeit sind einige Inschriften erhalten, die bezeugen, daß damals schon Baskisch gesprochen wurde. Vom Jahre 1000 ab sind sie zahlreicher, 1545 ist das erste Buch in baskischer Sprache gedruckt worden. Es scheint sicher, daß das baskische Sprachgebiet, besonders im Süden, sich früher bedeutend weiter erstreckt hat als heute, nämlich etwa bis Burgos.

Eigenart

In seinem Lautbild ist das heutige Baskisch vom angrenzenden Spanisch nicht allzu verschieden, doch mag dies auf Beeinflussung im Laufe zweitausendjähriger Nachbarschaft beruhen. Sprachbau und Grammatik sind für jeden nichtbaskischen Europäer fremdartig; das Baskische ist deshalb als Fremdsprache schwer erlernbar. Baskisch ist eine agglutinierende Sprache, d. h. grammatische Beziehungen werden (überwiegend) ausgedrückt durch Suffixe, die an den Wortstamm angehängt werden: *oin* bedeutet »Fuß«, *oina* »der Fuß« (der bestimmte Artikel wird also als Suffix angefügt), in *oinak* ist noch ein *k* als Suffix hinzugetreten, das wie eine Kasusendung (Deklinationsendung) aussieht, tatsächlich aber angibt, daß das Wort - in dem folgenden Satz - als Subjekt anzusehen ist, und zwar als Subjekt eines transitiven Verbums. Die Deklination erfolgt ebenfalls durch Suffixe, die an das Substantiv oder das begleitende Adjektiv treten: *etxe* bedeutet »Haus«, *etxe berria* »das neue Haus« (Artikel *a* am Adjektiv), *etxe berriari* »für das neue Haus« (Präposition *ri* hinten angefügt). Auch das Verbum und seine Behandlung im Satz ist voller Tücken (für den Ausländer).

Wortschatz

Das Baskische hat schon zu römischer Zeit Lehnwörter aus dem Lateinischen aufgenommen, was man an ihrer Form erkennen kann: *bake* (»Friede«) vom lat. *pax* bzw. dessen Genitiv *pacis* oder Akkusativ *pacem*, aus der Zeit, als die Römer das *c* noch als [k] aussprachen. Lehnwörter aus dem Baskischen in anderen Sprachen sind äußerst selten. Eigennamen wie *Bolívar* (der Befreier Südamerikas) oder (»Che«) *Guevara* sind baskisch.

Die Reihe der Grundzahlen – die in den indogermanischen Sprachen deutlich die Sprachverwandtschaft erkennen läßt – klingt fremdartig: 1 *bat;* 2 *bi, bida* oder *biga;* 3 *hirur;* 4 *laur* (diese beiden Wörter reimen sich); 5 *bost* oder *bortz;* 6 *sei(r);* 7 *zazpi;* 8 *zortzi;* 9 *bederatzi;* 10 *hamar.* Das Zahlensystem baut auf der 20 auf (vgl. französisch *quatre-vingt* »achtzig«), so daß 50 als »zweimal 20 plus 10« ausgedrückt wird.

Uralische Sprachen

Diese Sprachen nehmen ein großes Gebiet der eurasischen Landmasse ein, von Nordschweden bis zum Ob in Sibirien, werden aber nur von schätzungsweise 25 Millionen Menschen gesprochen. Die *uralische Sprachfamilie* besteht aus zwei größenmäßig höchst unterschiedlichen Zweigen, die manchmal auch jeder für sich als Familie bezeichnet werden.

Samojedische Sprachen

Die *samojedischen* Sprachen, deren man vier unterscheidet, haben insgesamt nur einige zehntausend Sprecher, die sich, meist nomadisch lebend, über ein riesiges Gebiet etwa von Nowaja-Semlja bis zum Jenissej verteilen.

Finnisch-ugrische Sprachen

Den anderen Zweig betrachten wir etwas näher, weil diejenigen europäischen Kultursprachen zu ihm zählen, die nicht indogermanischer Abkunft sind: das *Finnische* sowie das ihm sehr nahestehende *Estnische* in Nordosteuropa, andererseits, als weit nach Südwesten vorgeschobene Sprachinsel, das *Ungarische*. Auch die Sprache der *Lappen* gehört (neben weiteren im Wolga-Gebiet) zu dieser Familie. Lappen leben, als Nomaden dünn verteilt, in nördlichen Landstrichen Norwegens, Schwedens, Finnlands sowie Rußlands.

»Ugrisch« und »Ungar« gehen wohl beide auf *ugra* zurück (alter slawischer Name für ein Gebiet östlich des Ural, wo bis heute ugrische Sprachen gesprochen werden).

Es wird angenommen, daß die Gesamtfamilie auf eine als *Proto-Uralisch* bezeichnete, hypothetische Ursprache zurückgeht, die vor vielleicht 8000 Jahren im Gebiet des mittleren Ural verbreitet war. Die heutigen Einzelsprachen haben sich im Verlauf der Entwicklung weit voneinander entfernt, auch innerhalb des finno-ugrischen Zweiges. Der Vergleich von Wörtern für alltägliche Dinge wie auch der Grundzahlwörter - der bei indogermanischen Sprachen selbst für so weit entfernte Sprachen wie altes Sanskrit und heutiges Französisch noch die Verwandtschaft erkennen läßt - ergibt kaum Anhaltspunkte. Ungarisch und Finnisch sind in ihrem Wortschatz so verschieden, daß ein Ungar und ein Finne heute sich nicht verständigen können, ja auch aus ihrer Muttersprache beim Erlernen von Vokabeln der jeweils anderen Sprache kaum eine Hilfe haben.

Phonologische Eigenart

Wieso kann man dann hier von Familie und Verwandtschaft sprechen? Nun, die Gemeinsamkeiten treten - wenn auch wohl nur für den Linguisten - deutlich hervor, sobald man das Augenmerk auf das Lautbild (die Phonologie) und den Bau der Sprache (Morphologie, Grammatik, Syntax) richtet.

Auch der Laie kann sich vom Klang des Finnischen und des Ungarischen leicht eine Vorstellung verschaffen, wenn er weiß, daß die Orthographie in beiden Sprachen die heutige Aussprache genau wiedergibt. Beide Sprachen kennen dieselben Vokale wie das Deutsche, nämlich neben *a, e, i, o, u* auch *ä, ö* und *ü* (letzteres im Finnischen als *y* geschrieben). Die Vokale können kurz oder lang vorkommen. Im Finnischen werden sie zur Angabe der Länge konsequent verdoppelt, am Vorkommen von Doppelvokalen wie *ää* kann man einen finnischen Text erkennen. Die Ungarn benutzen ein diakritisches Zeichen, um die Länge anzugeben: á [a:] neben a [ɔ], é [e:] neben e ([ɛ], sehr offen), ő [ø:] neben ö [œ] usw. Die Länge/Kürze eines Vokals ist bedeutungsunterscheidend (auch im Deutschen, was an Wortpaaren wie »Wall« - »Wahl«, »sich« - »siech«, »wirr« - »wir« sogleich deutlich wird). Im Estnischen gibt es sogar drei Quantitäten: einen kurzen, einen langen und einen extralangen Vokal. Die Finnen (auch die Ungarn) unterscheiden konsequent auch zwischen kurz oder lang auszusprechenden Konsonanten. Die letzteren werden ebenfalls in der Schrift verdoppelt. Einen Konsonanten »lang« auszusprechen, ist einfach bei Lauten wie [m], [l], [r] – schwierig bei Verschlußlauten; hier bedeutet der Doppelkonsonant eine Art »Stop« – ähnlich wie im Italienischen.

Sprachbau

Im Finnischen wie im Ungarischen trägt stets die erste Silbe eines Wortes den Ton, sei das Wort auch noch so lang wie z. B. *a viszontlátásra* [ɔ vi̯sontla:ta:ʃrɔ] ungarisch »Auf Wiedersehen«, und lange Wörter gibt es in beiden Sprachen zuhauf. Dies führt auf ein wichtiges Charakteristikum beider Sprachen. Lange Wörter sind häufig in Sprachen, die grammatische Beziehungen in erster Linie durch das Anhängen von Bildungssilben (Suffixen) ausdrücken. Im Ungarischen wird aus dem Nominativ (der dem Wortstamm gleicht) der Dativ durch Anhängen von *-nek* oder *-nak* gebildet, der Akkusativ durch Anfügen von *-t,* der Plural durch Anfügen von *-k*. Endet der Stamm auf einen Konsonanten, tritt ein Bindevokal zwischen Stamm und Suffix.

Vokalharmonie

Welcher? Das richtet sich nach dem Prinzip der Vokalharmonie, das in den meisten finno-ugrischen Sprachen eine wichtige Rolle spielt (aber auch in anderen Sprachen wie dem Türkischen). Zu *ember* [ɛ̧mbɛr] »Mensch« gehört als Plural *emberek* (eingefügtes *e*), zu *város* [va̠roʃ] »Stadt« aber *városok* (eingefügtes *o*). Innerhalb des Wortes soll also Harmonie der Vokale herrschen: entweder nur »hintere« oder nur »vordere« Vokale (die Bezeichnung bezieht sich auf die Stellung der Zunge: bei hellen Vokalen wie *i, ä* steht die Zunge weiter vorn im Mund als bei dunkel klingenden wie *o* und *u*). Die Suffixe werden aneinander gehängt, so daß der Dativ zu *emberek* (»die Menschen«) lautet: *embereknek* (»den Menschen«).

Weiteres Kennzeichen

Ein grammatisches Geschlecht gibt es nicht (dies ist ein weiteres Familienkennzeichen). Man kann zahlreiche Fälle bei der Deklination unterscheiden, bis zu 18. Da die Fälle durch Suffixe markiert werden, räumliche, zeitliche, Besitzbeziehungen aber ebenfalls durch Suffixe (die man auch *Postpositionen* nennen könnte), ist eine Abgrenzung schwierig.

Seit die Ungarn im 9. Jahrhundert von Osten her in ihr heutiges Wohngebiet eingedrungen waren und dann, an weiterem Vordringen nach Westen durch die Schlacht auf dem Lechfeld (955) gehindert, seßhaft wurden und unter ihrem ersten König Stephan dem Heiligen *(Szent István)* das Christentum annahmen, haben sie trotz äußerst wechselvoller Geschichte ihre sprachliche Eigenart in völlig fremder Umgebung bewahrt. Ihr Staatsgebiet hat zeitweilig Millionen nichtungarischer Minderheiten umschlossen, während heute, nach dem Verlust des Ersten und des Zweiten Weltkriegs, viele Ungarn außerhalb der Grenzen des ungarischen Staates leben.

Afroasiatische Sprachen Unter dieser relativ neuen Bezeichnung werden über 300 Sprachen mit mehr als 300 Millionen Sprechern zusammengefaßt. Das Verbreitungsgebiet dieser Familie reicht vom Atlantik im Westen bis zum Persischen Golf im Osten, in Nord-Süd-Richtung vom Mittelmeer bis Somalia und Äthiopien. Zu ihr gehören Sprachen, die seit Jahrtausenden bezeugt sind, insbesondere das *Altägyptische*, dessen älteste Denkmäler bis nahe an das Jahr 4000 v. Chr. zurückreichen. Diese tote Sprache hat ihre »moderne« Fortsetzung im *Koptischen*, der Kirchensprache der koptischen Christen. Fast ebenso ehrwürdigen Alters ist das *Babylonisch-Assyrische*, belegt seit dem 3. Jahrtausend v. Chr. Das *Althebräische*, das als Sprache der meisten Bücher des Alten Testaments lange Zeit als »älteste Sprache der Menschheit« angesehen wurde, ist seit dem 9. Jahrhundert v. Chr. belegt. Zur Familie gehört auch das *Aramäische*, die Sprache Jesu und seiner Jünger, heute noch gesprochen von kleinen Gruppen u. a. in Iran und Irak.

Zweige Die Familie wurde früher »hamito-semitische« Sprachfamilie genannt, nach den Söhnen Noahs im Alten Testament, Sem und Ham. Viele Forscher teilen die Familie heute in 6 Zweige ein: 1. Der *ägyptische* Zweig besteht aus dem Altägyptischen und dem Koptischen. Obwohl die Kultur Ägyptens durch Jahrtausende eine führende Stellung einnahm, hat die ägyptische Sprache (verglichen etwa mit dem Griechischen und Lateinischen) nur geringfügig auf andere Sprachen eingewirkt. 2. Zum *kuschitischen* Zweig gehören als wichtigste Sprachen *Oromo* (auch *Galla* genannt) in Äthiopien sowie *Somali* (Nationalsprache in Somalia, auch in Ägypten und Kenia gesprochen). 3. Zum *tschadischen* Zweig gehört als wichtigste Sprache *Haussa* (zu Hause in Nigeria, als Lingua franca auch in anderen Ländern Westafrikas gesprochen). 4. Die *Berbersprachen* waren in Nordafrika beherrschend, bis sie beim Vordringen des Islam durch das Arabische zurückgedrängt wurden. Sie sind noch lebendig bei Stämmen wie den Tuareg und den Rifkabylen in Marokko, den Kabylen in Algerien, den Bewohnern der Insel Djerba in Tunesien. Zu den Berbersprachen gehört höchstwahrscheinlich auch die ausgestorbene, durch das Spanische verdrängte Sprache der *Guantschen*, der Ureinwohner der Kanarischen Inseln. 5. Der *omotische* Zweig ist der kleinste der Familie, hat nur 1,5 Millionen Sprecher. 6. Den stärksten Zweig bilden die *semitischen* Sprachen mit über 200 Millionen Sprechern. Er umfaßt einst bedeutende, heute ausgestorbene Sprachen wie Phönizisch, Ugaritisch, Babylonisch. Heute gibt es in Europa eine einzige semitische Sprache: das *Maltesische* auf Malta. Zu den semitischen Sprachen gehören auch *Amharisch* (hauptsächlich in Äthiopien), *Tigré, Tigrinya* (in Eritrea).

Hebräisch und Arabisch

Die wichtigsten lebenden semitischen Sprachen sind *Hebräisch* und *Arabisch*. Die beiden haben sprachliche Grundstrukturen gemeinsam, doch bei der Schrift gehen sie getrennte Wege.

Das hebräische Alphabet; darunter: die Vokalzeichen

Schrift-zeichen	Bezeich-nung	Laut-wert	Schrift-zeichen	Bezeich-nung	Laut-wert	Schrift-zeichen	Bezeich-nung	Laut-wert
א	*Alef*	[|, a]	ח	*Chet*	[x]	ע	*Ajin*	[|]
בּ	*Beth*	[b]	ט	*Tet*	[t]	ף, פּ	*Pe*	[p]
ב	*Veth*	[v]	י	*Jod*	[j, i, ɛɪ]	פ	*Fe*	[f]
ג	*Gimmel*	[g]	ך, כּ	*Kav*	[k]	ץ, צ	*Zadi*	[ts]
ד	*Dalet*	[d]	כ	*Chav*	[x]	ק	*Kuf*	[k]
ה	*He*	[h]	ל	*Lamed*	[l]	ר	*Resch*	[r]
	(am Wortende [a]*)*		ם, מ	*Mem*	[m]	שׁ	*Schin*	[ʃ]
ו	*Vav*	[v, u, ɔ]	ן, נ	*Nun*	[n]	שׂ	*Ssin*	[s]
ז	*Sajin*	[z]	ס	*Samech*	[s]	ת	*Tav*	[t]

Bei Kav, Mem, Nun, Pe und Fe stehen links jene Zeichen, die am Wortende benutzt werden.

Zeichen[1)]	Laut-wert	Zeichen	Laut-wert	Zeichen	Laut-wert	Zeichen	Laut-wert
xַ	[a]	xֶ	[ɛ]	xִ	[i]	xֹ	[o]
xֲ	[a]	xֵ	[e:]	’xִ	[i:]	וֹ	[o:]
xָ	[a:]	’xֵ	[e:]	xֳ	[o]	וּ	[u:]
xֱ	[ɛ]	xְ	(stumm)	xָ	[o]	xֻ	[u]

1) x steht für vorausgehenden Konsonanten

Hinweise zur Tabelle

1. Die Buchstaben sind der Druckschrift entnommen. Handgeschriebene Zeichen sehen – wie bei der lateinischen Schrift – anders aus.

2. Der Lautwert entspricht der heute in Israel üblichen, noch nicht ganz gefestigten Aussprache. Die Zeichen entsprechen der internationalen Lautschrift (also [x] = Ach-Laut).

3. In drei Fällen (Beth/Veth; Kav/Chav; Pe/Fe) unterscheiden sich zwei Konsonantzeichen nur durch einen Punkt. Das Zeichen mit Punkt bezeichnet einen Verschlußlaut, das ohne Punkt den zugehörigen Reibelaut (b: [v]; k: [x]; p: [f]).

4. Althebräisch, die Sprache des Alten Testaments, wird mit denselben Zeichen geschrieben; die Lautwerte sind bei einigen Zeichen anders.

5. Auch das Jiddische (vgl. Kap. 8) wird mit diesen Zeichen geschrieben, die Vokale werden aber meistens anders dargestellt.

Arabische Schrift

Die Schrift des Koran wird ebenso wie das Hebräische von rechts nach links geschrieben. Sie ist eine reine Konsonantenschrift – wie die phönizische. Die Vokalzeichen können für Leser arabischer Muttersprache fortbleiben; der Leser ergänzt sie aus dem Sinnzusammenhang.

Die arabische Schrift ist sehr dekorativ; in der Kunst wird sie zu wunderschönen Ornamenten ausgearbeitet, zumal in Moscheen, da der Islam bildliche Darstellungen dort nicht zuläßt.

Arabisch heute

Die arabische Sprache verdankt ihre heutige Verbreitung den Eroberungszügen der Nachfolger des Propheten Mohammed, die sie bis nach Spanien trugen. Heute wird Arabisch ganz oder vorwiegend gesprochen in Ägypten, Algerien, Irak, beiden Jemen, Jordanien, Kuwait, dem Libanon, Libyen, Marokko, Maskat und Oman, Saudi-Arabien, Sansibar (Teil Tansanias), im Sudan, Syrien, Tunesien. Das »klassische« Arabisch ist in den genannten Gebieten Amtssprache und Sprache der Medien. Gesprochen werden Dialekte, bei denen man eine westliche (Marokko, Algerien, Tunesien), eine mittlere (Beduinen) und eine östliche Gruppe (Ägypten, Syrien, Irak) unterscheidet. Wer sich als Tourist einen Sprachführer für eine Reise in arabisch sprechende Länder anschaffen will, muß angeben, welches der oben aufgeführten Länder er besuchen möchte.

Verkehrszeichen in Marokko. Der Wegweiser (links) ist zweisprachig (arabisch-französisch); das Stopschild ist so eindeutig, daß es keiner Übersetzung bedarf.

Das arabische Alphabet

unverbundene Form	verbunden mit vorhergehendem Zeichen	verbunden nach beiden Seiten	verbunden mit folgendem Buchstaben	Lautwert	unverbundene Form	verbunden mit vorhergehendem Zeichen	verbunden nach beiden Seiten	verbunden mit folgendem Buchstaben	Lautwert
ا	ـا			[|]	ض	ـض	ـضـ	ضـ	[d]
ب	ـب	ـبـ	بـ	[b]	ط	ـط	ـطـ	طـ	[t]
ت	ـت	ـتـ	تـ	[t]	ظ	ـظ	ـظـ	ظـ	[z]
ث	ـث	ـثـ	ثـ	[θ]	ع	ـع	ـعـ	عـ	[|]
ج	ـج	ـجـ	جـ	[dʒ]	غ	ـغ	ـغـ	غـ	[ɣ]
ح	ـح	ـحـ	حـ	[h]	ف	ـف	ـفـ	فـ	[f]
خ	ـخ	ـخـ	خـ	[x]	ق	ـق	ـقـ	قـ	[k]
د	ـد			[d]	ك	ـك	ـكـ	كـ	[k]
ذ	ـذ			[ð]	ل	ـل	ـلـ	لـ	[l]
ر	ـر			[r]	م	ـم	ـمـ	مـ	[m]
ز	ـز			[z]	ن	ـن	ـنـ	نـ	[n]
س	ـس	ـسـ	سـ	[s]	ه	ـه	ـهـ	هـ	[h]
ش	ـش	ـشـ	شـ	[ʃ]	و	ـو			[w]
ص	ـص	ـصـ	صـ	[s]	ى	ـى	ـيـ	يـ	[j]

Für Leser mit arabischer Muttersprache bleiben die Vokale unbezeichnet. Für alle übrigen tritt ein Vokalzeichen zu dem vorhergehenden Konsonanten: ´ *(Fatha)* für [a] oder [e]; *(Kasra)* für [i]; ُ*(Damma)* für [u]. Außerdem werden bei Vokalen die Länge, bei Konsonanten die Vokallosigkeit markiert.

Arabische Schrift: Ornament aus einer Koran-Handschrift.

Die führende Rolle des Arabischen als Sprache der heiligen Schrift des Islam und als Sprache einer lange den Nachbarn überlegenen Kultur sowie sein enger Kontakt mit Nachbarsprachen haben bewirkt, daß das Arabische Lehnwörter aufgenommen hat, vornehmlich aus dem Griechischen, auch dem Aramäischen; vor allem aber, daß arabische Wörter in zahlreiche Sprachen wie Türkisch, Urdu, Persisch, Malaiisch, Suaheli, Haussa eingedrungen sind; auch die europäischen Sprachen haben (wie beim Deutschen und beim Englischen erwähnt) bereicherndes Sprachgut aus dem Arabischen aufgenommen. Die arabische Schrift verwenden Urdu und Persisch; Türkisch und Malaiisch haben sie lange Zeit verwendet.

Eigenarten der semitischen Sprachen

Manche Wesenszüge sind den semitischen Sprachen gemeinsam. Das gilt zunächst einmal für den Wortschatz. Sieht man von der Verschiedenheit der Schriften ab und

stellt gleichbedeutende Wörter des Hebräischen und Arabischen in phonetischer Schreibung nebeneinander, wird das sichtbar:
»Bruder«: arab. [ax], hebr. [a:x];
»Fuß«: arab. [ridʒl], hebr. [rɛ̦gɛl];
»Tag«: arab. [jaum], hebr. [jo:m], vgl. »Jom-Kippur-Krieg«.

Gemeinsame Merkmale der semitischen Sprachen sind u. a.:

1. das Vorkommen ›emphatischer‹, d. h. mit besonderem Nachdruck auszusprechender Konsonanten; sie machen dem Ausländer Schwierigkeiten;

2. die relative Häufigkeit von Kehllauten; sie gibt diesen Sprachen – für europäische Ohren – einen trockenen, ›gutturalen‹ Klang;

3. die Verwendung von Schriften, die ursprünglich nur aus Konsonantzeichen bestehen, die Vokale werden durch Hilfszeichen markiert;

Die Wurzeln

4. »Trikonsonantismus« der Wurzeln, das wohl auffallendste Kennzeichen. Die Wurzel der meisten arabischen Wörter (das Arabische läßt diese Eigenart besonders klar hervortreten) besteht aus drei Konsonanten (selten zwei oder vier), die, solange sie nicht mit Vokalen ausgefüllt werden, einen Begriff sehr allgemein (man könnte sagen: in höchst »infiniter« Form) umschreiben.

Beim Blick auf einen Zeitungsstand in Israel fallen dem Ausländer die in hebräischen Lettern gedruckten Zeitungstitel auf (manche Zeitungen haben den Textteil in einer europäischen Sprache in lateinischer Schrift).

Die Folge *k-t-b* deutet auf alles, was mit »Schreiben« zu tun hat, *k-t-l* entsprechend auf »Töten«. Die Vergangenheitsform heißt *kataba* »er schrieb«; die Form *kitab* »das Buch«, *kutub* »die Bücher«. Die Bildung solcher Formen erfolgt also durch eine Veränderung innerhalb der Wurzel, die »Ablaut« oder »innere Flexion« genannt wird. Neben diesem Bildungsmittel werden häufig Suffixe verwandt. Manchmal wird ein Vokal weggelassen, z. B. zur Steigerung des Adjektivs: *kabir* »groß«; *akbar* (der erste und der zweite Konsonant der Wurzel sind zusammengerückt) »größer«; *al akbaru* (mit dem bestimmten Artikel *al* davor): »der größte«.

Beim arabischen Verbum werden viele Bedeutungsveränderungen, die im Deutschen hauptsächlich mit Vorsilben bewirkt werden (»gehen – begehen – sich vergehen – entgehen – aufgehen – untergehen« usw.), ebenfalls durch die eben geschilderte innere Flexion bewirkt. Das Verbum *kataba* (in dieser Form, also Vergangenheit der 3. Person

Einzahl: »er schrieb«, findet man das Wort im Wörterbuch) erhält z. B. durch Längung des ersten Vokals eine reflexive Bedeutung: [ka̱taba] »einander schreiben, miteinander korrespondieren«; durch Längung des zweiten Konsonanten eine kausative: [kat:aba] »zum Schreiben veranlassen«.

Die Formbildung beim einzelnen Wort erfolgt, wie hier angedeutet, durch Veränderung im und am Wort, also durch Flexion. Was dagegen das Verhältnis der Wörter im Satz anlangt, so werden die Einzelwörter häufig - bei fest geregelter Wortfolge - ohne weitere Kennzeichnung nebeneinander gestellt. In dieser Beziehung steht das Arabische den *isolierenden* Sprachen näher (vgl. hierzu das Zwölfte Kapitel).

Altaische Sprachen
Die drei Zweige

Drei Zweige werden zu dieser Familie gerechnet. Einer davon umfaßt die im Chinesischen Reich einstmals (während der drei Jahrhunderte dauernden Herrschaft einer Mandschu-Dynastie) führende *Mandschu*-Sprache sowie einige *tungusische* Sprachen; auf diesen Zweig gehe ich nicht näher ein. Die beiden anderen Zweige sind weit bekannter und wegen ihrer Berührungen mit Europa auch wichtiger: die *Türk*-(oder *Turk*-)sprachen und die *mongolischen* Sprachen.

Die drei Gruppen weisen Gemeinsamkeiten auf, die eine gemeinsame Abstammung möglich erscheinen lassen, aber nicht beweisen. Früher wurde diese Familie häufig mit den uralischen Sprachen zu einer »ural-altaischen« Großfamilie zusammengestellt.

Die wichtigsten Turksprachen

Die Turksprachen (früher auch *turk-tatarische* Sprachen genannt) sind über ein großes Gebiet vom Rande Europas in Thrakien - diesseits von Dardanellen und Bosporus - bis tief nach Persien und Sibirien hinein verbreitet. Es wäre verwirrend, die Einzelsprachen dieses Zweiges alle aufzuzählen. Für den Europäer am nächsten liegt das in der Türkei als Staatssprache herrschende *moderne Türkisch,* zur Unterscheidung von anderen verwandten Sprachen auch *Türkeitürkisch* genannt. Nur auf dieses will ich etwas näher eingehen, zuvor aber einige weitere Turksprachen aufzählen, zumal solche, die als Sprachen von autonomen Teilgebieten der ehemaligen Sowjetunion einen offiziellen Status hatten.

In fünf der sechs ehemaligen Unionsrepubliken der

UdSSR, die eine mehrheitlich islamische Bevölkerung haben, spricht das Staatsvolk, das der Republik den Namen gegeben hat, eine Sprache, die zur Familie der Turksprachen gehört. Dies sind: in Aserbaidschan (Hauptstadt Baku) das *Aserbaidschanische,* in Kasachstan (Alma Ata) das *Kasachische,* in Kirgisien (Frunse, neuerdings wieder Bischkek) das *Kirgisische,* in Usbekien (Taschkent) das *Usbekische,* in Turkmenien (Aschchabad) das *Turkmenische.* Die sechste dieser nunmehr selbständigen Republiken, Tadschikistan (Duschambe), hat im *Tadschikischen* dagegen eine Sprache, die zum iranischen Zweig des Indogermanischen gehört.

Andere ethnische Gruppen in der einstigen UdSSR, die nicht in selbständigen Republiken leben, sondern in mehr oder weniger autonomen Gebieten in der Russischen Föderation, sprechen ebenfalls Turksprachen wie das *Baschkirische* (Republik Baschkirien, Hauptstadt Ufa), das *Tatarische* (Republik Tatarstan, Hauptstadt Kasan; bis 1945 lebten auf der Halbinsel Krim die Krimtataren, die durch Stalin von dort ausgesiedelt wurden; jetzt kehren sie allmählich zurück), ferner *Karatschaisch*, *Jakutisch* und *Tschuwaschisch.*

Die Turksprachen auf dem Gebiet der ehemaligen UdSSR wurden in kyrillischer Schrift geschrieben. In den heute selbständigen Staaten ist der Übergang zur lateinischen Schrift im Gang, oder er wird diskutiert; Tadschikistan schreibt heute arabisch.

Türkeitürkisch

Die Türkei hat seit *Atatürk* (»Türkenvater«) 1928 die lateinische Schrift eingeführt, die bis dahin verwendete arabische abgeschafft. Die Türken stellen in der Bundesrepublik Deutschland unter den Gastarbeitern die stärkste Gruppe. Deutsch zu lernen, ist für sie schwieriger als für Italiener, Spanier, auch Slawen, weil die Struktur des Türkischen von der des Deutschen grundverschieden ist. Die Schwierigkeiten liegen in Grammatik und Syntax, kaum dagegen in der Aussprache. Das Deutsche korrekt auszusprechen, ist für einen Türken nicht schwer. Das Türkische korrekt auszusprechen, wird für einen Deutschen, außer durch das Fehlen phonetischer Barrieren, auch dadurch erleichtert, daß die türkische Orthographie die Aussprache recht genau widerspiegelt. Wer einige diakritische Zeichen kennt, z. B. *ç* [tʃ], *ğ* = schwaches, weiches [g], manchmal [j], manchmal kaum hörbar, oder *j* [ʒ], *ş* [ʃ], kann einen ihm vorliegenden Text verständlich laut lesen.

Konsequent durchgeführt ist im Türkischen das schon bei den finnisch-ugrischen Sprachen erwähnte Prinzip der Vokalharmonie: Wird an einen Wortstamm eine Endung oder ein Suffix angefügt (und das geschieht ohne Unterlaß), so ist der Vokal des Stammes dafür maßgebend, welcher Vokal in der Endung zu stehen hat. Der umgekehrte Fall: daß der Vokal der Endung auf den des Stammes »abfärbt«, kommt nicht vor.

Schwierigkeiten des Türkischen

Es wäre wohl verwegen, die verwickelte Grammatik des Türkischen hier ausbreiten zu wollen. Ich möchte lediglich andeuten, inwiefern das Türkische ganz anders gebaut ist als eine indogermanische Sprache (und darum so »schwer«).

Es gibt Wörter, die nicht erweiterbar sind: Adverbien und Partikeln. Die wichtigsten Wortarten Substantiv, Pronomen, Adjektiv und Verbum können alle erweitert werden, und zwar durch Suffixe, die – in vorgeschriebener Reihenfolge und unter Beachtung der Vokalharmonie – dem Stamm angehängt werden. Was andere Sprachen durch einen Satz ausdrücken (müssen), kann im Türkischen, das damit zu den agglutinierenden Sprachen gehört, alles in ein Wort gepreßt werden: deutsch »weil sie nicht gekommen sind« entspricht türkisch *gel|me|dik|ler|i|nden,* wörtlich »wegen ihres Nichtkommens«; die senkrechten Striche zeigen an, aus welchen Bestandteilen das lange Wort gebildet ist. Jede Funktion wird durch ein eigenes Suffix ausgedrückt. Im lateinischen *hominem* läßt die Endung zugleich erkennen, daß es sich um den Singular handelt und daß das Wort im Akkusativ steht. Das Türkische bringt das durch zwei eigene Suffixe zum Ausdruck. Dies führt dazu, daß viele türkische Wörter, die Suffixe enthalten, beim Übersetzen in mehrere Wörter aufgelöst werden müssen. »Nicht ausgelöscht werden können« – dem entspricht *ein* türkisches Wort: *söndürülememek.*

Satzbau

Auch der Bau der Sätze folgt Regeln, die für den Nichttürken vertrackt wirken. Lange Partizipialkonstruktionen, dem zu bestimmenden Wort vorangestellt, sind im Deutschen zwar möglich, gelten aber als schlechter, weil das Verständnis erschwerender Stil: »Der vor einer halben Stunde angekündigte, aus Frankfurt kommende, soeben erst mit einer Verspätung von 30 Minuten einfahrende Zug …« Diese Konstruktion ist für das Türkische typisch, ja sie ist die allein mögliche. Alle bestimmenden Aussagen

Schild an einer Pferderennbahn in Huhehot, der Hauptstadt der Inneren Mongolei (Volksrepublik China) mit mongolischen (oben) und chinesischen Schriftzeichen (unten).

stehen *vor* dem zu bestimmenden Wort. Der Türke stört sich nicht daran und konstruiert wahre Bandwurmsätze. Besonders verwirrend war das vor 1928, weil in der arabischen Schrift oft kein satzschließender Punkt gesetzt wurde. Da mußte man vorausblickend den Text nach dem Verbum absuchen, das normalerweise erst am Satzende auftaucht. Manchmal ist das auch im Deutschen so. »Im Deutschen folgt das Verbum im zweiten Band«, hat ein Spötter gesagt. Ich glaube, es war Mark Twain.

Mongolisch

Werfen wir jetzt noch einen Blick auf die *mongolischen* Sprachen, als deren wichtigste das »eigentliche« *Mongolisch,* die Staatssprache der Mongolischen Republik, zu nennen ist. Verwandte Sprachen gibt es auf dem Gebiet der ehemaligen Sowjetunion *(Burjatisch, Tuwinisch, Kalmückisch),* auch in China, Tibet, der Mandschurei und Afghanistan. Das Mongolische wurde jahrhundertelang in eigenen Schriften geschrieben (von oben nach unten laufend), dann wurde ein leicht angepaßtes kyrillisches Alphabet verwendet. Heute verwendet man wieder die angestammte eigene Schrift.

Was ich eben an Eigenheiten des Türkischen aufgeführt habe, findet sich großenteils in den mongolischen Sprachen wieder. Es herrscht Vokalharmonie. Das Attribut, gleichgültig wie lang es ist, wird vorangestellt. Das Verbum steht am Satzende. Es gibt lange Kettensätze. Wo andere Sprachen Wörter und vor allem Sätze durch Konjunktionen verknüpfen, benutzt das Mongolische substantivierte

Infinitive und Partizipien. Im Satz werden die Wörter vielfach aneinandergereiht, ohne daß ihre grammatische Bedeutung näher gekennzeichnet wird; der Hörer oder Leser muß sie aus dem Zusammenhang ergänzen. Dies kann allgemein als Kennzeichen solcher Sprachen angesehen werden, die auf Flexion weitgehend verzichten.

Kaukasiche Sprachen
Übersicht

Hier nähern wir uns einem Sprachkreis, der den Gelehrten zahllose Rätsel aufgibt und für dessen verwirrende Mannigfaltigkeit man die Bezeichnung »Familie« nur unter deutlichem Vorbehalt verwenden kann. In einem weiten und vagen Sinne kann man alle Sprachen, die beiderseits, also nördlich und südlich, des Kaukasus zuhause sind, so nennen. Etwas enger und präziser gesprochen sind kaukasische Sprachen in dem eben abgegrenzten Gebiet diejenigen, die *nicht* indogermanisch sind (wie das Armenische) und nicht zu den Turksprachen gehören (wie Aserbeidschanisch).

Ob diese Sprachen soviel Gemeinsames haben, daß sie alle »genetisch zusammengehörig« anzusehen wären, ist nicht nur unsicher, sondern wird es wahrscheinlich auch bleiben, denn das Fehlen schriftlicher Zeugnisse – außer beim Georgischen – macht es unmöglich, frühere Entwick-

Das Verbreitungsgebiet wichtiger kaukasischer Sprachen. Abchasien ist Teil Georgiens. Die anderen Gebiete gehören zur Russischen Föderation. Tschetschenien und Inguschetien sind heute getrennt.

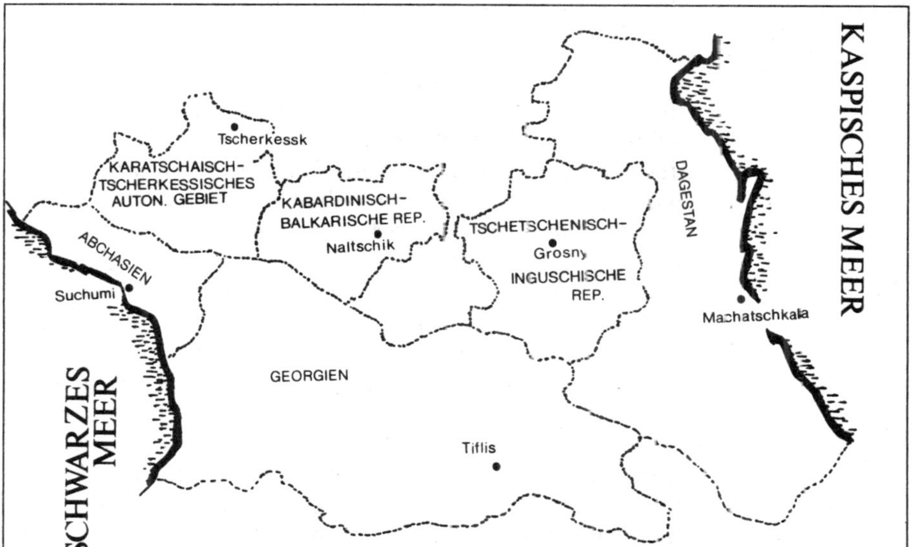

lungsstadien dieser Sprachen zu studieren und zu vergleichen. 30 bis 40 Sprachen (je nach Klassifizierung) gibt es hier in einem Gebiet mit rund zehn Millionen Einwohnern.

Drei Gruppen

Drei Gruppen werden üblicherweise unterschieden: zwei nördlich des Kaukasus, davon eine Gruppe im Westen (am Schwarzen Meer), die andere im Osten (am Kaspischen Meer); die dritte Gruppe südlich des Hauptgebirgszugs.

Zur nordwestlichen Gruppe gehören das *Abchasische* (Abchasien, heute zu Georgien, Hauptstadt Suchumi), das *Karatschaische* (Republik Karatschajewo-Tscherkessien, Hauptstadt Tscherkessk) und das *Kabardinische* (Republik Kabardino-Balkarien, Hauptstadt Naltschik).

Zur nordöstlichen Gruppe gehören außer dem *Tschetschenischen* und *Inguschischen* (Tschetschenien, Hauptstadt Grosny; Inguschetien, Hauptstadt Nazran), die in Dagestan (Hauptstadt Machatschkala) gesprochenen Sprachen, darunter das *Awarische.*

Zur südkaukasischen Gruppe gehört die wichtigste der kaukasischen Sprachen: das *Georgische.*

Georgisch

Zentrum des georgischen Sprachgebietes ist die heute selbständige Republik Georgien. *Grusia* ist die russische Entsprechung zu »Georgien«. Die Georgier selbst nennen sich *Kartveli.* Das Georgische, eine Kultur- und Literatursprache mit langer Tradition, ist über die Grenzen der genannten Republik hinaus verbreitet. An der Universität von Tiflis (Hauptstadt Georgiens, Eigenbezeichnung *Tbilissi*) ist es Unterrichtssprache.

Schrift

Das Georgische wird in einem eigenen, außerordentlich schönen Alphabet geschrieben, *Mchedruli-Alphabet* genannt, was etwa »Ritter-Buchstaben« bedeutet. Dieser Name unterschied die Schrift von einem anderen, heute außer Gebrauch gekommenen, für den Kirchengebrauch bestimmten Alphabet. Die heutige Orthographie gibt die Aussprache exakt wieder.

Literarische Zeugnisse des Georgischen sind schon aus

რამეთუ ესრეთ შეიყჳარა ღმერთმან სოფელი ესე, ვითარმედ ძეცა თჳსი მხოლოდშობილი მოჰსცა მას, რათა ყოველსა, რომელსა ჰრწმენეს იგი, არა წარჰსწყმდეს, არამედ აქჳნდეს ცხოვრება საუკუნო.

Textprobe in georgischer Sprache und Schrift (Mchedruli-Alphabet).

der »altgeorgischen« Zeit (5. bis 11. Jahrhundert) erhalten, darunter eine Übersetzung der Bibel ins Georgische. Etwa zur Lebenszeit der berühmten Tamara, die als erste Frau das Königreich Georgien regierte (†1213), ist das klassische Werk der georgischen Literatur entstanden, das Versepos ›Der Mann im Pantherfell‹ (»Vep'ḫıs tqaosani«). Über den Verfasser ist außer seinem Namen Rustaveli so gut wie nichts bekannt.

Zusammen mit einigen wenig bekannten Sprachen wie *Mingrelisch* und *Swanisch* wird das Georgische zur Gruppe der *Kartvelischen Sprachen* zusammengefaßt. Das Georgische wird gesprochen von rund 4 Millionen Menschen, die hauptsächlich in der Unionsrepublik Georgien wohnen, aber auch verstreut u.a. in Aserbeidschan und in der Türkei; das ganze kaukasische Gebiet hat überall kleinere oder größere ethnische und sprachliche Minderheiten; die Armenier im Bezirk Karabagh in Aserbeidschan sind das bekannteste Beispiel.

Lautbild

Im Lautbild fallen Häufungen (der Linguist sagt mit einem englischen Wort *clusters*) von Konsonanten auf. Ein Beispiel in lateinischer Transkription: *msxverpli,* »Opfer«. Sagen Sie bitte nicht: »Eine unmögliche Sprache!« Wissen Sie, in welcher Sprache die Lautfolge »rztpr« vorkommt? (Im Deutschen, nämlich im Wort »Arztpraxis«.)

Der Ergativ

In georgischen (Aussage-)Sätzen steht dasjenige, was wir als Subjekt oder Agens zu einem Verb ansehen, nicht wie bei uns im Nominativ, sofern es sich um ein transitives (d.h. ein Akkusativobjekt bei sich führendes) Verbum handelt. Es steht in einem besonderen Kasus, der meist Ergativ genannt wird. Im Nominativ steht dagegen das direkte Objekt, im Nominativ steht auch das Subjekt eines intransitiven Verbums. Diese Art der Satzkonstruktion, die unserem Passiv ähnelt, hat in der Sprachwissenschaft zu weitreichenden Spekulationen und Diskussionen geführt. Handelt es sich etwa um eine besonders altertümliche, nur in wenigen Sprachen erhaltene Eigentümlichkeit? Ein Satz, dessen Verbum intransitiv ist, also kein direktes Objekt hat, ist im Georgischen ganz ›normal‹ gebaut. Subjekt im Nominativ – Verb. Der transitive Satz aber hat die Form: ḳacma (Der Mann, Ergativ) mokla (tötete) datv-i (den Bären, Nominativ). Wer das übersetzen müßte, würde wohl sagen: Der (oder ein, es gibt keine Artikel im Georgischen) Bär wurde von (dem, einem) Mann getötet.

»Ergativ-Sprachen«

Diese Besonderheit gilt in der Sprachwissenschaft als so wichtig, daß man zuweilen bei der Einteilung von Sprachen nach ihren Bautypen (Typologie der Sprachen) eine Klasse der Nominativ- (oder Akkusativ-)Sprachen und eine der Ergativ-Sprachen unterscheidet.

Das Chinesische – wichtigste Sprache der sinotibetischen Sprachfamilie

Zur *sinotibetischen* (auch *sinotibetanischen*) Sprachfamilie, einer der bedeutendsten der Erde, gehören außer dem Chinesischen (das im Wortteil *sino* steckt) drei weitere wichtige Gruppen von Kultursprachen. Um Raum für eine etwas ausführlichere Würdigung des Chinesischen zu gewinnen, berühre ich diese nur kurz und zähle die zahlreichen zugehörigen Einzelsprachen, soweit ihre Sprecher nur nach Hunderttausenden zählen, nicht auf.

Tibetanisch

1. Das *Tibetanische,* gesprochen von mehreren Millionen Menschen in Tibet, Sikkim, Nepal, aber auch in einigen angrenzenden Gebieten Indiens (Kaschmir) und Chinas (Kansu u. a.). Es gibt eine ganze Reihe miteinander verwandter *tibetischer* Sprachen im Himalaya-Gebiet und in Assam. Das Tibetanische hat ein eigenes, auf nordindischen Schriften basierendes Alphabet und seit dem Mittelalter eine reiche Literatur.

လေကြောင်း ပို့
ဆောင် ရေး

Der Firmenname der birmanischen Fluggesellschaft in der Landessprache.

2. *Birmanisch,* manchmal auch *Burmesisch* genannt, in Anlehnung an das englische *Burmese,* gesprochen in Birma – oder Burma; die schwankende Schreibung rührt daher, daß die Engländer den ersten Vokal, der im Birmanischen etwa wie der Vokal in *girl* klingt, richtig wiedergeben wollten. Die amtliche Schreibung im Deutschen ist heute *Birma,* der Name des Staates lautet genau: Sozialistische Republik Birmanische Union. Die Sprache wird von etwa 30 Millionen Menschen gesprochen.

Thai

3. (Zurechnung zur Familie unsicher) Thai-Sprachen, gesprochen in Thailand (Siam), Laos, auch in Teilen Birmas, Nordvietnams und Annams. Die Gruppe umfaßt als wichtigste Sprachen *Thai (Siamesisch)* und *Laotisch.*

Eigentümlichkeiten des Sprachbaus, die ich beim Chinesischen hervorhebe, sind – in Grenzen – der gesamten Familie eigen.

Alter der chinesischen Sprache

Vom »Alter« einer Sprache kann man nur unter Vorbehalt sprechen. Es gibt Sprachen, deren allmähliche Herausbildung aus einem früheren Stadium auf Grund erhaltener schriftlicher Zeugnisse gewissermaßen vor aller Augen liegt. Beispiele bilden die modernen romanischen

Sprachen, ebenso das Englische. Bei den meisten heute lebenden Sprachen stößt man, wenn man ihre Geschichte zurückverfolgt, schon bald auf Schranken, weil vor einem bestimmten Zeitpunkt keine schriftlichen Zeugnisse bekannt sind. Man ist dann auf Hypothese und Rekonstruktion angewiesen. Das *Chinesische* gehört zu den wenigen Sprachen, deren Entwicklung durch mehr als drei Jahrtausende dokumentiert ist.

Älteste Zeugnisse

Die ältesten Zeugnisse, Bronzeinschriften vor allem, reichen bis vor den Beginn des ersten vorchristlichen Jahrtausends zurück. Man unterscheidet eine »vorklassische« Periode, eine klassische, deren Höhepunkt noch in vorchristlicher Zeit (etwa 4. bis 2. Jahrhundert) anzusetzen ist; Literatursprache und Umgangssprache begannen sich damals bereits auseinanderzuentwickeln. Sinologen unseres Jahrhunderts haben selbst für diese ferne Vergangenheit, ebenso wie für die folgenden Sprachstadien und Literaturepochen, zu rekonstruieren vermocht, wie das Chinesische damals geklungen hat - eine kaum glaubliche Leistung angesichts der Tatsache, daß die chinesische Schrift - wie wir noch sehen werden - im Prinzip nicht die Laute der gesprochenen Sprache festhält, sondern vielmehr den Inhalt der Wörter: die Begriffe. Diese Leistung war möglich u. a. mit Hilfe eines chinesischen Wörterbuchs aus dem 7. Jahrhundert n. Chr., das mit einer besonderen Methode die sonst als Einheit empfundenen und behandelten chinesischen Wörter in zwei Teile zerlegte (zerschnitt) und für jeden Bestandteil Angaben über dessen Aussprache machte; ferner mit Hilfe von alten Reimwörterbüchern und natürlich auch auf Grund vergleichenden Studiums verschiedener Dialekte, welche ältere Lautungen in unterschiedlichem Ausmaß bewahrt haben.

Chinesische Sprache = Sprache Chinas?

Mit der Erwähnung der Dialekte ist das Stichwort gegeben zur Erörterung der Frage, wieweit es überhaupt berechtigt ist, von einer (mehr oder weniger einheitlichen) chinesischen Sprache zu reden. Tatsächlich ist während der gewaltigen Zeitspanne von 1000 v. Chr. bis heute in keinem Augenblick von den Bewohnern des Reichs der Mitte eine einheitliche Sprache gesprochen worden. Gesprochen wurde eine Vielzahl von Dialekten, die so verschieden sind, daß ihre Sprecher sich nicht untereinander verständigen können. Diese Differenzen bestehen auch heute. Manche Dialekte sind - wie die Sinologen versichern - ungeachtet einer gemeinsamen Basis weiter voneinander entfernt als das Italienische und das Portugiesische von heute. Wie konnte sich unter diesen Umständen ein einheitliches Reich mit einheitlicher Kultur durch Jahrtausende erhalten? Das war möglich, weil die chinesische *Schrift* - ein über den Dialekten und unabhängig von diesen bestehendes System - als Klammer wirkte: sie konnte von Chinesen in Nord und Süd gelesen und verstanden werden.

Minderheiten

Wenn ich die große sprachliche Vielfalt innerhalb Chinas hervorhebe, so sehe ich dabei ausdrücklich ab von den nationalen Minderheiten innerhalb Chinas (auch des heutigen): Tibeter, Uiguren, Kasachen, Tungusen, Koreaner, Mongolen und weiteren Gruppen mit eigener Sprache und Kultur, die sich übrigens unter der jetzigen Verfassung und Regierung der Volksrepublik einer weitgehenden Autonomie erfreuen. Sie machen alle zusammen zwar nur sechs Prozent der Bevölkerung aus, aber bei über 1,1 Milliarden Menschen (Stand 1990) sind das immer noch fast so viele, wie die Bundesrepublik Deutschland Einwohner hat.

Vielfalt der Dialekte

Sprachliche Vielfalt - das gilt auch innerhalb der 94%, die als »eigentliche« oder Han-Chinesen anzusehen sind. Hier gibt es mehrere Hauptgruppen von Dialekten (die wiederum in Einzeldialekte untergliedert sind); allerdings hat eine ein massives Übergewicht: die nordchinesischen Dialekte, gesprochen von etwa 70% der Chinesen, auch regional rund zwei Drittel des gesamten Sprachgebiets überdeckend. Als Bezeichnung für diese Gruppe dient häufig *Mandarin* (oder *Mandarin-Chinesisch*). Das heißt wörtlich »Sprache der Beamten«, »Verwaltungssprache« also. *Mandarin* ist allerdings gar kein chinesisches Wort, es stammt aus dem Sanskrit (*mantra* »Weisheitsspruch«, *mantrin* »Ratgeber, Minister«); das Wort *Mandarin* ist aus dieser Wurzel, wohl unter Einfluß des portugiesischen *mandar* »befehlen«, entstanden. Die chinesische Bezeichnung lautet *guānhuà* (*huà* »Sprache«).

Wichtige Dialektgruppen neben dem Mandarin gibt es hauptsächlich im Süden Chinas. Nennen möchte ich nur drei, deren Sprecherzahl die fünf Millionen übersteigt:

Hakka (manchmal zusammen mit einer zweiten Gruppe *Kan-Hakka* genannt); Hakka wird auch auf Taiwan (= Nationalchina, früher Formosa, Hauptstadt Taipeh) gesprochen;

Min oder *Fukien*, ebenfalls auf Taiwan vertreten;

Yüeh oder *Yue*, auch *Kanton-Dialekt, Kantonesisch*, engl. *Cantonese;* dieses Idiom begegnet dem Europäer in Hongkong (bis auf weiteres noch britische Kronkolonie) und Macau (Macao, portugiesisch).

Auf die heute im Gang befindliche Herausbildung einer einheitlichen Sprachnorm für alle Chinesen komme ich im Anschluß an die Schilderung der chinesischen Schrift zurück.

Die chinesische Schrift: Grundcharakter

Jeder kennt vom Aussehen die chinesischen Schriftzeichen. Von Meisterhand mit Pinsel und Tusche hingesetzt, wirken sie auf den Nichtchinesen als ebenso reizvolle wie geheimnisvolle Ornamente. Wer sich vorstellt, er solle diese Schrift erlernen, der fühlt sich abgeschreckt sowohl durch die komplizierte Struktur des einzelnen Zeichens (das meist eine etwa quadratische Fläche ausfüllt) wie durch ihre ungeheure Vielzahl. Die Zeichen wurden früher überwiegend (aber nicht immer) von oben nach unten zu senkrecht verlaufenden Zeilen zusammengesetzt. Heute schreibt man allgemein - wie wir - in waagerecht laufenden Zeilen von links nach rechts.

Zahl der Schriftzeichen

Die Zahl der Zeichen in der heutigen Schriftform (also nicht gerechnet alte, außer Gebrauch gekommene Zeichen) beträgt etwa 20 000. (Wie soll da eine Schreibmaschine aussehen?) Um einen einfachen Text verstehen zu können, muß man immerhin 2000 bis 4000 Zeichen beherrschen. Ich gehe nicht ein auf den Reichtum an Varianten, die diese Schrift, je nach Epoche, je nach verwendetem Werkzeug (Holzstäbchen, Pinsel), Beschreibstoff (Holz, Seide, Papier) und jeweiligem Zweck entwickelt hat - wie die lateinische Schrift auch, sondern wende mich gleich der Frage zu, die sich hier aufdrängt: Wenn die Europäer aus gut zwei Dutzend Buchstaben - oder vier Dutzend, wenn man die Versalien mitrechnet (die Unterscheidung zwischen großen und kleinen Buchstaben kennt nur ein Teil der heute in der Welt verwendeten Alphabete) - Hunderttausende von Wörtern zusammensetzen können, warum brauchen die Chinesen so viele Zeichen?

Das lateinische Abc hat zwar nur eine bescheidene Zahl von Buch-

Das lateinische Abc hat zwar nur eine bescheidene Zahl von

Das lateinische Abc hat zwar nur eine bescheidene Zahl von Buch-

---

Das lateinische Abc hat zwar nur eine bescheidene Zahl von Buchstaben; für jeden gibt es aber fast unzählbare Varianten. Die heute verwendeten Druckschriften lassen sich grob einteilen in Antiqua (Kennzeichen: die Haarstriche oder Serifen), Grotesk (ohne Serifen, »Blockschrift«) und die heute selten gewordene Fraktur.

Zwei Prinzipien

Das Prinzip einer Buchstabenschrift wie der lateinischen besteht darin, daß wir Wörter zusammensetzen aus Buchstaben, deren jeder für einen der Laute steht, die zusammengenommen die Lautgestalt des Wortes ausmachen (dies ist eine stark vereinfachte Formulierung). Man kann sich auch eine Schrift vorstellen, die nicht die Lautgestalt eines Wortes abbildet, sondern seinen Sinn, seine Bedeutung: den Begriff. Das wäre dann eine Bilderschrift. Man nennt so etwas *eine ideographische Schrift,* die einzelnen Zeichen *Ideogramme.*

Arabische Ziffern

Dieses Prinzip können wir Europäer uns an Hand unserer ›arabischen‹ (aus Indien stammenden, aber durch arabische Vermittlung zu uns gelangten) Ziffern verdeutlichen: Das Zeichen *4* gibt nicht die Lautgestalt [fi:r] wieder, sondern den Inhalt, den Begriff einer bestimmten Zahl; der Italiener liest das Zeichen [kwạtro] und versteht es wie wir.

Ist die chinesische Schrift eine Bilderschrift? Ja und nein. Die ältesten Zeichen waren ziemlich sicher von dieser Art. Bei manchen ist die Urform trotz inzwischen erfolgter Abschleifung und Schematisierung noch zu erkennen. Die untenstehende Tabelle deutet mit drei Beispielen den Weg an vom Bild (das den Gegenstand erkennbar abbildet) zum Symbol (das kraft Übereinkunft etwas Bestimmtes bedeutet).

Es ist klar, daß man Bilder nur von konkreten Gegenständen geben kann – nicht von abstrakten Begriffen, Zeitangaben, Eigenschaften, Bezeichnungen. Da bietet sich als Möglichkeit u.a. die Kombination zweier Zeichen an, etwa: Sonne hinter Baum = ›Osten‹; Baum + Baum = ›Wald‹; Hand über dem Mond = ›Mondfinsternis‹.

Die heutigen Zeichen sind in ihrer großen Mehrzahl (etwa 90%) von etwas anderer Art. Es sind Verbindungen

Werdegang einiger Zeichen

Eine alte Form	Siegelschrift	Normalschrift	Bedeutung
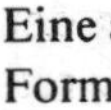	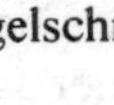	人	»Mensch«
		日	»Sonne«
		馬	»Pferd«

oder Verschmelzungen von je zwei Zeichen. Das erste Zeichen ist ein Symbol, das auf den Begriffsinhalt deutet *(Deuter, Determinativ, Radikal, Klassenzeichen, Schlüssel).* Das zweite gibt einen Hinweis auf die Aussprache *(Lauter, Phonetikum, phonetische Komponente, Komplement).* Der Deuter steht meist links, aber - zum Kummer des Nichtchinesen - keineswegs immer. Verwickelter wird die Sache dadurch, daß im Prinzip jedes Zeichen sowohl in der Rolle als Deuter wie als Lauter wie auch für sich allein stehend vorkommen kann. Wie soll man bei solch einer Schrift ein Wörterbuch anlegen, in dem jeder Benutzer das Gesuchte schnell auffindet? Ein kaum lösbares Problem.

Deuter und Lauter

Die Bezeichnung der chinesischen Schrift als *ideographische* Schrift ist also nicht (mehr) gerechtfertigt. Der komplizierte Sachverhalt (kompliziert, weil die Schreibung von Lehnwörtern aus anderen Sprachen teilweise anderen Grundsätzen folgt) wird am besten getroffen durch die Bezeichnung *morphemische* (oder *morphematische*) Schrift. ›Morphem‹ ist allerdings ein außerordentlich abstrakter Begriff der Sprachwissenschaft: Morphem ist die kleinste bedeutungstragende Einheit, nicht identisch mit Wort (ein Wort kann ein Morphem enthalten: ›Haus‹, aber auch mehrere: ›Hausmeister‹), auch nicht identisch mit Silbe (ein Morphem kann mehrere Silben haben: ›aber‹, eine Silbe mehrere Morpheme: ›lern-t‹). Ein chinesisches Zeichen entspricht nicht ohne weiteres einem Wort (manchmal bilden zwei oder mehr Zeichen ein Wort), auch nicht immer einer Silbe - obwohl allerdings die Mehrzahl der chinesischen Wörter einsilbig ist.

Morphematische Schrift

Reform

Nach dem Zweiten Weltkrieg sind viele Zeichen wesentlich vereinfacht worden. Die neuen Zeichen sind leichter zu schreiben und zu erlernen als die früheren. Vielfach sind es vereinfachte Varianten alter Zeichen, die sich schon mehr oder weniger eingebürgert hatten. Diese Reform der Schriftzeichen ist der erste Teil einer umfassenderen Sprachreform.

Silben und Töne

Der zweite Schritt besteht darin, dem ganzen Land eine einheitliche Sprachnorm zu geben, die im Schulunterricht, in Zeitungen, in Rundfunk und Fernsehen verwendet wird. Grundlage dieser Norm ist die heutige Umgangssprache, chines. *pǔtōnghuà* (auf die diakritischen Zeichen über den Vokalen komme ich noch). »Umgangssprache«

muß hier als Gegenbegriff zur alten, »klassischen« Sprache der Wissenschaft und der klassischen Literatur verstanden werden, die sich neben oder über der Umgangssprache über Jahrtausende hinweg bis an die Schwelle der Gegenwart behauptet hatte, etwa wie das Lateinische im Europa des Mittelalters und noch über die Zeit der Renaissance hinaus.

Was die Aussprache anlangt, so gilt der Pekinger Dialekt als Norm – ein Dialekt, der weit verbreitet ist, aber unseligerweise einige der Schwächen des Chinesischen als gesprochene Sprache in konzentrierter Form aufweist: nämlich eine Armut an Lauten, die zur Verfügung stehen. Das Inventar des Chinesischen besteht (im Bewußtsein des Chinesen, nicht im Bewußtsein eines westlichen Linguisten, der die Sprache analysiert) nicht aus einzelnen Lauten – so wenig wie die chinesische Schrift aus einzelnen Buchstaben besteht. Es besteht vielmehr aus Silben, und zwar einer sehr begrenzten Zahl von Silben. Nur diese und keine anderen können verwendet werden.

Eine solche Silbe beginnt in der Regel mit einem Konsonanten. Als zweiten Bestandteil enthält sie einen Vokal oder einen Diphthong oder auch Vokal + Konsonant. Aber nur ganz bestimmte Kombinationen sind zulässig! Z. B. darf eine Silbe, die mit *f* beginnt und bei der *a* folgt, nur lauten: *fa* oder *fan* oder *fanj;* nicht z. B. *fai* oder *fao* oder *fak* oder *fal.*

Pekingdialekt

Der *Pekingdialekt* kennt nur 411 derartige Silben. Wie kann man aus gut 400 Bausteinen eine Sprache aufbauen? Das geht kaum. Hier wird das Inventar erweitert durch eine Eigenart, mit der das Chinesische (auch einige andere Sprachen, z. B. Vietnamesisch) den Europäer wohl am stärksten verblüfft. Jede Silbe kann in verschiedenen »Tönen« ausgesprochen werden. Das kann man in den meisten anderen Sprachen zwar auch. Der Deutsche kann z. B. »Ja« als Antwort auf einen Zuruf so sprechen, daß er am Schluß des [a] die Stimme ein wenig hebt: »Hallo, Sie!« – »Ja?« Er kann auch, um seinem »Ja« einen endgültigen, abschließenden Beigeschmack zu geben, die Stimme am Schluß senken. »Das willst du wirklich tun?« – »Ja«. Im Chinesischen hat der Ton eine *bedeutungsunterscheidende* Funktion; etwa so wie im Deutschen die Länge eines Vokals: »Wahl« ist etwas anderes als »Wall«, »wir« etwas anderes als »wirr«.

Vier Töne im Pekingdialekt

Der Pekinger Dialekt kennt vier Töne, die sich graphisch wie folgt darstellen lassen:

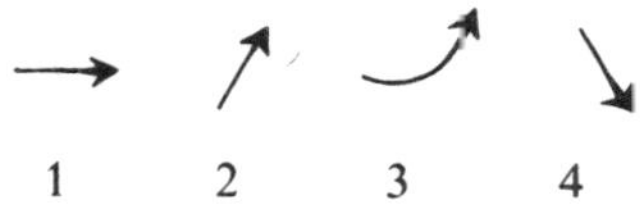

Erster Ton: Die ganze Silbe in gleichbleibend hoher Tonlage. Die Silbe *ma*, so gesprochen (in Umschrift *mā*) bedeutet »Mutter«.

Zweiter Ton: Tief ansetzend, nach oben steigend. Die Silbe *má* bedeutet »Hanf«.

Dritter Ton: Ton fällt zuerst ab, steigt dann nach oben. Die Silbe *mǎ* bedeutet »Pferd«.

Vierter Ton: Hoch ansetzend, stark abfallend. Die Silbe *mà* bedeutet »schelten«.

Als nichtbetonte Silbe kann *ma* außerdem als Fragepartikel dienen.

Für den Nichtchinesen ist es nicht so schwer, eine einzelne Silbe in diesen vier Tönen zu sprechen. Viel schwieriger ist, auf die Töne im Satzzusammenhang zu achten, besonders, weil dann wesentliche Modifikationen eintreten. Beispiel: Der dritte Ton wird nur vor einer Sprechpause voll ausgeführt. Wenn eine Silbe unmittelbar folgt, läßt man den ansteigenden Teil fort. Wenn zwei Silben im dritten Ton aufeinander folgen, wird der erste von beiden als zweiter Ton gesprochen. Und so fort.

Der Pekingdialekt mit diesen vier Tönen steht arm da gegenüber anderen, die mehr Töne haben. Eine ältere Variante kannte die vier Töne, etwa wie beschrieben, aber einmal in tiefer, einmal in hoher Stimmlage, also insgesamt acht.

Eine objektive Vorschrift für »hoch« und »tief« gibt es nicht. Das richtet sich nach der normalen Sprechtonhöhe des einzelnen Sprechers (die ich noch nicht kenne, wenn er zum ersten Mal zu sprechen beginnt). Sinologen beziffern das durchschnittliche Intervall zwischen dem oberen und unteren Punkt mit »eine Quint bis eine Oktave«. Die Tonhöhe schwankt also maximal zwischen einem Tiefton mit der Frequenz x und einem Hochton mit der Frequenz 2x. Das gibt dem Chinesischen seinen etwas singenden oder »zwitschernden« Klang.

Das Silbeninventar

Wenn 411 Silben, jede in vier verschiedenen Tönen, vorkommen können, beträgt das Inventar des Chinesischen $4 \times 411 = 1644$ mögliche Silben. Nun kann aber nicht jede Silbe in allen vier Tönen vorkommen. Tatsächlich beträgt der Bestand an Tonsilben deshalb nur 1338. Jede mündliche Äußerung im Chinesischen stellt eine Kombination aus diesen 1338 Bausteinen dar!

Mehrdeutigkeit der Zeichen

Das hat zur Folge, daß die meisten Silben mehr als eine Bedeutung, ja viele; daß manche mehr als hundert verschiedene Bedeutungen haben können. Eine außerordentliche Erschwerung für die mündliche Verständigung!

Wörter, die gleich klingen, aber verschiedene Bedeutung haben, gibt es in allen Sprachen. »Wal« und »Wahl« klingen im Deutschen völlig gleich, *waste* und *waist* im Englischen, das Französische ist besonders reich an solchen Homophonen, und zahlreiche Wortspiele bedienen sich dieser Eigenart (oder Schwäche).

Wie verhalten wir uns, um Mißverständnisse durch solche Gleichklänge zu vermeiden? Nun, in der Mehrzahl der Fälle wird der Zusammenhang, der Kontext, ein Mißverständnis ausschließen: »Bundestagswahl« - ein »Wal« kann da wohl nicht gemeint sein. Wenn ausnahmsweise der Kontext und die Sprechsituation Mißverständnisse nicht ausschließen, gebrauchen wir einen erklärenden Zusatz, etwa »das Meeressäugetier Wal«. Ebenso hilft sich der Chinese: durch einen erläuternden Zusatz, wenn Kontext und Situation Zweifel offenlassen.

In einer schriftlichen Äußerung könnte man »Wal« und »Wahl« niemals verwechseln, weil beide Wörter (einmal abgesehen von ihrem unterschiedlichen grammatischen Geschlecht) verschieden geschrieben werden. Das ist nun erst recht so im Chinesischen: Jede der vielen möglichen Bedeutungen einer Silbe wird im Schriftbild durch ein ganz anderes Zeichen dargestellt. So überdeckt die Schrift die Mängel und Gefahren der mündlichen Sprache, die aus der Vielzahl von Homonymen entstehen.

Im Zeitalter der Technik machen sich die Eigenarten der chinesischen Schrift verstärkt als Mängel bemerkbar. Wie soll man mit einer Schrift, die Tausende von Zeichen hat, Schreibmaschine schreiben, telegraphieren, eine EDV-Anlage bauen und betreiben?

Wie die heute gültigen, teilweise wesentlich vereinfachten chinesischen Zeichen aussehen, sollen die folgenden zehn Beispiele vor Augen führen (aus einem englischen Lehrbuch des Chinesischen für Anfänger):

10 Beispiele

	Zeichen	Aussprache	Bedeutung
1	啊	*a*	(Fragepartikel)
2	白	*bái*	»weiß« (kann auch Personenname sein): »unnötigerweise«
3	都	*dōu*	»alle, beide, gänzlich«
4	高	*gāo*	»hoch, groß« (kann auch Personenname sein)
5	好	*hǎo*	»gut, fein, in Ordnung (O. K.)«
6	很	*hěn*	»sehr«
7	見	*jiàn*	»sehen, treffen«
8	姐	*jiě*	»ältere Schwester«
9	嗎	*ma*	(Fragepartikel)
10	們	*men*	Hilfswort (nachgestellt) zur Bezeichnung des Plurals

Das Problem der Transkription

Kann man die chinesische Sprache auch in lateinischen Buchstaben schreiben? Im Prinzip ja. Das geschieht ja dauernd, wenn in unseren Zeitungen die Namen chinesischer Persönlichkeiten und in Atlanten die Namen chinesischer Städte und Ströme in lateinischen Buchstaben gedruckt werden. Man kann für eine derartige Übertragung, *Transkription* genannt, natürlich nicht von den chinesischen Schriftzeichen ausgehen. Man muß sich die chinesischen Wörter von einem Chinesen (der Hochsprache bzw. den richtigen Dialekt spricht) vorsprechen lassen und dann versuchen, sie in lateinischer Schrift wiederzugeben. Das Ergebnis wird verschieden ausfallen, je nachdem ob ein Engländer, ein Franzose oder ein Deutscher dieses Experiment unternehmen. Der erste wird den Laut [ʃ] mit *sh* wiedergeben, der zweite mit *ch*, der dritte mit »sch«. Tatsächlich gab es abweichende Transkriptionssysteme für verschiedene Sprachen, z. B. eines für Englisch von einem Mr. Wade, eines für Französisch von der *École française d'Extrême-Orient*.

Pinyin

Nunmehr hat die Regierung der Volksrepublik China ein Transkriptionssystem eingeführt, genannt *Pinyin,* wörtlich »Buchstabieren«, das sich international schon weitgehend durchgesetzt hat. In diesem werden die vier Töne durch die oben von mir gebrachten Zeichen über den Vokalen angegeben.

Vielleicht ist als Fernziel, als dritte Stufe der Reform, ein vollständiger Übergang zur lateinischen Schrift ins Auge gefaßt? Schulversuche in dieser Richtung sind seit einiger Zeit im Gange. Viele Chinesen haben dagegen schwere Bedenken, u.a. weil die riesige chinesische Literatur aus zweieinhalb Jahrtausenden dann dem größten Teil der Bevölkerung nicht mehr oder höchstens nach einem langwierigen Spezialstudium zugänglich wäre.

Die Sprache ohne Grammatik

Vom Mittelalter bis ins 20. Jahrhundert hinein sind unsere Schulgrammatiken auf den Fundamenten errichtet worden, welche die Griechen (für ihre Sprache) und auf deren Arbeiten fußend die Römer gelegt hatten. »Unsere« heißt: die deutschen, die französischen, die englischen usw. Für die alten Sprachen stellen die so entstandenen Grammatiken ein maßgeschneidertes, also perfekt sitzendes (dies sei allen Schneidern zur Ehre gleichgesetzt) Kostüm dar; schließlich waren sie ja aus der Untersuchung dieser Sprachen entwickelt worden. Die modernen europäischen Sprachen fügen sich nach zweitausend Jahren Veränderung und Weiterbildung nicht mehr perfekt in die alten grammatischen Kategorien. So sind, wie im Kapitel über das Englische berichtet, von der »Deklination« genannten Abwandlung der Substantive und anderer Wortarten nur noch einige Rudimente übrig geblieben, und die Wörter des Englischen schlüpfen mühelos vom Gehäuse einer Wortart in ein anderes.

Unter etwas anderem Aspekt gilt diese Feststellung auch für das Deutsche. Wer einmal ein Buch wie »Die innere Form des Deutschen« von Hans Glinz liest oder selbst nur durchsieht, wird nachdenklich und fragt sich vielleicht: Wenn man die deutsche Sprache einmal unvoreingenommen, das heißt ohne die Kategorien (oder Scheuklappen) der traditionellen Grammatik studiert - kommt da nicht ein etwas anderes System heraus als das, was die Schule uns beizubringen sich bemüht hat?

Nun - dies gewissermaßen als Vorwarnung, damit man sich nicht allzusehr wundert, wenn wir im Chinesischen eine Sprache vorfinden, der das meiste von dem zu fehlen scheint, was wir unter »Grammatik« verstehen, die aber gleichwohl ihre Rolle als Verständigungsmittel seit Jahrtausenden erfüllt.

Keine Beugung

Da sind zunächst die Wortarten oder Wortklassen. Viel kann man mit diesem Begriff im Chinesischen nicht anfangen. Dasselbe Wort, dessen Inhalt in allgemeiner Form auf »Größe, etwas Großes« deutet, kann im Sinne unseres Adjektivs »groß« verwendet werden, im Sinne eines Substantivs »Größe«, im Sinne eines Verbums »vergrößern«. Und das Entscheidende: Während bei uns »groß«, »Größe«, »vergrößern« in ihrer äußeren Form als Adjektiv, Substantiv, Verbum zu erkennen sind, bleibt im Chinesischen das Wort in allen diesen Verwendungen unverändert; ja, es unterliegt, als Substantiv gebraucht, auch nicht den Abwandlungen, die wir unter *Deklination* verstehen, als Verbum nicht der *Konjugation,* d.h. es hat keinen Formenkatalog, mit dessen Hilfe die Person (»spreche, sprichst«), die Zeit (»spreche, sprach«), der Modus (»spreche, spräche, würde sprechen«) ausgedrückt werden. Die chinesischen Wörter sind also unveränderlich wie die Quadern eines Bauwerks, man kann sie nur an- oder aufeinandersetzen. In bestimmter Ordnung!

Wortfolge

Das ist entscheidend! Denn in einer Sprache, die ihre Wörter nicht verändert (isolierende Sprache), muß es entscheidend auf die Wortfolge im Satz ankommen. Jede Veränderung der Wortstellung ergibt eine veränderte Bedeutung. Reiche Flexion: weitgehende Freiheit der Wortstellung (Altgriechisch, Latein, abgeschwächt auch im Deutschen). Keine oder fast keine Flexion: feste Regeln für die Wortstellung (Englisch, Chinesisch - hier liegt ein Punkt, in dem beide Sprachen ein ähnliches Strukturmerkmal zeigen).

Hilfswörter

Allerdings ist die Wortfolge nicht das einzige Mittel, um im Chinesischen die Beziehungen der Wörter untereinander auszudrücken. Ein zweites, durchgängig verwendetes Mittel bilden Funktionswörter: Hilfswörter, die eben das verdeutlichen, was sonst unklar bleiben könnte. Das Hilfswort *di* zwischen zwei Substantiven stellt eine genitivische Beziehung zwischen diesen her. Es dient auch dazu, aus einem Personalpronomen ein Possessivpronomen zu machen: *wǒ* »ich«, *wódi* »mein«. Es gibt Hilfswörter, die den Plural bezeichnen (das Substantiv hat ja keine Plural-

Auszug aus dem »Chinesisch-deutschen Wortschatz – Politik und Wirtschaft der VR China« (Langenscheidt 1977).

供 gōng

供不应求 **gōng bù yìng qiú** Angebot deckt nicht die Nachfrage
供给 **gōngjǐ** Versorgung f
供给制 **gōngjǐzhì** Versorgungssystem n.
供求率 **gōngqiúlǜ** Gesetz n von Angebot und Nachfrage
供销 **gōngxiāo** Versorgung f und Absatz m
供销合同 **gōngxiāo hétóng** Versorgungs- und Absatzvertrag m
供销合作社 **gōngxiāo hézuòshè** Versorgungs- und Absatzgenossenschaft f.
供应船 **gōngyìngchuán** Versorgungsschiff n
供应合作社 **gōngyìng hézuòshè** Versorgungsgenossenschaft f
供应粮 **gōngyìngliáng** vom Staat geliefertes Getreide n
供应站 **gōngyìngzhàn** Versorgungsstelle f

巩 gǒng

巩固 **gǒnggù** festigen, konsolidieren
巩固无产阶级专政 **gǒnggù wúchǎn jiējí zhuānzhèng** Konsolidierung f der Diktatur des Proletariats→**wúchǎn jiējí zhuānzhèng de lǐlùn xuéxí**

共 gòng

共产党 **gòngchǎndǎng** Kommunistische Partei f, KP

formen), die ein Wort als Akkusativobjekt abstempeln (sofern dies im Einzelfall aus der Wortfolge nicht sicher hervorgeht); es gibt Fragepartikeln, es gibt Konjunktionen, um Sätze zu verknüpfen. Allerdings läßt man Hilfswörter auch im modernen Chinesisch gern weg, wenn der Hörer oder Leser sie ohne Mühe ergänzen kann – eine Aussageform, die wir im Sprichwort vorfinden: »Ende gut, alles gut« (statt des umständlichen »Wenn nur das Ende gut ist, ist das übrige auch gut«) oder in der Schlagzeile und im Telegramm: »Bankräuber gefaßt«; »Drahtet Eintreffen« – eine solche Kürze und Prägnanz findet sich im Chinesischen häufig. Viele Hilfswörter sind durch häufigen Gebrauch so verblaßt, daß sie annähernd dem entsprechen, was wir als *Affix* bezeichnen. Sie können also nicht selbständig auftreten, verschmelzen mit dem Wort, das sie begleiten. Aus diesem Grunde und aus anderen ist die Behauptung, eine isolierende Sprache wie das Chinesische bestehe aus lauter einsilbigen Wörtern oder Wurzeln, nicht (mehr) zutreffend. Es gibt einsilbige Wörter, aber es gibt in der Mehrzahl zwei- und dreisilbige Wörter, bestehend manchmal aus Silben, die jede für sich Bedeutung tragen (vgl. im Deutschen: »hierher«, »ausbrennen«, »weinrot«), oder auch aus Silben, die für sich allein keine Bedeutung vermitteln. Wie bei uns.

Am Schluß dieser kurzen (für Sinologen oberflächlichen) Besichtigung einer Sprache möchte ich auf zwei Dinge hinweisen, die sich aus der tiefen Verschiedenheit dieser Sprache von den indoeuropäischen als Konsequenz ergeben: die Tücken des Übersetzens aus dem Chinesischen; die Wirkungen, welche die Übernahme westlicher Zivilisation, insbesondere Technik, auf die chinesische Sprache ausübt. Beide Momente gelten – *mutatis mutandis* – für alle Sprachen, deren Bautypus dem der westeuropäischen fremd ist.

Schwieriger Brückenbau

Die Problematik des Übersetzens darzulegen – damit kann man leicht ein Buch füllen. Wenn ich hier als winzigen Ausschnitt das Problem »Übersetzen chinesischer Gedichte ins Deutsche« wähle, so geschieht das mit Bedacht. Die moderne Linguistik hat einen Zweig entwickelt, der sich *Textlinguistik* nennt und der darauf ausgeht, nicht nur einzelne Wörter zu untersuchen (wie z.B. *Morphologie, Etymologie* es tun), auch nicht nur Wendungen *(Idiomatik)* oder Sätze in ihrem Bau *(Syntax),* sondern größere zusammenhängende Sprachteile, eben »Texte«. Da muß man verschiedene Textsorten unterscheiden, die sprachlich ganz verschiedene Merkmale haben, etwa: Zeitungsartikel, Rundfunkmeldung, notarieller Vertrag, Predigt, zwangloses Gespräch, Festrede, Novelle, wissenschaftliche Abhandlung, populärwissenschaftliche Abhandlung, Schulaufsatz. Unter den zahlreichen Textsorten sind solche, die sich relativ mühelos in andere Sprachen übersetzen lassen – etwa Zeitungsartikel und wissenschaftliche Abhandlung (diese nur, wenn die »Zielsprache« über eine geeignete Terminologie verfügt). Andere sind schwer bis gar nicht übersetzbar, etwa eine tiefsinnige philosophische Arbeit (Hegel oder Heidegger) oder ein Essay voller Wortspiele (die in einer fremden Sprache nicht nachzuahmen sind). In diese »schwierigen« Textsorten gehört das Gedicht – schon wegen seiner »gebundenen« Sprache in Vers und/oder Reim, und besonders das lyrische Gedicht, das häufig mit der Sprache spielt, sich von der alltäglichen Sprache absichtlich entfernt und feinste Differenzierungen der Wahrnehmung, der Stimmung vermitteln kann.

Zum Übersetzen von Gedichten

Der Kaiser befahl dem berühmten Lyriker Li Tai-Po (701–762), zur Verherrlichung der Kaiserin drei Gedichte zu improvisieren. In der Nachdichtung des expressionistischen Dichters, der sich Klabund nannte und gerade durch seine Übertragungen aus dem Chinesischen berühmt geworden ist, lautet das erste dieser Gedichte:

Improvisation

Wolke Kleid
    Und Blume ihr Gesicht.
Wohlgerüche wehn,
    Verliebter Frühling.
Wird sie auf dem Berge stehn,
    Wage ich den Aufstieg nicht.
Wenn sie sich dem Monde weiht,
    Bin ich weit,
Verliebter Frühling …

Dasselbe Gedicht lautet in der Übersetzung Diethers von den Steinen:

Wolke im Sinn ist ein Kleid ein Gewand
    Blume im Sinn ein Gesicht
Lenzwind schmeichelt am hohen Balkon
    Tau in Kristallen erglänzt
Ist auch versagt auf des Jadegebirgs
    ragendem Gipfel die Schau
Schenkt doch der Turm aus Edelgestein
    unter dem Mond einen Gang.

Das Gedicht ist öfters übersetzt worden. Jede Übersetzung ist von den anderen so verschieden wie diese beiden hier zitierten untereinander. Man käme ohne Angabe der Quelle nicht leicht auf den Gedanken, daß allen derselbe Urtext zugrundeliegt. Und das Original? Es nutzt nichts, wenn ich es hier in chinesischen Schriftzeichen hinmalen könnte. In der wörtlichen Übertragung eines bekannten Sinologen – Eduard Horst von Tscharner – lautet es:

Wolke	denken	Kleid	Kleid
Frühling	Wind	wischen	Geländer
Wenn	nicht	(Gruppe)	(Jade)
Können	nach	(Jaspis)	(Terrasse)
	Blume	denken	Gesicht
	Tau	Glanz	Licht
	Berg	Gipfel, auf	sehen
	Mond	unten	begegnen

Man sieht, die – für unser Gefühl etwas unzusammenhängend nebeneinanderstehenden – »Bausteine« lassen dem Übersetzer weiten Spielraum, den er selber ausfüllen muß. Wer will entscheiden, welche Übersetzung hier »richtig« ist? Und hinzu kommt: Kann eine Übersetzung, auch die treffendste, wirklich vermitteln, was ein chinesischer Leser beim Lesen dieses Gedichts – und beim Anblick der sinnbildlichen Zeichen, in denen es niedergeschrieben ist! – empfinden mag?

Sprache der Technik

Seit Jahrzehnten und heute in verstärktem Ausmaß nimmt China westliche Zivilisation und Technik auf, sei es im Zusammenhang mit dem Auto, der Nachrichtentechnik, der Waffentechnik, der Elektronik. Damit braucht man auch Benennungen für zahllose Dinge, die man vorher nicht kannte. Man muß sie entweder aus westlichen Sprachen übernehmen oder neue Wörter prägen.

Eine einfache Übernahme, wie wir sie praktizieren, wenn wir aus dem Italienischen »Pizza«, aus dem Französischen »Boulevard«, aus dem Englischen »Fairneß«, »Hit«, »Flop« aufnehmen, kommt für China kaum in Betracht. Zu fremd würden sich diese Wörter ausnehmen, unverdauliche Brocken, schon weil die Chinesen Schwierigkeiten haben, ein [r] auszusprechen und es meist durch [l] ersetzen. Wie geht man da vor? Es gibt verschiedene Möglichkeiten, und alle werden genutzt.

Formen der Übernahme

1. *Nachahmen der Lautgestalt* des fremden Wortes. Das ist problematisch, schon weil das Chinesische ja an den begrenzten Bestand von etwas über 400 Sprachsilben (die Zahl wird in verschiedenen Lehrbüchern verschieden angegeben, meine »411« stammt von dem Sinologen Otto Ladstätter) gebunden ist. So kann man z. B. »Radar« nicht einfach übernehmen. Die Silben »ra« und »dar« gibt es nicht. Man ersetzt das erste [r] durch [l], läßt das zweite einfach weg; der erste Vokal wird – offenbar in Nachah-

mung der anglo-amerikanischen Aussprache - zu [ɛɪ], und so wird aus »Radar« *léi-dá* - für uns Deutsche schon kaum wiederzuerkennen.

Die lautliche Übertragung ist auch deswegen problematisch, weil die verwendeten Silben in der Regel mehrere Bedeutungen haben, die für den Chinesen zumindest als Nebentöne mitschwingen; darunter mögen durchaus unerwünschte Nebentöne sein. Der erste Versuch, Coca-Cola in China einzuführen, ist an einem solchen Hindernis gescheitert. Erst ein erneuter Anlauf brachte Erfolg, nachdem man eine andere Übertragung (vor allem andere Schriftzeichen) gewählt hatte.

2. *Mischbildung* zwischen einem fremden und einem chinesischen Bestandteil. Das englische Wort *tank* für »Kampfpanzer« oder »Panzerwagen«, das seit dem Ersten Weltkrieg auch ins Deutsche eingewandert ist, wurde nahezu unverändert als *tăn-kè* übernommen, aber sozusagen sicherheitshalber hängt man manchmal eine chinesische Silbe *chē* »Wagen« an: *tăn-kè-chē* (Beispiel nach Ladstätter).

Lehnübersetzung

3. *Lehnübersetzung*. Man nimmt die Bestandteile des fremden Wortes, überträgt sie jeden für sich und kommt zu einem neuen, aus rein chinesischem Material gebildeten Wort (ähnlich vom Lateinischen zum Deutschen, etwa mit *conscientia* und »Gewissen«). So wird der »Eiserne Vorhang« zwischen Ost und West (Ausdruck von Winston Churchill: *Iron Curtain*) in China zu *tiĕ-mù* (*tiĕ* »Eisen«, *mù* »Vorhang«).

Neubildung

4. *Lehnschöpfung* (an das Fremdwort angelehnte Neubildung). Der Unterschied zu Weg Nr. 3 liegt darin, daß jetzt nicht die einzelnen Bestandteile des Fremdwortes übertragen werden, sondern sein Gesamtsinn. So wird aus »Pollution« oder »Umweltverschmutzung« *gōng-hài*, wörtlich »öffentliche Zerstörung«.

Fachleute erwarten, daß das massenweise Eindringen fremden Wortguts, auch wenn es bei der Übernahme weitgehend angepaßt wird, doch auf die Dauer tiefgreifende Veränderungen in der chinesischen Sprache nach sich ziehen wird, sowohl in ihrer phonetischen Eigenart wie in Wortbildung und Syntax. Und dies erst recht, wenn China eines Tages - als dritten und einschneidenden Reformschritt - von der hergebrachten Schrift zur lateinischen (in der als Pinyin eingeführten Form) übergehen sollte.

தமிழ் நாடு

Die Bezeichnung für den Bundesstaat Tamil Nadu in tamilischer Sprache und Schrift.

Drawidische Sprachen *Übersicht*

Diese Familie muß in unserem Streifzug behandelt werden wegen ihres großen Verbreitungsgebietes: sie beherrscht die östlichen, zentralen und südlichen Teile des indischen Subkontinents, lebt auf Ceylon, in Pakistan und in Auswanderungsgebieten; auch wegen der Zahl ihrer Sprecher, die bei 200 Millionen liegen dürfte; und weil von den zwei Dutzend Sprachen, die sie umfaßt, einige wichtige Kultur- und Literatursprachen sind und Sprecherzahlen zwischen 20 und 50 Millionen aufweisen. Die wichtigsten vier: *Telugu,* Amtssprache im Bundesstaat Andra Pradesh; *Kannada,* Amtssprache in Mysore (Maisur); *Malajalam,* Amtssprache in Kerala; *Tamil,* Amtssprache in Tamil Nadu mit der Hauptstadt Madras, gesprochen auch von der im Norden Sri Lankas (früherer Name Ceylon) lebenden tamilischen Minderheit.

Telugu, Kannada, Malajalam, Tamil

In der Indischen Union sprechen etwa drei Viertel der Bewohner eine indoeuropäische Sprache; unter diesen steht Hindi an erster Stelle, das Amtssprache der Union ist, aber im täglichen Verkehr, besonders im Wirtschaftsleben, das Englische nicht hat verdrängen können. Das restliche Viertel spricht überwiegend *drawidische* Sprachen. Neben

Das Verbreitungsgebiet der drawidischen Sprachen im Südteil Indiens und auf Sri Lanka (früher Ceylon).

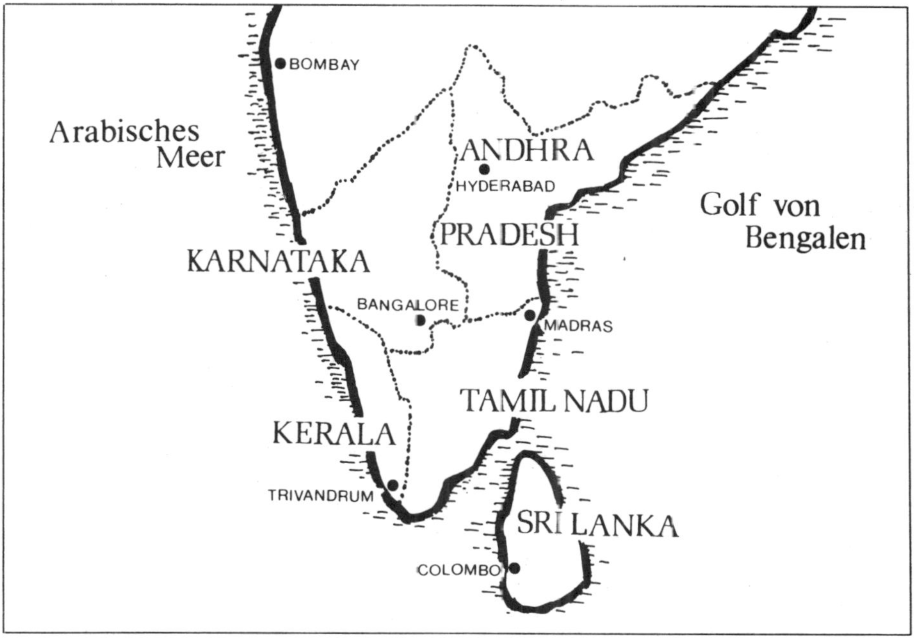

diesen beiden Familien existieren in Randgebieten die *Munda-Sprachen,* die keiner der beiden Familien angehören.

Munda-Sprachen

Wie es sich bei einer Familie gehört, werden die drawidischen Sprachen auf eine gemeinsame Mutter zurückgeführt, *Proto-Drawidisch* genannt. Woher die Sprecher dieser Ursprungssprache gekommen sind - ob sie (vor den »Ariern«) aus Nordindien, gar aus Zentralasien eingewandert sind oder ob sie »von jeher« in Südindien ansässig waren, ist ungeklärt. Die Zusammengehörigkeit der drawidischen Sprachen untereinander hat Francis W. Ellis, ein britischer Kolonialbeamter, 1816 zuerst behauptet. Um die Mitte des 19. Jahrhunderts führte der Engländer R. A. Caldwell die jetzige Bezeichnung ein; sie ist abgeleitet von dem Sanskritwort *dravida,* das wohl die Tamilen und ihre Sprache bezeichnete.

Tradition

Unter den aufgezählten vier Sprachen weist das Tamilische - oder kurz Tamil - die reichste und älteste literarische Tradition auf. Sie reicht bis ins dritte vorchristliche Jahrhundert zurück. Alle vier sind Verwaltungs- wie Literatursprachen mit einer reichen Überlieferung an Inschriften wie literarischen Texten. Gemeinsam ist ihnen auch eine beträchtliche Distanz zwischen der Schriftsprache und den zahlreichen Dialekten; schließlich, wie unvermeidlich bei Sprachen, die Unterrichtssprachen auch an Hochschulen sind, die starke Einwirkung moderner technischer, naturwissenschaftlicher und sozialer Entwicklungen in Gestalt zahlreicher neugebildeter Termini, die entweder an englischen Vorbildern oder am Sanskrit orientiert sind oder - besonders im Tamil - Neubildungen und Lehnübersetzungen unter Verwendung eigener sprachlicher Substanz darstellen.

Sprachbau

Ihrem Bautypus nach müßte man die drawidischen Sprachen zu den agglutinierenden Sprachen rechnen, die grammatische Abwandlungen der Wörter und ihre Beziehungen im Satz überwiegend durch das Anfügen von Suffixen an den Wortstamm ausdrücken, wobei häufig zwei, drei und mehr Suffixe aneinanderhängen (Präfixe und Infixe kommen nicht vor).

ELFTES KAPITEL

Sprachfamilien der Erde: Pazifische Welt, Amerika, Afrika

Wir verlassen jetzt das asiatische Festland – nicht ohne Bedauern, daß wir wichtige Sprachen wie z. B. *Vietnamesisch* mit seinen über 65 Millionen Sprechern (in manchen Zügen dem Chinesischen ähnlich, auch darin, daß der Ton bedeutungsunterscheidend ist, geschrieben in lateinischer Schrift mit zahlreichen diakritischen Zeichen) und *Khmer* (gesprochen in Kambodscha) nicht näher betrachten konnten.

Japanisch

Dem asiatischen Festland vorgelagert ist das Inselreich Japan. *Japanisch* ist wegen seiner Sprecherzahl (fast 125 Millionen) und wegen der Weltstellung Japans eine der heute wichtigsten Sprachen. Es ist keiner der großen Sprachfamilien zuzurechnen. Mit dem Chinesischen ist es nicht verwandt, beide Sprachen gehören einem verschiedenen Bautypus an, und Japanisch ist (überwiegend) eine agglutinierende Sprache, deren Wörter deshalb großenteils mehrsilbig sind.

Schriftsystem

Daß Japanisch in westlichen Ländern als ›schwer‹ gilt und (zu) wenig gelernt wird, liegt weniger an der Eigenart der Sprache als vielmehr an dem beträchtlich komplizierten und schwer zu erlernenden Schriftsystem. Deshalb hier ein Blick darauf, der einen Eindruck davon gibt, wie diese Schrift beschaffen und warum sie so verwickelt ist. Ein Hauptpunkt: Nicht *eine* Schrift haben wir vor uns, sondern eine Mischung aus *drei* Schriften, nämlich aus chinesischen Zeichen und zwei verschiedenen japanischen Silben-Alphabeten.

1. Als gegen 500 n. Chr. buddhistische Mönche nach Japan kamen, brachten sie ihre chinesischen Schriftzeichen mit. Die Japaner, bis dahin ohne eigene Schrift, übernahmen sie; wegen der Verschiedenheit beider Sprachen wurde im Laufe der Zeit vielen (nicht allen) chinesischen Zeichen (unter Absehen von ihrer Bedeutung) ein Lautwert beigelegt – sie wurden also gewissermaßen als ›Buchstaben‹ benutzt. Heute werden die chinesischen Zeichen, *Kandschi (Kanji)* genannt, benutzt, um Substantive, Ver-

ben, Adjektive und einheimische Namen wiederzugeben. Amtlich zugelassen sind 1850 solcher Zeichen. Die Hälfte davon ist Pflichtpensum in den ersten sechs Schuljahren.

2. Das erste der beiden Silben-Alphabete, *Hiragana* genannt, dient zum Schreiben aller übrigen Wortarten sowie der Flektionsendungen der in Kandschi geschriebenen Wörter. In jedem normalen Text kommen daher mindestens die Schriften 1 und 2 vor, dazu oft lateinische Buchstaben und arabische Ziffern.

Die wichtigsten Zeichen der Silbenschriften Hiragana (oben) und Katakana. Die meisten bezeichnen Silben wie ka, pu, to; die übrigen Vokale und den silbenschließenden Konsonanten n.

ん	わ	ら	や	ま	は	な	た	さ	か	あ
		り		み	ひ	に	ち	し	き	い
		る	ゆ	む	ふ	ぬ	つ	す	く	う
		れ		め	へ	ね	て	せ	け	え
	を	ろ	よ	も	ほ	の	と	そ	こ	お

3. Das zweite Silben-Alphabet, *Katakana,* dient hauptsächlich zur Schreibung von Fremdwörtern und ausländischen Namen, ferner für Telegramme und Computertexte. Sowohl in Hiragana wie in Katakana (und den hier nicht gezeichneten Differenzierungen und Ergänzungen) kann man jedes japanische Wort schreiben. Auch in lateinischer Schrift ist das möglich. Die seit langem bestehenden Bestrebungen zur ›Romanisierung‹ der Schrift haben sich nie durchgesetzt; die Japaner halten an ihrem System fest, teils aus Traditionsbewußtsein, teils wohl auch, weil diese für

ン	ワ	ラ	ヤ	マ	ハ	ナ	タ	サ	カ	ア
		リ		ミ	ヒ	ニ	チ	シ	キ	イ
		ル	ユ	ム	フ	ヌ	ツ	ス	ク	ウ
		レ		メ	ヘ	ネ	テ	セ	ケ	エ
	ヲ	ロ	ヨ	モ	ホ	ノ	ト	ソ	コ	オ

Fremde schwer zugängliche Schrift sie isoliert. In europäischen Zeitungen werden japanische Wörter meist in der nach dem amerikanischen Missionar *Hepburn* benannten Umschrift gebracht: Vokale zu lesen wie im Lateinischen, Konsonanten wie im Englischen (Beispiel: Kanji, zu sprechen [kandʒi]).

Koreanisch

Das Koreanische ist eine eigenständige Sprache, deren Verwandtschaft mit dem Japanischen zwar behauptet,

Die Geschäfte in einem von Touristen viel besuchten Stadtteil von Seoul (Südkorea) tragen koreanische und englische Aufschriften.

aber nicht bewiesen worden ist, mit einer eigenen, der Eigenart des Koreanischen perfekt angepaßten Schrift.

Eine einzige Familie: Austronesisch

Sobald wir nun auf die Weite der pazifischen Welt blikken, bemerken wir mit Erstaunen, daß in dem riesigen Gebiet von Madagaskar im Westen bis zur Osterinsel im Osten im wesentlichen eine einzige Sprachenfamilie – die *austronesische* – zuhause ist, allerdings eine, die insgesamt über 100 Sprachen umfaßt. Die wichtigsten Ausnahmen bilden Australien (mit seinen Eingeborenensprachen, versteht sich) und ein Teil von Neuguinea.

Mit der Größe ihres Verbreitungsgebietes gehört diese Familie zu den wichtigsten der Erde; nach der Zahl der Sprecher ebenfalls, bei allerdings äußerst ungleicher Verteilung auf die östliche und die westliche Hälfte des Sprachgebiets.

Einteilung

Der westaustronesische Bereich wird gerechnet von Madagaskar bis zu einer Trennungslinie, die in Nord-Süd-Richtung durch das westliche Neuguinea verläuft. Dieser westliche Teil umfaßt Gebiete mit großer und dichter Bevölkerung: außer Madagaskar die malaiische Halbinsel, das ganze Indonesien, die Philippinen, Taiwan, Westneuguinea; ein Gebiet mit ca. 300 Millionen Menschen. Die große Mehrheit der Sprecher verteilt sich auf die Hauptsprachen *Malaiisch, Indonesisch, Javanisch* und *Philippinisch*. Demgegenüber umfaßt der östliche Bereich räumlich ein noch größeres Gebiet, nämlich die ganze pazifische Inselwelt, die herkömmlicherweise eingeteilt wird in *Mikronesien* (nördlicher Teil), *Melanesien* (Neuguinea, Salomonen, Fidschi-Inseln) und *Polynesien* (Hawaii, Samoa, Neuseeland, die Osterinsel). Die austronesische Familie (oder Superfamilie) gehört zu den größten der Welt, sowohl nach der Zahl ihrer Sprachen (über 1200) wie nach der Größe des Sprachgebietes. In diesem Punkt wird sie nur durch die indoeuropäische Familie übertroffen.

Name der Familie

Die Familie wird heute meist unter der Bezeichnung *austronesische Sprachen* zusammengefaßt, die ich auch in der Überschrift dieses Abschnitts verwende. Manche Forscher zerlegen jedoch diese Familie in zwei: die *polynesische* und die *indonesische* Familie. Bei dieser Einteilung zählen die oben genannten vier Sprachen mit den großen Sprecherzahlen alle zu den indonesischen Sprachen. Wieder andere Forscher unterscheiden eine *malayo-polynesische* und eine *melanesische* Familie.

Einzelsprachen

Die Einzelsprachen, eine verwirrende Fülle, sind dem europäischen Leser, der den Pazifik nicht eingehend bereist oder studiert hat, wahrscheinlich noch nicht einmal dem Namen nach bekannt, etwa: *Tonga, Iloko, Batak, Buginisch* (oder *Buginesisch*), *Dayak, Gorontalo, Medunesisch, Mota*. Ich möchte nur einige Informationen über die wichtigsten Sprachen der Familie geben.

Zentren

Die Sprachen mit den größten Sprecherzahlen finden sich naturgemäß in den Gebieten mit starker und dichter Bevölkerung: auf den großen Inseln Indonesiens, auf den Philippinen und, was das asiatische Festland anlangt, im wesentlichen auf der malaiischen Halbinsel, die heute großenteils durch den Staat Malaysia eingenommen wird – mit Ausnahme der äußersten Südspitze. Hier liegt Singapur (Singapore), das sich nach kurzer Zugehörigkeit zum Bundesstaat Malaysia (der aus einzelnen Sultanaten besteht, deren Oberhäupter abwechselnd die Spitze des Bundes einnehmen) für unabhängig erklärt hat und seither ei-

Blick auf Singapur

Straßenschild in Singapur, oben in englischer Sprache (Singapur war bis zum Zweiten Weltkrieg britische Kolonie), darunter in chinesischen Zeichen (die Chinesen bilden die Mehrheit der Bevölkerung).

nen einzigartigen wirtschaftlichen Aufschwung erlebt. Als »Nationalsprache« in Singapur wird *Malaiisch* genannt; da aber die Chinesen nicht nur die tonangebende Schicht stellen, sondern auch eine starke Mehrheit bilden (ca. 70%), wird mehr *Chinesisch* als Malaiisch gesprochen. Die Malaien machen etwa 15% der Bevölkerung aus. Mit Rücksicht auf die Einwanderer aus Indien, großenteils Tamilen, ist *Tamil* in Singapur dritte Amtssprache neben Malaiisch und Chinesisch. Hinzu tritt als vierte das *Englische,* aus der Kolonialzeit hier zuhause und heute im wirtschaftlichen Bereich weitgehend allgemeine Verkehrssprache.

Bunte Sprachenkarte

Dieser Blick auf Singapur kann uns gleich mit einem Kennzeichen des gesamten pazifischen Raumes vertraut machen: Man findet kaum große, zusammenhängende, einheitliche Sprachgebiete wie etwa in Europa mit seinen Nationalstaaten und Nationalsprachen (dieses Bild bietet Europa freilich genaugenommen nur aus der Ferne; sieht man näher zu, so differenziert sich das Bild beträchtlich; man denke nur an Spanien mit Katalanen, Basken, Galiciern; an Frankreich mit Bretonen, Basken, Elsässern, Flamen, Algeriern; Großbritannien mit seinen keltischen Sprachgebieten und asiatischen Minderheiten). Im pazifischen Raum haben wir jedenfalls eine Situation, die man in der Landwirtschaft »Gemengelage« nennt, eine Fülle kleiner Parzellen. Selbst auf kleinen und kleinsten Inseln werden verschiedene Sprachen und Dialekte gesprochen.

Auf den Salomonen gibt es 60 Sprachen, darunter solche, die nur entfernte Ähnlichkeiten aufweisen. Auf den Admiralitäts-Inseln gibt es etwa 25. Die Insel Guadalcanal, im Zweiten Weltkrieg bitter umkämpft, etwa 100 km lang, hat 25 Dialekte. Auf der Philippinen-Insel Leyte sprechen die Bewohner der Osthälfte von ihren westlichen Nachbarn so verschieden, daß man sich nur über Dolmetscher verständigen kann. Es gibt Sprachen, die nur wenige tausend Sprecher haben, auch Sprachen, die untergehen wie die ursprüngliche Sprache der Hawaiischen Inseln, aus der noch Fragmente wie *Aloha* … herumgeistern, die aber so stark an den Rand gedrängt ist, daß das Ende dieser kleinen Restgruppe abzusehen ist.

Untergehende Sprachen

Aber auch die großen Inseln bieten auf der Sprachenkarte – solange wir heute im Gang befindliche Tendenzen zur Vereinheitlichung außer Betracht lassen – ein buntscheckiges Bild: Die Philippinen, an Fläche nicht viel größer als Großbritannien, weisen 70 Sprachen auf. Die großen Inseln Indonesiens sind sprachlich etwas weniger zersplittert (Sumatra hat etwa ein Dutzend Sprachen oder Dialekte), aber keine ist sprachlich ein homogenes Gebilde. Man kann sagen: Wenn man in diesem ganzen Gebiet ein Land oder eine Insel ins Auge faßt, trifft man auf mehrere bis viele Sprachen; wenn man eine Sprache ins Auge faßt, findet man ihre Sprecher verteilt auf mehrere bis viele Inseln, Inselgruppen oder Küstenstreifen. Die Vielfalt wird noch verwirrender, wenn wir zur räumlichen die Dimension der Zeit hinzunehmen. Jedenfalls haben viele dieser Sprachen, solange sie keine schriftliche Fixierung kannten und solange sie im Zeitalter des Kanus und des Segelbootes untereinander wenig Kontakt hatten, gewaltige Veränderungen binnen kurzer Zeit durchgemacht – Veränderungen, die man im einzelnen nicht kennt, die aber symptomatisch sichtbar wurden in Fällen, wo eine Insel von einer Gruppe von Kaufleuten, Reisenden, Kriegern aufgesucht wurde und der nächste Kontakt mit Fremden erst Jahrzehnte später stattfand.

Fremde Einflüsse

Ein anderer Zug ist vielen Sprachen der Familie, wenn auch beileibe nicht allen, gemeinsam: Einwirkungen aus Asien, in neuerer Zeit auch aus Europa, haben sich in den Kulturen des pazifischen Raumes und auch in ihren Sprachen niedergeschlagen. Die aus Asien kommenden Einflüsse sind überwiegend mit der Ausbreitung der großen

Religionen verknüpft. So griff der Hinduismus im ersten Jahrhundert nach Christus auf Java und Sumatra über, später auch auf Borneo und weitere Inseln. Davon zeugen nicht nur berühmte Tempelbauten, sondern auch Lehnwörter aus dem Sanskrit. Schon hundert Jahre nach dem Auftreten des Propheten beginnt der Einfluß des Islam und damit des Arabischen. Vom Entdeckungszeitalter ab kommen christliche Missionare, europäische Kaufleute, Techniker und Eroberer. Die vorläufig letzte Welle fremden Einflusses bringt (vgl. China) die moderne Technik.

Malaiisch

Bei der Betrachtung der führenden Sprachen muß das Malaiische an erster Stelle stehen. Zu seiner heutigen Bedeutung und Verbreitung ist es erst im Laufe der letzten Jahrhunderte aufgestiegen. Noch zu der Zeit, die wir in Europa Hochmittelalter nennen, wurde es nur von einigen Millionen Menschen gesprochen, die an den Küsten Sumatras und gegenüber an den Küsten der malaiischen Halbinsel saßen. Teils wegen der geographisch beherrschenden Stellung der malaiischen Halbinsel, teils wegen der bemerkenswerten kaufmännischen und seemännischen Fähigkeiten dieser »Malaien« (Anführung, weil »Malaien« auch ein Begriff der Rassenkunde ist), teils vermutlich auch wegen der besonderen Eignung der malaiischen Sprache entwickelte sie sich, schon bevor die europäischen Kolonisatoren kamen, zu einer allgemeinen Verkehrs- und Handelssprache, zur *lingua franca* eines

In Malaysia ist das Malaiische Amtssprache; wegen der an vielen Orten zahlreichen (auch überwiegenden) chinesischen Bevölkerung tragen die Geschäfte – wie dieser Laden in der Stadt Mersing – Aufschriften in beiden Sprachen.

großen Gebiets, etwa des heutigen Indonesien. *Basarmalaiisch* wurde diese Sprache genannt. Die eintreffenden Engländer und Holländer fanden diese Situation vor und bauten diese Stellung des Malaiischen aus, da ihnen in dem sprachlich äußerst vielfältigen Gebiet besonders an einer weitverbreiteten Verkehrssprache gelegen sein mußte.

Indonesien

Der entscheidende Schritt zur heutigen Geltung des Malaiischen wurde getan, als Indonesien, jahrhundertelang im Kolonialstatus und überwiegend von den Holländern regiert, nach Erlangung der Unabhängigkeit - nach dem Ende des Zweiten Weltkriegs und der Besetzung durch die Japaner - unabhängig und zu einem großen Staatsgebilde wurde. Für die Bevölkerung der 13000 Inseln - die größten sind Java, Sumatra, Borneo (ein Teil dieser Insel gehört aber zu Malaysia), Celebes (indonesisch *Sulawesi* genannt) und seit 1963 ein Teil von Neuguinea - die (heute) etwa 200 Millionen beträgt und zahllose (wenn auch großenteils untereinander verwandte) Sprachen sprach, sollte eine uneinheitliche Staatssprache geschaffen werden. Es schien gefährlich, die bis dahin verbreiteste Sprache, nämlich das *Javanische* mit über 80 Millionen Sprechern, dafür auszuwählen. Das wäre von anderen Bevölkerungsteilen als Benachteiligung der eigenen Sprache aufgefaßt worden. So wurde nicht diese Sprache gewählt, obwohl sie über eine lange literarische Tradition verfügt (die auch heute weiterlebt), sondern Malaiisch, das nur für wenige Indonesier Muttersprache war, aber von sehr vielen als Zweitsprache (Verkehrssprache) beherrscht oder jedenfalls verstanden wurde. Die Sprache wurde zu diesem Zweck durch staatliche Instanzen in Wortschatz und Satzbau normiert und heißt heute *Bahasa Indonesia*.

Auszug aus einem Reise-Sprachführer für modernes Indonesisch (Polyglott-Verlag, 8. Aufl. 1984).

Guten Morgen.	Selamat pagi.
Guten Tag.	Selamat siang.
Guten Abend.	Selamat malam.
Gute Nacht.	Selamat tidur.
Auf Wiedersehen.	Sampai bertemu lagi.
Wann *ist (sind)* ... geöffnet?	Kapan ... dibuka?
Wann *wird (werden)* ... geschlossen?	Kapan ... ditutup?

Malaiisch und Indonesisch, die ich vorhin als führende Sprachen der Region bezeichnet habe, sind also im Grunde nicht zwei Sprachen, sondern die zweite ist eine standardisierte Version der ersten. Und Javanisch ist ein Dialekt oder eine Varietät des Malaiischen, heute Sprache vieler Bücher, Zeitungen, Rundfunkanstalten auf der Insel Java, ausgezeichnet u.a. durch das Vorhandensein von drei Sprachschichten (Soziolekten): ein Idiom ist die Sprache der Oberschicht, ein zweites die des gemeinen Volkes, und ein drittes dient zur Verständigung zwischen diesen beiden.

Philippinen: Filipino

Eine vergleichbare Lage finden wir auch vor, wenn wir uns jetzt dem anderen großen Inselreich, den Philippinen, zuwenden: 7000 Inseln und zahllose Sprachen (auch nicht untereinander verwandte) und noch mehr Dialekte. Auch hier Erlangung der Unabhängigkeit nach dem Zweiten Weltkrieg, nach mehrjähriger Besetzung durch die Japaner, und auch das Bestreben und die Notwendigkeit, eine Staatssprache zu schaffen. Als Basis hat man hier *Tagalog* gewählt, eine dem Malaiischen verwandte Sprache, die als Muttersprache nur von wenigen Millionen Bewohnern der Insel Luzon gesprochen wurde (auf der die Hauptstadt Manila liegt). Die neugeschaffene Staatssprache wird *Filipino* genannt. Neben ihr und neben den weiterlebenden Dialekten der vielen Inseln sind Spanisch (aus der spanischen Kolonialzeit) und Englisch (aus der US-amerikanischen) in Gebrauch.

Eigenart des Malaiischen

Das Malaiische hat den Beinamen »Italienisch des Orients« erhalten wegen seines Wohlklangs und wegen seines einfachen, durchsichtigen, für Europäer leicht auszusprechenden und leicht erlernbaren Sprachbaus. Diesen hatte ich im Auge, als ich sagte, das Malaiische sei als Verkehrssprache für ein großes Gebiet besonders geeignet gewesen. Wieso das?

Lautstruktur

Phonetisch gesehen ist das Malaiische einfach, weil es kaum, ja überhaupt keine Laute enthält, die auszusprechen den Sprechern anderer Sprachen schwerfallen könnte. Als Vokale gibt es nur die fünf Grundvokale *a, e, i, o, u* und den »Mittelzungenvokal« [ə]. Häufungen von Konsonanten, die für Japaner z.B. kaum zu bewältigen sind (auch ein gutes Deutsch sprechender Japaner neigt dazu, Vokale einzuschieben und statt Berlin eher [berulinu] zu sagen – sofern er gelernt hat, [r] und [l] zu unterscheiden), gibt es nicht. Das Japanische kennt von den *Liquida* genannten Lauten nur das [r], das Chinesische nur das [l]; im Japanischen ist es genau genommen ein Laut zwischen [r] und [l].

Das Malaiische - viel konsequenter als etwa das Italienische - kennt fast nur die Lautfolge: Konsonant-Vokal (eine Silbe); Konsonant-Vokal (nächste Silbe). Kennzeichnend ist als Beispiel *Mata hari* (»Sonne«, wörtlich aber »Auge des Tages«) - eines der wenigen malaiischen Wörter, die wir, wenn auch nur als Eigennamen einer berühmten Spionin, kennen. *Orang utan,* wörtlich »Mensch (des) Waldes«, gebildet aus *orang* »Mensch« und *(h)utan* »Wald«, ist ein anderes Beispiel; allerdings wird die Bezeichnung vorwiegend in europäischen Sprachen benutzt, die Malaien nennen das Tier *mawas* »Ungeheuer«. Das Malaiische wird von Sprachgelehrten geradezu als »phonetisch-phonologisches Ideal« gepriesen. Es ist behauptet worden: Wenn man unter den bekannteren Sprachen eine als internationale Welthilfssprache auszusuchen hätte, so hätte das Malaiische dabei die meisten Pluspunkte zu erwarten!

Grammatik

Das beruht nicht nur auf der Lautstruktur. Auch die Grammatik gilt als »leicht«. Die Substantive haben keine Endungen für Einzahl oder Mehrzahl, für Geschlecht und Kasus. Es gibt keinen Artikel (viele Sprachen kommen ohne Artikel aus). Das Adjektiv wird regelmäßig gesteigert durch Hinzusetzen von *lebeh* »mehr« bzw. *sa-kali* »meist, höchst«; man braucht keine Reihen wie »groß, größer« (mit Umlaut), »am größten« oder *bad, worse, worst* auswendig zu lernen. Das Verbum kennt nicht Aktiv und Passiv, keine Modi (Indikativ, Konjunktiv) und keine Konjugation nach Zeiten. Das Adjektiv wird nicht dekliniert, das Pronomen auch nicht.

Zusammengefaßt: Eine »isolierende« Sprache mit einer so einfachen (fast keiner) Grammatik wie das Chinesische, aber ohne dessen Schwierigkeiten wie die »vier Töne« und die zahllosen gleichklingenden Wörter mit verschiedensten Bedeutungen. Für denjenigen, der nicht in einer derartigen Sprache lebt, hat sie freilich den Nachteil, daß (eben wegen der unflektiert aufgereihten Wörter) das Gemeinte oft nur erraten werden kann.

Indianische Sprachen

Wenn wir jetzt den pazifischen Raum verlassen und uns dem amerikanischen Doppelkontinent zuwenden, wollen wir dort unser Augenmerk nicht auf die Sprachen richten, die als Staats- und Verwaltungssprachen nahezu den ganzen Kontinent beherrschen (Englisch und Französisch im

Norden, Spanisch und Portugiesisch in der Mitte und im Süden), auch nicht auf die Einwanderer europäischer (deutscher, polnischer, italienischer u. a.) oder asiatischer Herkunft, die in geschlossenen Siedlungsgruppen zuweilen noch die Sprachen ihrer alten Heimat benutzen. Wir blicken vielmehr auf den Zustand vor der europäischen Besiedlung, auf das »vorkolumbianische« Amerika, auf die Sprachen, die damals dort gesprochen wurden und von denen ein großer Teil erloschen oder dem Untergang geweiht, ein kleiner allerdings hartnäckig am Leben geblieben ist.

Vor Kolumbus

Sehen wir einmal von den Eskimos im äußersten Norden ab, so haben wir ausschließlich »indianische« Stämme vor uns (der schwarze Bevölkerungsteil ist erst durch die Europäer, größtenteils durch den Sklavenhandel, hinzugekommen), die indianische Sprachen sprechen. Die Bezeichnung beruht bekanntlich auf dem Irrtum des Kolumbus, der fest glaubte, in einem Teil Indiens gelandet zu sein. Mit Indern haben diese Menschen jedoch nichts zu tun. Die leicht braunhäutigen (nicht »rothäutigen«, »rot« war nur häufig die Kriegsbemalung) Indianer sind vielmehr Nachkommen von Einwanderern mongolischen Typs, die vor etwa 30000 Jahren aus Asien nach Alaska eingedrungen sind, als in der Gegend der heutigen Beringstraße eine Landbrücke zwischen den beiden Kontinenten bestand, eine Folge des durch die Eiszeit abgesenkten Wasserspiegels der Weltmeere. Bis dahin hatte es auf dem riesigen Doppelkontinent keine Menschen, auch keine der Primaten-Arten gegeben, die als nächste Vorfahren des Menschen gelten.

Von Alaska bis Feuerland

Langsam, im Laufe von Jahrtausenden, breiteten sich die Einwanderer über das gewaltige Gebiet von Alaska bis Feuerland aus. In Zentral- und Südamerika schufen sie schließlich die Hochkulturen der Maya, Azteken und Inka. Auch wenn die Einwanderer alle dieselbe Sprache gesprochen hätten (was nicht feststellbar ist, auch nicht wahrscheinlich, weil sie mit ziemlicher Sicherheit in Wellen gekommen sind, die sich über Jahrtausende verteilen): die Zerstreuung über Riesenräume, die anfängliche Isolierung der Siedlungen gegeneinander haben die Sprachen sich so weit auseinanderentwickeln lassen, daß irgendein noch so hypothetischer Rückschluß auf eine gemeinsame Ausgangssprache kaum möglich ist.

Sprecherzahlen

Historiker schätzen die Zahl der Menschen, die zur Zeit der europäischen Eroberung den Doppelkontinent bewohnten, auf 15 bis 20 Millionen. Erstaunlicherweise verfügte diese dünn verteilte Bevölkerung über eine weitaus größere Zahl von Sprachen als die sogenannte Alte Welt – eine phantastisch bunte Vielfalt. Die Zahl der Sprachen wird von erfahrenen Forschern so angegeben: 24 Sprachen der Eskimos, etwa 350 Sprachen der nordamerikanischen Indianer, knapp 100 in Mexiko und Mittelamerika, annähernd 800 in Südamerika und auf den Antillen – zusammen rund 1250 indianische Sprachen, die man – rein äußerlich – nach den eben genannten Großräumen einteilt. Die Zahlen, die man in der wissenschaftlichen Literatur findet, gehen jedoch weit auseinander, liegen teilweise noch höher. Unter dem Aspekt genetischer Zusammengehörigkeit wird manchmal die Zahl von rund 150 Sprachfamilien genannt, eine vage Annahme vor allem deshalb, weil manche dieser Sprachen unerforscht bis fast unbekannt sind. Und da viele im Aussterben begriffen sind, manche nur noch von wenigen tausend Menschen gesprochen werden, so wird diese Fülle bald der Vergangenheit angehören – trotz der respektgebietenden Anstrengungen von Ethnologen und Sprachforschern, diese Sprachen aufzunehmen, sie festzuhalten auf Tonbändern, sie zu studieren und zu analysieren. Von den hochverdienten Erforschern dieser Sprachen seien wenigstens ein paar genannt: Franz Boas, Edward Sapir, Leonard Bloomfield, Benjamin Lee Whorf.

Nordamerika

Mit »Nordamerika« ist hier das Gebiet von Alaska im Norden bis etwa zur heutigen Grenze USA-Mexiko gemeint. Manche Forscher nehmen hier bis zu 57 Sprachfamilien an, davon 20 allein in Kalifornien, das damit schon etwa so viele Sprachen aufweist – bzw. aufwies – wie Europa heute. Fast alles, was die Klassifikation anlangt, ist hier wie gesagt unsicher. Es wird auch versucht, die Familien zu noch größeren Einheiten, *phylae* oder *Stämme* genannt, zusammenzufassen. Dabei ergeben sich – ohne die eskimo-aleutischen Sprachen – meist fünf Großgruppen. Aufzählungen allein nützen wenig, aber um einen Eindruck zu vermitteln, gebe ich hier eine konventionelle Einteilung (nach Gustav Ineichen, »Allgemeine Sprachtypologie«, 1979); wenigstens manche Namen mögen aus Indianerlektüre und Wildwestfilmen bekannt sein:

Eine grobe Einteilung

1. Gruppe *Algonking-Wakasch: Algonking*, auch *Algonkin, Algonquin* (Quebec, Ontario), *Quileute* (Washington-Staat, nicht Stadt), *Nootka, Kwakiutl* (beide Britisch-Kolumbien), *Cœur d'Alène* (am gleichnamigen See in Nord-Idaho), *Kalispel* (Washington, Idaho, Montana), *Yurok* (Kalifornien).

2. Gruppe *Hoka-Sioux: Yana, Salina* (beide Kalifornien), *Tonkawa* (Texas, Oklahoma), *Chitimacha* (Louisiana), *Tunika Subtiaba* (isoliert vorkommend in Nikaragua, also außerhalb Nordamerikas), *Mohawk* (Ontario, Quebec, Staat New York), *Dakota* (weitverbreitet: Mississippital, Minnesota, Wisconsin, Dakota, Montana, Manitoba, Alberta, Saskatchewan).

3. Gruppe *Athabaskisch* oder *Nadene: Athabaskisch* (oder *-paskisch*, am gleichnamigen See), *Navaho* (Arizona, Neumexiko, Utah), *Haida* (Königin-Charlotte-Inseln, Britisch-Kolumbien), *Tlingit* (Alaska).

4. Gruppe *Panutisch: Maidu* und *Yokuts* (beide Kalifornien), *Chinuk* (Kalifornien, früher Oregon und Washington), *Takelma, Coos* (beide Oregon), *Tsimschian* (Britisch-Kolumbien).

5. Gruppe *Uto-Aztekisch: Paiute* (Idaho), *Luiseño, Cahuilla* (beide Kalifornien), *Zuñi* (Neumexiko), *Aztekisch* (gesprochen in Mittelamerika, wird aber zu dieser Gruppe gezählt).

Gemeinsame Merkmale

Wer andere Zusammenstellungen, vor allem amerikanische, studiert, wird auf vergleichbare grobe Einteilungen, aber zahlreiche andere Namen stoßen. Die Klassifizierungen sind keineswegs willkürlich, denn es gibt zahlreiche Gemeinsamkeiten z. B. im Wortschatz; da man aber mangels schriftlicher Zeugnisse die Vergangenheit nicht erforschen kann, muß meistens offen bleiben, ob sie auf genealogischer Verwandtschaft oder gegenseitiger Beeinflussung der Sprachen beruhen. Eines läßt sich mit Gewißheit sagen: Diese Sprachen haben, soweit man zurückdenken kann, immer in Kontakt mit Nachbarsprachen gelebt, und gerade weil es kaum Verkehrssprachen über weite Räume gab, mußten die Stämme im Frieden wie im Krieg eine Möglichkeit der Verständigung mit Nachbarn finden: durch Dolmetscher, die manchmal die Sprache eines Nachbarstammes sprachen *(Bilingualismus)*, manchmal die Sprachen mehrerer Stämme *(Multilingualismus)*.

Es kam zur Übernahme von Wörtern, auch von grammatischen Eigentümlichkeiten. In Einzelfällen sind Stammessprachen, wie *Chinuk* (engl. *Chinook*) im Nordwesten, in die Rolle von Verkehrssprachen für den Tauschhandel hineingewachsen, wurden als solche dann auch von Weißen benutzt und haben aus deren Sprachen (Englisch und Französisch) ebenfalls Lehnwörter aufgenommen. Eine zweite Feststellung gilt für alle diese Sprachen, aber sie gilt darüber hinaus für jegliche bekannte Sprache, einerlei auf welcher Kulturstufe wir ihre Sprecher antreffen: Mag uns die Kultur solcher Menschen einfach vorkommen, ja primitiv: primitive Sprachen gibt es nicht. Wir kennen nur voll ausgebildete Sprachen, die ihren Kommunikationszweck voll erfüllen; ja nicht selten sind die Sprachen solcher Völker und Stämme gerade von höchster Kompliziertheit.

Das Nebeneinander so vieler verschiedener Sprachen in Nordamerika hat der Sprachwissenschaft viele Anregungen vermittelt. Einige interessante Phänomene - die bestimmten Gruppen, aber nie *allen* Indianersprachen eigentümlich sind - will ich aufzählen:

Zweimal »wir«

Manche Sprachen unterscheiden beim Personalpronomen der 1. Person Plural (»wir«) zwei Wörter: ein »wir«, das den Sprecher wie den Angesprochenen einschließt, und ein anderes »wir«, mit dem der Sprechende sinngemäß sagt: »ich und andere - aber du bist nicht mit gemeint«. Das Fehlen dieser Unterscheidung führt in europäischen Sprachen manchmal dazu, daß Mißverständnisse entstehen.

Manche Sprachen bringen in den Formen ihrer Verben den Gewißheitsgrad des beschriebenen Vorgangs zum Ausdruck: ein Verb für Vorgänge, die der Sprechende mit eigenen Augen und Ohren wahrgenommen hat, ein anderes für Vorgänge, die er Berichten anderer entnimmt, die er also nur »vom Hörensagen« kennt. Eine nützliche Einrichtung, wenn sie sich in Pressemeldungen und Rundfunkreportagen durchsetzen würde - und in den Reden von Politikern!

Unaussprechliches

Zahlreiche Sprachen kennen Konsonanten, die europäischen Sprachen unbekannt sind, manche kennen für uns unaussprechliche Konsonantenhäufungen wie *nmnmk* (ohne Vokal); manche machen vom Ton oder Akzent als bedeutungsunterscheidendem Mittel Gebrauch.

Ich verlasse diese Einzelzüge und wende mich einem Thema zu, das von umfassender Bedeutung ist für die Zusammenhänge zwischen Sprache und Kultur, zwischen einer Sprache und der Mentalität, der Denkweise, der Weltanschauung derer, die sie sprechen - denn die Diskussion um dieses Thema hat sich an einer nordamerikanischen Indianersprache entzündet. Es geht um die Frage, inwieweit wir unsere Welt und Umwelt stets nur durch die »Brille« unserer Muttersprache sehen können, ob diese uns also in feste Gedankenbahnen zwingt, andere versperrt und uns eine ganz bestimmte Weltsicht aufzwingt.

Die These, eben dies sei in weitem Ausmaß der Fall, läuft meist unter der Bezeichnung *Sapir-Whorf-Hypothese*, nach den beiden amerikanischen Linguisten Edward Sapir und dessen Schüler Benjamin Lee Whorf. Die These ist allerdings schon hundert Jahre zuvor in überzeugender Form aufgestellt worden durch Wilhelm von Humboldt in dem Aufsatz »Über die Verschiedenheit des menschlichen Sprachbaues und ihren Einfluß auf die geistige Entwicklung des Menschengeschlechts«, den er seinem dreibändigen Alterswerk über die Kawi-Sprache auf der Insel Java als Einleitung mitgegeben hat.

Die Sapir-Whorf-Hypothese

Sapir und Whorf haben Humboldts Thesen nicht erwähnt, vielleicht nicht gekannt, auch spätere deutsche Forscher, die Humbolts These weitergeführt haben (Leo Weisgerber), sind ihnen unbekannt geblieben. Die beiden Amerikaner gehören dem 20. Jahrhundert an. Sapir (1884-1939), in Pommern geboren, hat in den USA als Anthropologe Indianersprachen erforscht. Sein Schüler Whorf (1897-1941) war Chemiker und Ingenieur, bevor er durch Sapir zur Beschäftigung mit Anthropologie und indianischen Sprachen angeregt wurde. Sapir formuliert: »Menschen leben nicht einfach in der objektiven Welt, sie sind vielmehr weitgehend von der besonderen Sprache abhängig, die in ihrer Gesellschaft als Ausdrucksmittel dient ... Tatsache ist, daß die ›reale Welt‹ großenteils unbewußt auf den Sprachgewohnheiten der jeweiligen Gruppe beruht ...«

Whorf hat sich besonders intensiv mit der Sprache der Hopi befaßt, die zur uto-aztekischen Gruppe gerechnet wird. Mehrere seiner diesbezüglichen Arbeiten sind in einem 1956 (also nach seinem Tode) veröffentlichten Sammelband *Language, Thought, and Reality* enthalten. Als

Beispiel für Whorfs Vorgehen wähle ich seine Untersuchung darüber, wie Begriffe oder Vorstellungen des Zählens und der Zeit in *SAE* (*Standard Average European,* »durchschnittliches Standard-Europäisch«) einerseits, bei den Hopi andererseits sprachlich ausgedrückt werden.

Zahl- und Zeitbegriff

Wir Europäer halten es für selbstverständlich, daß wir den Zahlbegriff »zehn« sowohl für konkrete Gegenstände (»zehn Flaschen«) verwenden wie für Zeitbegriffe, indem wir von »zehn Tagen« sprechen. Zehn Flaschen kann ich zusammen erblicken. Gegenstand meiner unmittelbaren Erfahrung kann dagegen immer nur ein Tag sein - der heutige -; die anderen neun existieren entweder in meiner Erinnerung oder in meiner Vorstellung oder Phantasie von der Zukunft. Die Hopi wenden die Kardinalzahlen ›eins, zwei, drei ...‹ nur auf im Raum wahrnehmbare Gegenstände an. Zeiteinheiten zählen sie nicht mit diesen Zahlen, sondern mit den Ordinalzahlen: ›erster, zweiter, dritter ... Tag‹, und sie setzen ›Tag‹ nicht in den Plural. Liegt dem nicht ein tiefreichender Unterschied in der Auffassung von »Zeit« zugrunde? Die Hopi - sagt Whorf - zählen die Tage nicht so, wie wir mehrere Menschen zählen, die beisammenstehen, sondern so, wie wir das sukzessive Erscheinen *desselben* Menschen zählen: ›sein erster, zweiter, dritter Besuch‹. Sie sehen in der Folge der Tage nicht eine lineare Aufteilung, sondern eine zyklische Wiederkehr.

Whorf belegt dies eingehend mit der Schilderung bestimmter Verhaltensweisen dieser Menschen. Wenn es derselbe Tag ist, der morgen wiederkehrt, so können wir durch bestimmte Vorkehrungen - in diesem Fall großenteils zeremonieller Art wie Beten, Meditieren, Ausführung bestimmter Handlungen oder Tänze, aber auch mit magischen Mitteln, die wir heute anwenden - auf die Zukunft wirken: es ist ja derselbe Tag, der wiederkehren wird. *Tomorrow is another day* - dieses englische Sprichwort müsse einem Hopi widersinnig vorkommen. Whorf belegt seine Thesen mit weiteren Eigenheiten der Hopi-Sprache, die z. B. beim Verb keine Zeitformen kennt.

Ist die These zutreffend?

Leider kann ich hier nicht weitere Argumente anhäufen, sondern gehe über zu der Frage: Hat Whorf recht? Hätte er recht, so müßte man, nicht zuletzt bei den von ihm liebevoll erforschten Indianern, deutliche Entsprechungen zwischen Sprachbau einerseits und Kulturformen und Denkweisen andererseits beobachten können. Gerade bei den nordamerikanischen Indianern ist aber zu sehen, daß Stämme (auch im Umkreis der Hopi, in Kalifornien) mit sehr ähnlicher Kultur äußerst verschieden strukturierte Sprachen sprechen, während auf der anderen Seite Stämme mit sehr verwandten Sprachen starke kulturelle Verschiedenheiten zeigen.

»Widerlegt« ist die These damit noch nicht; ich habe sie hier sozusagen an ihrer Quelle erwähnen wollen.

Abschließende Bemerkungen

Drei kurze Bemerkungen noch, bevor wir Nordamerika verlassen:

1. Im Sprachbau zeigen sehr viele (wenn auch nicht alle) nordamerikanische Indianersprachen eine Eigenheit, die man als *polysynthetischen* oder *inkorporierenden* (»einverleibenden«) Sprachtypus charakterisieren kann. Was wir in einem Satz sagen, wird in diesen Sprachen häufig in ein einziges - in der Regel langes - Wort komprimiert. »Der Mann, dem ich im Wald begegnet bin« wird durch ein einziges - zusammengesetztes - Wort ausgedrückt. Eine wenn auch entfernte Analogie aus Whorfs »SAE-Sprachen« bilden Kettenwörter wie »Dein ewiges Hätte-ich-doch-nur-damals«; häufiger im Englischen: *He made a sweeping sit-down-and-relax gesture.*

2. Das Studium der Indianersprachen hat Sapir zu der These geführt: Wenn wir eine Gruppe miteinander verwandter Sprachen oder Dialekte betrachten, die sich über ein größeres Gebiet verteilen, so ist der Bereich, von dem aus sie einstmals ausgestrahlt sind, mit großer Wahrscheinlichkeit dort zu finden, wo sich die stärksten Differenzierungen auf relativ kleinem Raum finden. Praktisches Beispiel: Die Gliederung der englischen Sprache in ausgeprägte Dialekte ist stärker in England, von wo aus die Sprache ihren Siegeszug um die Welt angetreten hat, als in Australien oder den USA, wo sie viel später heimisch geworden ist. Diese These hat Sapir erfolgreich auf Indianersprachen wie Athapaskisch angewandt; besser gesagt, er hat sie an diesen entwickelt mit dem Ergebnis, daß diese Sprachgruppe ursprünglich im subarktischen Gebiet beheimatet gewesen ist.

3. Zum Schluß ist die Feststellung anzufügen, daß die Indianersprachen Nordamerikas bis zum Eintreffen der Weißen schriftlos waren. Es gab jedoch einen großen Schatz an mündlicher »Literatur«, die jeweils von einer Generation an die nächstfolgende weitergereicht wurde.

Zentralamerika Die Linguisten rechnen *Meso-Amerika* von Mexiko im Norden bis etwa Honduras auf der mittelamerikanischen Landbrücke; den Rest dieser Landbrücke sowie die Antillen dagegen zum Sprachgebiet Südamerika. In diesem Gebiet werden heute noch rund 70 indianische Sprachen gesprochen. Andere, vielleicht ein Dutzend, vielleicht viel mehr, sind mit ihren Sprechern untergegangen; man kann auch sagen: ausgerottet, denn von der einheimischen Bevölkerung dieses Gebiets, die beim Eintreffen des Cortez und seines Heerhaufens 20 Millionen betragen haben mag, sind mindestens 15 Millionen durch Krieg, Zwangsarbeit und Infektionen getötet worden. Von den Hochkulturen, die hier durch Völker indianischer Rasse und Sprache entwickelt worden waren - vor allem die der Maya auf der Halbinsel Yucatán und in Guatemala, die der Azteken im Hochland von Mexiko - sind faszinierende Ruinen erhalten, und auch ihre Sprachen leben fort bis heute; aber im wesentlichen hat das europäische Eindringen einer Kulturentwicklung von zweieinhalb Jahrtausenden (von 1000 v. Chr. bis zur Landung Cortez' im Jahre 1519) ein brutales Ende gesetzt.

Eine in jüngster Zeit von US-amerikanischen Linguisten erarbeitete tabellarische Übersicht der zentralamerikanischen Indianersprachen - unter Weglassen der untergegangenen - unterscheidet 21 Hauptgruppen. Für die Glieder der meisten gilt die genetische Verwandtschaft als gesichert; man kann sie also als *Familien* bezeichnen. Ich möchte auf eine Aufzählung - erst recht der zugehörigen Einzelsprachen - verzichten und lieber etwas berichten über die zwei Sprachen der oben schon erwähnten Mayas und Azteken; sie verdienen das, weil sie auf die beiden Hochkulturen zurückgehen und auch die größten Sprecherzahlen aufweisen.

Mayasprachen Die Mayasprachen, heutzutage von ungefähr zwei Millionen Menschen gesprochen, wurden im Jahre 1884 durch einen deutschen Forscher, Otto Stoll, als zusammengehörige Familie erkannt. Zwei Dutzend Sprachen werden zu ihr gezählt.

Eine davon, das *Huaztekische* (oder *Huaxtekische*), wird an der mexikanischen Golfküste gesprochen, also 1500 km von dem Hauptverbreitungsgebiet der Mayasprachen in Yucatán und Guatemala entfernt. Sie gehört zu einem Stamm, der schon in vorgeschichtlicher Zeit dorthin gewandert sein muß, denn an der Ausbildung der Maya-Kultur hat er nicht teilgenommen.

Uto-Aztekisch

Das *Aztekische* gehört, wie oben kurz erwähnt, zur uto-aztekischen Familie, die nach Nordamerika hineinreicht; auch *Hopi* gehört dazu. Zu dieser Familie werden 27 Sprachen gerechnet, eingeteilt in acht oder neun Zweige. Die Azteken nannten ihre Sprache zur Zeit der Hochblüte ihrer Kultur *Nahua* oder *Nahuatl;* sie hatten diese Sprache wahrscheinlich von den Tolteken übernommen.

Haben die Europäer mit der Vernichtung dieser Kultur schwere Schuld auf sich geladen, so haben sie andererseits, was die Erhaltung dieser Sprache anlangt, auch Verdienste. Nicht nur, daß christliche Missionare für ihre Aufgabe darauf angewiesen waren, sich die Sprache der Eingeborenen zu eigen zu machen (denn man konnte diesen nicht gut eine ihnen fremde Religion predigen und ihnen gleichzeitig noch eine fremde Sprache aufzwingen); sie lernten also *Aztekisch, Zapotekisch, Mixtekisch,* sie fertigten Grammatiken und legten Wörterbücher oder Wortlisten an und übersetzten biblische Texte in diese Sprachen; und natürlich bevorzugten sie dabei diejenigen, die große Sprecherzahlen und Verbreitungsgebiete aufwiesen wie eben Maya und Aztekisch. Christliche Missionare haben darüber hinaus auch das Verdienst, die Aufzeichnung wichtiger literarischer und historischer Werke aus der Tradition der Maya und der Azteken veranlaßt oder durchgeführt zu haben – in den Landessprachen, jedoch in lateinischer Schrift.

Südamerika

Die Frage, wieviel Sprachen in der vorkolumbianischen Zeit in Südamerika gelebt haben, ist nicht zu beantworten, weil – abgesehen von der hier besonders unsicheren Abgrenzung zwischen Sprache und Dialekt – die Zahl der untergegangenen Sprachen allenfalls grob geschätzt werden kann. Belege liegen vor für rund 500 heute lebende Sprachen und für mehr als hundert erloschene. Schätzungen über den ursprünglichen Bestand gehen bis zu 1500 Sprachen. Südamerika gehört damit zu den sprachenreichsten Gebieten der Erde.

Christliche Missionare haben auch hier einige Sprachen, vor allem *Ketschua (Quechua)* für ihre Tätigkeit studiert und schon vom 16. Jahrhundert ab Grammatiken und Wörterbücher verfaßt. Erst im 20. Jahrhundert haben Erfassung und Studium nach den präzisen Maßstäben heutiger

Linguistik eingesetzt. Aus der dabei erarbeiteten Liste, die 82 Gruppierungen umfaßt, will ich nur einige nennen.

Ketschua

Ketschua war die Sprache der Inka, die sie in ihrem Reich (im heutigen Peru gelegen) verbreitet haben; dank dieser Verbreitung haben die christlichen Missionare sie dann bevorzugt benutzt. Es handelt sich nicht um eine einzige Sprache, sondern um eine Gruppe von 18 nahe verwandten Sprachen, verbreitet in Peru, Argentinien, Kolumbien, Bolivien. Mit der Gruppe der Aymara-Sprachen werden sie unter der Bezeichnung *Ketschumaranisch* zu einer Großfamilie zusammengefaßt. Man rechnet heute mit mehreren Millionen Ketschua-Sprechern. Solche Zahlen sind stets mit Vorbehalt zu nehmen, denn es gibt eine unbekannte Anzahl von Menschen, die Ketschua oder eine andere indianische Sprache als ihre Muttersprache sprechen, die aber, weil sie die amtliche Landessprache – also Spanisch oder Portugiesisch – mehr oder weniger beherrschen, von der offiziellen Statistik als Spanisch- bzw. Portugiesischsprechende gezählt werden.

Andere wichtige Indianersprachen Südamerikas sind *Tupí-Guaraní* (in Bolivien, Paraguay, auch Brasilien), *Chipcha* (oder *Chibchan*) sowie im Süden, vor allem in Chile, *Araukanisch. Guaraní,* einstmals von den Jesuiten in ihrem Musterstaat auf dem Boden Paraguays benutzt, hat sich nach der Vertreibung der Jesuiten fast als zweite Landessprache von Paraguay – neben dem Spanischen – etabliert; es wir auch von nichtindianischen Bevölkerungsteilen gesprochen sowie – in genormter Orthographie – geschrieben.

Die Gruppe der *karibischen* (oder *karaibischen*) Sprachen, einstmals 50 Glieder umfassend und in einem weiten Gebiet, besonders auch in der Inselwelt der Karibischen See gesprochen, ist nahezu erloschen.

Eine neue Großgliederung

Vielleicht gelingt es jetzt, in die Vielfalt der Sprachen etwas mehr Ordnung zu bringen. Ab 1987 hat Joseph Greenberg die These verkündet, daß sich diese fast unübersehbare Menge von Sprachen in nur 3 Großgruppen einteilen läßt. Er nennt sie (von Süden nach Norden): *1. Amerindisch:* Diese Gruppe umfaßt die Sprachen von ganz Süd- und Mittelamerika, in den USA (bis auf ein Einsprengsel im Süden) und einem Teil Kanadas. Ihre Sprecher gehören offenbar der ersten von drei Einwanderungswellen an, die alle von Asien her, über die Landbrücke, die damals Amerika mit Asien verband, den amerikanischen Doppelkontinent erreicht haben. *2. Na-Dené:* Diese Sprachen sind im Nordteil Nordamerikas zuhause, nördlich der großen Seen, sowie in dem Einsprengsel im Süden der USA. *3. Eskimo-Alëutisch:* Diese Sprachen sind mit der dritten Einwanderungswelle vor 4000 bis 5000 Jahren nach Amerika gekommen, sie nehmen den Nordstreifen des Kontinents ein und reichen bis nach Grönland.

Jede der 3 Gruppen ist mit einer Sprachengruppe in Eurasien verwandt. Untereinander sind die drei nicht verwandt. Greenbergs Methode – Vergleich einer kleinen Anzahl von Grundwörtern in Dutzenden von Sprachen – ist nicht unumstritten. Seine Forschungen sind durch Merritt Ruhlen weitergeführt und ergänzt worden.

Neue Ideen

In der gegenwärtigen wissenschaftlichen Diskussion gibt es Bestrebungen, Familien verwandter Sprachen zu noch größeren Einheiten – »Superfamilien« zusammenzuschließen. So haben z. B. sowjetische Forscher die indoeuropäische Sprachenfamilie mit 5 weiteren Familien als verwandt angesehen, auf eine gemeinsame Grundlage in der Steinzeit zurückgehend. Sie haben diese Riesengruppe »Nostratisch« (nach dem lat. Wort »noster« = unser) genannt.

Auch wird versucht, Erkenntnisse der Sprachforschung in Beziehung zu setzen zu Forschungen über die Verteilung der Erbfaktoren (z. B. des Merkmals »rhesus-negativ«) in der gesamten Menschheit. Das ist als Grundidee einleuchtend; schließlich sind es Menschen gewesen, die durch Wanderungen und Eroberungen die heutige Verteilung der Sprachen auf dieser Erde bewirkt haben.

Austausch mit europäischen Sprachen

Der jahrhundertelange intensive Kontakt der überlebenden amerikanischen Sprachen mit den europäischen hat eine wechselseitige Beeinflussung im Gefolge gehabt. Spanische und portugiesische Lehnwörter sind aufgenommen worden, nicht nur für die zahlreichen Institutionen und Geräte europäischen Ursprungs, sondern in fast alle Teile des Wortschatzes; ja, was relativ selten ist, auch grammatische Elemente – der Gebrauch von Präpositionen, Konjunktionen, Suffixen als Wortbildungsmittel, haben eingewirkt. In manchen Fällen ist auch der Lautcharakter der Sprache verändert worden. Wo die Indianer den Europäern lange feindselig gegenüber gestanden haben, sind die Übernahmen geringer; dies gilt für das Araukanische im Süden.

Selbstverständlich hat es auch einen lebhaften Austausch unter den einheimischen Sprachen gegeben. Haben die europäischen Sprachen Wortgut aus den Indianersprachen aufgenommen? Dies ist in beachtlichem Ausmaß der Fall, am stärksten natürlich in den südamerikanischen Varianten des Spanischen und Portugiesischen. Aber indianische Wörter haben auch ihren Weg in die europäischen Sprachen gefunden. Aus dem Arawakanischen stammen so geläufige Wörter wie »Kanu«, »Mais«, »Tabak«. Aus den Ketschua-Sprachen haben wir »Pampa« und »Kondor«. Aus karibischen Sprachen im Bereich der Antillen stammt das Wort »Kannibale«, hervorgegangen aus einer Eigenbezeichnung der räuberischen und grausamen Kariben. Aus nordamerikanischen Sprachen haben wir »Mokassin«, »Tomahawk«, »Wigwam« – Ausdrücke, die durch »Indianerliteratur« bekanntgeworden sind. Auch »Hängematte« ist indianisch, eine volkstümliche Umdeutung von *hamak* (vgl. engl. *hammock*). »Orkan«, »Kakao«, »Kojote«, »Ozelot«, »Tomate« sind weitere indianische Lehnwörter. Jedermann vertraut sind auch erhaltene aztekische Namen von Bergen oder Ländern, z. B. *Popocatepetl* (»rauchender Berg«) oder *Guatemala* (»Land zwischen Wäldern«). Auch das berühmte *Acapulco* trägt einen aztekischen Namen. In den USA gehen zahlreiche Namen von Staaten *(Massachusetts, Dakota),* von Strömen *(Mississippi, Chattahoochee),* Seen und Städten auf die ursprünglichen indianischen Bezeichnungen zurück.

Afrika – ein Blick auf die Sprachenkarte

Überall auf der Erde, wo große Eroberer einstmals weite Gebiete zu einem Staatsgebilde zusammengeschlossen haben und wo solche Reiche lange genug bestehen blieben, daß sich in friedlichem Austausch ein mehr oder weniger einheitlicher Wirtschafts- und Kulturraum bilden konnte: überall da zeigt die Sprachenkarte eine relativ großräumige Verteilung. Das gilt z. B. für die westliche Hälfte des römischen Reiches (Latein und seine Tochtersprachen), für fast den ganzen heutigen Doppelkontinent Amerika, für Australien. Wo diese Voraussetzungen nicht zusammentrafen, gleicht die Sprachenkarte oft eher einem Fleckerlteppich.

Stammessprachen und Verkehrssprachen

Wie sieht sie in Afrika aus? Es zeigen sich zwei gegenläufige Phänomene: Afrika ist, neben dem vorkolumbianischen Amerika, möglicherweise der sprachenreichste Kontinent. Die Zahl der hier gesprochenen Sprachen wird mit 800 bis 1000 angegeben. Davon werden nur gut zwei Dutzend Sprachen von mehr als einer Million Menschen gesprochen.

Die andere Seite der Medaille: Bei so einem bunten Sprachengemisch ist es fast unvermeidlich, daß sich Verkehrssprachen herausbilden, die in einem größeren Gebiet Verständigung zumindest im Handelsverkehr ermöglichen. So hat sich in einem großen Teil Ostafrikas, u.a. in Kenia und Tansania, *Suaheli (Swahili)* als Verkehrssprache verbreitet. Im Westteil des Kontinents spielen *Ful* (auch *Fulani, Fulba* u.a.) und *Haussa* eine ähnlich wichtige Rolle vor allem in Nigeria, dem mit über 115 Millionen Einwohnern volkreichsten Staat des Kontinents. *Lingala* und *Kikongo* im Kongo, *Fanagalo* oder *Famakalo* (vgl. Dreizehntes Kapitel, oft *Kitchen Kaffir* »Küchensprache der Kaffern« genannt), als »Sprache unter Tage« in den Bergbaudistrikten Südafrikas spielen eine ähnliche Rolle, auch *Amharisch* in Äthiopien, das dort zugleich Amtssprache ist.

Sprachen der Kolonialherren

Zu diesen beiden Elementen – den zahllosen Stammessprachen und den diese überlagernden Verkehrssprachen – kommt als drittes Element der Einfluß der Eroberer und ihrer Sprachen. Es ist zu erwarten, daß er mächtig ist in einem Kontinent, der noch vor kurzem ganz überwiegend aus europäischen Kolonien bestanden hat. Wo fremde Eroberer und Siedler in großer Zahl ins Land gekommen sind, hat sich ihre Sprache als herrschende durchgesetzt. Das gilt für den äußersten Norden und den äußersten Süden des Kontinents. Im Norden haben die Araber im 7. und 8. Jahrhundert das ganze Gebiet von Ägypten im Osten bis Marokko im Westen eingenommen; das *Arabische* hat hier die früher gesprochenen Sprachen, großenteils Berbersprachen, entweder verdrängt oder stark zurückgedrängt, und diejenigen Bewohner, die es nicht als Muttersprache sprechen, kennen es doch als Verkehrssprache sowie als Sprache des Korans. Am südlichen Ende des Kontinents haben burische und britische Einwanderer ihre Sprache heimisch gemacht, in Südwestafrika (Namibia) auch Deutsche, und *Deutsch* ist dort bis heute eine der offiziellen Landessprachen. Auch hier gilt: *Englisch* und *Kapholländisch* sind für die nicht britische oder burische Bevölkerung weitgehend allgemeine Verkehrssprachen.

Wo die Muttersprache überlebte

In den britischen, französischen, belgischen, italienischen, portugiesischen Kolonien ist die Sprache der einstigen Kolonialherren nicht zur Sprache der Bevölkerungsmehrheit geworden – um das zu bewirken, war die Zahl der europäischen Siedler meist auch zu gering. Die Sprachen sind aber geblieben, besonders in den *frankophonen* Staaten, als Amtssprachen, teilweise auch als Sprachen der gebildeten Oberschicht.

Schwarzafrika

Wir lassen jetzt sowohl die von außen gekommene Kolonialsprache wie die in Afrika entstandenen überregionalen Verkehrssprachen beiseite und fragen nach den Sprachen des »eigentlichen« Afrika (Schwarzafrika). Es ist eine seit dem 19. Jahrhundert laufende, noch längst nicht abgeschlossene Riesenarbeit – um nicht zu sagen Sisyphusarbeit –, über tausend Sprachen, größtenteils schriftlos, aufzuzeichnen, zu ordnen, schließlich auf Bautypen und mögliche genetische Verwandtschaft zu untersuchen und dann in Familien oder ähnliche Gruppen einzuteilen. Im 19. Jahrhundert waren es zuerst Missionare, die sich dieser Aufgabe annahmen, darunter auch Deutsche. Seit etwa 1860 haben sich dann Sprachwissenschaftler mit dieser Arbeit befaßt, Wilhelm Bleek z. B., der den Namen *Bantu* für die verbreitetste Sprachengruppe Afrikas prägte (*bantu* ist das Wort für »Menschen, Leute« in vielen Bantusprachen).

Friedrich Müller, Karl Richard Lepsius lieferten erste Versuche einer Klassifizierung. Im 20. Jahrhundert hat sich die *Afrikanistik* als eigener Zweig der Sprachwissenschaft etabliert, in der ersten Jahrhunderthälfte in Deutschland, Frankreich, England; in der zweiten sind amerikanische Forscher in den Vordergrund getreten, und die heute weitgehend anerkannte Großeinteilung geht auf einen Amerikaner zurück, Joseph Greenberg, dessen Einteilung aus dem Jahre 1955 stammt, eine korrigierte Version aus dem Jahre 1963.

Gesicherte Grobeinteilung

Beginnen wir an der Peripherie. Hier war dreierlei schon seit dem vorigen Jahrhundert nicht mehr umstritten:

1. die den Norden einnehmende *afroasiatische* Sprachfamilie, die ich im vorigen Kapitel beschrieben habe;

2. die Erkenntnis, daß die Sprache der Insel Madagaskar, das *Madagassische* (*Malagassi*, frz. *Malgache* genannt) außerhalb dieser Einteilung bleiben muß, weil sie zu den malayo-polynesischen, also pazifischen Sprachen gehört;

3. die Existenz einer gesonderten Gruppe im Südwesten Afrikas, bestehend aus den Sprachen der Buschmänner und der Hottentotten, die man seit 1930 unter dem Namen *Khoisan-Sprachen* zusammenfaßt.

Zwei Großgruppen

Für den Hauptteil des Kontinents wird heute, im Anschluß an Greenberg, eine Einteilung in zwei Großgruppen vorgenommen: *nilo-saharanische* Sprachen, *niger-kordofanische* Sprachen. Wir betrachten zuerst diese beiden, am Schluß die Gruppe der Khoisan-Sprachen.

Ein Vorbehalt ist jedoch angezeigt: Sowohl die Einteilung in Großgruppen (*superfamilies*, Überfamilien) wie die in Untergruppen, erst recht die Einordnung der Einzelsprachen ist vielfach als »tentativ« zu betrachten (näherungsweise, provisorisch, wie man in Anlehnung an das englische *tentative* heute sagt). In deutschen und französischen Werken findet man andere Einteilungen als in englischen, etwa (abgesehen von der Khoisan-Gruppe) die beiden Hauptabteilungen Sudansprachen und Bantusprachen, wobei die Sudansprachen in eine westliche Abteilung *Niger-Kongo-Familie* und eine östliche, genannt *Nil-Sahara-Familie*, zerfallen. Wie man sieht, ist dies – wenn man von der Aussonderung der Bantusprachen absieht –, eine ähnliche Einteilung. Es gibt noch weitere Vorbehalte, die derjenige beachten muß, der sich etwas näher mit dem Thema befassen möchte: Einmal sind die Benennungen der Einzelsprachen nicht selten schwankend, man nennt die Sprache mal mit dem Namen des (oder eines) Stammes, der sie spricht, mal mit einer eigenen (der betreffenden Sprache, eventuell auch einer Nachbarsprache entnommenen) Bezeichnung; mal nach dem Gebiet, in dem sie gesprochen wird. Zum zweiten: Sprachräume, Stammesgebiete und Kulturräume hängen zwar oft eng miteinander zusammen, decken sich aber nur selten. Es gibt Stämme, die äußerlich, ihrem Typus nach, sehr verschieden sind und ebenso verschieden nach Kulturstufe und Lebensweise (z. B. Nomaden oder seßhafte Ackerbauern), die dieselbe Sprache sprechen; es gibt umgekehrt Kulturgebiete, die relativ einheitlich, aber sprachlich zersplittert sind. Ein Menschenleben reicht bestimmt nicht aus, die afrikanischen Sprachen alle zu studieren; ein dickes Buch reicht nicht aus, sie alle zu beschreiben – es müßte eher eine Bibliothek sein. Die folgenden Bemerkungen sind nicht mehr als Streiflichter auf einiges Bemerkenswerte.

Nilo-saharanische Sprachen

Wie der Name andeutet, sind diese Sprachen vornehmlich im zentralen und östlichen Afrika zuhause (aber nicht in einem geschlossenen Gebiet, sondern verteilt auf zahlreiche Sprachinseln). Als Zweige werden u. a. genannt:

Zweige der Großgruppe

1. *Fur-Songhai,* gesprochen am Niger in den Staaten Mali und Niger sowie im Sudan - mit den anderen Zweigen höchstens durch ein lockeres Band verknüpft;

2. *Saharanisch,* ein Bündel von Sprachen, deren bekannteste *Kanuri* heißt; gesprochen werden diese Sprachen in Nigeria, im Tschad, im Sudan (der sprachlich höchst vielfältig ist);

3. als Gruppe, deren Zuweisung zu den nilo-saharanischen Sprachen durch Greenberg umstritten ist, die Gruppe *Schari-Nil,* benannt nach den beiden Strömen, an denen sie zuhause ist. Dieser Zweig schließt vor allem zahlreiche sudanische Sprachen ein, meist unterteilt in östliche und zentrale *Sudansprachen*. Die zentrale Gruppe umfaßt eine Vielzahl von Sprachen, deren Gebiet sich über Teile des Tschad, der Zentralafrikanischen Republik, des Sudan und Zaires errstreckt. Die östliche Gruppe enthält u. a. als Mitglieder das *Nubische,* dessen Gebiet sich von Assuan weit nach Süden in den Sudan erstreckt, sowie die sogenannten *nilotischen* Sprachen, verbreitet in Uganda, Kenia, Tansania. Die sogenannten *hamito-nilotischen* Sprachen werden manchmal hier einbezogen, von anderen aber abgetrennt, weil sie oder einzelne von ihnen wie die Sprache der *Massai* Beziehungen zu den hamitischen - oder jedenfalls Ähnlichkeiten mit ihnen - aufzuweisen scheinen, z. B. kennen die Massai in ihrer Sprache das grammatische Geschlecht, das die eigentlichen nilotischen Sprachen nicht aufweisen.

Greenberg zählt allein für die Untergruppe der östlichen Sudansprachen neben Nubisch und Nilotisch acht weitere Zweige auf.

Niger-kordofanische Sprachen

Der kordofanische Zweig ist verhältnismäßig unbedeutend, der andere, oft *Niger-Kongo* genannt, ist gewaltig, besonders wenn man die *Bantu*-Sprachen einschließt - gewaltig sowohl nach der Zahl der Menschen, welche diese Sprachen als Muttersprache sprechen (ca. 350 Millionen) wie auch nach der riesigen Ausdehnung des Sprachgebiets, das 32 Staaten umfaßt und südlich einer Linie, die etwa vom Kamerunberg zum Victoriasee verläuft, den ganzen Kontinent mit Ausnahme des Südwestens (Südafrika, Namibia) umfaßt. Ich gebe auch hier nur eine grobe Übersicht über die Gliederung dieser Gruppe, die Hunderte von Sprachen enthält - weil ich etwas Raum gewinnen möchte, um wenigstens einen Zweig - die Bantu-Sprachen -

und eine Sprache dieses Zweiges - nämlich Suaheli - etwas ausführlicher vorzustellen.

Gliederung der Niger-Kongo-Sprachen

Man unterscheidet sechs Zweige. Jeder umfaßt Dutzende von Sprachen. Wenn diese Zweige eine *Protosprache* als gemeinsame Grundlage haben, liegt dieses Stadium vermutlich mindestens fünf Jahrtausende zurück: Seitdem haben sie sich weit voneinander entfernt, so daß verwandtschaftliche Beziehungen, erst recht ihre Art und Nähe, nur bei sorgfältigem Sammeln und Vergleichen einer Vielzahl von Merkmalen sichtbar werden können.

Die sechs Zweige sind:

Westatlantisch

1. ein *westatlantischer* Zweig, zuhause im Raum Senegal-Guinea; die wichtigste Einzelsprache ist hier - neben *Wolof* - *Ful (auch Fula, Fulani, Fulbe)* genannt, von Nomaden bis weit ostwärts in den Tschad hinein gesprochen (bei den überregionalen Verkehrssprachen aufgeführt).

Mande

2. *Mande* oder *Mandingo*, ein Zweig, dessen Sprachen im Raum Mali-Guinea zuhause sind; die wichtigste heißt *Malinke*. Eine Besonderheit dieser Sprachen besteht darin, daß es zwei Klassen von Substantiven gibt (die grammatisch verschieden zu behandeln sind): eine für Dinge, die einem unveräußerlich zugehören wie die Organe des eigenen Körpers oder Anverwandte; die andere für »übertragbare« Dinge, die man auch weggeben, verkaufen, wegwerfen kann. Noch bemerkenswerter ist, daß diese Sprachen vom Ton, von der Intonation Gebrauch machen, zwar vergleichbar den Tönen des Chinesischen (siehe dort), doch in anderer Funktion: zwei chinesische Wörter, lautlich sonst völlig gleich in der Abfolge von Konsonanten und Vokalen, haben eine ganz verschiedene Bedeutung abhängig davon, ob sie im ersten, zweiten, dritten oder vierten Ton ausgesprochen werden. In den Mande-Sprachen bewirken die verschiedenen Töne nicht *semantische* (Bedeutungs-) Unterschiede, sondern sind ein Mittel der *Grammatik*. Eine Reihe von Mande-Sprachen hat eigene Schriften entwickelt, deren Einheit die Silbe ist.

Volta

3. *Voltasprachen* (auch *Gur* genannt), zuhause in Burkina Faso (früher Obervolta), Ghana, der Elfenbeinküste. Die wichtigsten Einzelsprachen heißen *More* und *Senufo*. Diese Sprachen sind *Klassensprachen* (ein Begriff, den ich unten noch näher erläutere): Sie teilen die Substantive in verschiedene Klassen ein (z.B. Menschen, Tiere, Flüssigkeiten) und kennzeichnen alle Wörter einer Klasse mit ei-

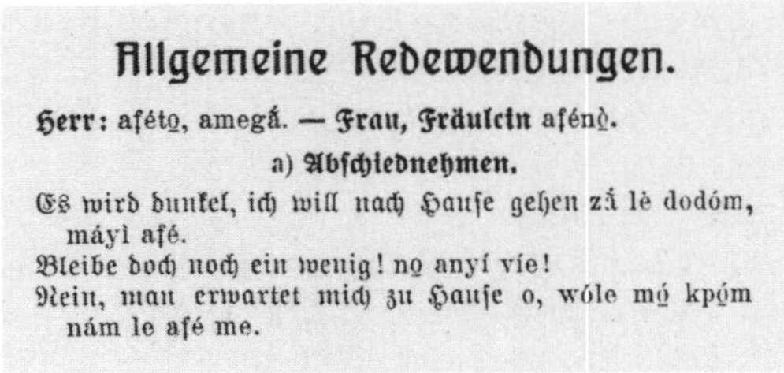
Allgemeine Redewendungen.

Herr: aféto̱, amegá̃. — **Frau, Fräulein** afénò̱.

a) **Abschiednehmen.**

Es wird dunkel, ich will nach Hause gehen zã̀ lè dodóm, máyi afé.
Bleibe doch noch ein wenig! no̱ anyí víe!
Nein, man erwartet mich zu Hause o, wóle mó̱ kpó̱m nám le afé me.

Ewe (eine Sudansprache): Ausschnitt aus einem 1913 erschienenen Metoula-Sprachführer (Lautschrift nach der Methode Toussaint-Langenscheidt).

nem bestimmten Suffix, etwa jede Bezeichnung einer Person mit der Endung *-a,* im Plural *-ba.*

Kwa 4. Zur *Kwa-Gruppe,* gesprochen im tropischen Regenwald Westafrikas, gehören als verbreitetste Sprachen *Joruba (Yorube), Igbo* (oder *Ibo*), *Ewe* und *Akan.* In diesem Gebiet gab es einst mächtige Königreiche, z. B. in Benin, früher Dahomey (Namen der Sprachen: *Ewe* und *Ibo*); in Aschanti (Sprache: *Twi*); in Oyo (Sprache: *Yoruba*). Die genannten Sprachen haben alle eigene Literaturen. Auch sie machen Gebrauch von verschiedenen Tönen und weisen das Prinzip der Vokalharmonie auf, das ich beim Ungarischen erwähnt habe.

Adamaua 5. *Adamaua-Gruppe,* verbreitet in Zaire, Kamerun, der Zentralafrikanischen Republik. Die bekannteste Einzelsprache, *Sango* genannt, dient als Verkehrssprache in großen Teilen Zentralafrikas, eine Mischsprache, beruhend auf einem Adamaua-Dialekt, verändert durch andere Stammessprachen und auch durch französische Einflüsse.

6. Die *Benue-Kongo-Gruppe.* Mit diesem gewaltigen Zweig, der in einem Gebiet von Nigeria bis nach Südafrika lebendig ist und Hunderte von Sprachen umfaßt, kommen wir zu den *Bantu*-Sprachen. Die beiden Begriffe decken sich zwar nicht, aber die Nicht-Bantu-Sprachen (darunter *Tiv* in Nigeria und Kamerun) machen nur einen verschwindenden Anteil aus. Ich konzentriere mich deshalb auf die Bantusprachen.

Bantu *Bantu* ist zugleich der Name einer großen Völkergruppe, die heute beinahe 200 Millionen Menschen zählt. Während ihre Mitglieder ethnologisch und kulturell sehr verschieden sind, lassen die von ihnen gesprochenen Sprachen eine gewisse Einheitlichkeit erkennen, und Forscher schließen daraus, daß diese Sprachen sich erst in relativ kurzer Zeit von einem Zentrum aus (wahrscheinlich im Raum Kamerun/Nigeria gelegen) über das riesige Gebiet

Banknote der Nationalbank von Ruanda über 100 Francs. Die kleingedruckte Zeile in Kinjaruanda - der Landessprache (Bantu-Familie) - besagt, daß Fälschen von Banknoten bestraft wird. Die Kehrseite des Geldscheins ist französisch abgefaßt.

ausgebreitet haben, das sie heute einnehmen und das ein Drittel der Fläche des ganzen Kontinents ausmacht.

Zu den weithin gemeinsamen Merkmalen dieser Sprachen gehört außer Ähnlichkeiten im Grundwortschatz, aus dem sich eine Protosprache *Ur-Bantu* rekonstruieren läßt, die Tatsache, daß die meisten von ihnen (aber nicht Suaheli) vom Ton als bedeutungsunterscheidendem Instrument Gebrauch machen: Zwei Wörter, die sonst lautmäßig ähnlich sind, haben je nach dem Ton, mit dem sie ausgesprochen werden, verschiedene Bedeutungen - wie im Chinesischen und Vietnamesischen.

Einteilung

Die Einzelsprachen, die nach vorwiegend geographischen Gesichtspunkten in zehn bis zwölf Gruppen eingeteilt werden können, haben großenteils Namen, die dem Europäer gänzlich unbekannt sind. Nur diejenigen, die gleichzeitig als Namen bestimmter Stämme bekannt sind wie *Zulu, Kaffrisch, Herero, Dschagga* (am Kilimandscharo) oder als geographische Bezeichnungen wie *Duala* (in Kamerun), *Lu-Ganda* oder *Luganda* (in Uganda), *Kikongo, Swasi* oder *Siswazi* (Swasiland), *Kinjaruanda,* können Assoziationen wachrufen. Wichtige Bantu-Sprachen sind auch *Ngala* (als überregionale Verkehrssprache *Lingala* genannt), *Fang, Ewondo* (manchmal als Dialekt von Fang eingestuft), *Mongo-Nkundu.*

Suahili

Diejenige Sprache, die ich etwas näher vorstellen möchte, weist nun gerade die Eigenschaft, eine Tonsprache zu sein, nicht auf: *Swahili* oder *Suaheli* oder *Kisuaheli* (auf die Bedeutung des Präfixes *ki* gehe ich noch ein). Ich wähle diese Sprache, weil sie in weiten Teilen Ostafrikas als Verkehrssprache benutzt wird; weil sie von der Sprachwissenschaft besser erforscht ist als die Mehrzahl der Bantusprachen; weil sie ein Kennzeichen dieser Sprachfamilie besonders deutlich erkennen läßt, und schließlich auch wegen ihrer relativen Einfachheit: sie bietet so gut wie keine Ausspracheschwierigkeiten auch für Sprecher ganz anderer Sprachen, und sie weist einen klaren, überschaubaren Aufbau auf - ein Schüler würde sagen, eine »ganz leichte« Grammatik. Im Vorwort eines englischen Lehrbuchs für den Selbstunterricht (D. V. Perrot: *Teach Yourself Swahili*) meint der Verfasser: Da es keinerlei Probleme der Aussprache und der Rechtschreibung gebe, sei Suahili möglicherweise von allen Sprachen am leichtesten zu lernen.

Die »leichteste« Sprache

Suahili (ich verwende jetzt diese »gemischte« Schreibung, weil der mittlere Vokal heute wie [i] gesprochen wird und weil der Laut nach dem *s* eher einem englischen *w* wie in *well* als einem deutschen w gleicht, also mit den Lippen ohne Verwendung der Zähne gebildet wird) - Suahili also ist entstanden an der ostafrikanischen Küste in engem Kontakt mit den Arabern, die dort lange als Seefahrer, Kaufleute, Sklavenhändler eine tonangebende Rolle gespielt haben. Es hat deshalb eine große Zahl von Lehnwörtern aus dem Arabischen aufgenommen; das Wort *Suahili* selbst ist mit ziemlicher Sicherheit auch arabischen Ursprungs und bedeutet etwa »Küstenbewohner«.

Man könnte fragen: Verdankt die Sprache ihre wichtige Rolle als Verkehrssprache in einem großen Gebiet (u. a. in Kenia und in Tansania, dem früheren Deutsch-Ostafrika mit dem ehemals englischen, gegen Helgoland getauschten Sansibar; in beiden Ländern ist sie auch Amtssprache) der großen Einfachheit ihrer phonetischen und grammatischen Beschaffenheit - oder hat umgekehrt ihre Verwendung als *lingua franca* gerade die Vereinfachungen allmählich herbeigeführt? Man darf wohl annehmen, daß beide Faktoren wechselseitig eingewirkt haben.

Und was bedeutet das *Ki* in *Kisuahili?* Diese Frage führt uns auf die Besonderheit des Sprachbaus, die ich vor allem vor Augen führen möchte: auf die sogenannten Klassenpräfixe.

Klassenpräfigierung

Die Sprache teilt ihren gesamten Bestand an Substantiven in acht Klassen ein. Die Klasse I umfaßt Personen. Jedes Substantiv, das einen Menschen bezeichnet, erhält im Singular als Präfix ein *m* vorangestellt, im Plural *wa*. So entstehen *mtu* »Mann«, *watu* »Männer«; *mtoto* »Kind«, *watoto* »Kinder«. Dieser Klasse gehören auch an: *mwarabu* »der Araber«, *mhindi* »der Inder«, *mkristo* »der Christ«.

Substantive, die Dinge bezeichnen, erhalten als Präfix im Singular *ki,* im Plural *vi.* Beispiele: *kisu* »(das) Messer« (es gibt keinen Artikel), *visu* »(die) Messer«; *kitabu* »Buch« (wahrscheinlich ein arabisches Lehnwort), *vitabu* »Bücher«. Dieses »Sachpräfix« steckt auch in dem Wort *Kisuahili.*

Das »Sachpräfix«

Jedes Adjektiv oder Zahlwort, das als Attribut zum Substantiv tritt, und jedes Verb, das eine Tätigkeit des Substantivs beschreibt, erhält das Klassenpräfix des Substantivs vorangestellt; Beispiele: *-dogo* bedeutet »klein«, *-moja* »ein, eines«. »Ein kleines Messer« - in Suahili sagt man in umgekehrter Anordnung ›Messer, klein, eines‹ - heißt dann *kisu kidogo kimoja* (Beispiel aus dem genannten Lehrbuch). Aus *vitabu* (»Bücher«), *kubwa* (»groß«) und dem Zahlwort *wili* (»zwei«) entsteht: »zwei große Bücher: Bücher, große zwei« = *vitabu vikubwa viwili.* Man sieht, die Klassenkennzeichnung - die sich auch auf das zugehörige Verb erstreckt - schließt ein Herumtappen »Was gehört zu wem?«, wie es der ratlose Schüler meist vor einem längeren lateinischen Satz erlebt, völlig aus.

Außer Präfixen benutzt die Sprache auch Infixe (eingeschobene Bildungssilben) und Suffixe (angehängte Bildungssilben) in ähnlich »praktischer« Weise. Es gibt auch eine Klasse, die *-n* als Präfix hat, sowohl für den Singular wie den Plural. Beide unterscheiden sich hier also nicht. Beispiele: *ndege* »Vogel, Vögel«; *nyoka* »Schlange(n)«. Dies mag darauf hinweisen, daß sehr viele afrikanischen Sprachen einen nasalen Konsonanten, also [n], [m] oder [ŋ], gefolgt von einem weiteren Konsonanten, im Anlaut haben können.

Wer eine möglichst exotische Sprache erlernen möchte, der sollte es einmal mit Suahili - oder mit Malaiisch - versuchen.

Khoisan-Sprachen

Unter dieser Bezeichnung (manchmal auch *Khoin*) werden die Sprachen der *Buschmänner* und der *Hottentotten* zusammengefaßt. Diese Stämme leben als Jäger und Sammler im Südwesten des Kontinents. Die Sprecherzahlen betragen weniger als 100000; diese Stämme sind durch die Bantu in Randgebiete abgedrängt. In Tansania leben zwei Sprachen, die wegen einiger auf Verwandtschaft deutender Züge meist den Khoisan-Sprachen zugerechnet werden: *Sandawe* und *Hatsa*.

Schnalzlaute

Das Auffallende an den Khoisan-Sprachen ist die Verwendung von *Schnalzlauten* als Konsonanten: Schnalzlaute kennt auch der Europäer, mindestens benutzt er zwei: einen, der gebildet wird, indem die Zunge sich erst gegen die Rückseite der Schneidezähne saugend andrückt und dann löst, wobei der Laut entsteht, der in Romanen meist mit »Ts, ts ...« wiedergegeben wird und der Erstaunen, untermischt mit Mißbilligung kundgibt; der andere entsteht weiter oben und hinten am Gaumen und wird in vielen Gegenden gegenüber Pferden verwendet. In den Khoisansprachen gibt es vier Schnalzlaute, und sie sind normale Bestandteile von Wörtern.

Die Klassifizierung dieser Sprachen - außer durch das gemeinsame Merkmal der Schnalzlaute, die auch Eingang in einige benachbarte Sprachen gefunden haben - ist umstritten. Meist unterscheidet man eine nördliche, eine mittlere und eine südliche Gruppe, deren grammatische Beschaffenheit sehr verschieden ist, so daß es fragwürdig bleibt, wenn man alle drei als eine Familie zusammenfaßt.

Nachlese

Wie angekündigt stelle ich am Schluß dieses Kapitels fest, welche Sprachen nicht behandelt oder allenfalls kurz erwähnt worden sind.

In Asien habe ich die *paläosibirischen* Sprachen weggelassen, beheimatet im äußersten Osten Sibiriens, möglicherweise verwandt mit den *eskimoischen* Sprachen, die ich ebenfalls nicht besprochen habe.

Aus dem Pazifik habe ich nicht erwähnt die Sprache der *Ainu,* der Ureinwohner Japans, und die auf der Inselgruppe der Andamanen (zwischen Indien und Malaysia) beheimatete *andamanische* Sprachfamilie. *Koreanisch* und *Japanisch,* zwei eigenständige, keiner Großfamilie zugeordnete Sprachen, habe ich nur gestreift. Im Pazifik habe ich ferner unerwähnt gelassen die Sprachen Papua-Neuguineas (*Papua*-Sprachen, eine sehr mannigfaltige Gruppe) sowie die Sprachen der Ureinwohner von Neuseeland (der *Maori*) und von Australien.

Nicht behandelt sind in diesem Kapitel tote Sprachen, deren wichtigste bereits zu Beginn dieses Buches besprochen wurden.

ZWÖLFTES KAPITEL

Haupttypen des Sprachbaus

Vorbemerkung

In diesem Kapitel werden wir auf Glatteis geraten. Bisher konnte ich im allgemeinen über Dinge berichten, die in der Sprachwissenschaft weitgehend anerkannt sind - wenn ich sie auch vereinfacht darstelle, sie auswähle nach Gesichtspunkten der Bedeutsamkeit (man muß nicht alles wissen), der »Interessantheit« (das Buch soll nicht langweilig sein) und der Ökonomie (das Buch darf nicht zu dick werden). Jetzt kommen wir auf ein Gebiet, bei dem ich wenig allseits anerkannten und allen einleuchtenden Wissensbestand vorfinde.

Wie das? Habe ich nicht beim Durchmustern der natürlichen Sprachen der Welt (es gibt auch künstliche; sie sind im Schlußkapitel behandelt) ab und zu Typenbegriffe gebraucht, die sich auf die Bauart einer Sprache beziehen? Habe ich etwa nicht geschrieben, das Ungarische und das Türkische seien *agglutinierende* (wörtlich: »anleimende«) Sprachen? Doch, das habe ich. Wir wollen auch hier zunächst von den weitverbreiteten, wohl auch manchem Leser vertrauten Typen ausgehen. Ich will sie erst skizzenhaft definieren oder kennzeichnen, danach aber sie in Frage stellen oder jedenfalls relativieren.

Es handelt sich um sechs Begriffe. Sie gehen im Kern schon auf August Wilhelm Schlegel zurück (*Observations sur la langue et la littérature provençales,* Paris 1818) sowie auf Wilhelm von Humboldts Schrift »Über die Verschiedenheit des menschlichen Sprachbaus ...«, 1830, die ich bei Benjamin Lee Whorf im Abschnitt »Indianische Sprachen« (Elftes Kapitel) erwähnt habe.

Flektierende Sprachen

Flexion heißt »Beugung«. Flexion nennt man die Erscheinung, daß Wörter einer Sprache (jedenfalls bestimmte Wortarten) in verschiedenen Formen auftreten, die den Bedeutungsgehalt des Wortes - so scheint es - abwandeln (wenn auch unter Beibehaltung der Grundbedeutung) und/oder die im Satz die Beziehung des betreffenden Wortes zu anderen Wörtern oder Satzteilen kennzeichnen. Ein Beispiel: *In nomine patris* ... beginnt die ehrwürdige

Links: August Wilhelm von Schlegel (1767–1845), bis heute berühmt durch seine Übersetzungen, besonders Shakespeares, betrachtete als einer der ersten Sprachen auf ihren Bautypus hin (Zeichnung von F. A. Tischbein). Sein Bruder Friedrich von Schlegel mit seinem Werk über die Sprache und Weisheit der Inder ist im Zweiten Kapitel erwähnt. Rechts: Der preußische Staatsmann und Gelehrte Wilhelm von Humboldt (1767–1835), Bruder des Naturforschers Alexander von Humboldt, Gründer der Berliner Universität, einer der Begründer der vergleichenden Sprachwissenschaft.

lateinische Formel des christlichen Pfarrers. »Im Namen des Vaters …«. *nomine* ist Ablativ zu *nomen*. Die Endung *-e* macht das klar; sie zeigt, daß das Wort zur Präposition *in* gehört, die ursprünglich ein rein räumliches Darin-Sein meint und hier in einem erweiterten, übertragenen Sinne gebraucht wird. *patris* ist Genitiv zu *pater*. Das Grundwort ist verändert, aber noch klar erkennbar. Die Endung *-is* zeigt an, daß hier ein Besitz- und Zugehörigkeitsverhältnis vorliegt.

Trifft das auch für das Deutsche zu? Ja. In »im« ist die Präposition »in« mit dem männlichen bestimmten Artikel im Dativ – »dem« – verschmolzen. Der Dativ muß auf die Präposition »in« folgen, wenn ein Zustand (und nicht ein zielgerichtetes Geschehen) bezeichnet werden soll: »Inge ist *im (= in dem)* Garten«; »Inge geht in *den* Garten«. – Damit diese Kennzeichnung erkennbar ist, müssen »im« und »Namen« – bei aller Freiheit der deutschen Wortstellung – nahe zusammen bleiben. Das Zugehörigkeitsverhältnis wird in »des Vaters« sowohl durch den Artikel im Genitiv »des« wie durch die Endung »s« gekennzeichnet.

Noch ein Beispiel, diesmal aus der *Konjugation* (die neben der *Deklination* die zweite Hauptform der Flexion darstellt; daneben kommt noch die *Komparation* – Steigerung – des Adjektivs in Betracht). Ich nehme es wiederum aus dem Lateinischen, weil die Flexion hier besonders klar ausgeprägt ist. *Quidquid agis* beginnt eine lateinische Sentenz. *agis,* von *agere* »handeln«, zeigt durch seine »gebeugte« Form an: 2. Person Singular, Präsens, Aktiv, Indikativ: »du handelst, du tust«. Man beachte, mit wie vielen Aufgaben die simplen zwei Buchstaben *-is* befrachtet sind!

Im Deutschen gilt Entsprechendes für die Verbalform: »tust«. Vollständig lautet der Satz: *Quidquid agis prudenter agas et respice finem:* »Was immer du tust, handle klug und bedenke das Ende (d.h. den Ausgang, das Ergebnis)!«

Flektierend kann man hiernach eine Sprache nennen, die sich in deutlich erkennbarer Weise – d.h. durchgehend oder überwiegend – der eben geschilderten Mittel zur Bildung von Wortformen bedient. Sanskrit, Altgriechisch, Latein gehören hierher; Deutsch auch, aber in abgeschwächtem Maße.

Agglutinierende Sprachen

»Anleimen« können wir auch im Deutschen. Unser Wort »miteinander« ist nichts als eine Anleimung *(Agglutination)* der beiden Wörter »mit« und »einander«; beide können auch allein vorkommen, und die Schreibung »mit einander« wäre übrigens genauso klar verständlich. Parallel im Französischen: Das Wort *aujourd'hui* enthält vier miteinander »verleimte«, auch selbständig lebensfähige Wörter; getrennt geschrieben *au jour de hui,* »am Tage von heute, am heutigen Tage« behalten sie ihren Sinn.

Eine Sprache als ganze kann man allerdings erst agglutinierend nennen, wenn sie sich des Mittels der Agglutination in hervortretender Weise bedient – und insbesondere da, wo andere Sprachen das Instrument der Flexion einsetzen. Aus dem türkischen Wort *ev* »Haus« wird durch Anleimen von *im* (Possessiv-Suffix = »mein«) *evim* »mein Haus«; das Plural anzeigende Suffix *-ler* kann hinzukommen. So entstehen *evler* »(die) Häuser« und *evlerim* »meine Häuser«. Man beachte, daß jede dieser Endungen nur eine Bedeutung anzeigt, und daß sie – in fest geregelter Reihenfolge, versteht sich – hintereinandergeleimt werden.

Isolierende Sprachen

Hier böte sich vielleicht ein Beispiel aus dem Chinesischen (aber nur dem »klassischen«) an, doch kann auch ein Beispiel aus dem Englischen dienen: *The hunter pursues the bear.* In *pursues* haben wir allerdings ein flektiertes Wort – einer der Reste von Flexion, die beim englischen Verbum noch geblieben sind –, nur die 3. Person Singular im Präsens wird hier markiert, für alle übrigen Personen bleibt der Verbalstamm unverändert: *I pursue, you pursue* usw.; in der Vergangenheit fällt die Sondermarkierung der dritten Person durch *-s* weg.

Das Akkusativobjekt *the bear* »den Bären« unterscheidet sich in nichts vom Nominativ *the bear* »der Bär«. Warum ist der Satz trotzdem eindeutig? Nur auf Grund seiner Wortstellung! Stellen wir ihn um: *The bear pursues the hunter,* so wird der Jäger vom Verfolger zum Verfolgten.

Von einer *isolierenden* Sprache spricht man, wenn sie ihre Wörter nicht durch Flexion verändert (das Englische hat Reste einer ursprünglich sehr reichen Flexion), aber auch nicht durch Agglutinierung verlängert. Die Sätze bestehen aus einer Folge von unverändert bleibenden, grundsätzlich unveränderlichen Wörtern, und zwar - muß man hinzufügen - von Wortstämmen, oder, noch strenger, nur von Wurzeln. Wie vermag eine so verfahrende Sprache die Beziehungen der Wörter im Satz klarzumachen? Soweit die Wortstellung nicht ausreicht, verwendet sie grammatische Hilfswörter (die aber nicht mit dem zugehörigen Wort verschmelzen) und bezeichnet so Unterschiede des Tempus, der Beziehungen und vieles andere. In vielen Fällen geht das auch im Deutschen: Statt »ich werde nach Freiburg fahren« kann ich auch sagen »ich fahre morgen« (oder »demnächst«) »nach Freiburg« und so das Verbum im Präsens stehen lassen. Eine noch stärkere Annäherung an den isolierenden Typus bilden im »Gastarbeiterdeutsch« auftretende Sätze, in denen das Verbum unflektiert im Infinitiv bleibt: »Ich morgen fahren Freiburg.«

Polysynthetische Sprachen

Der vierte Typenbegriff ist dem Laien weniger geläufig. Dieser Typus wird, vielleicht etwas anschaulicher, auch *inkorporierend* oder »einverleibend« genannt. Sprachen dieser Art fallen dadurch auf, daß sie die Einheit, die wir »Wort« nennen, durch Anfügen oder Einfügen stark ausweiten: Mit einem Wortstamm werden so viele lexikalische und/oder grammatische Elemente verbunden, daß vieles, was wir in einem Satz ausdrücken, dort in ein einziges Wort zusammengepreßt (oder -gefügt) erscheint. Dieser Zug findet sich vorwiegend in Sprachen, die den europäischen fernstehen: Eskimo- und Indianersprachen. Eine annähernde Vorstellung kann auch ein deutsches Beispiel erwecken. Eine Frau nennt ihren Mann, dessen Arbeitswut sie stört, einen »Tag-und-Nacht-am-Schreibtisch-Hokker«. Hier sind sechs sonst selbständige Wörter, darunter ein zweiteiliges Kompositum, *ad hoc* zu einem Wort zusammengefügt. Im Englischen findet man das häufiger. Für das Französische könnte man fragen, ob nicht die

Intonation, die Sprechweise französischer Sätze, in der das einzelne Wort kaum noch (akustisch) isolierbar ist ([ilnəməlapadi] = *il ne me l'a pas dit*), eine Tendenz zu diesem Sprachtypus hin erkennen läßt.

Analytischer und synthetischer Sprachbau

Diese beiden Begriffe, die ein Gegensatzpaar bilden und deshalb am besten zusammen betrachtet werden können, wurden von Schlegel, der sie eingeführt hat, nur auf die flektierenden Sprachen gemünzt. Damit wollte er darauf aufmerksam machen, daß es möglich ist, die Flexion, z. B. die Bildung der Tempora beim Verbum, mit Hilfsverben zu bewirken: deutsch »ich trage« - »ich werde tragen« (analytisches Verfahren), aber auch durch Formveränderungen (morphologische Markierungen) am Wortstamm »ich trage« - »ich trug« (synthetisches Verfahren). Daß ich zwei deutsche Beispiele genommen habe, deutet darauf, daß in den meisten europäischen Sprachen beide Mittel verwendet werden, häufig aber bei Überwiegen des einen; im Lateinischen z. B. überwiegt stark das synthetische Verfahren (*video* »ich sehe«; *vidi* »ich sah«; *vidisset* »er hätte gesehen« usw.).

Man kann das Begriffspaar analytisch/synthetisch anstatt nur auf das Verfahren der Flexion auch auf den Bau einer Sprache im ganzen anwenden, und das geschieht neuerdings häufig. *Analytisch* nennt man eine Sprache, wenn sie ihre Elemente - vor allem die Wurzeln - säuberlich auseinanderhält (dies tun am konsequentesten die isolierenden Sprachen), so daß »isolierend« hier die reinste Verkörperung analytischen Sprachbaus bezeichnet, während alle anderen Sprachen - vielleicht in aufsteigender Reihe: flektierend, agglutinierend, polysynthetisch - *synthetischen* Bau zeigen.

Soweit die - nur skizzenhafte - Umschreibung der gängigen Hauptbegriffe. Jeder, der mehrere Sprachen kennt und vergleicht, wird in den Sprachen die eben geschilderten Züge mehr oder minder stark ausgeprägt finden. Sind diese Begriffe also brauchbar? Zur vorläufigen groben Orientierung gewiß. Bieten sie auch die Basis, um Sprachen wissenschaftlich nach Bautypen zu klassifizieren? Die damit gestellte Frage lautet: Kann man die Sprachen der Erde, nachdem man sie (bescheidener: möglichst viele von ihnen) zunächst einmal studiert und unter verschiedensten Gesichtspunkten möglichst exakt beschrieben hat, nach den dabei erkannten Merkmalen in bestimmte Grundtypen einteilen?

Genetische Verwandtschaft und typologische Einteilung

Diese Frage steht *neben* der früher von uns ausführlich behandelten nach der Verwandtschaft von Sprachen auf Grund ihrer Abstammung. Beide Fragen müssen auseinandergehalten werden - aus zwei Gründen. Einmal ist es offenbar möglich, daß Sprachen in verschiedenen Weltteilen, für deren genetische Verwandtschaft es keinerlei Anhaltspunkte gibt, im Bau einander ähneln. Der zweite Grund: Man kann zwar vermuten, daß eng verwandte Sprachen auch ausgeprägte Ähnlichkeit im Sprachbau zeigen. Es könnte aber doch sein - und es ist so! -, daß Sprachen, die einer gemeinsamen Ursprache entsprossen sind, sich im Laufe langer Zeiträume ganz verschieden entwikkeln und dabei auch ihre Struktur, ihren Bautypus, verändern!

Argumente gegen die traditionelle Einteilung

Ich habe angekündigt, daß man die hergebrachte Einteilung in Haupttypen in Frage stellen muß. Dazu möchte ich jetzt eine Reihe von Argumenten zusammenstellen.

Idealtypus

1. Der Eindruck drängt sich geradezu auf, daß es kaum möglich ist, eine absolute, *divisische,* d.h. sauber trennende Einteilung zu finden, die einige Schubladen bereithält und dann jede Sprache in eine davon (und nur in eine) einsortiert. Es ist eher so, daß viele Sprachen Merkmale mehrerer Haupttypen in jeweils bestimmtem Mischungsverhältnis aufweisen. Man muß also solche Typenbegriffe als Idealtypen - ein von dem deutschen Soziologen Max Weber geprägter, überaus brauchbarer Begriff - sehen, d.h. Typen, die in reiner, vollkommener Form kaum irgendwo in der Wirklichkeit vorkommen, aber doch zum Erfassen der Wirklichkeit nützlich sind, weil alle lebenden Sprachen sich jeweils einem Typus mehr oder weniger stark annähern.

So, freilich mit einem Körnchen Salz, wird ein Satz sinnvoll wie etwa: Das Englische, in früheren Stufen seiner Entwicklung eine Sprache mit reich ausgebildeter, großenteils synthetischer Flexion (man denke an die starken Verben wie *I speak, I spoke* - früher *spake* -, *I have spoken*) hat heute die Flexion großenteils abgebaut. Soweit noch erhalten, bewirkt sie die Flexion überwiegend mit analytischen Mitteln *(of the father, to the father)*. Man kann das Englische heute als weitgehend analytische Sprache bezeichnen mit erkennbaren Tendenzen zum isolierenden Typus hin.

Gesprochene Sprache/ Schriftsprache

2. Man kann fragen, ob die typologischen Hauptbegriffe nicht vielleicht etwas einseitig auf die jeweiligen *Schrift*sprachen bezogen sind. Müßte nicht das Französische ganz verschieden klassifiziert werden, je nachdem ob man die gesprochene oder die geschriebene Sprache betrachtet? So weist z. B. die Schrift bei den Formen *tu chantais, il chantait, ils chantaient* deutlich die Flexionsendungen aus, doch im gesprochenen Französisch klingen alle diese Formen gleich! Ebenso bei der Pluralmarkierung: *jolie fille - jolies filles;* die Schrift zeigt das Plural *-s;* beim Sprechen fällt es - außer bei *liaison* - unter den Tisch.

Was soll verglichen werden?

3. Treten wir im Geist einen Schritt zurück und fragen: Was wird bei der beschriebenen Typisierung eigentlich zum Kriterium der Einteilung gemacht? Offenbar Merkmale, die sich - vereinfacht gesprochen - auf die Form der Wörter und (als Konsequenz davon) auf den Satzbau beziehen. Die Sprachen werden hier in erster Linie nach ihren Wortformen (Morphologie) eingeteilt. Strenger genommen müßte man hier zwei Fragen auseinanderhalten: a) Wie bildet die Sprache ihre Wörter? Welche Verfahren der Zusammensetzung *(Komposition),* der Ableitung *(Derivation)* läßt sie zu, welche nicht? b) Wie markiert die Sprache grammatische Merkmale: Verändert sie die Form der Wörter? Wie macht sie das? Verändert sie den Stamm (»trage - trägst«: Umlaut; »gebe - gab«: Ablaut; »mag - mochte«, »schneide - schnitt«: Konsonantenwechsel - oder fügt sie Endungen an: »finde - findest«)? Die beiden Phänomene, Wortbildung einerseits, grammatische Formenbildung andererseits, hängen natürlich zusammen, müssen aber gleichwohl unterschieden werden.

Polysemie/ Monosemie

Hier ist eine Einschaltung angebracht, ein Hinweis auf eine Erscheinung, die unsere Aufmerksamkeit verdient. Die Endung »-est«, an den Wortstamm »find-« gehängt, erfüllt mehrere Aufgaben. Sie zeigt an, daß es sich um die zweite (die angeredete) Person handelt, um *eine* Person - nicht mehrere, und um die Gegenwart. Die Synthese von Stamm und Endung trägt mehrere Bedeutungen zugleich: man nennt das *Polysemie.* In anderen Sprachen, vor allem den sogenannten agglutinierenden, trägt jedes hinzutretende Suffix eine einzige Bedeutung (und stets nur diese); für eine weitere Bedeutung ist ein weiteres Suffix anzuhängen.

Jeder Syntheseschritt ist hier eindeutig *(Monosemie)*. Diese Unterscheidung, auf deren Wichtigkeit für die Typologie Th. Vennemann hingewiesen hat, bezieht sich weniger auf die Form als auf die Bedeutung; sie ist ein *semantischer* Vergleichspunkt (Parameter) im Unterschied zu *formalen*.

Phonologie

Zurück zur Hauptfrage: Was soll verglichen werden? Ist es denn selbstverständlich, daß man Sprachen nach morphologischen Merkmalen einteilen soll? Sollte man sie z. B. nicht auch nach ihrem Lautsystem vergleichen? (Von einem Vergleich nach der Frage: Wie viele Wörter umfaßt der Wortschatz verschiedener Sprachen? sehe ich hier ab, er ist zu problematisch.) *Lautsystem*, etwas präziser aufgefaßt, kann bedeuten: Man vergleiche die Sprachen phonetisch und phonologisch. Das ist ein Unterschied. *Phonetik* ist eine Naturwissenschaft. Sie untersucht die Sprachlaute physiologisch - nach der Art und Weise ihres Zustandekommens in den Sprechorganen bzw. ihrer Analyse in den Hörorganen - sowie physikalisch, indem sie z. B. Schwingungsdiagramme aufzeichnet (instrumentale oder experimentelle Phonetik). *Phonologie* dagegen betrachtet die Laute unter dem Gesichtspunkt: Welche der (fast unzähligen) Laute und Lautvarianten, die der Mensch hervorbringen kann, dienen in einer bestimmten Sprache als bedeutungsunterscheidende Merkmale (als *Phoneme*)? Sie betrachtet die Laute als Bestandteile eines Systems, in dem jedes Element seinen Platz auf Grund seiner Einordnung und seiner Beziehung zu anderen Elementen einnimmt. Erst ein solches System, das häufig mit *Oppositionen* (langer Vokal/kurzer Vokal; stimmloser/stimmhafter Konsonant) arbeitet, macht eine Sprache funktionsfähig.

Einige einfache Beispiele für Fragen, die unter solchen Gesichtspunkten zu stellen wären: Hat die Sprache X nur die fünf Grundvokale *a, e, i, o, u* (manche wie das Arabische haben nicht einmal alle diese fünf), oder hat sie weitere - wie etwa Umlaut *ö*, wie Nasallaut [õ]? Hat sie Diphthonge - welche - wieviele? Werden diese auf dem ersten Bestandteil betont wie im deutschen »Mai« oder auf dem zweiten wie in französisch *trois?* Hat sie zwei Gaumenlaute, einen stimmhaften, einen stimmlosen, die in »Opposition« stehen, d.h. verschiedene Bedeutungen markieren wie in »Gasse« gegenüber »Kasse«? Hat sie vielleicht drei solcher Laute, unterscheidet sie ein stimmhaftes s [z] und ein stimmloses [s] von einem »emphatischen«? Diese Andeutungen sollen genügen, um klarzumachen, daß beim Einteilen von Sprachen Phonetik und Phonologie (auch *Phonemik, Phonematik*) nicht außer Betracht bleiben sollten.

Gewichtung

4. Angenommen, man hätte sich darauf geeinigt, welche Merkmale für die Zuordnung einer Sprache zu einem bestimmten Typus berücksichtigt werden bzw. ausschlaggebend sein sollen (es müßte wohl eine nicht kleine Anzahl von Merkmalen sein). Dann entsteht die Frage der Gewichtung: Wie stark sollen bestimmte Merkmale bei der Auswertung ins Gewicht fallen? Angenommen, eine Sprache hätte beim Nomen ein reiches Flexionssystem, beim Verbum aber nur Rudimente eines solchen: Was soll dann ausschlaggebend sein? Oder muß man die Teilsysteme einer Sprache überhaupt jedes für sich studieren und behandeln?

Quantifizierung

5. Die letztere Frage leitet hinüber zu einer weiteren: Wenn ein Typensystem Anspruch auf Exaktheit erheben will – muß es dann nicht zahlenmäßige, quantifizierbare Parameter einführen? Genügt es denn, zu sagen, eine Sprache zeige »überwiegend« das Merkmal X? Muß man es nicht genauer sagen? Vorschläge mit diesem Ziel sind gemacht worden. Man muß sich dabei für eine begrenzte Anzahl von Kriterien entscheiden, die zweckmäßigerweise zu Gegensatzpaaren zusammengestellt werden, damit man die Häufigkeit durch einen Quotienten ausdrücken kann. Wie verhält sich die Zahl der Wörter (W) zur Zahl der Morpheme (M), d.h. der kleinsten bedeutungstragenden Einheiten? Ergibt sich hier ein Wert, der nahe an 1 liegt (etwa 0,92), so sagt das: Es handelt sich um eine Sprache, die fast nur Wörter hat, welche aus einem einzigen Morphem (einer Wurzel also) bestehen – eine extrem isolierende Sprache.

Ich fürchte, jetzt wird es zu abstrakt, ich sollte hier abbrechen. Soviel noch: Auf dem angedeuteten Wege kann man Koeffizienten für eine Reihe solcher Merkmalspaare ermitteln, sie dann für ausgewählte Sprachen in einer Tabelle (Matrix) anordnen; man kann auch *Distanzen,* sozusagen »Fremdheitsindikatoren«, zwischen Sprache X und Sprache Y errechnen. Das so entstehende Zahlenmaterial ist allerdings für den Laien – der die angewandten Methoden nicht durchschauen kann – fast inhaltsleer, jedenfalls wenig aussagekräftig.

Weitere Vorbehalte

6. Tieferes Nachdenken läßt noch weitere Fragezeichen aufstehen, z. B.: Soll ein Typenschema für alle Sprachen der Erde gelten? Es sind doch manche Sprachen kaum ausreichend erforscht und beschrieben, um sie einordnen zu können? Kann nicht bei weiteren Fortschritten der Sprachforschung eine Sprache in den Blick kommen, die sich keinem der bisher gebrauchten Schemata fügt?

Eine andere Frage könnte lauten: Läßt sich mit solchen Methoden eigentlich das wirkliche Wesen einer Sprache, der »Sprachgeist« erfassen? Jedem, der sich einfühlend in eine Sprache versenkt, drängt sich das Gefühl auf: Hier ist keine willkürliche Ansammlung von Wörtern, Regeln, Merkmalen, vielmehr eine Individualität. Irgend etwas mächtig Wirkendes ist in dieser Sprache lebendig - das sich mit Meßverfahren und Tabellen nicht fassen läßt. »Wenn ihr's nicht fühlt, ihr werdet's nicht erjagen.«

Links und rechts

7. Ein Merkmal von Sprachen, das die Sprachwissenschaft entdeckt hat und untersucht, bezieht sich auf die Frage, ob die Sprache ihre Sätze nach links oder rechts konstruiert; man unterscheidet linksverzweigende *(linksrekursive)* und rechtsverzweigende *(rechtsrekursive)* Konstruktion. Im Deutschen, um den Unterschied durch ein einfaches Beispiel anzudeuten, steht das Adjektiv, das ein Substantiv als Attribut begleitet, in aller Regel links vor diesem: »eine alberne Ausrede«. Tritt ein Adverb zum Adjektiv, wird dieses wiederum links davorgesetzt: »eine höchst alberne Angelegenheit«. Schon im benachbarten Französisch dagegen ist eher das nachgestellte Adjektiv häufiger: »die blaue Stunde« ist dort *l'heure bleue*. Und auf Suahili, wie ich früher erwähnt habe, sagt man statt »zwei kleine Messer«: ›Messer, kleine, zwei‹. Rechtsverzweigend konstruiert das Deutsche, wenn ein Relativsatz einzubauen ist: Er steht nach seinem Bezugswort, also rechts von diesem: »Der Zeuge, der den Unfall beobachtet hat ...«

Es gibt Sprachen, in denen die Satzfolge Subjekt - Verbum - Objekt die Regel ist, im Deutschen: »Der Hund jagt den Hasen«. Es gibt Sprachen wie das Türkische oder das Japanische, die das Verbum ans Satzende stellen (was das Deutsche im abhängigen Nebensatz auch tut: »... der den Unfall beobachtet hat«).

Dies als kurzer Hinweis auf weitere Kriterien, mit denen man Sprachen untersuchen und nach denen man sie einteilen kann.

Sprachtyp und Sprachwandel

Ein Argument, das schon gestreift wurde: Gehört eine Sprache ein für allemal einem bestimmten Typus zu? Die Antwort lautet: nein. Veränderungen der Struktur, etwa in der gut dokumentierten Entwicklung des Englischen, aber auch des Chinesischen, sind unverkennbar. Man könnte sogar – was eine kühne, freilich schon bei den Vätern der Typologie anklingende Spekulation darstellt – sich eine Art Zyklus denken, etwa so:

Eine Sprache – in dem geschichtlichen Augenblick, den wir als Ausgangspunkt wählen (dem frühesten, der uns zugänglich ist), zeigt deutlich analytische, isolierende Züge. Um sinnvolle, eindeutige Sätze zu bauen und dazu die Beziehungen der – als solche unveränderlichen – Wörter oder Wurzelelemente deutlich machen zu können, braucht und benutzt sie zahlreiche Hilfswörter, darunter eines, das den Plural anzeigt. Man setzt also hinter das »Baum« entsprechende Wort ein Hilfswort, das (alles angenommen) »mehrere« lautet. Man muß also sagen und schreiben ›Baum, mehrere‹, um »Bäume« auszudrücken.

Dieses *Pluralmorphem* wird nun regelmäßig nach Substantiven auftreten, besonders nach solchen, die konkrete, zählbare Dinge benennen. Im Lauf der Jahrhunderte verliert die Sprachgemeinschaft das Bewußtsein davon, daß diese Wortfolge aus zwei selbständigen Elementen besteht. Man geht dazu über, das umständliche »mehrere« zu ›*mere‹ zu verkürzen und es direkt dem Substantiv anzuhängen. Jetzt haben wir ein Pluralsuffix und einen Plural, der etwa ›*baumere‹ lautet. (Das Sternchen vor dem Wort deutet, wie erwähnt, an, daß es sich um eine bloß konstruierte Form handelt.) So wird aus der Sprache X allmählich eine agglutinierende Sprache.

Nach einem weiteren Zeitabschnitt empfindet man nicht mehr, daß ›*mere‹ bzw. ›*ere‹ das ursprünglich selbständige Wort »mehrere« darstellt. Man hält ›*ere‹ einfach für die übliche Endung der Pluralform und benutzt sie analog für eine ganze Serie von Substantiven. Damit wäre ein Schritt zur flektierenden Sprache getan.

Zurück zum Anfang?

Der Kreis würde sich schließen, wenn die weitere Entwicklung zu einem allmählichen Verlust der Flexionsendungen führt. Das könnte geschehen, wenn die Sprache X von einer großen Anzahl ursprünglich fremder Einwanderer benutzt und angenommen würde; sie kann dabei einen ähnlichen Flexionsverlust erleiden wie das Niederländische beim Übergang zum Kapholländischen. So könnte die Sprache, ungeachtet sonst in Wortschatz und Grammatik eingetretener Veränderungen, schließlich wieder den Typus annehmen *(isolierend)*, von dem der Zyklus seinen Ausgang genommen hat. Ließe sich Derartiges eindeutig nachweisen, so wäre das ein starkes Argument gegen die *Sapir-Whorf-Hypothese* (vgl. *Indianische Sprachen*) - denn es ist unwahrscheinlich, daß das Volk, das die betreffende Sprache spricht, seine Weltsicht, sein Weltbild so entscheidend, »im Kreis herum«, verändert.

Konklusion Zurück auf den Boden der Tatsachen! Gegen die Gefahr gewappnet, das Problem der Klassifikation von Sprachen für schon gelöst zu halten, versucht man, sich Rechenschaft zu geben: Wie ist die Situation - und wird die Zukunft die Lösung bringen? Dazu zwei Bemerkungen, die dieses Kapitel abschließen sollen.

Über die Einteilung, die sich vielleicht eines Tages - nachdem noch mehr Sprachen noch genauer untersucht und verglichen wurden - durchsetzen wird, läßt sich voraussagen, daß sie nicht ganz einfach sein - nicht einfach aus ein paar Schubladen bestehen kann. Zu viele Aspekte sind zu berücksichtigen: rein formale (wie bisher überwiegend oder ausschließlich), phonologische, semantische und vielleicht weitere. Sie können sich in mannigfacher Weise mischen und überkreuzen, auch ineinander übergehen. Eine Sprache, die unter einem Aspekt zur Klasse A gehört, mag sich unter anderen Aspekten der Klasse B zurechnen lassen. Es wird also sicher kein einfaches Gliederungsschema herauskommen, das man auf ein Blatt Papier zeichnen könnte; eher eine drei- oder mehrdimensionale Matrix, schon weil man verschiedene Ebenen (morphologische, semantische u.a.) berücksichtigen muß, von denen gar nicht einfach zu sagen ist, wie sie (um im Bilde zu bleiben) zueinander liegen: parallel - hierarchisch geschichtet - einander berührend - einander schneidend? - Auch wird man kaum der Notwendigkeit ausweichen können, die relevanten Merkmale nach ihrem Gewicht einzustufen (zu gewichten) und damit (auch) Meß- und Rechenverfahren einzuführen, die quantitative Aussagen ermöglichen.

Vennemanns Kritik In der Zwischenzeit kann man sich u.a. mit der Aufgabe beschäftigen, die vielfach etwas unkritisch gehandhabten Typenbegriffe abzuklopfen und, wo man Schwächen feststellt, zu präzisieren oder neu zu definieren. In diese Richtung zielt eine Arbeit von Th. Vennemann (»Isolation - Agglutination - Flexion. Zur Stimmigkeit typologischer Parameter«, erschienen 1982 in einer Festschrift für H. Stimm). Sie berücksichtigt formale, funktionale und semantische Parameter (nicht phonologische, weil sie nur morphologische Typisierung behandelt). Vennemann faßt - ich kann nur ein Beispiel geben - unter dem Begriff *Synthese* fünf verschiedene Wege zusammen, auf denen Wortformen aus anderen entstehen können:

1. *Komposition:* Zusammenfügen von zwei oder mehr Elementen - die auch selbständig auftreten können - zu einem neuen Wort. Im Deutschen wimmelt es davon. Komposita entstehen u. a. aus zwei Substantiven: »Dampfmaschine«, aus Verbalstamm + Substantiv: »Treibsand«, aus zwei Adjektiven: »taubstumm«, aus zwei Verben: »sitzenbleiben« (in der Schule) usw.

2. *Reduplikation:* ganze oder teilweise Verdoppelung von Silben oder Morphemen, in grammatischer Funktion z. B. beim Perfekt des lateinischen Verbums: *tango* »ich berühre«, *tetigi* »ich berührte«. Reduplikation dient im Deutschen der bloßen Verstärkung: »soso«, »tagtäglich«, auch der Lautmalerei: »Wauwau«, »klingeling«. Sie kann einhergehen mit Wechsel des Vokals: »Mischmasch«, »Singsang«, auch eines Konsonanten: »Techtelmechtel«, »Remmidemmi«. Das Phänomen ist in vielen Sprachen zu beobachten.

3. *Affigierung:* Bildung von Wörtern und/oder Wortformen mittels Präfixen (vorangestellt): »leben - *er*leben«; Suffixen (nachgestellt): »vergangen - Vergangen*heit*«; auch Infixen (ins Wort eingefügt) und Zirkumfixen (die das Wort umspannen). Diese vier werden zusammen als *Affixe,* das Verfahren als *Affigierung* bezeichnet.

4. *Mutierung:* Unter diesem Begriff werden zusammengefaßt Vokalwechsel, also vor allem Umlaut und Ablaut: »hoch - höher«, »hebe - hob«; Konsonantenwechsel: »schneide - schnitt«; Akzentwechsel: »übersẹtzen - ụ̈bersetzen« und Tonwechsel (in Sprachen, in denen Töne bedeutungsunterscheidende Funktion haben).

5. *Subtraktion:* Wegfall eines Lautes, im (Hoch)deutschen kaum auftretend (aber in Dialekten).

Von der mit 1. bis 5. umschriebenen Synthese unterscheidet Vennemann die *Fusion.* Sie liegt vor, wenn eine -

bereits synthetisch gebildete – Wortform eine lautliche Abänderung erfährt, etwa wenn aus engl. *high* das Substantiv *height* (»Höhe«), aus *deep* das Substantiv *depth* (»Tiefe«) gebildet wird.

Diese und weitere Präzisierungen führen ein neues Verhältnis der altvertrauten Grundbegriffe herbei. So ist jetzt Agglutination nichts anderes als das Merkmal *Affigierung* (überwiegend: *Suffigierung*) kombiniert mit dem Merkmal *Monosemie* aus der semantischen Unterscheidung. Agglutinierend ist damit eine Sprache, wenn sie reichlich von Affixen Gebrauch macht und jeder Affigierungsschritt nur eine Bedeutung hinzufügt. Und polysynthetisch ist dann einfach eine Sprache, die sich reichlich, d.h. in vielen Fällen und bei einem Wort häufig mehrfach, der Synthese bedient …

Weitere Typologien

Ich muß es bei diesen Andeutungen zu einem Thema, das wohl manchem zu abstrakt ist, belassen; ich kann ihm nicht gerecht werden, ebensowenig der Arbeit von Linguisten wie G. Altmann/W. Lehfeldt, F. N. Finck, J. H. Greenberg, H. Haarmann, E. Sapir, V. Skalička, die eigene ausgearbeitete Klassifikationen, Typologien, Taxonomien vorgelegt haben, auch Terminologien vorgeschlagen, die von der hergebrachten (an die ich mich hier gehalten habe) abweichen. Beides – die Systeme und die Termini – hat sich bisher nicht allgemein durchsetzen können.

DREIZEHNTES KAPITEL

Pidgin- und Kreolsprachen

Zur Erläuterung der Begriffe
Erste Annäherung

Im Zeitalter des Massentourismus und der Fernreisen hat vielleicht mancher schon ähnliche Erlebnisse gehabt wie diese zwei:

Auf Curaçao, einer Insel, deren heutige Wohlhabenheit auf der riesigen Erdölraffinerie beruht, die Rohöl aus der gegenüberliegenden Bucht von Maracaibo (Venezuela) verarbeitet und die vom einstigen Charme der Insel wenig übriggelassen hat. Der schwarze Fahrer des angenehm klimatisierten Taxis schaltet sein Autoradio ein. Es gibt gerade Nachrichten. Man lauscht gespannt und zugleich irritiert. Man glaubt, niederländische Brocken, Fetzen von Spanisch zu erkennen, aber sogleich klingt alles wieder fremd, ein Sinn ist nicht zu erfassen. »Was für eine Sprache ist das?«

Der Fahrer versteht etwas Englisch und antwortet sofort: *"Papiamento"* und fügt, als er unser Nichtverstehen spürt, hinzu: *"Mixed language"*.

Autobusfahrt nach Duala, Kamerun: Der Fremdenführer, ein uralter Schwarzer, der aus der deutschen Kolonialzeit noch ein passables Deutsch bewahrt hat, gibt ab und zu dem Fahrer eine Weisung. *"Driver!"* ruft er jedesmal von der mittleren Bank, wo er sitzt – und dem folgt etwas kaum oder nicht Verständliches, ein offenbar stark »verballhorntes« Englisch – man wundert sich ein bißchen, daß der Fahrer dieses Kauderwelsch problemlos versteht und stets richtig reagiert.

Beide Erlebnisse sind Begegnungen mit einem Phänomen, von dem die Sprachwissenschaft erst in jüngster Zeit ausreichend Notiz genommen hat: auf Curaçao mit dem Papiamento; es hat mehrere Namen, wird auch *Papiam, Papiaments, Papiamentu, Curaçaoleño, Curassese* genannt und in der Fachliteratur meist als hispanokreolische Sprache eingeordnet. Im zweiten Fall begegnen wir dem in der Fachliteratur (die überwiegend in englischer oder französischer Sprache abgefaßt ist) *Cameroon Pidgin English* genannten Idiom.

Offenbar handelt es sich in beiden Fällen um Misch-

und Behelfssprachen, welche Menschen verschiedener Muttersprache zur Verständigung benutzen.

Warum spricht man einmal von *Pidgin* und einmal von *Kreolisch?* Sind das verschiedene Dinge? Und wie verhält sich dazu, was man meist *lingua franca* oder »überregionale Verkehrssprache« nennt? Diesen letzten Begriff zu erläutern, schiebe ich noch etwas auf.

Zunächst zu Pidgin und Kreolisch. Vielleicht erinnert man sich aus der Lektüre aufregender Romane und Abenteuerbücher, die im Fernen Osten des 19. Jahrhunderts oder etwas früher spielen, daß europäische Kaufleute und Seefahrer sich mit »Einheimischen«, besonders mit Chinesen, in einer *Pidgin-Englisch* genannten Hilfssprache verständigen, die, gemessen am richtigen Englisch, einen reduzierten, verstümmelten, äußerst primitiven Eindruck macht.

Lohnt es sich denn, sich mit einem solchen Randphänomen in der Welt der Sprachen zu befassen? In Walter Porzigs schönem Buch »Das Wunder der Sprache« (1950) finden sich unsere beiden Stichwörter nicht im Sachregister - auch nicht in der Neuausgabe von 1971. Und der Band »Sprachen« der Reihe »Fischer Lexikon«, bewundernswerterweise von einem einzigen Mann - Heinz F. Wendt - verfaßt, erwähnt sie ebenfalls nicht. Vielleicht, weil es keine »richtigen« Sprachen sind? Ist das Thema die Mühen einer ernsthaften Erforschung wert, und muß gar der, der gar nicht Sprachforscher sein will, darüber etwas wissen? Näheres Zusehen führt zu überraschenden Erkenntnissen. Aber zunächst möchte ich die beiden Hauptbegriffe erläutern.

Unterschied Pidgin/Kreolisch

Pidgin und *Kreolisch* bezeichnen nicht dasselbe, aber doch verwandte Erscheinungen, die aus der Begegnung und Durchmischung zweier (oder auch mehrerer) Sprachen erwachsen. Zu intensivem und länger dauerndem Kontakt verschiedener Sprachgemeinschaften kommt es gewöhnlich dann, wenn Menschen fremder Sprache in ein neues Land kommen, sei es als Sklaven, als halbfreie oder freie Wanderarbeiter, als Gastarbeiter, als Flüchtlinge - oder auch als Eroberer, Kolonisatoren, Händler, Siedler. Häufig sind die Neuankömmlinge auch unter sich unterschiedlicher Muttersprache, so etwa die Sklaven, die aus Afrika nach beiden Amerika gebracht wurden, ebenso die Gastarbeiter in heutigen europäischen Industriestaaten.

Das Vorhandensein einer mehr als zweisprachigen *(multilingualen)* Situation scheint eine das Entstehen von Pidgin stark begünstigende, wenn nicht sogar eine notwendige Bedingung dafür zu sein. Denn was geschieht im Regelfall bei Einwanderern? Sie versuchen mit mehr oder weniger Erfolg, sich die Landessprache anzueignen; den Alten gelingt es kaum noch perfekt, den Kindern mühelos. Während des Umstellungs- und Lernprozesses sprechen die Neulinge (angenommen in den USA) ein mit Fehlern, eventuell auch mit Wörtern ihrer Muttersprache durchsetztes Englisch; bilden sehr einfache Sätze, lassen grammatische Feinheiten weg; sagen etwa *two dog* statt *dogs, yesterday me ill* statt *I have been ill.* Dieses *foreigners' talk* ist jedoch ein Übergangsstadium, an dessen Ende irgendwann die Beherrschung der neuen Sprache – und meist das allmähliche Vergessen der früheren – steht. Von einer Pidgin-Sprache spricht man nur, wenn sich eine Sprechweise, die irgendwo zwischen den beiden Sprachen angesiedelt ist, jedoch mit stark vereinfachter Grammatik und mit stark reduziertem Wortschatz, so stabilisiert, daß sie von einer größeren Anzahl von Menschen über einen längeren Zeitraum, mindestens Jahrzehnte, gesprochen und verstanden und als normales Medium der Kommunikation zwischen den Sprechern verschiedener Muttersprachen benutzt wird, wozu natürlich gehört, daß auch irgendeine Art von – wenn auch sehr einfacher – »Grammatik« vorhanden ist. Reduziert ist vor allem der Wortschatz, weil er sich gewöhnlich auf die Bereiche beschränkt, wo man sich begegnet, etwa die Arbeit auf der Plantage, im Bergwerk, im Hafen. Pidginsprachen haben kaum mehr als einige hundert bis einige tausend Wörter. Sie können also nicht dazu dienen, verwickelte Zusammenhänge oder wissenschaftliche Erkenntnisse darzulegen, ebensowenig dazu, Gedichte zu schreiben oder poetische Liebeserklärungen zu machen.

Foreigners' talk

Die Pidginsprache kann in einer solchen Mittler-Rolle lange verharren und funktionieren. Im Verlauf von Generationen kommt sie aber meist an eine Wegscheide: Entweder die Sprecher nähern sich der offiziellen und von der Mehrheit benutzten Landessprache immer mehr an, bis ihre Sprechweise in dieser aufgeht oder vielleicht innerhalb ihrer noch als besonderer Dialekt weiterlebt. Es kann aber auch geschehen, daß Sklaven, Einwanderer, Strafgefange-

Kreolisierung

ne, meist also eine sozial unterlegene Gruppe, beginnen, die Behelfssprache auch für den täglichen Verkehr unter sich zu benutzen. Dies wird besonders dann eintreten, wenn diese Gruppe sprachlich wiederum gemischt ist. Die heranwachsenden Kinder lernen nun in der Familie diese Sprache als ihre Muttersprache. Ihren Zweck als tägliches Verständigungsmittel in allen Situationen kann sie nur erfüllen, wenn sie ihren Wortschatz vervielfacht, ihre Ausdrucksmöglichkeiten erweitert. Sie bildet nun auch ein »festes« grammatisches System aus (»fest« in Anführung, denn in dem ewig sich wandelnden Reich der Sprache bedeutet dieses Wort soviel wie »nur allmählich, in kleinen Schritten, langfristig sich ändernd«). An dem Ausbau der Sprache zu einer der »natürlichen« gleichwertigen mit ihrem Ausdrucks- und Nuancenreichtum dürfte die nachwachsende Generation - vom Kindesalter an - einen wesentlichen Anteil leisten.

So ist nun eine »vollständige« Sprache entstanden. Sie wird vielleicht eines Tages geschrieben und in Schulen gelehrt. Aus einem Pidgin ist eine Kreolsprache geworden, aus einem Behelf eine »richtige« Sprache. *Kreolisierung* nennt man diesen Prozeß.

Der Unterschied, auf eine kurze Formel gebracht: Pidgin - Verständigungsmittel zwischen Menschen verschiedener Muttersprache mit begrenzten Aufgaben und begrenzten Mitteln, niemandes Muttersprache. Kreolisch - aus einer Pidginsprache entstandene, voll ausgebildete Sprache, Muttersprache ihrer Sprecher.

Herkunft beider Bezeichnungen

Die beiden Benennungen bedürfen noch eines Kommentars. Das Wort *Pidgin* ist - nach einer von mehreren Theorien - im Fernen Osten entstanden und stellt eine für chinesische Zungen leichter sprechbare Abwandlung des englischen Wortes *business* dar. Nach einer anderen geht das Wort zurück auf einen Indianerstamm, von den Engländern *Pidians* genannt; das entstellte Englisch dieser Menschen soll dem Wort zugrunde liegen. Eine dritte These führt es auf das portugiesische *pequeno* »klein« zurück. *Kreolen* nannte man ursprünglich Europäer, die in den Kolonien der Neuen Welt geboren waren (im Unterschied zu neuen Einwanderern). Als Bezeichnung für eine Sprache wurde das Wort zum ersten Mal im 17. Jahrhundert benutzt, es bedeutete zuerst einfach: eine im Kolonialgebiet entstandene und gesprochene Sprache.

Lingua franca

Das Wort habe ich schon öfters verwendet im Sinne von »übernationale Verkehrssprache«. Als solche kann eine Nationalsprache dienen, in der Regel die eines politisch oder kulturell führenden Volkes. Man kann sagen, das Lateinische sei die *lingua franca* im westlichen Römischen Reich gewesen, das Griechische die des hellenistischen Ostens, das Französische die *lingua franca* der europäischen Diplomatie bis tief ins 19. Jahrhundert, das Deutsche die des Habsburgischen Vielvölkerreiches usw. Der heutige Sprachgebrauch läßt diese allgemeine Verwendung zu. Aber auch eine Behelfssprache, ja sie vor allem, kann gemeint sein und kann die Rolle einer *lingua franca* übernehmen – ich habe das Basarmalaiische in Teilen des pazifischen Raumes erwähnt und werde noch weitere Beispiele bringen.

Sprache der Franken?

Was bedeutet die Bezeichnung *lingua franca* aber ursprünglich? Wörtlich muß es doch wohl »Sprache der Franken« oder »fränkische Sprache« bedeuten. Das verweist uns auf Europa. Die frühesten schriftlichen Belege zeigen dieses Wort als Namen einer Sprache, die etwa vom 13. bis zum 18. Jahrhundert im ganzen Mittelmeerraum als Verkehrssprache gedient hat: die früheste bekannte Pidgin- oder Behelfssprache, zugleich die langlebigste; sie muß als Basissprache eine der Tochtersprachen des Latein gehabt haben. Manche Forscher nennen Italienisch, andere Provenzalisch. Möglich ist auch, daß mehrere romanische Sprachen wesentliche Anteile beigesteuert haben, und möglich, ja wahrscheinlich ist vor allem, daß sich im Laufe der Jahrhunderte wesentliche Wandlungen dieser Sprache vollzogen haben, und daß sie ihren Wortschatz zu verschiedenen Zeiten – und an verschiedenen Orten – aus verschiedenen Sprachen aufgefüllt hat. *Relexifizierung* nennt man das.

Als höchstwahrscheinlich ist anzunehmen, daß es sich um eine Mischsprache gehandelt hat, die neben romanischen Wörtern zahlreiche Beimengungen aus dem Griechischen und Arabischen aufgenommen hatte. Man muß sich vergegenwärtigen, daß der sogenannte Levantehandel etwa zwischen Venedig und dem Nahen Osten im 17. Jahrhundert in den Händen von Griechen, Arabern, syrischen Christen, Armeniern, Italienern und vielfach von Juden lag. Sie bedurften einer *lingua franca* ebenso dringend wie etwa die Seeräuberstaaten in der Gegend des heutigen Marokko, Algerien, Tunesien und Libyen in der Zeit vor ihrer Eroberung durch Franzosen und Italiener. Flüchtlinge, Abenteurer, entlaufene Sträflinge aus zahlreichen Ländern bemannten damals, neben Arabern, Berbern, Türken, die lange als unbesiegbar geltenden Piratenschiffe: auch hier scheint die ursprüngliche *lingua franca* des Mittelmeerraums das gemeinsame Verständigungsmittel gewesen zu sein. Aus dieser Zeit stammt wohl der Ausdruck *Petit mauresque* für diese Sprache; auch *Sabir* ist sie zeitweise genannt worden.

Die Wissenschaft entdeckt die Behelfssprachen

Einzelne Männer, besonders Missionare, haben sich schon im 18. Jahrhundert mit der Erforschung einzelner Mischsprachen befaßt. Als einer der Väter der heute so genannten *Kreolistik* muß der Deutsche Hugo Schuchardt (1842–1927) gelten. Er hat die schwierig zu interpretierenden Zeugnisse der mittelmeerischen *lingua franca* (niedergeschrieben von Europäern verschiedenster Herkunft, die häufig ihre Muttersprache nur mangelhaft schrieben und schon gar nicht Sprachbeobachter waren, die meist nur ein »korruptes«, »verderbtes« Französisch, Italienisch usw. annahmen) gesammelt und eine Reihe bahnbrechender Arbeiten unter dem Sammeltitel »Kreolische Studien« veröffentlicht. Seit etwa 1950 hat dieses Fach Heimatrecht an Universitäten. 1959 gab es ein erstes internationales Symposion über dieses Forschungsgebiet. 13 Gelehrte nahmen teil. Heute widmen sich viele hundert Forscher diesem Fach.

Fast überall in der Welt, wo das Eindringen europäischer Kaufleute und Eroberer die oben geschilderte Situation erzeugt hatte, sind *Pidgin*-Sprachen entstanden, und vielfach haben sich *Kreol*sprachen daraus entwickelt, die heute ein bestimmtes Sprachgebiet beherrschen. Je nachdem, welcher Nationalität die Eroberer waren, haben sich Mischungen einer außereuropäischen Sprache mit dem Englischen, Französischen, Portugiesischen, Spanischen oder Niederländischen herausgebildet. In Afrika, besonders im Bereich der Bantu, gibt es jedoch auch Mischsprachen, an denen keine europäische Sprache Anteil hat.

Zahl der Sprachen und ihrer Sprecher

Eine von Jan F. Hancock erarbeitete Liste aller bekannten Pidgin- und Kreolsprachen führt beinahe 200 auf (darunter einige erloschene wie das Pidgin-Englisch der Chinaküste, das möglicherweise allen strukturell oder soziologisch vergleichbaren Sprachen seinen Namen hinterlassen hat); die bekannteren haben Sprecherzahlen bis zu mehreren Millionen.

Ich möchte jetzt aus dieser großen Zahl einige wenige etwas ausführlicher vorstellen, und zwar zuerst solche mit englischer Färbung (Nr. 1 bis 5), dann mit französischer (Nr. 6 bis 9), mit portugiesisch-spanischer (Nr. 10 und 11), solche rein indianischen Charakters (Nr. 12), rein afrikanische (Nr. 13 bis 16) - bevor ich, nach einem Zwischenspiel, dieses Kapitel mit der Behandlung der Frage abschließe, was diese Art von Sprachen für die Linguisten so überaus interessant macht.

Hawaii

1. Die sprachlichen Verhältnisse Hawaiis wähle ich als Paradebeispiel und behandle sie ausführlich, weil die Entwicklung einer Pidginsprache mit anschließender Kreolisierung hier in jüngster Vergangenheit stattgefunden hat und gut zu übersehen ist, vor allem deswegen, weil es bis vor kurzem noch lebende Zeugen aus den Anfangsstadien des Prozesses gab, die man befragen, deren Sprache man mittels Tonband aufnehmen konnte.

Die Ureinwohner der Insel sprachen eine polynesische Sprache, aber seit dem wirtschaftlichen Aufschwung, der 1876 mit der Freigabe von Zuckerimporten in die USA begann, und der 1898 erfolgten Annexion der Insel durch die USA hat das Englische diese Sprache praktisch vollständig verdrängt.

Mit dem erstgenannten Jahr tritt das ein, was mit dem 16. Jahrhundert viele von Europäern eroberte tropische Gebiete erlebt haben: planmäßiger Anbau von Agrarprodukten - in unserem Fall damals Zuckerrohr -, häufig in Monokultur. Man brauchte Massen billiger Arbeitskräfte und verpflichtete sie durch Verträge, in unserem Fall Chinesen, Filipinos, Japaner, Koreaner, Puertoricaner und andere. Diese Gastarbeiter bilden schon um die Jahrhundertwende die Mehrheit der Bevölkerung, Eingeborene und Weiße zusammen eine Minderheit von ca. 35%.

Die folgende Entwicklung läßt den Unterschied zwischen Pidgin und Kreolisch deutlich hervortreten. Alle, die neu ins Land kommen, müssen sich bis auf weiteres eines Pidgin als Behelf bedienen, eines Pidgin, das je nach Muttersprache des einzelnen Einwanderers ganz verschiedene Züge aufweist. Der Japaner muß sich die wichtigsten englischen Vokabeln aneignen, um verstanden zu werden.

Hawaiian Creole

kreol.: *John-them stay cockroach the kaukau*
engl.: *John and his friends are stealing the food*
deutsch: John und seine Freunde klauen gerade das Essen
(Beispiel nach Bickerton)

Den vom Japanischen verschiedenen Bau des Englischen kann er nicht sogleich erfassen, er bildet seine Sätze nach japanischem Muster, stellt das Verb ans Satzende und sagt etwa: *The poor people all potatoes eat* (»Die armen Leute haben nichts als Kartoffeln zu essen«). Der Filipino dagegen stellt, wie in seiner Muttersprache, das Verb an den Satzanfang.

Warum, so könnte man fragen, haben diese Leute nicht die Übergangsphase des primitiven Gastarbeiter-Kauderwelschs hinter sich gelassen und anständig Englisch gelernt? Sie hatten dazu kaum Gelegenheit. Der weiße Bevölkerungsanteil, der reines Englisch sprach, war eine Minderheit, die obendrein als soziale Oberschicht relativ wenig Umgang mit den Fremdarbeitern hatte. Es blieb also bei dem Pidgin, und eben dies, bzw. seine zahlreichen Varianten, konnte man vor kurzem noch hören von alten Leuten, die in den ersten Jahren dieses Jahrhunderts nach Hawaii gekommen waren.

Die zweite Generation

Ganz anders die Kinder der Einwanderer, d.h. alle, die ab Anfang des Jahrhunderts auf der Insel geboren wurden und dort aufwuchsen. Sie fanden - im Unterschied etwa zu einem französischen, deutschen, spanischen Kind in seinem Heimatland - keine sprachlich eindeutige Umwelt vor, keine Erwachsenen, die das Kind durch ihr Vorbild oder bewußte Einwirkung zum kompetenten Sprecher des Englischen hätten machen können. Sie waren gezwungen - erst recht, wenn die Elternteile auch noch verschiedener Muttersprache waren -, sich mit Spielkameraden und Nachbarn auf die einzig mögliche Art zu verständigen: mit Pidgin, das sich aber in ihren Händen - oder vielmehr Mündern - alsbald zu einer voll gebrauchsfähigen Sprache weiterbildete: dem *Hawaiian Creole,* dessen Wortschatz ganz überwiegend englisch ist. Und die Grammatik? Ist sie der englischen nachgebildet? Oder entnimmt sie Instrumente und Fügungen aus dieser oder jener der Muttersprachen? Beides nicht! Dieses Creole entwickelt eine eigene Grammatik, und die ähnelt in staunenswertem Maße dem Aufbau anderer Kreolsprachen, die sich an ganz anderen Stellen der Welt ausgebildet haben. Auf dieses Phänomen komme ich am Kapitelende zurück.

Florida: Gullah

2. *Gullah,* auch *Goolah, Geechee, Geedgee,* ist eine anglokreolische Sprache, zuhause an der Küste von Florida, Georgia, South Carolina und auf vorgelagerten Inseln. Der Wortschatz ist großenteils englisch, und die Wortformen lassen erkennen, daß das Pidgin, das die Vorstufe dieser Sprache gebildet hat, im 17. und 18. Jahrhundert zwischen britischen Kolonisten und deren Sklaven entstanden sein muß. Die zweite Wurzel bilden westafrikanische Sprachen, und zwar eine ganze Anzahl davon, darunter heute wichtige wie *Ewe, Haussa, Yoruba, Ibo, Kikongo.* Das Gullah hat sogar, jedenfalls für den regionalen Gebrauch, Lehnwörter ans amerikanische Englisch geliefert. Gegenwärtig wird auf St. Helena Island (South Carolina) die Bibel durch ein passioniertes Übersetzerteam in Gullah übertragen.

Jamaika

3. Das auf dem Englischen beruhende - besser vielleicht: auf das Englische als Zielsprache gerichtete - *Jamaika-Kreolisch* (auch *Bungo, Quashee, Jagwa Talk* genannt) erwähne ich nicht nur, weil es von der ganzen Bevölkerung der Insel gesprochen oder verstanden wird. Es ist auch relativ frühzeitig Gegenstand wissenschaftlicher Aufmerksamkeit geworden; an der Universität der Insel haben Kreolisten-Kongresse stattgefunden. 1901 erschien in London eine Untersuchung *Jamaican Talk,* einige Jahre später folgten *Jamaican Creole Syntax* sowie ein *Dictionary of Jamaican English* von Cassidy und Le Page (Cambridge University Press). Ein Satz in *Jamaican Creole* als Kostprobe: *Muma no waan yu fi sel i,* in wörtlicher englischer Wiedergabe etwa: *Mummy not want you for sale it* »Mutti möchte nicht, daß du es verkaufst«.

Sierra Leone: Krio

4. Dieser Name - eine Abwandlung von *Creole* - bezeichnet eine anglokreolische Sprache, die in Freetown, der Hauptstadt des westafrikanischen Staates Sierra Leone, und Umgebung gesprochen wird, aber fast im ganzen Land als Verkehrssprache dient. Im 19. Jahrhundert ist es als vereinfachte Version für den Verkehr mit Europäern, *Talkee-Talkee* genannt, entwickelt worden.

Melanesien

5. Jetzt liegt der Schauplatz im Pazifik. Hier bietet sich ein kompliziertes Bild. Ein *melanesisches Pidgin-Englisch* hat sich gebildet, auch *Neo-Melanesisch, Sandalwood-*

English, Beach-la-mar, Bêche-de-mer genannt. Es stammt von dem ursprünglichen Pidgin-Englisch der Chinaküste ab, was erstaunlich ist, wenn man den großen Unterschied zwischen den Ausgangssprachen bedenkt, und hat starke Ähnlichkeit mit anderen Varianten des Pidgin-Englisch im südwestlichen Pazifik. Es gibt eine Grammatik und ein Wörterbuch. Der wenige tausend Wörter zählende Wortschatz des *Melanesian Pidgin English* enthält einige deutsche Wörter, z. B. »beten« und »langsam«. Auf Papua-Neuguinea hat sich aus ihm eine anglokreolische Sprache entwickelt, deren Status man als halb-amtlich bezeichnen kann. Auch sie hat verschiedene Namen wie *Bisnis-English* (von *business*), *Newguinian, Niugini-tok* (= engl. *New Guinea Talk*), *Tok Pisin*.

Créole de la Dominique

kreol.: *mwẽ pa te ni tã fê-y, pis mwẽ te malad*
französ.: *je n'ai pas eu le temps de le faire puisque j'ai été malade*
deutsch: Ich habe keine Zeit gehabt, das zu tun, weil ich krank war

Anmerkung: Das Pronomen *mwẽ* ist nicht von französ. *je*, sondern von *moi* abgeleitet. Das hier vorgeführte Kreolisch wird auf der Insel Dominica (französische Bezeichnung *Dominique*) gesprochen. (Beispiel nach Douglas Rae Taylor)

Louisiana

6. *Louisiana Creole, Créole louisianois,* nennt man eine Sprache, die in Teilen der US-Staaten Louisiana und Texas gesprochen wird, und zwar - ihre Namen wie *Neg, Gumbo, Français nègre* deuten darauf hin - von Nachfahren früherer Sklaven, aber auch von indischen Einwanderern. Es ist dem Kreolischen, das auf Haiti eine zentrale Rolle spielt, sehr ähnlich. In dem früher französischen Louisiana, in und bei New Orleans, wird von Weißen, die von der früheren französischen Herrenschicht abstammen, noch ein echtes Französisch gesprochen, mit bestimmten Eigentümlichkeiten, die es als besonderen französischen Dialekt ausweisen; mit dem *Louisiana Creole* darf diese Sprache nicht verwechselt werden.

Haiti

7. Eine *frankokreolische* Sprache hat sich auf Haiti zur fast allgemeinen Umgangssprache entwickelt, die von über fünf Millionen Menschen gesprochen wird - diejenige Kreolsprache mit französischer Färbung, die die größte Sprecherzahl aufweist. Amtssprache ist das Französische, das in Gesetzgebung und Verwaltung, im Gerichtswesen

und im Unterricht, in der Presse und anderen Medien herrscht. Nur eine schmale Oberschicht benutzt es auch im Alltag, und dann nur »unter sich«. Die große Mehrheit spricht im Alltag nur Kreolisch. Wer in leitende Positionen gelangen will, muß Französisch lernen. Lange Zeit hindurch genoß auf Grund dieser Situation das Kreolische nur geringes Ansehen als Sprache der Unterschicht. Gegenwärtig, etwa seit den fünfziger Jahren, ist eine Wandlung im Gange. Man erkennt, daß Kreolisch nicht ein verdorbenes, unsauberes Französisch, sondern eine Sprache eigenen Rechts ist. Die Kurse, in denen Erwachsene das Lesen und Schreiben erlernen (Alphabetisierungsprogramme) werden in kreolischer Sprache durchgeführt.

Seychellen *(neue Schreibung: Seschellen)*

8. *Créole seychellois* hat sich auf der neuerdings als Reiseziel beliebten Inselgruppe im Indischen Ozean entwickelt. Eine Probe aus einem Text, den Annegret Bollée veröffentlicht hat, läßt erkennen, daß das Vokabular praktisch rein französisch, die Grammatik stark vereinfacht ist. Der französische Artikel wird meist in das Wort einbezogen: aus *la pluie* (»der Regen«) wird *lapli*.

Créole seychellois

kreol.:	*sa zur*	*la pli*	*ti tõmbe*
französ.:	*ce jour*	*la pluie*	*est tombée*
deutsch:	den Tag	Regen	ist (ge)fallen

Bemerkungen:
1. Die Tilde ˜ bezeichnet den Nasalvokal.
2. *ti* = Partikel, die vor das Verbum gesetzt wird, um die Vergangenheit zu bezeichnen (aus französ. *été*).
3. *tõmbe* ist der Infinitiv, besser: die einzige (also unflektierte) Form dieses Verbums.

Die Probleme, die auftreten, wenn eine kreolische Sprache Schriftsprache werden soll, deuten sich hier an.

Mauritius

9. »Man kommt da problemlos zurecht«, sagt ein deutscher Tourist, von einem Badeurlaub auf Mauritius zurückkehrend. »Die Sprache ist ja Französisch, und meist wird in den Hotels auch Englisch verstanden, denn es kommen viele Südafrikaner im Urlaub dorthin.« Der Tourist kann kaum in zwei Wochen die außerordentlich verwickelte sprachliche Situation auf dieser Insel erkennen. Seit 1968 ist die Insel ein selbständiger Staat, der dazu einige recht weit abgelegene kleinere Inseln umfaßt, mit rund

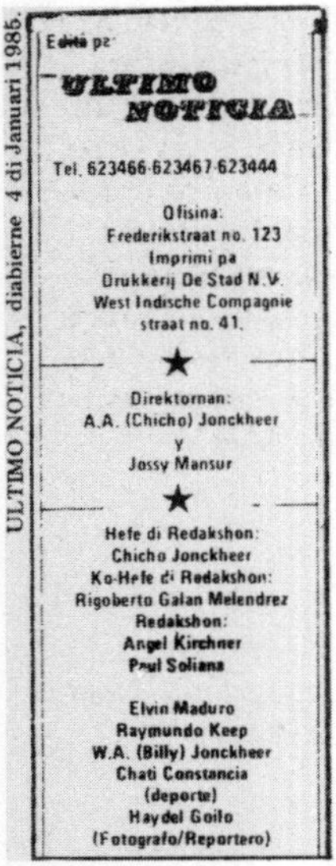

ULTIMO NOTICIA, diabierne 4 di Januari 1985.

Edita pa:

ULTIMO NOTICIA

Tel. 623466-623467-623444

Ofisina:
Frederikstraat no. 123
Imprimi pa
Drukkerij De Stad N.V.
West Indische Compagnie
straat no. 41.

Direktornan:
A.A. (Chicho) Jonckheer
y
Jossy Mansur

Hefe di Redakshon:
Chicho Jonckheer
Ko-Hefe di Redakshon:
Rigoberto Galan Melendrez
Redakshon:
Angel Kirchner
Paul Soliana

Elvin Maduro
Raymundo Keep
W.A. (Billy) Jonckheer
Chati Constancia
(deporte)
Haydel Goilo
(Fotografo/Reportero)

Das Impressum der auf Bonaire (Nachbarinsel von Curaçao) erscheinenden Zeitung Ultimo Noticia. Die Sprache ist Papiamento. Der Sprachkenner entdeckt niederländische Bestandteile (drukerij »Druckerei«), spanische (deporte »Sport«) und Eigenbildungen dieser Kreolsprache (redakshon »Redaktion«).

einer Million Einwohnern. Von 1814 bis dahin war sie englische Kolonie. Aus dieser Zeit ist Englisch Amtssprache geblieben. Das Parlament verhandelt in dieser Sprache, in den Schulen wird in ihr unterrichtet. Umgangssprache ist es nur für eine kleine Minderheit. Vor den Engländern waren die Franzosen hier Kolonialherren (1721–1814); sie nannten die Insel *Ile de France;* ihren Namen hat sie aus der noch früheren niederländischen Besetzung, sie wurde nach Moritz *(Maurits)* von Oranien benannt. Das Französische hat sich in der Bevölkerung besser erhalten als das Englische, es ist heute für die Oberschicht – die nicht nur aus Weißen besteht – die Sprache der Bildung, der Kultur, auch überwiegend Sprache der Kirche und der Presse.

Die Mehrheit der Bevölkerung besteht aus den Nachkommen schwarzer Sklaven, den Nachkommen indischer Einwanderer (diese bilden die weitaus stärkste Gruppe, mehr als die Hälfte der Gesamtbevölkerung) sowie aus Mischlingen dieser Gruppen untereinander und mit Weißen. Außerdem gibt es arabische und chinesische Einwanderer bzw. deren Nachkommen. Die Inder als stärkste Gruppe sind sprachlich nicht etwa eine Einheit, ihre Sprachen in Alltag und Familie sind *Hindi, Urdu* (für die Moslems), *Tamil, Telugu* und andere. Insgesamt wird ein Dutzend teilweise grundverschiedener Sprachen gesprochen. Dies ist eine Situation, aus der sich eine kreolische Misch- und Umgangssprache fast notwendig bilden mußte. So ist das *mauritianische Kreolisch* die einzige Sprache, die von so gut wie allen Bewohnern der Insel verstanden wird. Für viele ist es die einzige Sprache, die sie sprechen können. Doch sind viele Bewohner zwei- oder dreisprachig, sei es, daß sie in Alltag und Familie Kreolisch sprechen, aber in der Öffentlichkeit, bei offiziellen Anlässen, Französisch; sei es, daß sie, wie viele Inder, im Alltag ihre indische Sprache reden, daneben Kreolisch – in diesem Fall als die »höhere« Sprache. Das Kreolische ist jedoch nicht Unterrichtssprache. Die Kinder lernen Englisch, Französisch, Chinesisch oder eine indische Sprache – keine davon richtig – und der Schritt zur Anerkennung des Kreolischen als Standardsprache ist nicht in Sicht.

Curaçao: Papiamento

10. Diese Sprache, die auf der Antilleninsel Curaçao und den Nachbarinseln Aruba und Bonaire in verschiedenen Dialekten gesprochen wird, habe ich mit ihren anderen Bezeichnungen schon am Beginn dieses Kapitels er-

Seychelles NATION
VOL. X NO. 108, ZEDI 12 ZEN, THURSDAY JUNE 12, JEUDI 12 JUIN 1986

Kreolsprachen: Kopf einer Zeitung von den Seschellen; das Datum ist an erster Stelle in Créole seychellois gedruckt; zedi entspricht dem französischen jeudi »Donnerstag«, zen dem Monatsnamen juin »Juni«.

wähnt. Sie ist gut dokumentiert und erforscht, dient ja auch als Sprache der Medien. Man rechnet sie meist zu den hispanokreolischen Sprachen, sie ist aus einem Pidgin-Spanisch erwachsen, doch steht dem spanischen Einfluß ein etwa ebenso starker portugiesischer (aus einer früheren Phase) gegenüber, und seit der niederländischen Herrschaft ist eine Relexifizierung mit niederländischem Vokabular eingetreten, das etwa ein Viertel des heutigen Wortschatzes stellt. Grammatik und Satzbau folgen überwiegend spanischen Modellen, mit der für Behelfssprachen bezeichnenden Vereinfachung:

»Die Mutter schickte den Jungen, er solle gehen und Fisch verkaufen«. Dieser Satz heißt auf Spanisch: *La mamá mandaba al hijo* (im Spanischen wird bei Personen, obwohl *hijo* hier direktes Objekt ist, stets der Dativ verwendet) *que vaya* (Konjunktiv) *a vender pescado*. Daraus wird auf Papiamento: *La máma* (Akzentwechsel) *ta'a mand e jú bái bende piská*.

Kapverdisch

11. Als zweite auf dem Portugiesischen beruhende Sprache nenne ich den auf den Kapverdischen Inseln (in zwei Dialekten) gesprochenen *dialecto crioulo de Cabo Verde*, dem farbige Einwanderer im 19. Jahrhundert auch im US-Staat Massachusetts zu einer kleinen Sprechergemeinde verholfen haben.

Chinook

12. Vor dem Eindringen der Europäer hatten sich im indianischen Amerika vereinzelt an Stellen, wo die sprachliche Vielfalt besonders bunt war, Behelfssprachen herausgebildet. Zu diesen zählt *Chinook*, im Nordwesten Nordamerikas zuhause, eine Pidginsprache für den Handel, die auch von weißen Trappern und Fellhändlern benutzt und mit englischen und französischen Wörtern durchsetzt wurde. Heute lebt sie nicht mehr.

Pidgin Haussa

13. Auf afrikanischem Boden hat sich eine ganze Reihe von Behelfssprachen entwickelt, teilweise ohne europäische Einflüsse. Einen Mischtyp stellt das *Pidgin Haussa* im

Norden Nigerias dar, auch *Barikauchi* genannt. Hier sind europäische Einflüsse anzunehmen, weil die Sprache im Umkreis europäischer Militärlager entstanden ist.

Die Sprache unter Tage

14. Diese höchst merkwürdige Sprache ist ein Pidgin, an dem mindestens vier Sprachen beteiligt sind: von europäischer Seite Englisch und Afrikaans, von afrikanischer Zulu und Xhosa. Den Anstoß zu seiner Entstehung haben die Weißen gegeben. Als sie begannen, Gold und Diamanten im Süden Afrikas zu fördern, als dazu schwarze Arbeiter mit einem Dutzend verschiedener Muttersprachen herangeholt wurden, bildete sich als Behelfssprache unter den Bergleuten das *Fanagalo,* auch *Famakalo, Isikula, Silunguboi, Chilapalapa, Isipiki* (*= easy speak*), *Chikabanger, Bergwerkskafferisch, Kitchen Kaffir, Basic Bantu* genannt, heute von (geschätzt!) einer Million Menschen benutzt - benutzt allerdings nur in ihrer Arbeitswelt, im Bergwerk. Manche Gruben halten für Neuankömmlinge Einführungskurse in Fanagalo ab, zwei, drei Wochen lang, schon aus Sicherheitsgründen, denn Nichtverstehen einer Anweisung oder eines Alarmrufs kann tödliche Folgen haben. Dieses *Gruben-Esperanto,* wie die Sprache auch genannt worden ist, böte die Möglichkeit einer Weiterbildung zu einer Kreolsprache. Die Mehrheit der schwarzen Bergleute bleibt jedoch in der eigenen Umwelt bei der angestammten Sprache und lehnt die Sprache, die an Schwerarbeit, Vorgesetzte, Fabrik, Mine, »Ausbeutung« erinnert, außerhalb der Arbeit ab.

Suahili

15. Hier komme ich noch einmal kurz auf diese Sprache zurück, weil diese Sprache - die ihrerseits schon wegen des starken arabischen Einflusses und der gegenüber anderen Bantusprachen deutlichen Vereinfachung (keine Töne als bedeutungsunterscheidende Merkmale) als Misch- und überregionale Verkehrssprache einzustufen ist, wiederum als Grundlage für weiter vereinfachte Pidgin-Formen gedient hat, darunter das in Kenia zwischen Weißen und Farbigen benutzte *Ki-Setla* (von *settler* »Siedler«).

Sudan

16. *Juba Arabic* nennen englische Linguisten eine im Sudan entstandene Behelfssprache, die auch *Ki-Nubi, Bimbashi-Arabic, Mongallese* und anders benannt wird: ein etwa 1880 entstandenes Pidgin, mit begrenztem Wortschatz, hauptsächlich für den Handel, ein Wortschatz, der bei Bedarf im Einzelfall aus dem Arabischen oder einer der zahllosen dort dicht benachbart lebenden Stammessprachen

ergänzt wird. Was das Arabische »schwierig« macht - das grammatische Geschlecht der Substantive, die komplizierten Verbalformen, die Person, Zahl, Geschlecht, Tempus, Modus anzeigen: all dies ist stark vereinfacht oder schlicht weggefallen.

Zwischenspiel

In diesem Abschnitt möchte ich kurz die Frage berühren, die vielleicht der eine oder andere Leser sich stellt und die auch in der Sprachwissenschaft gestellt worden ist: Sind denn nicht manche europäischen Sprachen im Grunde auch Kreolsprachen, hervorgegangen aus dem Zwang zur Verständigung zwischen verschiedensprachigen Bevölkerungsteilen, und im Laufe der Zeit dann zu voll ausgebauten Sprachen entwickelt? Kann man nicht das Jiddische so einordnen als eine im Wortschatz überwiegend deutsche, teils aber auch slawische und hebräische Mischsprache? Und das Kapholländische, dessen gegenüber dem europäischen Niederländischen stark vereinfachter Formenkatalog offenbar beim Gebrauch der Sprache durch Afrikaner und zur Verständigung mit diesen entstanden ist? Und schließlich - wie steht es mit dem Englischen? Ist es nicht aus der allmählichen Annäherung zwischen normannisch-französischer Herrenschicht und angel-sächsisch-jütischem Landvolk und der Durchmischung ihrer Sprachen - unter Beimischung vielen lateinischen und griechischen Vokabulars und Instrumentariums (z.B. bei den Suffixen) - in drei Jahrhunderten entstanden?

Die Antwort hängt einfach davon ab, wie weit man die Begriffe *Pidgin* und *Kreolisch* fassen will. Wollte man sie so weit dehnen, daß sie auch Jiddisch, Afrikaans, Englisch und deren Vorstufen umfassen, würden sie wohl an Gebrauchsfähigkeit verlieren. Richtig bleibt aber, daß alle bekannten Sprachen gemischte Sprachen sind. Eine »reine« Sprache gibt es so wenig wie ein »reinrassiges« Volk.

Verschriftung

In diesem Schlußabschnitt blicken wir zuerst kurz auf die Probleme, die sich bei der Verschriftung von Kreolsprachen ergeben. Der Beigeschmack des Inferioren, der den Kreolsprachen lange anhaftete, verliert sich heute allmählich, sie werden ernst genommen, ja als Symbol nationaler Identität aufgewertet. Man beginnt, sie in Schulen zu unterrichten, bzw. in ihnen zu unterrichten. Zeitungen und

Bücher erscheinen. Wie soll man sie schreiben? Das ist eine schwierige Frage, vor allem dann, wenn sie auf Englisch oder Französisch beruhen - beides Sprachen, deren Orthographie »historisch« ist, d.h. eine längst verklungene Lautgestalt festhält und nicht die heutige. Die Kreolsprachen sind aber rein mündlich entstanden auf der Basis des gesprochenen Englisch oder Französisch. Der Gebildete auf Haiti oder den Seschellen, der das Französische beherrscht, schreibt, der französischen Orthographie nahe bleibend, *jour* und nicht *zur, pauvre* und nicht *povr, déluge* und nicht *deliz;* die zweitgenannte kreolische Form erscheint ihm barbarisch. Will man aber der breiten, teilweise analphabetischen Mehrheit eines solchen Landes das Lesen und Schreiben beibringen, so wird die Anlehnung an französische bzw. englische Orthographie fast unübersteigbare Hürden aufrichten: Warum soll man *through* schreiben, wenn man *tru* spricht? Warum *ça veut dire,* wenn man *savedir* (Seschellisch) spricht? Soll man vielleicht für Laute, die das lateinische Alphabet nicht kennt, wie die französischen Nasale oder das englische *th* oder den sch-Laut, die Zeichen des Internationalen Phonetischen Alphabets zu Hilfe nehmen, also etwa [ð], [õ], [ʃ]? Die sind aber auf den in aller Welt vorhandenen deutschen, japanischen, türkischen Schreibmaschinen mit lateinischem Abc nicht vorhanden! Man darf vermuten, daß Kompromißlösungen zwischen Befolgung der Orthographie des Englischen bzw. Französischen und einer lautgetreuen Wiedergabe die beste Chance haben.

Kreolische Universalien

Die Überschrift führt auf die Frage, die (abgesehen davon, daß die Phänomene Pidgin und Kreolisierung als solche interessant sind) für den Linguisten am aufregendsten ist. Sie lautet: Warum sind diese Sprachen - auch die kreolischen - in ihrem Bau einander oft schlagend ähnlich, ohne Rücksicht darauf, ob sie englisch, französisch, portugiesisch oder sonstwie eingefärbt sind?

Gemeinsamer Ursprung?

Im Grunde sind nur zwei Antworten denkbar. Die eine sagt: *Alle* diese Sprachen gehen auf eine gemeinsame Wurzel zurück. Wahrscheinlich (denn beweisbar ist das nicht) hat sich im frühen Stadium des Entdeckungszeitalters, als die Portugiesen die führende Seefahrernation waren, als portugiesische Schiffe die Weltmeere durchfuhren, die Erde umsegelten, Kontinente entdeckten, an zahlreichen

Stellen bei deren Kontakten mit Eingeborenen ein Pidgin-Portugiesisch gebildet – und dieses (oder gar die alte *lingua franca* des Mittelmeeres) wurde von den Portugiesen rund um die Erde getragen; so war eine sprachliche Grundlage geschaffen, die allerdings später, als andere Nationen die Erde kolonisierten, mit englischem, französischem usw. Vokabular überdeckt, *relexifiziert* wurde.

Angeborene Grammatik?

Wie gesagt: Beweisbar ist das nicht. Da bleibt nur die zweite Antwort: Die Entwicklung solcher Sprachen verläuft deshalb überall ähnlich, weil Menschen, die nicht in eine Muttersprache eingebettet aufwachsen, sondern sich, der Not gehorchend, in sprachliches Neuland vortasten, eine Sprache (jedenfalls ihre Struktur) weitgehend erst erfinden müssen – weil solche Menschen dabei nach Prinzipien verfahren, die ihnen als Menschen angeboren sind, und die normalerweise aber kaum zur Wirkung kommen, weil die erlernte Muttersprache sie von Anfang an zudeckt. Fehlt es an einer Muttersprache, so werden diese Menschen Besonderheiten, die einer Nationalsprache eigen sind und sie von anderen unterscheiden, fallenlassen, wegschneiden (*to strip* sagen die Amerikaner) und sich sozusagen nach einer »universalen Grammatik« richten.

Beobachtungen, die diese These stützen, sind besonders von dem Amerikaner Derek Bickerton auf Hawaii gemacht worden. Gibt es sprachliche Universalien, die in den Köpfen aller Menschen (das heißt wohl, im Bau ihres Zentralnervensystems) angelegt sind und die z. B. jedes Menschenkind befähigen, jede menschliche Sprache – wenn man es nur als Baby in die entsprechende Umgebung versetzt – mit gleicher Leichtigkeit zu erlernen?

Die Frage, ob es sprachliche, möglicherweise angeborene, Universalien gibt, ist ein Dauerthema der Sprachwissenschaft.

VIERZEHNTES KAPITEL

Welthilfssprache oder Weltsprache?

Das Problem

»Es hatte aber alle Welt einerlei Zunge und Sprache. Da sie nun zogen gen Morgen, fanden sie ein ebenes Land im Lande Sinear und wohnten daselbst. Und sie sprachen untereinander: Wohlauf, laßt uns Ziegel streichen und brennen! Und nahmen Ziegel zu Stein und Erdharz zu Kalk und sprachen: Wohlauf, laßt uns eine Stadt und einen Turm bauen, des Spitze bis an den Himmel reiche, daß wir uns einen Namen machen! denn wir werden sonst zerstreut in alle Länder. Da fuhr der Herr hernieder, daß er sähe die Stadt und den Turm, die die Menschenkinder bauten. Und der Herr sprach: Siehe, es ist einerlei Volk und einerlei Sprache unter ihnen allen, und haben das angefangen zu tun; sie werden nicht ablassen von allem, was sie sich vorgenommen haben zu tun. Wohlauf, lasset uns herniederfahren und ihre Sprache daselbst verwirren, daß keiner des andern Sprache verstehe! Also zerstreute sie der Herr von dort in alle Länder, daß sie mußten aufhören die Stadt zu bauen. Daher heißt ihr Name Babel, daß der Herr daselbst verwirrt hatte aller Länder Sprache und sie zerstreut von dort in alle Länder.«

Babel

Von dem Ereignis, das die Bibel mit diesen Worten (1. Mose 11) berichtet, bis heute besteht der beklagenswerte Zustand, daß es viele Völker mit verschiedenen Sprachen gibt, aber keine Sprache, die alle Menschen verstehen. Jeder weiß, daß es schon jahrelange Anstrengung kostet – außer bei sehr günstigen Umständen wie zweisprachigem Elternhaus oder Aufwachsen in zwei- oder mehrsprachiger Umgebung –, auch nur eine Fremdsprache so zu erlernen, daß man sie bis in die Feinheiten beherrscht. Wenige Menschen beherrschen mehr als zwei oder drei Sprachen; alle übrigen bleiben ihnen mehr oder weniger verschlossen. Die Abhilfe liegt gewiß nicht darin, daß man die natürlichen Sprachen abschaffte und allen Menschen dieselbe Sprache aufzwänge, auch die brutalste Diktatur vermöchte das – glücklicherweise – nicht. Also

Unter den vielen Darstellungen des Turmbaus von Babel zeichnet sich die Radierung von Cornelisz (1499–1553) dadurch aus, daß sie den Augenblick der Zerstörung erfaßt.

sollte es dann nicht wenigstens eine Sprache geben, die, überall als Zweitsprache gelehrt und gelernt, weltweite Verständigung ermöglicht?

Zwei Wege zu diesem Ziel scheinen möglich: entweder die Sprache eines Volkes wird Weltsprache, was denen, die diese Sprache als Muttersprache sprechen, einen gewaltigen Vorsprung und Vorteil verschafft – oder man muß eine solche Welthilfssprache konstruieren, planmäßig schaffen. Für solche Sprachen hat sich die Bezeichnung *Plansprachen* eingebürgert. Die Sprachwissenschaft hat bereits einen eigenen Zweig aufgebaut, *Interlinguistik* genannt, der solche Sprachen studieren, vergleichen, bewerten, vielleicht gar neu schaffen soll.

Ansätze im 17. und 18. Jahrhundert

Eine halbwegs vollständige geschichtliche Darstellung, die den Gedanken einer Universalsprache und die Ansätze zu seiner Verwirklichung durch die Jahrhunderte verfolgt, müßte mindestens bis ins Mittelalter zurückgreifen. Ich beginne erst mit dem 17. und 18. Jahrhundert, weil damals die Überlegungen auftraten, die bis heute denkwürdig sind und nachwirken. Es ist nicht schwer zu erkennen, warum Gedanken, die in diese Richtung gehen, gerade in jener Zeit in den Köpfen vieler bedeutender Denker auftauchten.

Vier Gründe seien genannt.

Ende des Lateins als Gelehrtensprache

Solange das Lateinische im ganzen Abendland in der Kirche, an Schulen und Hochschulen benutzt und verstanden wurde, erfüllte es das Bedürfnis nach einem übernationalen Medium der Verständigung. Diese Rolle hatte es jetzt ausgespielt, tragischerweise mitbedingt durch die Versuche der *Humanisten,* dem »korrupten«, »entarteten« Latein des Mittelalters - das eine lebendige Sprache war - den Rückgriff auf das klassische (insbesondere ciceronische) Latein entgegenzusetzen. Die Gelehrten bedienten sich nun ihrer Nationalsprachen: Galilei in Italien, die *Royal Society* in London von ihrer Gründung ab (1662), die *Académie des Sciences* in Paris, Thomasius und andere in Deutschland. Eine gemeinsame Sprache der Wissenschaft gab es (wenn auch die lateinische Tradition noch lange fortwirkte, vgl. das Fünfte Kapitel) nicht mehr.

Weiterer Horizont

Parallel zum Aufstieg der Nationalsprachen wuchs vom Humanismus an das Interesse an den ursprünglichen Sprachen der Bibel, also Hebräisch und Griechisch, und zugleich traten vom Zeitalter der Entdeckungen an zahlreiche neue Sprachen ins Blickfeld der Europäer. Die Zahl von 72 Sprachen, in die die Menschheit nach dem Sündenfall von Babel zersplittert sein sollte und die durch das Schrifttum des Mittelalters geistert, mußte man fallenlassen. Es gab Hunderte von Sprachen, und vor allem Sprachen, die den Sprechern europäischer und den Kennern alter Sprachen äußerst fremdartig vorkommen mußten - an der Spitze das Chinesische. Kunde vom chinesischen Volk, seiner Kultur, seiner Sprache und Schrift, vermittelt hauptsächlich durch Missionare, verbreitete sich rasch. Einen Markstein dieser Entwicklung bildet das Werk des Paters de Mendoza von 1585.

Bacon

Die Erkenntnis, daß es möglich ist, eine ideographische Schrift zu benutzen, die nicht Laute, sondern Begriffe darstellt und die von Menschen verstanden werden kann, welche sich mündlich nicht verständigen können, regte u.a. Francis Bacon (1561-1626) zu der Frage an, ob es nicht möglich wäre, »für die Dinge andere Zeichen als Worte und Buchstaben zu erfinden, ähnlich wie Geld aus anderen Stoffen als Gold oder Silber hergestellt werden kann«. Ein kühner Gedanke: im Keim die Vorstellung von einer »philosophischen« Sprache, die später Leibniz aufgreift.

Descartes

Auch René Descartes (lat. *Cartesius,* 1596-1650) hat (in einem Brief an Mersenne), angeregt durch einen namentlich nicht identifizierten Sprachgelehrten, Überlegungen über eine Universalsprache angestellt und darauf hingewiesen, daß es nicht so sehr darauf ankomme, den Dingen einfache Namen zu geben, daß vielmehr der grammatische Bau der bekannten Sprachen unter sich zu verschieden und in sich zu kompliziert sei, als daß sie als Vorbild einer universalen Sprache taugen könnten.

Aufklärung, Rationalismus

Die Erwähnung Descartes' ist ein geeigneter Anlaß, den dritten Grund für das verstärkte Interesse an unserem Problem (neben dem Niedergang des Lateinischen und der Ausweitung des Horizonts auf ferne Sprachen) zu nennen: Das Zeitalter der *Aufklärung,* der *Vernunft,* des *Rationalismus,* das mit der Waffe der Kritik alles Überkommene in Frage stellt, betrachtet auch die gewachsenen Sprachen mit neuem, kritischem Blick und erkennt ihre Unvollkommenheiten.

Comenius

Auch der große tschechische Gelehrte Jan Amos Komenský (lat. *Comenius,* 1592-1670) gilt als Pionier der Idee einer Universalsprache; er glaubt in seiner stark religiös gefärbten Überlegung zu diesem Thema, daß die Entwicklung der Menschheit auf ein Endstadium der *Monoglottie,* der Einsprachigkeit, hinlaufe, in dem die Menschen wieder wie Brüder als ein Volk, eine Familie Gottes zusammenleben. Ich möchte aber zu drei anderen Vorläufern übergehen, von denen der dritte der wichtigste ist.

Dalgarno

Der Schotte George Dalgarno (1626-1687) ist vielleicht durch seine Beschäftigung mit Taubstummen zu seinem Entwurf angeregt worden; er hat eine Lehrmethode für Taubstumme und ein Zeichenalphabet erfunden (die heute angewendeten Handzeichen gehen jedoch nicht auf ihn, sondern auf den deutschen Pädagogen Samuel Heinicke, 1727-1790, zurück). In seiner Schrift *Ars signorum* schlägt Dalgarno eine philosophische Sprache vor, die - wie alle Entwürfe dieser Art - eine ontologische Basis hat, d.h. von einer Klassifikation des »Seienden«, der wirklichen Dinge ihren Ausgang nimmt, welche als »logisch« und objektiv gilt. Etwa so: Es gibt 17 Klassen von Seiendem - Wesen, Substanzen, konkrete Gegenstände, lebende Körper usw. Die Benennungen für jede Klasse beginnen mit einem bestimmten Buchstaben, z.B. im Bereich der Politik mit K. Ein zweiter Buchstabe bezeichnet eine Unterklasse. So geht es weiter. Sprechbare Wörter können dabei kaum entstehen.

Wilkins

Ein Zeitgenosse Dalgarnos ist der Bischof John Wilkins (1614-1672). Sein Entwurf ist wahrscheinlich durch Dalgarno wie auch durch Comenius beeinflußt. Wilkins unterscheidet 40 Klassen, er zielt ebenso wie Dalgarno weniger auf eine Sprache als auf ein Schriftsystem (eine *Pasigraphie*), das nicht Laute, sondern den *real character*, das wahre Wesen der Dinge unmittelbar zum Ausdruck bringen soll.

Leibniz

Für Gottfried Wilhelm Leibniz (1646–1716) gilt auch in unserem Zusammenhang, was man über sein ganzes Denken und Wirken sagen kann: Er ist ein großer Anreger, er hat vieles gesehen und ausgesprochen, was erst im Laufe von Jahrhunderten erkannt oder realisiert wurde; da er seine Gedanken kaum jemals systematisch zusammengefaßt, sie vielmehr verstreut in Gelegenheitsabhandlungen, vielfach auch in Briefen, geäußert hat, konnten erst spätere Geschlechter, großenteils an Hand seines fast unerschöpflichen Nachlasses, die Weite seiner Gedankenwelt ermessen. Auch zum Problem der Universalsprache sind Leibniz' Gedanken erst spät, hauptsächlich durch den französischen Forscher Couturat kurz nach 1900, zutage gefördert worden.

Einer der Leitgedanken Leibniz' ist bekannt unter dem von ihm selbst geprägten Namen einer *characteristica universalis*. Alle komplexen Vorstellungen in unseren Köpfen, sagt Leibniz, sind auflösbar in einfache Grundelemente, etwa so – und hier bricht der Mathematiker durch – wie jede Zahl entweder eine Primzahl ist oder als Produkt von Primzahlen dargestellt werden kann. Jeder Denkprozeß ist ein Rechenprozeß.

Ideen als Sprachbausteine

Auf diesem Prinzip ließe sich ein systematisch geordneter Wortschatz aufbauen, beruhend auf einem Inventar aller »einfachen«, nicht weiter rückführbaren »Ideen«. Um das Vokabular handhaben zu können, braucht man dann eine universelle Grammatik, die – im Unterschied zu den Grammatiken aller lebenden Sprachen – von ausnahmsloser Regelmäßigkeit sein muß. Und dazu äußerst einfach: Verschiedene Deklinationen und Konjugationen sind überflüssig. Braucht man sie überhaupt? Kann man nicht Einzahl und Mehrzahl beim Nomen, Person und Zeit beim Verb durch Hilfswörter kennzeichnen?

Man sieht, diese Gedanken sind zukunftweisend. Sie wurden im 19. Jahrhundert von den Konstrukteuren der ersten Plansprachen aufgegriffen. Die stärkste Wirkung von Leibniz' Gedanken geht aber nicht in diese Richtung, sondern auf die Entwicklung der modernen symbolischen oder mathematischen Logik und auf die Entwicklung von Rechenmaschinen und Computern.

Die mathematische Komponente

Hier ist der Ort, den vierten Grund dafür zu nennen, daß das 16. und 17. Jahrhundert die Grundlagen des universalsprachlichen Gedankens geliefert hat: Es ist das Jahrhundert der großen Mathematiker, in dem (auch durch Leibniz) die Infinitesimalrechnung entsteht. Ein Zug von hoher Abstraktheit und formaler Strenge findet nun langsam Eingang in das linguistische Denken.

Faiguet

Für das 18. Jahrhundert ist hinzuzufügen, daß die berühmte Enzyklopädie von D'Alembert und Diderot 1765 einen Artikel von dem damaligen Schatzkanzler Frankreichs, Faiguet, zum Stichwort *nouvelle langue* brachte. Faiguet entwirft mit großem Scharfsinn eine völlig regelmäßig gebaute Skelettgrammatik für eine Universalsprache; er ist nicht dazu gekommen, für seine »Neue Sprache« auch ein Vokabular auszuarbeiten.

Die großen Entwürfe des 19. Jahrhunderts

Das 19. Jahrhundert hat Entwürfe für Universalsprachen in größerer Zahl hervorgebracht, Dutzende mindestens, vielleicht gar Hunderte. Einige wenige haben deutliche Schritte tun können in Richtung auf das Ziel, von einer größeren Anzahl von Menschen akzeptiert und erlernt zu werden.

Solresol: Sprache nach Noten

Den ersten Entwurf erwähne ich nicht seines Erfolges, sondern seiner Originalität wegen. Der französische Lehrer François Sudre (1787-1862) hatte eine Idee, deren Ausarbeitung ihn sein Leben lang beschäftigt hat; das Ergebnis wurde erst 1866, nach seinem Tode, veröffentlicht unter dem Titel *Langue universelle musicale*. Sudre nimmt als Ausgangsmaterial nicht Laute der Sprache, irgendeiner Sprache, sondern die sieben Töne der Tonleiter, die mit den entsprechenden Notenzeichen geschrieben werden können. Die Töne können gesungen oder auf einem beliebigen Instrument gespielt werden. Man kann sie auch - ohne Gesang - sprechen, indem man ihre international eingeführten (italienischen) Benennungen oder deren Anfangsbuchstaben (bzw. Anfangslaute) nimmt. Man kann auch an ihrer Stelle die Zahlen 1 bis 7 verwenden. Man kann diese Zahlen mittels Klopfzeichen oder ähnlichem übermitteln, man kann die fünf Finger einer Hand als Notensystem wählen und mit einem Finger der anderen Hand darauf »spielen«. Man kann sie durch die sieben Farben des Regenbogens darstellen. Schließlich erfand ein Anhänger Sudres eine Methode, die sieben Töne durch stenographische Zeichen darzustellen; diese konnten sowohl auf Papier geschrieben wie auch mit einem Finger in die Luft gezeichnet werden. So war die Sprache auch für Blinde (mittels Klopfzeichen oder Tönen), für Taubstumme (mittels Handzeichen) und für mechanische oder elektrische Übermittlung (wie Morsezeichen) geeignet.

Der Wortschatz wird ausschließlich aus den sieben Silben der Tonleiter gebildet: *re* »und«, *si* »ja«, *do* »nein«, *doremi* »Tag«. Etwas eintönig! Sudre erntete vorübergehend rauschenden Beifall, z. B. vom *Institut de France* und auf Weltausstellungen. Durchsetzen konnte sich sein *Solresol* nicht. Ein solches System ist zu gekünstelt, zu weit ab von jeder natürlichen Sprache. Es ist eine *a-priori*-Sprache: mit dieser dem philosophischen Sprachgebrauch entnommenen Bezeichnung ist gemeint, daß die Sprache von Grund auf erfunden, konstruiert ist – allerdings in diesem Fall nicht wie bei Leibniz auf philosophisch-ontologischer, sondern auf musikalischer Grundlage.

a priori

Die jetzt zu nennenden Sprachen zählen dagegen zu den *a-posteriori*-Sprachen, d.h. sie lehnen sich an natürliche Sprachen an und entnehmen aus ihnen ihr Grundmaterial.

a posteriori

Der erste aufsehenerregende Entwurf dieser Art kam von einem Deutschen: dem katholischen Prälaten Johann Martin Schleyer (1831–1912). In seinem 1879 erschienenen Buch »Grammatik der Universalsprache für Erdbewohner« führt er seine Gedanken auf göttliche Eingebung zurück. Der Name der Sprache gibt einen ersten Eindruck von der Eigenart ihrer Wörter. *vol* ist vereinfacht aus dem englischen *world* »Welt«, ebenso *pük* aus *speak* »sprechen«; das *a* bezeichnet den Genitiv: *volapük* »der Welt Sprache«.

Volapük

Schleyer entnahm die Vorbilder für seine Wörter – die er dann radikal auf eine Silbe zusammenstrich – nicht etwa nur dem Englischen. Er war eines jener Sprachgenies, die sich in vielen Sprachen auskennen; man sagt ihm nach, er habe vier Dutzend gesprochen. Er entnahm die Wörter auch dem Lateinischen, Deutschen, Französischen; überwiegend jedoch dem Englischen. Die von ihm vorgenommene Vereinfachung macht die Herkunft aber praktisch unkenntlich (und damit das Erlernen unnötig schwierig).

Aus dem englischen *form* »Form« z. B. wurde *fom,* weil Schleyer mit Rücksicht auf die Chinesen, denen bekanntlich das Aussprechen des Konsonanten *r* schwerfällt, diesen Laut nicht benutzte - ein erster Anfang der Berücksichtigung von Bedürfnissen nichteuropäischer Sprecher. Aus dem lateinischen (oder französischen) *animal* wurde *nim,* aus dem deutschen »Licht« wurde *lit.*

In der Grammatik hatte Schleyer keine glückliche Hand. Anstelle radikaler Vereinfachung bot er ein ausgeklügeltes System für Deklination und Konjugation, zahllose Präpositionen, zwei Formen des Passivs, zusammengesetzte Wörter, deren Stammbestandteil kursiv zu schreiben war, u. ä.

Volapük gewann in den ersten Jahren schnell Anhänger, Grammatiken des Volapük, Zeitschriften in Volapük erschienen zu Dutzenden. Die Kritik, die die Sprache, u. a. auch von Seiten der Sprachwissenschaft, auf sich zog, veranlaßte die Volapük-Anhänger, auf einem Kongreß eine Reformkommission einzusetzen. Schleyer zog sich beleidigt zurück. Die Kommission schlug anstatt eines reformierten Volapük ein neues System vor, genannt *Idiom Neutral;* andere Anhänger machten aber eigene Vorschläge, die *Balta, Weltparl* und anders hießen - doch kam das alles nicht mehr recht zur Auswirkung, weil wenige Jahre nach dem Volapük ein überlegener Konkurrent auf der Bühne erschien.

Esperanto

1887 erschien das Buch »Internationale Sprache - Vorrede und vollständiges Lehrbuch«. Hinter dem Pseudonym des Verfassers *Dr. Esperanto* (»der Hoffende, Hoffnungsvolle«) verbarg sich der polnisch-jüdische Augenarzt Dr. Ludwig Zamenhof aus Bialystok. Die Eigenart dieser Stadt, die wie viele Städte Osteuropas eine mehrsprachige Bevölkerung hatte (je einen polnischen, russischen, deutschen und jüdischen, d. h. jiddisch sprechenden Stadtteil) hatte ihn zu seinem Werk angeregt. Das Pseudonym hat der Sprache den Namen gegeben. Sie ist wohl die einzige der Welthilfssprachen, die wenigstens dem Namen nach fast jedermann bekannt ist. In Esperanto lautet der Buchtitel *Lingvo Internacia de la Doktoro Esperanto.*

Als Elemente des Wortschatzes dienen vornehmlich Wörter romanischer und germanischer Sprachen, die eine gewisse internationale Verbreitung erreicht haben. Die Grammatik ist denkbar einfach. Zamenhof war tief beeindruckt von der Einfachheit des Englischen (in dieser Beziehung), das er im Gymnasium lernte und mit Deutsch, Französisch, Latein und Griechisch verglich. So schmolz, in des Urhebers eigenen Worten, »die Grammatik unter seinen Händen hinweg, bis sie nur noch ein paar Seiten einnahm«.

Der Erfolg des Esperanto war außerordentlich. Die Sprache hat in vielen Ländern begeisterte Freunde gewonnen, auch in Osteuropa. Es gibt Tausende von Büchern über Esperanto und ebensoviele in Esperanto. Es gibt beachtenswerte Esperanto-Dichtungen. Internationale Kongresse haben Esperanto als Verhandlungssprache gewählt oder zugelassen. Der Erfolg kann kein Zufallsprodukt sein. Offenbar ist Esperanto eine sprechbare, ja wohlklingende, auch singbare Sprache, ausdrucksreich und leicht zu erlernen – dies vor allem wegen ihrer Formen, die dem agglutinierenden Sprachbau folgen: ein Suffix (und nur eines) für eine Bedeutung – nur eine Bedeutung für jedes Suffix. Ein Probesatz: *Simpla, fleksebla, belsona, vere internacia en siaj elementoj, la lingvo Esperanto presentas a la mondo civilizata la sole veran solvon de lingvo internacia.* Fast jeder Leser (jedenfalls der Westeuropäer mit höherer Schulbildung) wird den Satz ohne ein Wörterbuch des Esperanto verstehen: »Einfach, flexibel, wohlklingend, wahrhaft international in seinen Elementen, bietet Esperanto der zivilisierten Welt die einzig angemessene (wahre) Lösung (des Problems einer) internationalen Sprache«.

Ein Satz in Esperanto

Zamenhof gab sich tolerant, ermunterte Kritik und Verbesserungsvorschläge. Kritisiert wurden u.a. folgende Punkte: die Verwendung diakritischer Zeichen wie ĉ [tʃ], ŝ [ʃ], ĵ [ʒ] u.a., die Zamenhof vom Slawischen her geläufig waren, aber in den Setzereien westeuropäischer Länder fehlen; die Endung aller Substantive auf *-o (lingvo),* aller Adjektive auf *-a (internacia)* ohne Rücksicht auf das (natürliche) Geschlecht; die Benutzung des *h* als Konsonant, was u.a. für Franzosen Schwierigkeiten bringt.

1908 veröffentlichte L. de Beaufront eine reformierte Fassung *Ido* (*ido* = Esperanto-Suffix für »Sohn, Abkömmling«). Der Weltkrieg, die Verfolgung der Esperantisten unter Stalin wie unter Hitler, der Zweite Weltkrieg haben dem Esperanto und der humanitären Überzeugung, von der Zamenhof durchdrungen war, Abbruch getan, doch ist die Bewegung lebendig geblieben.

Ido

An der Ausarbeitung des Ido war auch der Mathematiker Couturat beteiligt. Obwohl es, linguistisch betrachtet, eindeutig Verbesserungen bringt, hat sich Ido gegen den Widerstand der Altesperantisten nicht durchsetzen können. Die konnten nämlich darauf verweisen, daß ihre Sprache unter der Obhut einer eigenen Akademie weiterentwickelt worden war und daß es eine umfangreiche Literatur in Esperanto gab, teils in dieser Sprache geschrieben, teils aus anderen übersetzt. Es gibt weitere »Abkömmlinge« des Esperanto, auf deren Aufzählung ich hier verzichte.

Langue bleue

Wir stehen mit Ido schon im 20. Jahrhundert; ich möchte aber noch ein interessantes Erzeugnis des 19. Jahrhunderts nennen: die *langue bleue* (»blaue Sprache«), auch *Bolak*, die Léon Bollack 1899 vorgeschlagen hat. Sie ist zum Teil auf dem Argot aufgebaut, das in Frankreich auch *langue verte* (»grüne Sprache«) genannt wird und etwa dem Rotwelsch des Deutschen zu vergleichen ist.

Entwürfe des 20. Jahrhunderts

Auch unser Jahrhundert hat neue Entwürfe hervorgebracht. Ich nenne nur einige der wichtigsten, schon weil das Pendel der Entwicklung in der Welt von heute allem Anschein nach in eine ganz andere Richtung weist, als die Urheber dieser neuen Sprachentwürfe angenommen haben. Von der chronologischen Folge weiche ich hier ab, da die beiden ersten Vorschläge mit dem Esperanto zusammenhängen, der erste als Gegenentwurf, der zweite als Reformvorschlag.

Occidental/ Interlingue

Es handelt sich einmal um das *Occidental*, entwickelt von dem Baltendeutschen Edgar von Wahl (1867–1943), der zunächst Anhänger des Volapük, dann des Esperanto gewesen war. Wahl näherte seinen Entwurf (veröffentlicht 1922) noch etwas stärker dem Lateinischen an; er folgt damit weitgehend dem Vorbild einer natürlichen Sprache. Die Sprache wurde später in *Interlingue* umbenannt – um dem Eindruck entgegenzuwirken, sie sei nur für »westliche« *(okzidentale)* Länder gedacht; der Name birgt aber eine Verwechslungsgefahr mit *Interlingua* (siehe dazu S. 373 und 374).

Novial

Der Name *Novial* ist zusammengezogen aus *Nov I. A. L. (International Auxiliary Language)*. Das System ist geschaffen von dem bekannten dänischen Sprachgelehrten O. Jespersen und wurde 1928 der Öffentlichkeit präsentiert. Auch Novial strebt nach »Natürlichkeit«.

Alt gegen Neu

Nach Meinungen von Sachkennern sind die Nachfolger des Esperanto diesem in vieler Hinsicht überlegen - kein Wunder, da sie die mit diesem System gemachten Erfahrungen verarbeiten konnten; trotzdem haben sie sich gegen die Beharrlichkeit der eingeschworenen, bereits gut organisierten Esperantisten nicht durchsetzen, jedenfalls dieses nicht verdrängen können. Es ist einleuchtend, daß das jahrzehntelange Nebeneinander, Gegeneinander konkurrierender Systeme die Idee einer einheitlichen Universalsprache nicht attraktiver gemacht hat.

Interlingua von Peano

Ein sehr origineller und überzeugender Entwurf wurde 1903 von dem bedeutenden italienischen Mathematiker Giuseppe Peano (1858-1932) vorgelegt. Der kennzeichnende ursprüngliche Name *Latino sine flexione* wurde später durch *Interlingua* ersetzt. Die Grundgedanken, an Leibniz anknüpfend, sind ebenso einfach wie radikal: Der Wortschatz umfaßt alle diejenigen lateinischen Stämme (einschließlich neulateinischer und latinisierter griechischer), die in den modernen europäischen Sprachen verbreitet sind. Wer nicht Latein beherrscht, kann diese aus jedem lateinischen Schulwörterbuch (für Schüler seiner Muttersprache) entnehmen. Deshalb, sagt Peano, braucht seine Sprache kein eigenes Wörterbuch. Braucht sie eine Grammatik? Peano vereinfachte ganz radikal. Das Substantiv hat nur eine Form, die dem lateinischen Ablativ entspricht: *arte* »Kunst«, *carne* »Fleisch«. Diese Form wird nicht verändert, Fälle werden mittels Präpositionen ausgedrückt: lat. *vox populi* »Stimme des Volkes« wird zu *voce de populo*. Der Plural kann durch *-s* markiert werden, sofern nicht ein Zahlwort oder andere Hinweise auf die Mehrzahl diese schon kenntlich machen. Das Verb hat ebenfalls nur eine unveränderliche Form, die dem lateinischen Imperativ entspricht, z.B. *audi* »hören«, *scribe* »schreiben«. Die Person wird durch das Pronomen bezeichnet, die Zeit durch ein Hilfswort wie »heute«, »gestern«, »früher«. Vom linguistischen Standpunkt ist Interlingua ein glänzender Entwurf - jedenfalls für den gebildeten Europäer, der Sätze wie den folgenden mühelos versteht: *Televisione, aut transmissione de imagines ad distantia, es ultimo applicatione de undas electrico.* »Fernsehen oder das Übertragen von Bildern über Entfernungen hinweg ist die jüngste Nutzanwendung der elektrischen Wellen.« - Der weniger Gebildete wird Schwierigkeiten haben, besonders auch wegen des großen lateinischen Wortschatzes; der Nichteuropäer wird auch Ausspracheschwierigkeiten haben. Peano führte 1908 anläßlich eines wissenschaftlichen Kongresses in Turin seine Sprache in der Weise vor, daß er seinen Vortrag in klassischem Latein begann, allmählich die von ihm vorgeschlagenen Vereinfachungen erläuterte und sie im Fortfahren sogleich verwendete, so daß der Vortrag schließlich in reinem *Latino sine flexione* endete und von allen Zuhörern verstanden wurde. Freilich waren es Gelehrte und Italiener dazu.

Interlingua Nr. 2

Es gibt noch ein System, das ebenfalls den Namen *Interlingua* führt. Es ist erst nach dem Zweiten Weltkrieg (1951) auf den Plan getreten. Es handelt sich um eine Gemeinschaftsarbeit mehrerer Autoren, in Jahrzehnten entwickelt im Rahmen der *International Auxiliary Language Association,* abgekürzt *I. A. L. A.*, die 1924 von der wohlhabenden Amerikanerin Mrs. Morris geb. Vanderbilt ins Leben gerufen worden war. Führende Sprachgelehrte wie Jespersen und Sapir wurden mit herangezogen. Das schließlich durch die I. A. L. A. veröffentlichte System stammt jedoch wesentlich von dem deutschstämmigen Linguisten Alexander Gode. Die Sprache stützt sich wie die Peanos im Wortschatz weitgehend auf das Lateinische. Probleme der Auswahl von Wörtern und ihrer Bedeutung sind gut durchdacht, die Grammatik ist nicht so radikal einfach wie die Peanos.

Eine Reihe wichtiger Zeitschriften haben Interlingua in dieser Form aufgegriffen und ihren Artikeln kurze Resumés in dieser Sprache folgen lassen.

Das *Système Occidental* (Interlingue) und die beiden Interlingua sind einander ähnlich, etwa wie Dialekte einer natürlichen Sprache.

Weitere neue Vorschläge kann ich nur aufzählen: *Neo* von dem Italiener Alfandari, *Interglossa* von dem Engländer Lancelot Hogben, *Loglan* von dem Amerikaner J. Cooke Brown, schließlich *Intal* von dem Deutschen Erich Weferling.

Mario Pei

»Ich beantrage Schluß der Debatte!« Auf diese einfache Formel könnte man den Gedanken bringen, den ein angesehener US-amerikanischer Sprachforscher, Mario Pei, 1961 gemacht hat. Nach eingehendem Studium einer Reihe von Plansprachen kam er zu dem Ergebnis, daß es unnütz sei, die Debatte durch das Erfinden immer neuer

Systeme (und deren Kampf gegen die schon vorhandenen) zu verlängern. Mehrere der auf dem Tisch liegenden Vorschläge seien ausgereift. Darum sollte ein internationaler Kongreß - nicht von Gelehrten, sondern der Regierungen! - eine verbindliche Wahl treffen, eine Entscheidung für ein System; dann solle unverzüglich und weltweit die Ausbildung von Lehrern beginnen, damit nach Ablauf einiger Jahre in den Schulen, ja schon den Kindergärten der Welt die gewählte Sprache als Zweitsprache unterrichtet werden könne. Wie soll das gehen - der Einwand drängt sich auf -, solange Millionen von Analphabeten herumlaufen, die nicht einmal ihre eigene Muttersprache lesen und schreiben können? Pei würde es hinnehmen, wenn im Zuge der hier eingeleiteten Entwicklung die Einzelsprachen der Völker allmählich aussterben würden.

Ist das möglich? Und wenn es möglich wäre - ist es wünschenswert?

Bilanz

Blicken wir an dieser Stelle zurück auf die eben skizzierte Entwicklung von Leibniz bis Peano (beide hervorragende Mathematiker)! Sowohl positive wie negative Eindrücke drängen sich da auf.

Positiv zu bewerten ist der vor allem dem Esperanto zu dankende Beweis, daß Menschen in vielen Ländern in größerer Anzahl für die Idee einer Weltsprache zu gewinnen, ja zu begeistern sind. Positiv ist auch der Ertrag dieser Entwicklung für die Sprachwissenschaft. Die Beschäftigung mit der Frage: Wie muß eine von großen Teilen der Erdbevölkerung zu akzeptierende Welthilfssprache beschaffen sein? Welche Eigenschaften sollte sie, im Unterschied zu den natürlichen Sprachen, vor allem aufweisen? hat Einsichten erbracht, aus denen man für die Beschäftigung mit allen Sprachen und mit dem Phänomen der Sprache viel lernen kann.

Dieser Haben-Seite der Bilanz ist aber Gewichtiges entgegenzuhalten, mindestens dreierlei.

Eurozentrismus

1. Die bisherigen Entwürfe sind ganz überwiegend eurozentrisch. Sie gehen von den Sprachen Europas aus und gebärden sich (als Kinder des Kolonialzeitalters), als ob der übrige Teil der Menschheit, ihre überwiegende Mehrheit, diese Sprache von den Europäern zu übernehmen habe. Freilich hat die heute weltumgreifende naturwissenschaftlich-technische Zivilisation durch Jahrhunderte ihre

Quelle in Europa, bis tief ins 20. Jahrhundert ihr alleiniges Zentrum in Europa und den USA gehabt.

Sprechbarkeit 2. Der Gesichtspunkt der leichten Sprechbarkeit für alle ist ungenügend berücksichtigt. Das liegt nicht nur an der auf Europa konzentrierten Einstellung; es liegt auch daran, daß gesicherte Erkenntnisse hierzu erst Kinder unseres Jahrhunderts sind. Die wissenschaftliche Phonetik ist im 19. Jahrhundert, die experimentelle Phonetik erst im 20. Jahrhundert entstanden. Erst 1939 hat N. S. Trubetzkoy, ein bedeutender Linguist der sogenannten Prager Schule, die Frage: »Wie soll das Lautsystem einer künstlichen internationalen Hilfssprache beschaffen sein?« umfassend behandelt und schlüssig beantwortet.

Die lautliche Eigenart einer Sprache kann ein ebenso schwieriges Hindernis für ihre Erlernung durch Ausländer darstellen wie eine komplizierte Grammatik. Eine Sprache mit dem Anspruch auf internationale Geltung muß in dieser Hinsicht die Interessen aller Völker, gerade auch der außereuropäischen, berücksichtigen. Ein Europäer, ein Chinese, ein Sudanese sollten sie ohne sonderliche Mühe sprechen können. Dabei kommt es nicht nur darauf an, ob der Lernende bestimmte, seiner Muttersprache fremde Laute hervorbringen kann. Die vier Töne des heutigen Chinesisch etwa kann ein Europäer, wenn man sie ihm vorspricht, ohne sonderliche Mühe hervorbringen, solange er sich an einer Einzelsilbe versucht; was beinahe unüberwindliche Schwierigkeit bereitet, ist das Berücksichtigen der Töne beim flüssigen Sprechen, allgemein gesprochen: die Einstellung auf Unterschiede, die in der eigenen Sprache zwar auch vorkommen wie der Frageton im Deutschen, die aber in der neuen Sprache absolut bedeutungsunterscheidend sind.

Man muß sich für eine Plansprache auf das allereinfachste Lautinventar konzentrieren. Tonhöhen sollen in ihr bedeutungslos bleiben, ebenso Unterschiede im Silbenakzent als Mittel der Bedeutungsunterscheidung, wie sie z. B. das Russische ausgeprägt besitzt. Der Laut [h] ist vielen Sprachen nicht eigen, deshalb zu vermeiden. Zahlreiche Sprachen kennen nur die fünf Grundvokale *a, e, i, o, u;* mit diesen sollte man auskommen. Auch [f] macht manchen Völkern Schwierigkeiten, wieder anderen das Aussprechen von Diphthongen. Auch Häufungen von Konsonanten sollten nicht vorkommen, allenfalls zwei hintereinander.

Der Forderungskatalog ist allerdings damit noch nicht zu Ende.

Zweifel am Prinzip

3. Der dritte, vielleicht am schwersten wiegende Posten auf der negativen Seite der Bilanz, die wir hier zu ziehen versuchen, besteht in der Feststellung, daß die Menschheit hundert Jahre nach dem Auftreten von Volapük und Esperanto dem Zustand, daß eine Plansprache sich als Zweitsprache weltweit durchsetzt, kaum nähergekommen ist – ungeachtet allen Eifers und guten Willens der Anhänger dieser Idee. Die Vereinten Nationen, das Europäische Parlament, die Brüsseler Behörden, Nato, Warschauer Pakt, Comecon: nirgends ist eine solche Sprache zugelassen; auf keiner der internationalen Konferenzen ersten Ranges ist sie benutzt worden. Legt das nicht die Einsicht nahe, daß der Weg über eine konstruierte Hilfssprache, sei sie selbst den Forderungen der Linguisten und Phonetiker noch viel besser angepaßt als alle bisherigen Entwürfe, überhaupt nicht zum erstrebten Ziel einer Weltzweitsprache führt?

World English

Es liegt nahe, an dieser Stelle daran zu denken, daß das Englische heute auf allen Kontinenten zuhause ist als Muttersprache von 300 oder mehr Millionen Menschen, daß ungezählte weitere Millionen es als Zweitsprache kennen und verwenden. Schon Jacob Grimm hat das Englische wegen seines Reichtums und seiner Anpassungsfähigkeit gepriesen und gesagt, daß kaum eine andere lebende Sprache sich mit ihm vergleichen könne – nur seine undurchsichtige und antiquierte Orthographie, fügt er hinzu, stehe der Erkenntnis im Wege, wie universal diese Sprache ist.

Parallel zu der im vorhergehenden Abschnitt skizzierten Entwicklung von künstlichen Welthilfssprachen sind im englischen Sprachgebiet in den letzten hundert Jahren immer neue Vorschläge aufgetaucht, die dahin zielen, die Haupthindernisse für eine weltweite Verwendung des Englischen aus dem Wege zu räumen: seine komplizierte Orthographie zu reformieren, die dem Fremden regellos erscheint (wenn sie auch nicht willkürlich ist); daneben auch den riesigen Wortschatz zu beschränken. In grammatischer Hinsicht hat sich das Englische – wie wir früher gesehen haben – im ganzen zu einer Einfachheit entwickelt, die nur noch durch relativ wenige Ausnahmen (starke Verben wie *sing, sang, sung,* unregelmäßige alte Plurale wie *children*) gestört wird.

Alexander Bell

Einer der ersten Vorschläge nannte sich *World English* (diesen Ausdruck habe ich zur Überschrift dieses Abschnitts gewählt) und stammte von einem in die USA ausgewanderten Schotten namens Alexander Melville Bell, dessen Sohn Alexander Graham Bell als Erfinder des Telefons Weltruhm erlangt hat. Sein Buch erschien 1888 unter dem genannten Titel. Dieser Vorschlag fiel in die Zeit, als Volapük und Esperanto die Diskussion beherrschten, und fand zunächst wenig Beachtung.

Nach dem Ersten Weltkrieg setzte sich die Erkenntnis durch, daß der Wortschatz des Englischen für den gedachten Zweck vermindert werden muß. Bezeichnenderweise wurde sie nachdrücklich vertreten durch Harold Palmer, der in verschiedenen Ländern (Belgien, Japan) als Lehrer des Englischen tätig gewesen war. Erst wenn man die eigene Sprache mit den Augen eines Fremden zu betrachten gelernt hat, enthüllt sie alle ihre Besonderheiten und alle Tücken, die sie dem Ausländer entgegensetzt. Die Entwicklung des Faches »Deutsch als Fremdsprache« bietet ein Beispiel dafür. Man begann mit statistischen Arbeiten, um die meistverwendeten (damit unentbehrlichen) Wörter herauszufinden.

Ogdens Basic English

Auf solchen Arbeiten konnte C. K. Ogden aufbauen, ein Engländer, der als Herausgeber internationaler Zeitschriften und Buchreihen Ansehen genoß, sich für Ludwig Wittgenstein eingesetzt und mit J. A. Richards ein Grundwerk der modernen Sprachwissenschaft *The Meaning of Meaning* (1923) verfaßt hatte. Ogden hatte die einschlägigen Ideen eines Leibniz, eines Wilkins, auch weniger bekannte Gedanken des Philosophen und Sozialreformers Jeremy Bentham (1748-1832) in sich aufgenommen. Bentham hatte besonders auf die Vieldeutigkeit englischer Verben hingewiesen.

Das Zentrum von Ogdens Anstrengungen lag darin, einen ganz begrenzten Wortschatz - weniger als tausend Wörter - zu schaffen, der ausreichen sollte, alle unentbehrlichen »Bedeutungen« auszudrücken. Schließlich kam er auf eine Auswahl von 850 Wörtern, die ausreichen sollten, das auszudrücken, was im normalen Englisch durch rund 20000 Vokabeln geleistet wird. Sein 1930 veröffentlichtes System nannte er *Basic English,* wobei *Basic* ein Akronym für *British, American, Scientific, International, Commercial* darstellt - und zugleich natürlich als Wort soviel wie

»grundlegend« bedeutet. Ogden erläuterte sein System, indem er sich selbst dabei des Basic bediente. Er braucht nur 18 Verben: *come, get, give, go, keep, let, make, put, seem, take, be, do, have, say, see, send, may, will*. Wie kann man damit zurechtkommen? Man kann diese Verben mit den von Ogden ausgewählten Präpositionen und Adverbien, auch mit Adjektiven oder Substantiven so kombinieren, daß praktisch die Bedeutung jedes anderen Verbums umschrieben werden kann. Statt *enter* (»eintreten«) sagt man *go in*, statt *hurt* (»verletzen«) *give pain to*. Odgen listet etwa 600 Substantive auf, dazu Wörter für Qualitäten.

Alle Plurale werden mit *-s* gebildet, alle Adverbien mit *-ly*, alle Steigerungsformen mit *more* und *most*. Eine Reihe weiterer Suffixe erlaubt vielfältige Ableitungen.

Das *Basic* klingt einfach, aber wie normales, ja wie gutes Englisch. Es ist *"a complete answer to the need for an international language. In addition, it is the best first step to full English ..."* (Ogden).

Die Aufnahme von Ogdens Vorschlag - der hiermit nur angedeutet sein kann - war enthusiastisch. Bernard Shaw sagte *"the rapid diffusion of Basic English as a lingua franca of the world"* voraus.

Normales Englisch und Basic English

Dieser Text einer Äußerung des britischen Premierministers Churchill vom 9.3.1944 zeigt, daß der Unterschied zwischen normalem Englisch (Originaltext, linke Spalte) und dem vereinfachten *Basic* (rechts) relativ gering ist.

The Committee of Ministers on Basic English, after hearing a considerable volume of evidence, have submitted a Report which has been approved in principle by His Majesty's Government. The Committee, in their report, distinguishes between the use of a system such as Basic English as an auxiliary international language, and as a method for the teaching of ordinary English. In this latter field, several very promising methods, other than Basic, have been developed in recent years ...	*The Committee of Ministers on Basic English, after hearing the views of a great number of experts, have made a statement on the question which has been given general approval by His Majesty's Government. It is pointed out by the Committee in their statement that the use of a system such as Basic English as an international second language is something quite separate from its use for the teaching of normal English. In this second field, two or three other systems which give signs of working very well have been produced in the last five or ten years ...*

Kritik richtete sich gegen die Schwierigkeit für Menschen nichtenglischer Muttersprache, die jeweils zutreffende Umschreibung in Basic herauszufinden. Es ist gewiß nicht einfach, für *understand* (»verstehen«), das nicht zugelassen ist, die Wendung *to make out the sense of* ... zu finden. Kritiker schreiben, da sei es dann doch einfacher, etwas mehr Vokabeln zu lernen ...

Gegen Ende des Zweiten Weltkrieges schlug Winston Churchill dem Präsidenten Roosevelt eine gemeinsame Anstrengung ihrer beiden Länder zugunsten des Basic English vor. Rundfunksender sollten z. B. in der neuen Sprache senden und Unterricht anbieten. Der anfängliche Eifer erstarb binnen weniger Jahre, als offenbar wurde, daß die breite Öffentlichkeit viel stärker danach verlangte, das wirkliche, gesprochene Englisch zu verstehen, das nun durch Funk, zahllose Filme, das Fernsehen um die Welt ging, als eine Kunstsprache, die sich in erster Linie für das Übermitteln von Gedanken eignete, viel weniger für die Buntheit des täglichen Lebens.

Every Man's English

Ogden verschloß sich jedem Reformvorschlag, während sein früherer Mitautor Richards in den USA das ursprüngliche System zu einem *Every Man's English* weiterzuentwickeln suchte.

Hogben

An Ogdens *Basic* knüpft Lancelot Hogben mit seinem *Essential World English* (1963) an. Hogben hatte früher als eigenen Entwurf die Plansprache *Interglossa* zur Diskussion gestellt.

Nuclear English

1978 ist ein neuer Vorschlag für ein stark vereinfachtes Englisch durch Randolph Quirk anläßlich eines Kongresses über die Rolle des Englischen vorgelegt worden: *Nuclear English*.

Der schließliche Erfolg aller dieser Bemühungen ist im Augenblick nicht abzusehen. Vermuten darf man, daß sie als *first step*, als erster Zugang zum Englischen dienen können. Die überwältigende Vitalität des heutigen Englisch, das sich von Jahr zu Jahr verändert, das politische, wirtschaftliche und kulturelle Gewicht der englischsprechenden Länder, die Bedeutung des Englischen in der Weltwirtschaft – dies alles wird höchstwahrscheinlich, aller Handikaps ungeachtet, das Erlernen des »echten« Englisch für weitere Millionen immer noch anziehender – oder unentbehrlicher – machen.

ANHANG I

Aussprache-Bezeichnung (Lautschrift)

Das von der *Association Phonétique Internationale* vorgeschlagene, heute weitgehend eingebürgerte Lautschrift-System strebt an, jeden Laut bezeichnen zu können, der in irgendeiner Sprache der Welt vorkommt. Dazu braucht man rund 120 Zeichen. Wer nicht Sprachwissenschaft betreibt, hat Schwierigkeiten, sich diese Zeichen alle zu merken. Zudem erweckt ein Zeichen keine klare Vorstellung, wenn es nur durch ein Beispiel aus einer wenig bekannten Sprache erklärt werden kann, wie etwa 'ɯ = rumänisch î'.

In diesem Buch verwende ich vereinfachend zur Bezeichnung der Aussprache die folgenden Zeichen:

Vokale

Die Lautschrift ist am wichtigsten für die Vokale. Das lateinische Abc stellt nur die fünf Zeichen a, e, i, o, u zur Verfügung (die noch zu Diphthongen kombiniert werden können). Im Deutschen werden sie durch ä, ö, ü ergänzt. Die meisten gesprochenen Sprachen Europas haben viel mehr Vokale, als Schriftzeichen zur Verfügung stehen. Das Englische, das in der Schrift nur die fünf Grundvokale kennt, hat 21 Vokallaute (zwölf einfache und neun Diphthonge oder Doppellaute).

Da in den meisten Sprachen die betonte Silbe eines mehrsilbigen Worts einen Vokal enthält (nicht in allen, vgl. tschechisch *Brno* = »Brünn«, betont wird das *r*), wird die Betonung durch einen Punkt unter dem betonten Vokal angegeben, wenn dieser kurz auszusprechen ist; durch einen Strich, wenn er lang zu sprechen ist: »Pfanne« [pfạnə], aber »Ware« [va̱rə]. Ist ein unbetonter Vokal lang zu sprechen, folgt ihm das Längungszeichen (:). Beispiel: »Mitglied« (mịtgli:t]. Bei einsilbigen Wörtern habe ich im allgemeinen auf Betonungszeichen verzichtet.

Punkt und Strich unter einem Vokal (bzw. Diphthong) werden auch verwendet, um bei in Normalschrift gedruckten Wörtern auf die Betonung hinzuweisen: »ụmfahren«, »umfa̱hren«; »e̲i̲ngehend«.

Zeichen	Aussprache	Beispielwort	Lautschrift
[a]	kurzes, helles a, unbetont	Barock	[barọk]
[ạ]	kurzes, helles a, betont	Baracke	[barạkə]

[a:]	langes, helles a, unbetont	Kahnf**ah**rt	[ka̱nfa:rt]
[a̱]	langes, helles a, betont	V**a**se	[va̱zə]
[ʌ̣]	kurzes, dunkles a, betont	engl. *S**u**ssex*	[sʌ̣sɪks]
[ã]	nasales a, unbetont	ch**an**gieren	[ʃãʒi̱rən]
[ã̱]	nasales a, betont	Ch**an**ce	[ʃã̱sə]
[e]	kurzes, geschlossenes e, unbetont	pr**e**kär	[prekɛ̱r]
[e:]	langes, geschlossenes e, unbetont	Rückw**e**g	[rỵkve:k]
[e̱]	langes, geschlossenes e, betont	S**e**gen	[ze̱gən]
[ɛ]	kurzes, offenes e, unbetont	Wildw**e**chsel	[vịltvɛksəl]
[ɛ̣]	kurzes, offenes e, betont	l**e**rnen B**ä**nde	[lɛ̣rnən] [bɛ̣ndə]
[ɛ:]	langes, offenes e, unbetont	Eisb**ä**r	[a̲i̲sbɛ:r]
[ɛ̱]	langes, offenes e, betont	Migr**ä**ne	[migrɛ̱nə]
[æ]	mittellanges, sehr offenes e, unbetont	engl. *dressm**a**n*	[drɛ̣smæn]
[æ̣]	mittellanges, sehr offenes e, betont	engl. *c**a**tcher*	[kæ̣tʃə]
[æ̱]	langes, sehr offenes e, betont	engl. *s**a**ndwich*	[sæ̲nwidʒ]
[ɛ̃]	nasales e, unbetont	po**in**tiert	[poɛ̃ti̱rt]

[ɛ̰̃]	nasales e, betont	Pointe	[poɛ̰̃tə]
[ə]	kurzes, dunkles e, unbetont	Wagen	[va̠gən]
[ə:]	langes, dunkles e, unbetont	engl. *callgirl*	[kɔ̠lgə:l]
[ə̠]	langes, dunkles e, betont	engl. *Jersey*	[dʒə̠zɪ]
[i]	kurzes i, unbetont	Pirat	[pira̠t]
[ɪ]	äußerst kurzes i, unbetont	engl. *Thackeray*	[θæ̣kərɪ]
[ị]	kurzes i, betont	Himmel	[hịməl]
[i:]	langes i, unbetont	Mitglied	[mịtgli:t]
[i̠]	langes i, betont	Wiese	[vi̠zə]
[ĩ]	nasales i, unbetont	portugies. *in-fante* (etwa wie in schwäbisch: der isch hin)	[ĩfã̠tə]
[ĩ̠]	nasales i, betont	portugies. *cinco*	[sĩ̠ku]
[o]	mittellanges, geschlossenes o, unbetont	Otto	[ọto]
[o:]	langes, geschlossenes o, unbetont	Schwiegersohn	[ʃvi̠gərzo:n]
[o̠]	langes, geschlossenes o, betont	Sohle	[zo̠lə]
[õ]	geschlossenes, nasales o, betont	portugies. *bom*	[bõ]
[õ]	geschlossenes, nasales o, unbetont	portugies. *bombom*	[bõbõ]

[ɔ]	kurzes, offenes o, unbetont	abrollen	[ạprɔlən]
[ɔ̣]	kurzes, offenes o, betont	Rolle	[rɔ̣lə]
[ɔ:]	langes, offenes o, unbetont	engl. *overall*	[o̱u̱vərɔ:l]
[ɔ̱]	langes, offenes o, betont	engl. *story*	[stɔ̱rɪ]
[ɔ̃]	offenes, nasales o, unbetont	frz. *fondue*	[fɔ̃dʏ̱]
[ɔ̱̃]	offenes, nasales o, betont	frz. *Gironde*	[ʒirɔ̱̃d]
[ø]	kurzes, geschlossenes ö, unbetont	frz. *dejeuner*	[deʒøne̱]
[ø:]	langes, geschlossenes ö, unbetont	unschön	[ụnʃø:n]
[ø̱]	langes, geschlossenes ö, betont	Röhre	[rø̱rə]
[œ]	kurzes, offenes ö, unbetont	frz. *jeunesse*	[ʒœnẹs]
[œ̣]	kurzes, offenes ö, betont	Geröll	[gərœ̣l]
[œ̱]	langes, offenes ö, betont	frz. *œuvre*	[œ̱vr]
[œ̃]	nasales ö, unbetont	frz. *lundi*	[lœ̃di̱]
[œ̱̃]	nasales ö, betont	frz. *Verdun*	[vɛrdœ̱̃]
[u]	kurzes u, unbetont	Fidibus	[fi̱dibus]
[ụ]	kurzes u, betont	Suppe	[zụpə]
[u:]	langes u, unbetont	Weckruf	[vẹkru:f]

[u̱]	langes u, betont	suchen	[zu̱xən]
[ũ]	nasales u, unbetont	portugies. *Funchal*	[fũʃạl]
[ũ̱]	nasales u, betont	portugies. *nunca*	[nũ̱ka]
[y]	kụrzes ü, unbetont	Büro	[byro̱]
[ỵ]	kurzes ü, betont	Lücke	[lỵkə]
[y:]	langes ü, unbetont	Stalltür	[ʃtạlty:r]
[y̱]	langes ü, betont	verfügen	[fɛrfy̱gən]

Diphthonge

[aɪ]	ei, ai unbetont	Sportverein	[ʃpọrtfɛraɪn]
[a̱ɪ̱]	ei, ai betont	Meise	[ma̱ɪ̱zə]
[au]	au, unbetont	Altbau	[ạltbau]
[a̱u̱]	au, betont	Haube	[ha̱u̱bə]
[ɛɪ]	offenes e plus i, unbetont	engl. *gangway*	[gæ̣ŋwɛɪ]
[ɛ̱ɪ̱]	offenes e plus i, betont	engl. *ranger*	[rɛ̱ɪ̱ndʒə]
[ɔɪ]	offenes o plus i, unbetont	Efeu Zabergäu	[ẹfɔɪ] [tsạbərgɔɪ]
[ɔ̱ɪ̱]	offenes o plus i, betont	heute, Häute	[hɔ̱ɪ̱tə]
[ou]	offenes o plus u, unbetont	engl. *rainbow*	[rɛ̱ɪ̱nbou]

[o̲u̲]	offenes o plus u, betont	engl. *floating*	[flo̲u̲tiŋ]

Konsonanten

Die Buchstaben b, d, f, g, h, j, k, l, m, n, p, r, t haben in der Lautschrift denselben Lautwert wie in normaler deutscher Aussprache. Einige Konsonanten bedürfen aber besonderer Zeichen:

[ç]	Ich-Laut	Milch	[milç]
[x]	Ach-Laut	Rache	[rạxə]
[γ]	geriebenes g	span. *Tarragona* (berlinerisch: sagen)	[taraγo̲na]
[ŋ]	n und g verschmolzen	hängen	[hẹŋən]
[z]	weiches (stimmhaftes) s	Rose	[ro̲zə]
[s]	scharfes (stimmloses) s	Wasser	[vạsər]
[ð]	engl. th (gelispeltes, weiches s)	engl. *brother*	[brʌ̣ðə]
[θ]	engl. th (gelispeltes, scharfes s)	engl. *Bath*	[ba̲θ]
[ʒ]	stimmhafter sch-Laut	Journal	[ʒurna̲l]
[ʃ]	stimmloser sch-Laut	Schiene	[ʃi̲nə]
[v]	entspricht deutschem w	Weiche	[va̲ɪ̲çə]
[w]	konsonantisches u, dem w sich nähernd	engl. *Wales*	[wɛ̲ɪ̲lz]
[ǀ]	Kehlverschluß vor Vokal	Rührei	[ry̲r ǀ ai]
[']	Weichheitszeichen (in slawischen Sprachen), bezeichnet Erweichung des vorhergehenden Konsonanten (Verschmelzung mit einem [j])	russ. область *(oblast')*	[ɔ̲blast']

ANHANG II

Literatur (Auswahl)

Es ist selbstverständlich, daß ein für breite Leserkreise gedachtes Buch wie das vorliegende nicht aus eigenen Forschungen des Verfassers hervorgegangen ist, sondern auf der Fachliteratur, und ergänzend auch Sekundärliteratur, beruht. Nach längerem Zögern habe ich mich entschlossen, den Text nicht mit Nachweisen und Fußnoten zu belasten, sondern lediglich wichtiges Schrifttum zusammenzustellen, zugleich als Empfehlung für den Leser, der weiter in das unermeßliche Reich der Sprachen eindringen möchte. Nicht aufgenommen sind im allgemeinen Wörterbücher aller Art, Lehrbücher, Grammatiken und allgemeine Nachschlagewerke (Lexika, Enzyklopädien).

Andresen, C.; Erbse, H.; Gigon, O.; Schefold, K.; Stroheker, K. F.; Zinn, E.: Lexikon der Alten Welt. Stuttgart u. Zürich 1965.

Arens, Hans: Sprachwissenschaft. Der Gang ihrer Entwicklung von der Antike bis zur Gegenwart. Freiburg u. München 1955.

Avé-Lallemant, Christian Friedrich Benedict: Das deutsche Gaunertum in seiner sozialpolitischen, literarischen und linguistischen Ausbildung bis zu seinem heutigen Bestande. 1858. Neu hrsg. in 2 Bänden von Max Bauer. München u. Berlin 1914.

Bach, Adolf: Geschichte der deutschen Sprache. (1. Aufl. 1938.) 7. Aufl. Heidelberg 1961.

Bausani, Alessandro: Geheim- und Universalsprachen. Entwicklung und Typologie. Stuttgart 1970.

Best, Otto F.: Mameloschen. Jiddisch – eine Sprache und ihre Literatur. Frankfurt/Main 1973.

Bickerton, Derek: Creole Languages. In: Scientific American. Juli 1983.

Black, Max: The Labyrinth of Language. New York 1968.

Bloomfield, Leonard: Language. New York 1933, 1961.

Bollée, Annegret: Pidgins und kreolische Sprachen. In: Studium Linguistik (Heft 3). Kronberg 1977.

Borst, Arno: Der Turmbau von Babel. Geschichte der Meinungen über Ursprung und Vielfalt der Völker und Sprachen. Bd. I: Fundamente und Aufbau. Stuttgart 1957.

Büchner, Karl (Hrsg.): Latein und Europa. Traditionen und Renaissancen. (Mit Beiträgen von elf Fachgelehrten.) Stuttgart 1978.

Bühler, Karl: Sprachtheorie. Die Darstellungsfunktion der Sprache. Jena 1934.

Cavalli-Sforza, Luigi Luca: Gene, Völker und Sprachen. Darmstadt 1996.

Cleator, Philipp Ellaby: Lost Languages. London 1959.

Clébert, Jean-Paul: Das Volk der Zigeuner. (Aus dem Französischen.) Frankfurt 1967.

Chomsky, Noam: Language and Mind. Enlarged Edition. New York u. Chicago 1972.

Chomsky, William: Hebrew. The Eternal Language. Philadelphia 1957.

Comrie, Bernard (Hrsg.): The World's Major Languages. London 1987.

Coulmas, Florian: The Writing Systems of the World. Oxford 1989.

Durant, Will: Das Leben Griechenlands (The Story of Civilization Bd. 2). Deutsche Ausgabe Bern o.J.

Finck, Franz Nikolaus: Die Haupttypen des Sprachbaus. Leipzig 1923.

French, M. A.: Observations on the Chinese Script and the Classification of Writing Systems. In: Haas, W. (Hrsg.): Writing without Letters. Manchester 1976.

Friedrich, Johannes: Entzifferung verschollener Schriften und Sprachen. Berlin u. Heidelberg. 2. Aufl. 1996.

Glinz, Hans: Die innere Form des Deutschen. Eine neue deutsche Grammatik. 2. Aufl. Bern u. München 1961.

Gunnemark, Erik V.: Countries, Peoples and their Languages. Gothenburg 1992 (Neue Ausgabe in Vorbereitung).

Haarmann, Harald: Grundzüge der Sprachtypologie: Methodik, Empirie und Systematik der Sprachen Europas. Stuttgart 1976.

Haarmann, Harald: Universalgeschichte der Schrift. Frankfurt/M. u. New York 1990.

Haarmann, Harald: Kleines Lexikon der Sprachen. München 2001.

Haupenthal, Reinhard: Plansprachen. Beiträge zur Interlinguistik. Darmstadt 1976. (Enthält den Aufsatz von N. S. Trubetzkoy: Wie soll das Lautsystem einer künstlichen internationalen Hilfssprache beschaffen sein? von 1939.)

Hellinger, Marlies: Englisch-orientierte Pidgin- und Kreolsprachen. Darmstadt 1985.

Hjelmlev, Louis: Die Sprache. Eine Einführung. (Aus dem Dänischen.) Darmstadt 1968.

Hörmann, Hans: Psychologie der Sprache. Berlin, Heidelberg, New York. 2. Aufl. 1977.

Hoffmann, Otto: Geschichte der griechischen Sprache. Bd. I: Bis zum Ausgang der Klassischen Zeit. Bd. II: Grundfragen und Grundzüge des nachklassischen Griechisch. 3. Aufl. bearb. v. Albert Debrunner. Berlin (West) 1953.

Humboldt, Wilhelm von: Schriften zur Sprache. Neuauflage Stuttgart 1973.

In der Maur, Wolf: Die Zigeuner – Wanderer zwischen den Welten. Wien u. München 1978.

Ineichen, Gustav: Allgemeine Sprachtypologie. Darmstadt 1979.

Jensen, Hans: Die Schrift in Vergangenheit und Gegenwart. Berlin (Ost). 3. Aufl. 1969.

Krahe, Hans: Indogermanische Sprachwissenschaft. Berlin 1943. II. Teil: Formenlehre. Berlin 1959.

Lamer, Hans: Wörterbuch der Antike. Fortgeführt von Paul Kroh. 8. Aufl. Stuttgart 1976.

Landmann, Salcia: Jiddisch. Das Abenteuer einer Sprache. Olten u. Freiburg 1962.

Lyons, John: Die Sprache. (Aus dem Englischen.) München 1983.

Martinet, André (Hrsg.): Le langage (Encyclopédie de la Pléiade.) Paris 1968. (Enthält den Beitrag von Douglas Rae Taylor : Le créole de la Dominique.)

Meillet, Antoine (Hrsg.): Les langues du monde. Paris 1952/1964.

Moser, Hugo: Das Ringen um eine neue deutsche Grammatik. Aufsätze aus drei Jahrzehnten. Darmstadt. 2. Aufl. 1962.

Naveh, Joseph: Early History of the Alphabet. Jerusalem u. Leiden 1982.

Pei, Mario: The Story of the Language. New York 1965.

Peisl, Anton und Mohler, Armin (Hrsg.): Der Mensch und seine Sprache. Frankfurt/M. u.a. 1979. (Enthält den Aufsatz von O. Ladstätter: Die moderne chinesische Hochsprache.)

Perrott, D. V.: Swahili. (Teach Yourself Books.) London 1951.

Pisani, Vittorio: Die Etymologie. (Aus dem Italienischen.) München 1975.

Poeschel, Hans: Die griechische Sprache. Geschichte und Einführung. München. 5. Aufl. 1968.

Porzig, Walter: Die Gliederung des indogermanischen Sprachgebiets. Heidelberg 1954.

Porzig, Walter: Das Wunder der Sprache. 7. Aufl., hrsg. von Andreas Jecklin und Heinz Rupp. München u. Bern 1982.

Potter, Simeon: Language in the Modern World. Harmondsworth (Middlesex) 1960.

Potter, Simeon: Our Language. Revidierte Ausgabe. Harmondsworth (Middlesex) 1976.

Quinault, R. J.: From World English to Semi-English. In Quest of a Universal English. In: Wort und Sprache. München 1981 (Festschrift zum 125jährigen Bestehen des Verlags Langenscheidt).

Rónai, Paulo: Der Kampf gegen Babel oder das Abenteuer der Universalsprachen. München 1969.

Rónai, Paulo: Der Feldzug gegen Babel oder »Das Problem der Allgemeinen Verständigung durch Universalsprachen.« In: Wort und Sprache. München 1981 (Festschrift zum 125jährigen Bestehen des Verlags Langenscheidt).

Saussure, Ferdinand de: Grundfragen der Allgemeinen Sprachwissenschaft. (Aus dem Französischen.) Berlin. 2. Aufl. 1967.

Sapir, Edward: Die Sprache. (Aus dem Amerikanischen.) München 1961.

Seebold, Elmar: Etymologie. Eine Einführung am Beispiel der deutschen Sprache. München 1981.

Schmidt, Wilhelm: Die Sprachfamilien und Sprachenkreise der Erde. Heidelberg 1926.

»Spektrum der Wissenschaft«, Dossier: Die Evolution der Sprachen. Heidelberg, Nachdruck 2001.

Stadler, Hermann (Hrsg.): Deutsch. Verstehen, Sprechen, Schreiben. (Fischer Kolleg.) Frankfurt/Main. 7. Aufl. 1983.

Stamm, Friedrich Ludwig (Hrsg.): Ulfilas oder die uns erhaltenen Denkmäler der gothischen Sprache. Paderborn. 3. Aufl. 1865. Nachdruck Stuttgart o.J.

Störig, Hans Joachim (Hrsg.): Das Problem des Übersetzens. Darmstadt 1963. (Enthält den Aufsatz von Eduard Horst von Tscharner: Chinesische Gedichte in deutscher Sprache.)

Strunge, Margret und Kassenbrock, Karl: Masematte. Münster 1980.

Valdman, Albert (Hrsg.): Pidgin and Creole Linguistics. Bloomington u. London 1977.

Vennemann, Theo: Isolation – Agglutination – Flexion? Zur Stimmigkeit typologischer Parameter. In: Fakten und Theorien. Festschrift für Helmut Stimm. Hrsg. v. Sieglinde Heinz und Ulrich Wandruszka. Tübingen 1982.

Vossen, Karl: Mutter Latein und ihre Töchter. Neue Ausgabe. Düsseldorf. 11. Aufl. 1983.

Wandruszka, Mario: Sprachen – vergleichbar und unvergleichlich. München 1969.

Wandruszka, Mario: Interlinguistik. Umrisse einer neuen Sprachwissenschaft. München 1971. (W. versteht unter *Interlinguistik* nicht die Lehre von den Plansprachen.)

Weisgerber, Leo: Deutsch als Volksname. Ursprung und Bedeutung (acht Aufsätze des Verfassers.) Stuttgart 1953.

Weisgerber, Leo: Vom Weltbild der deutschen Sprache. 1. Halbband: Die inhaltsbezogene Grammatik. 2. Aufl. Düsseldorf 1953. 2. Halbband: Die sprachliche Erschließung der Welt. 2. Aufl. Düsseldorf 1954.

Weisgerber, Leo: Die vier Stufen in der Erforschung der Sprachen. Düsseldorf 1963.

Wendt, Heinz F.: Sprachen. Neuausgabe Frankfurt/M. 1987.

Wathmough, Joshua: Language. A Modern Synthesis. New York 1956.

Whorf, Benjamin Lee: Language, Thought, and Reality. Hrsg. von J. B. Carroll. Cambridge (Mass.) 1956.

Wolf, Siegmund A.: Wörterbuch des Rotwelschen. Deutsche Gaunersprache. Mannheim 1956.

Wolf, Siegmund A.: Großes Wörterbuch der Zigeunersprache (romani tšiw). Wortschatz deutscher und anderer Zigeunerdialekte. Mannheim 1960.

Wolf, Siegmund A.: Jiddisches Wörterbuch. Wortschatz des deutschen Grundbestandes der jiddischen (jüdischdeutschen) Sprache. Mannheim 1962.

Register

Personennamen, Sprachen- und Länderbezeichnungen, Ortsnamen wie alle Sachbegriffe sind in diesem Register zusammengefaßt. Personen- und Ortsnamen sind nur aufgenommen, wenn sie in enger Beziehung zur sprachlichen Entwicklung stehen. Mit * gekennzeichnete Seitenzahlen verweisen auf Bildunterschriften.

A

Aartun, Kjell 45
Aasen, Ivar 176
Abc → Schrift
Abchasisch 278
Ablaut 337
Absolutismus 135
Académie des Sciences 365
accent aigu 151
accent circonflexe 101, 147
accent grave 151
Adamaua-Gruppe 326
Adelung, Johann Christoph 53, 193
Affigierung, Affix 293, 343
Afghanisch 64
Afrikaans 167, 179 f., 259, 321, 342, 359
afrikanische Sprachen 205, 255
Afrikanistik 322
afro-asiatische Sprachen 268
agglutinierende Sprachen 264, 275, 298, 331, 333 f.
Aiolisch 92
Akan 326
Akkadisch 31
Akronym 257, 378
Aktionsart 75 f., 104
Aktiv 74
aktiver Wortschatz 207
Akut 101
Akzent 71, 100, 153, 170, 267
Alphabet → Schrift
Albanisch 59, 81 f., 167
Alemannisch 209
Alfandari 374
Alg. Beschaafd Nederlands 178
Algonking 311
»Alpha und Omega« 94
Altägyptisch 268
altaische Sprachen 263, 273 ff.
Altarmenisch 83
Altbaktrisch 63
Altbulgarisch 68
Altenglisch 57, 244 ff.
Altfranzösisch 202
Altgriechisch 66, 99, 102
Althebräisch 268
Althochdeutsch 13, 56, 181 ff.
Altindisch 60
Altirisch 80
Altkirchenslawisch 69*
Altlatein 119
Altmann, Gabriel 344
Altnordisch 57
Altpersisch 33, 35, 38, 40, 52, 63
Altpreußisch 65
Altsächsisch 183
Altslawisch 58, 68
ambigen 161
Amharisch 268, 321
analytisch 149
analytischer Sprachbau 335
anatolische Sprachen 59, 86 f.
andamanische Sprachen 330
Angeln und Sachsen 244
Anglistik 9
Anlautsmutation 81
Anquetil-Duperron, Abraham Hyacynthe 63
Ansiedlungsrayon 231
antikes Wortgut im Englischen 253
Antisemitismus 211, 220
Aorist 104
a-posteriori-Sprache 369
a-priori-Sprache 369
Arabisch 35, 43, 64, 158, 203 f., 253, 268 ff., 270*, 305, 321
Aramäisch 43, 268, 271
Araukanisch 319
archaisches Latein 118
Argot 234
Armenisch 58 f., 82, 85, 87, 277
aschkenasische Juden 217 f.
Aserbaidschanisch 274, 277
Asia polyglotta 52
Aspekt (Verbum) 55, 75 f.
assyria grammata 28
Assyriologie 38 f.
Assyrisch 31, 37 f.
Atatürk, Kemal 274
Athabaskisch 311
Athen 99, 110
Attisch 93, 111
Aufklärung 195, 227, 366
Aussprache 146, 258, 262, 281, 376, 381 ff.
Aussprache, englische 255
Aussprache, italienische 156
Aussprache, keltische Sprachen 81
Aussprache, lateinische 121 ff.
Aussprache, malaiische 307
Aussprache, türkische 274
australische Sprachen 255
austronesische Sprachen 301 ff.
Avé-Lallemant, Christian Friedrich Benedict 232, 235
Avesta 63 f.
Awarisch 278
Aztekisch 311, 317

B

Babylonisch 31, 35 ff.
Babylonisch-Assyrisch 268
Bacon, Francis 365
Bahasa Indonesia 306
Bairisch 210
Balkanologie 82
Balkansprachen 82
Balta 370
Baltendeutsch 211
baltische Sprachen 59, 65 f., 85
Balto-Slawisch 59
Banater Deutsch 167, 211
Bantu 322, 324, 326 f., 327*
»Barbaren« 49
Barikanchi 358
Basarmalaiisch 305 f.
Baschkirisch 274
Baseler Rathsmandat 234
Basic Bantu 358
Basic English 378
Baskisch 12, 57, 157, 263 ff., 279
Batak 302
Beach-la-mar 354
Beaufront, Marquis de 372
Bêche-de-mer 354
Beda Venerabilis 245 f.
behauchte Konsonanten 170
Behistun, Relief von 36*
Bell, Alexander Melville 378
Belorussisch 67

Belutschi 64
Bengali 61 f.
Bennett 42
Benrather Linie 183
Bentham, Jeremy 378
Benue-Kongo-Gruppe 326
Beranek, Franz Joseph 217
Berbersprachen 43, 268
Bergwerkskafferisch 358
Best, Otto F. 219
Bestimmungswort 105
Betonung 71
Bettlersprache → Rotwelsch
Bibel 13, 29, 168, 188, 229, 317, 363
Bihari 62
Bilderschrift 21, 37, 87, 284
Bilingualismus 311
Bilingue, Bilinguis 20, 24, 39, 41, 45, 85
Bimbashi-Arabic 358
Bindevokal 267
Birmanisch 280
Bisnis-English 354
Bjelorussisch 67
Bleek, Wilhelm 322
Bloomfield, Leonard 310
Boas, Franz 310
Boccaccio 155
Boğazköy 32, 39
Böhmisch 240
Bokmål 176
Bollack, Léon 372
Bollée, Annegret 355
Bonaparte, Prinz Louis-Lucien 264
Bopp, Franz 54
Bossert 41
Bracciolini, Poggio 126
Brahmi → Schrift, Brahmi
Brant, Sebastian 190 f.
Bretonisch 79
British Received Pronunciation 258
Brown, J. Cooke 374
Buch der Vaganten 234
Buchdruck 188, 234, 244, 249, 253
Buchstabenschrift 93 f., 117
Buginesisch, Buginisch 302
Bulgarisch 67, 70, 73, 161
Bungo 353
Burjatisch 276
Burmesisch 280
Buschmänner-Sprache 329
bustrophedon 41, 97, 117

C

Cahuilla 311
Caldwell, R. A. 298
Cameroon Pidgin English 345
Campe, J. H. 205
Canterbury Tales 249
capitalis quadrata 117
Cartesius → Descartes
Castellano 157
Caxton, William 249
Chadwick, John 42
Champollion, Jean François 15, 23, 33
characteristica universalis 367
Chassidismus 229
Chaucer, Geoffrey 13, 248, 253
Chibchan 319
Chikabanger, Chilapalapa 358
Chinesisch 9, 243, 257, 263, 280 ff., 303, 325, 333, 341, 356, 365, 376
Chinook, Chinuk 311 f., 357
Chipcha 319
Chitimacha 311
Chlebnikov, Velemir V. 72
Christentum 182, 184
Churchill, Winston 380
Churritisch 40
Cicero 115, 120, 126
Circumflex 101
cluster 279
Codex argenteus 169, 169*
Cœur d'Alène 311
Comenius → Komenský
Coos 311
Couturat, Louis 367, 372
Créole louisianois 354
Créole seychellois 355, 357*
Cumae 117
cuneiform 27
Curaçaoleño, Curassese → Papiamento

D

Dakota 311
D'Alembert 368
Dalgarno, George 366
Dalmatinisch 163
Dänisch 167, 172
Dante (Alighieri) 126, 155
Dari → Persisch
Dayak 302
Deklination 66, 102, 149, 170, 185, 264, 291, 332, 367
de Mendoza 365
Derivation 337
»Der kleine Jossele« 223
»Der kranke Löwe« 222
Descartes, René 365
Determinativ 23, 25, 25*, 38, 285
Deuter 285
Deutsch 57 f., 71, 78, 105, 165 ff., 167, 173, 180 ff., 217, 240 f., 244, 254, 266, 271, 290, 321, 332, 369, 376
Deutsch als Fremdsprache 181
»deutsch« und »welsch« 165
deutsches Sprachgebiet 205
Devanagari 54, 61 f., 62*
diakritische Zeichen 61, 70, 100, 285
Dialekt 10 ff., 59, 62, 70, 82 f., 86, 92, 99, 145, 155, 172, 174, 178, 183, 207 f., 246, 258, 264, 282, 286, 318
Diderot, Denis 368
Diglossie 111
dimotiki 112
Diphthong 96, 257, 286, 376
Diskus von Phaistos 44, 44*
Dogas, E. 44
Dominique, Créole de la 354
Dorisch 92
dorische Wanderung 91
drawidische Sprachen 263, 297, 297*
Droysen, Johann Gustav 93
Dschagga 326
Dual 102, 171, 272
Duala 326
Dubletten 147, 250, 253
Duden 213*
Duden, Konrad 213
Dunkelmännerbriefe 127
durativ 104

E

effektiv 104
Egerländer Deutsch 211
Elamitisch 36
Elbasanisch 82
Ellis, Francis W. 298
Elsässisch-Jiddisch 219
emphatische Konsonanten 272
Englisch 9, 11, 61, 63, 77, 81, 146, 148, 167, 172, 204, 243 ff., 271, 281, 290, 301, 303, 308, 321, 333, 341, 353, 356, 359, 369
Entschlüsseln 15 ff.
Erga 90
Ergativ 279
Erman, Adolf 24
eskimoische Sprachen 57, 330
Esperanto 370, 372, 375
Essential World English 380
Estnisch 67, 265 f.
Etazismus 113
Etrusker 117, 120
Etruskisch 42 f., 45, 87
Etymologie 293
Eurozentrismus 375
Euskaldunak 157
Euskara 264
Every Man's English 380
Ewe 326, 353
Ewondo 327
exotische Wörter im Englischen 255

F

Fachsprache 127 ff., 207, 211
Faiguet 368
Faliskisch 119
»falsche Freunde« 179
Famakalo 321, 358
Fang 327

Färöisch 167, 168, 172, 174
Farsi 64
Festlandskeltisch 80
Finck, Franz Nikolaus 344
Finnisch 57, 67, 241, 265 ff.
finnisch-ugrische Sprachen 265
Flämisch 167, 177
flektierende Sprachen 102, 331 ff., 341
Flexion 149, 156, 246, 255, 277, 331
Fourier, Jean-Baptiste 23
Français nègre 354
Franglais 214, 243
Fränkisch 209
frankophone Staaten 322
Französisch 9, 62, 81, 111, 145, 147, 150 ff., 161, 203, 206, 243, 247 f., 252 ff., 259, 308, 334, 356, 369
freie Nachbildung 201
Fremdheitsindikator 339
Fremdheitsprofil 181
Fremdwörter 191, 205
Friaulisch 163
Friesisch 167, 172, 177
Friuli 163
Fruchtbringende Gesellschaft 191
Frühneuhochdeutsch 187
Fukien 283
Ful, Fula, Fulani, Fulbe 321, 325
Funktionswort 291
Fur-Songhai 324
Fusion 343

G

Gälisch 78, 79*
Galicisch 157, 163
Galla 269
Gaunersprache → Rotwelsch
Gaunerzinken 233*
Geechee, Geedgee 353
geflügelte Worte 134 ff.
Gegisch 82
Gelb, I. J. 41
Gemeinslawisch 72
genetische Verwandtschaft 261, 336
genus verbi 74
Georgisch 277 f.
germanische Sprachen 58 f., 66, 85, 165 ff., 171 ff.
Ghetto 221
Gilgamesch-Epos 29 f.
gipsy 241
Glinz, Hans 290
Glosse 185
Glyphen 318
Goethe, Johann Wolfgang von 106, 195, 197, 205
Goethe-Wörterbuch 196
Goldenes Zeitalter 99
Goolah 353
Gorontalo 302
Gotisch 52, 55, 57 f., 169, 172
Gottsched, Johann Christoph 193
graeca graece 115 f.
Grammatik 266, 274, 290, 308, 318, 325, 337, 342, 353, 361, 367, 370, 376
Grammatik, jiddische 225
Grammatik, Sanskrit 60
Grammatik, slawische Sprachen 74
Grammatik, Welthilfssprachen 376
grammatisches Geschlecht 65, 84, 246 f., 267, 324
Graphem 214
Gravis 101
Greenberg, Joseph H. 323, 344
Griechisch 9, 17, 20, 42 f., 45, 49 ff., 58 f., 70, 82 ff., 89 ff., 104, 161, 167, 243, 249, 253 f., 271, 365
Grimm, Jacob 58, 193 f., 194*, 377
Grimm, Wilhelm 58, 193 f., 194*
Grönländisch 57
Großrussisch 67
Großschreibung 213
Grotefend, Georg Friedrich 32, 34
Gruben-Esperanto 358
Grundwort 105
Gruppensprache 12
Guantschensprache 269
Guaraní 319
Gudezmo 162
Gudscharati 62
Gullah 353
Gumbo 354
Gur 325
Gurkhali 62
Gutenberg 188
Gutenberg-Bibel 187*

H

Haarmann, Harald 344
Haida 311
Haiti, frankokreolische Sprache 354
Hakka 283
hamitische Sprachen 86
hamitisch- (auch: hamito-)semitische Sprachen 263, 268, 322
hamito-nilotische Sprachen 324
Hancock, Jan P. 350
Handlungsart 74
h aspiré 150
Hatsa 330
Haussa 271, 321, 353
Hawaiian Creole 352
Hebräisch 50, 55, 231 f., 268 ff., 365
Heinicke, Samuel 366
Hellenismus 93
Herder, Johann Gottfried 193
Herero 327
Hervas, Lorenzo 53
Hethiter 87
Hethitisch 39 ff.
hethitisch-luwische Sprachen 87
Heroglyphen 15 ff., 19*, 23*, 24*, 25*, 26, 31, 38, 41, 45, 93, 318
Hieroglyphen-Hethitisch 40 f.
Hieronymus 80
Hildebrandslied 181*
Hilfsverben 78
Hincks 38
Hindi 55, 61 f., 64, 255, 356
Hindustani 61
Hiragana 300*
Hirt, Hermann 86
Hispanos 158
historische Sprachwissenschaft 51
hobo signs 233*
Hochalemannisch 209
Hochdeutsch 174, 208, 238
Hochsprache 11, 177
Höchstalemannisch 210
Hoffmann von Fallersleben, August Heinrich 236
Hogben, Lancelot 374, 380
Homonyme 152
Hopi 313 f.
Hottentotten-Sprache 329
Hrozný, Friedrich (Bedřich) 39, 41, 85
Huaztekisch 316
Hubschmann 84
Humanismus 50, 112, 126, 142, 148, 187, 365
Humboldt, Alexander von 332
Humboldt, Wilhelm von 313, 332*

I

Ibo 326, 353
Idealtypus 336
Ideogramm 22, 38 f., 42, 284
Idiomatik 293
Idiom Neutral 370
Ido 371 f.
Igbo 326
Illyrisch 87
Iloko 302
Imperativ 75
imperfektiv 76 f.
indianische Sprachen 50, 60, 205, 255, 263, 308 ff., 342
indianisches Worgut in europäischen Sprachen 320
Indikativ 75
indische Sprachen 59 f., 85
»Indoeuropäisch« 52
indogermanische Sprachen 31 f., 43, 49 ff., 52 ff., 58 ff., 62 f., 82, 86, 91, 105, 167, 241, 261, 275
Indogermanistik 51
Indo-Iranisch 59, 63
Indonesisch 302, 306
Ineichen, Gustav 310
Infix 329
ingressiv 104
Inguschisch 278
Initial Teaching Alphabet ITA 258
inkorporierende Sprachen 315, 334 f.
Inselkeltisch 79

Instrumentalis 55
Intal 374
Interglossa 374, 380
Interlinearversion 39
Interlingua 372 ff.
Interlingua Nr. 2 374
Interlingue 372 f.
Interlinguistik 364
Interpunktion 98
Ionisch 93
Iranisch 84
iranische Sprachen 59, 63, 85
Irisch, irisches Gälisch 79, 86
Isikula, Isipiki 358
Islam 62, 270
Isländisch 57, 167, 172, 174 f.
isolierende Sprachen 61, 257, 273, 308, 333 f.
Italienisch 82, 112, 146, 154 ff., 158, 161, 203 f., 241, 248, 254, 282, 308
italische Sprachen 59, 85
Itazismus 113
iterativ 104
Iwrith 232, 270

J

Jagwa Talk 353
Jakutisch 274
Jamaika-Kreolisch 353
Japanisch 255, 299 f., 300*, 330
Japlish 243
Javanisch 302, 306
Jenisch 234
Jespersen, Otto 372
Jiddisch 217 ff., 226*, 233, 235, 241, 270, 359
jiddische Literatur 229 ff.
Jiddistik 219
Johnson, Samuel 244, 250
Jones, William 50 ff.
Joruba 324
Juba Arabic 358
Judaeo-German, Judendeutsch 219
Juden in der Sowjetunion 232
Juden in Deutschland 220
Juden in Spanien 162
Judenpersisch 218
Judenspanisch 218
Judéo-Allemand, Jüdischdeutsch 219
Jüdisch-Romanisch 162
Jugendsprache 199, 211

K

Kabardinisch 278
Kaempfer, Engelbert 26, 28
Kaffrisch 327
Kalender 47, 131 ff.
Kalispel 311
Kalmückisch 276
Kandschi 299 f.
Kan-Hakka 283
Kanji 299 f.
Kannada 297
Kanton-Dialekt 283
Kantonesisch 283
Kanuri 324
Kapverdisch 357
Karadžic, Vuk S. 72
Karatschaisch 274, 278
karibische Sprachen 319
Karisch 45
Karkemisch 40
karolingische Renaissance 125
Kartusche 22
kartvelische Sprachen 279
Kasachisch 274
Kaschubisch 67
Kastilisch 157
Kasussystem 149
Katakana 300*
Katalanisch 12, 146, 160
kaukasische Sprachen 263, 277 ff., 277*
Kawi-Sprache 313
Keilschrift 16, 26 ff., 29*, 30*, 31*, 38*, 40 f., 64, 87, 93
keltische Sprachen 51, 58 f., 78, 85, 87, 245
Keltologie 80
Kentumsprachen 85
Ketschua 318 f.
Ketschumaranisch 319
Khmer 299
Khoisan-Sprachen 322, 329
Kikongo 321, 327, 353
Kilpper, Gustav 159
King-James-Bibel 244, 250
Ki-Nubi 358
Kinjaruanda 327, 327*
Kisuaheli → Suahili
Kirchenlatein 123
Kirchenslawisch 67
Kircher, Athanasius 20
Kirgisisch 274
Ki-Setla 358
Kitchen Kaffir 321, 358
Klabund 294
Klaproth, Julius 52
Klassenpräfigierung 328 f.
Klassensprachen 325
Klassenzeichen 285
klassische Philologie 9
klassisches Latein 119
kleinasiatische Sprachen 86
Kleinbuchstaben 98
Klopstock, Friedrich Gottlieb 106, 195, 197
Klosterschulen 125
Knarrton 66
Koine 92, 110
Komenský, Jan Amos 366
Komplement 285
Komponierfreudigkeit des Griechischen 105
Komposita 207
Komposition 152, 337, 343
Konditional 75
Kongruenz 171
Konjugation 81, 85, 102, 149, 156, 171, 185, 247, 249, 291, 332, 367
Konjunktiv 75
Konsonantenhäufung 376
Konsonantenkombinationen 73
Konsonantenwechsel 337
kontinentales Keltisch 79
Koptisch 268
Koran 270
Koreanisch 301, 330
Kornisch 79
Korsisch 163
kreolische Universalien 360
Kreolisierung 347
Kreolistik 350
Kreolsprachen 345 ff.
Kreta 42, 90
Kreuzzüge 203, 220
Krio 353
Kroatisch 62, 70
Krusche, Dietrich 181
Kryptogramm 15
Küchenlatein 127
Kundensprache → Rotwelsch
Kurdisch 64
Kurisch 65
Kurländisch-Jiddisch 219
Kurzschrift → Stenographie
kuschitische Sprachen 269
Kwa-Gruppe 326
Kwakiutl 311
Kybernetik 91
Kymrisch 57, 79, 80*

L

Ladinisch 163
Ladino 162 f.
Ladstätter, Otto 295
Landa, Diego de 47
Landmann, Salcia 219, 232
Landsmål 176
langue bleue 372
langue verte 372
Laotisch 281
Lappisch 265
Lateinisch 9, 32, 45, 50 f., 55, 58, 82, 84 f., 102, 105, 117 ff., 127 ff., 143, 145 ff., 150, 152, 155, 159, 166, 168, 192, 203, 244, 248 ff., 254, 286, 364, 369
Latiner 119
Latino sine flexione 373
Latium 119
Lauter 285
Lautschrift 56, 381 ff.
Lautsystem des Französischen 150
Lautsystem für Welthilfssprachen 376
Laut und Schrift im Deutschen 214
Lautverschiebung 84, 169, 182, 257
Lautwandel 56, 58, 147, 159
Layard 37

Lehfeldt, Werner 344
Lehnschöpfung 296
Lehnübersetzung 101, 201, 296
Lehnwörter 67, 80, 82, 84 f., 112 ff., 122, 134, 147, 159, 161, 200, 271, 304 f., 320
Leibniz, Gottfried Wilhelm 367, 375
Lepsius, Karl Richard 322
Lessing, Gotthold Ephraim 195, 228
Lettisch 65 f.
Letzeburgisch 205
Lexik 148
Lexikon 148
liaison 150
Liber vagatorum 235*
Linear A 42
Linear B 42 f., 91
Lingala 321, 327
lingua franca 305, 328, 346, 349, 361
Linguistik 9, 376
linksverzweigende Sprachen 340
Li Tai-Po 294
Litauisch 58, 65 f., 102
Loglan 374
Logopädie 9
Lokativ 55
Louisiana Creole 354
Ludwig von Anhalt-Köthen 191
Luft, Hanns 189
Lu-Ganda 327
Luiseño 311
Luther, Martin 13, 188, 234
Luther-Bibel 189*
Luwigisch 87
Lydisch 43, 87
Lykisch 43

M

Ma'asse-Buch 223
Madagassisch 322
Magyarisch 240
Mahabharata 54
Maidu 311
Malagassi 322
Malaiisch 255, 271, 302, 305 ff.
Malajalam 297
malayo-polynesische Sprachen 302
Malcolm, Sir John 34
Malgache 322
Maltesisch 269
Mameloschen 219
Mandarin-Chinesisch 282
Mande, Mandingo 325
Mandschu-Sprache 273
Manx 79
Manzoni, Alessandro 155
Maori-Sprache 330
Marathi 62
Masematte 237
Maskilim 229
Massai-Sprache 324
mauritianisches Kreolisch 356
Maximilian I. 188
Mayasprachen 46 f., 47*, 316
Mazedonisch 67, 70
Mchedruli-Schrift 278
Medien 198
Medium 103
Medunesisch 302
Meißener Kanzleisprache 188
melanesische Sprachen 302
Mendelssohn, Moses 228 f.
mercator 220
Meriggi 41
Merriam-Webster 251
Mesrop 83
mesusa 236
Miklosich, F. X. Ritter von 239 f.
Mikrokosmos 110
Min 283
Minnesänger 13
Minuskeln 117
Mischbildung 296
Mittelarmenisch 83
Mitteldeutsch 208
Mittelenglisch 244, 249
Mittelfränkisch 209
Mittelgriechisch 111
Mittelhochdeutsch 13, 185
Mitteliranisch 64
Mittelirisch 80
Mittellatein 125
Mixtekisch 317
Modus (Verbum) 55, 74, 171
Mohawk 311
Moldauisch 161
Monatsnamen 132
Mönchslatein 32, 119
Mönchtum 139, 184 f., 202
Mongallese 358
Mongolisch 257 f.
mongolische Sprachen 273
Mongo-Nkundu 327
Monoglottie 366
Monosemie 337, 344
More 325
Morphem 102, 149
Morphologie 266, 293, 337
Moselfränkisch 209
Mota 302
Müller, Friedrich 322
Multilingualismus 311
Mundart → Dialekt
Munda-Sprachen 298
Münter, F. 33
Murray, Gilbert 109
Murray, J. A. H. 251
musikalischer Akzent 100
Mutierung 343
»Mutter« in indogermanischen Sprachen 55
Mystiker 186

N

Nadene 311
Nahua, Nahuatl 317
Namen, griechische 108
Narrenschiff 190*
Nasale 151
Nasale, portugiesische 160
Navaho 311
Nebensprache 217
Neg 354
Neo 374
Neo-Melanesisch 353
Nepalesisch, Nepali 62
Neuarmenisch 83
»Neudeutsch« 199
Neu-Elamisch 37 f.
Neuenglisch 244
Neugriechisch 82, 102, 110 f., 149, 241
Neuhebräisch 270
Neuhochdeutsch 183, 191 f.
neuindische Sprachen 61
Neuiranisch 64
Neuirisch 80
Neujiddisch 227
Neuostarmenisch 83
Neupersisch 64
Neuwestarmenisch 83
Newguinian 354
Ngala 326
nichtindogermanische Sprachen 62, 67, 91, 261 ff.
Niebuhr, Carsten 28, 33
Niederalemannisch 209
Niederdeutsch 183, 208
Niederfränkisch 209
Niederländisch 12, 167, 173, 177, 203 f., 206, 217, 254, 341 f.
Niederländisch-Flämisch 168
Niedersächsisch 209
Niger-Kongo 324
Niger-Kongo-Sprachen 325 f.
niger-kordofanische Sprachen 323, 324
nilo-saharanische Sprachen 323 f.
nilotische Sprachen 324
Nil-Sahara-Familie 323
Niugini-tok 354
Nootka 311
Normannen 244
Normannisch 252
Norwegisch 167, 172, 176
Notker von St. Gallen 185
Novial 372
Nubisch 324
Nuclear English 380
Nynorsk 176

O

Oberdeutsch 183, 208
Obersächsisch 209 f.
Occidental 372
Odyssee 90
offene Grenzen des Englischen 255
Ogden, C. K. 378
Ogham → Schrift, Ogham

Opitz, Martin 190
Oppert 38
Opposition 338
Oromo 269
Ortega y Gasset, José 159
Orthographie 146 f., 151, 156, 174, 192, 213, 257 f., 266, 274, 278
Oskisch 32, 119
ostasiatische Sprachen 60
Ostfälisch 209
Ostfränkisch 210
Ostjiddisch 219
Ostkolonisation 188
Ostniederdeutsch 209
Ostslawisch 67
Oxford Dictionary 251

P

Paiute 311
paläosibirische Sprachen 330
Palatalisierung 73
Pali 61
Palmer, Harold 378
Pandschabi 62
Panini 60
Panutisch 311
Papiam, Papiamento, Papiaments, Papiamentu 345, 356
Papua-Sprachen 330
Papyrus 17 ff., 19*, 26
Paschto 64
Pasigraphie 367
Passiv 74
passiver Wortschatz 207
Patristik 123
Peano, Giuseppe 373, 375
Pei, Mario 374
Peking-Dialekt 286
Pelasgisch 86
Pennsylvania Dutch 167, 167*, 206
perfektiv 76, 104
Pergament 98
Permissivität 215
Perrot, D. V. 328
Persisch 35 ff., 52, 54, 64, 85, 203 f., 241, 255, 271
Personalpronomen 312
Petermann 84
Petit mauresque 350
Petrarca, Francesco 126, 155
Philippinisch 302
Philological Society 251
Philologie 9
Philosophie 109, 126, 211
Phonem 214, 257, 338
Phonematik 339
Phonemik 339
Phonetik 22 f., 39, 214, 376
Phonetik, experimentelle 11, 376
Phonetikum 285
phonetische Komponente 285
Phönizisch 268
Phonologie 266, 338
Pidgin-Englisch 346, 353
Pidgin Haussa 357
Pidgin-Portugiesisch 361
Pidginsprachen 345 ff.
Pidians 348
Pilipino 307
Pinyin 290
Plansprachen 364
Plattdeutsch 10, 12
Pluralmorphem 341
Poebel, Arno 31
Poeschel, Hans 103, 106
Pogrom 222
Polnisch 67, 70, 73, 203
Polyphonie der Keilschriftzeichen 38
Polysemie 337
polysynthetische Sprachen 315, 334 f.
Pomeranisch 67
Portugiesisch 146, 160, 255, 282, 309
Porzig, Walter 346
Postposition 267
Pott, Friedrich August 239 f.
Präfix 105, 328
Prager Schule 376
Prakrit 61
Präpositionen, griechische 107
Presse 198
progressiv 104
Prohattisch 32, 87
Prosodie 101
Proto-Drawidisch 298
Protosprache 325
Proto-Uralisch 266
Provenzalisch 146, 163
Purismus 205
Puschtu 64
putonghua 285

Q

Quashee 353
Quechua 318 f.
Quileute 311
Quirk, Randolph 380

R

Radikal 285
Ramayana 54
Rangverlust des Deutschen 211
Raschid → Stein von Rosette
Rask, Rasmus Kristian 34, 57, 63
Rationalismus 366
Rätoromanisch 12, 146, 163
Rawlinson, Henry Creswicke 34 ff., 38
Rechtschreibreform 212
Rechtssprache 131
rechtsverzweigende Sprachen 340
Reduplikation 119, 343
Relexifizierung 349, 361
Renaissance 244, 249
Reuchlin, Johann 113
Rheinfränkisch 209
Rheinpfälzisch 209
Richards, J. A. 378
Riksmål 176
Ripuarisch 209
Rittertum 186
Roma aeterna 125
Romani 239
Romania 163
Romaniphilologie 239
romanische Sprachen 119, 145 ff., 281
romanisches Wortgut im Englischen 252
Romanistik 9, 148
rongo-rongo 46, 46*
Roosevelt, Franklin D. 380
Rotwelsch 11 f., 217 ff., 232 ff., 241
Royal Asiatic Society 38
Rüdiger, Jacob Carl Christoph 239 f.
Rugisch 67
Rumänisch 146, 161, 241
Runen 168, 173
Russisch 67, 70, 73, 102, 104 f., 149, 152, 161, 231, 255, 376
Russlish 243
Ruthenisch 67

S

Sabir 350
Sachsenspiegel 184*
Saharanisch 323
Salina 311
Samniten 120
samojedische Sprachen 265
Sandalwood-English 353
Sandawe 330
Sango 326
Sanskrit 50 ff., 54, 58, 60, 62, 66, 84 f., 251, 305
Sapir, Edward 310, 313, 344
Sapir-Whorf-Hypothese 313 f., 342
Sardisch 156, 163
Satemsprachen 85
Satzakzent 100
Satzbau → Syntax
Satzzeichen 98
Schari-Nil 324
Schiller, Friedrich 196 f.
Schillingsfürster Jenisch 237
Schlegel, August Wilhelm von 53, 331, 332*
Schlegel, Friedrich von 55, 332
Schleicher, August 66
Schlesisch 209
Schleyer, Johann Martin 369
Schliemann, Heinrich 16
Schnalzlaut 330

Scholastik 123, 126
Schottel, Justus Georg 192
schottisches Gälisch 79
Schreibrichtung, Armenisch 83
Schreibrichtung, Devanagari 62
Schreibrichtung, Griechisch 97 f.
Schreibrichtung, Hebräisch 227
Schreibrichtung, Hieroglyphen 24
Schreibrichtung, Hieroglyphen-Hethitisch 41
Schreibrichtung, Lateinisch 117
Schrift 26, 117
Schrift, arabische 61, 64, 82, 94, 270, 271*
Schrift, armenische 83*
Schrift, birmanische 281*
Schrift, Brahmi 84
Schrift, chinesische 276*, 282 ff., 285*, 289*, 292*, 299, 303*, 305*
Schrift, demotische 17, 19, 21 ff.
Schrift, Devanagari 62
Schrift, etruskische 45, 45*
Schrift, georgische 278, 278*
Schrift, glagolitische 70, 82
Schrift, gotische 169
Schrift, griechische 17, 20, 82, 95*, 98*
Schrift, hebräische 94, 226, 226*, 229, 233, 269, 272*
Schrift, hieratische 17 f.
Schrift, indianische 317
Schrift, japanische 300*
Schrift, koreanische 301*
Schrift, kyrillische 64, 69, 161, 274, 276
Schrift, lateinische 71, 80, 82, 117, 257, 284*, 290
Schrift, lydische 43
Schrift, Maya 47*
Schrift, mongolische 276*
Schrift, numidische 43
Schrift, Ogham 80
Schrift, phönizische 41, 45, 95*, 270
Schrift, rongo-rongo 46*
Schrift, Runen 173
Schrift, tamilische 296*
Schrift, ugaritische 40
Schuchardt, Hugo 350
Schwäbisch 210
schwarzafrikanische Sprachen 263, 320 ff.
Schwedisch 167 f., 172
Schwyzerdütsch 10
Seeger, Ludwig 107
Semantik 325
semitische Sprachen 32, 37
Senufo 325
sephardische Juden 218
Serbisch 62, 70
Serbokroatisch 62, 67, 71, 73
Shakespeare, William 13, 250
Shaw Alphabet 258
Shaw, Bernard 258, 379
Siamesisch 281
Siebenbürger Deutsch 167, 206, 211
Sieg 84
Siegling 84
Silbenschrift 37, 84
silbische Konsonanten 73
Silunguboi 358
Sinai-Schrift 45
Singhalesisch 62
Sinologie 9, 282
sino-tibetische Sprachen 263, 280
Sinti 239
Siswazi 327
Skalička, Vladimir 344
skandinavische Sprachen 173 f., 241
skandinavisches Wortgut im Englischen 251
slawische Philologie 240
Slawisches im Jiddischen 224
slawische Sprachen 57, 59, 66 f., 68*, 82, 85, 149
Slowakisch 67, 70, 241
Slowenisch 67, 70, 203
Sokrates 10
Solresol 368
Somali 269
Sondersprache 12, 211
Sorbisch 67, 70
Sowjetunion (ehem.), jüdische Bevölkerung 232
Soziolekt 11 f.
Spaniolisch 162 f., 218
Spanisch 145 f., 150, 157 ff., 241, 254, 309
Spätlatein 119
spiritus asper 97
spiritus lenis 97
Sportsprache 199, 204
Sprache der Galater 80, 87
Sprache der Technik 295
Sprache des Bauwesens 202
Sprache des Gartenbaus 201
Sprache des Weinbaus 201
Spracherwerb 9
Sprachfamilie 52, 60, 261, 316
Sprachgeist 340
Sprachgesellschaften 190
Sprachgruppe 60
Sprachschichten 124, 210
Sprachstamm 60, 261, 310
Sprachstörung 9
Sprachtypus 61, 102, 112, 148 f., 257, 280, 331 ff.
Sprachvergleichung 49, 55
Sprachverwandtschaft 60
Sprachwandel 341
Sprachwissenschaft → Linguistik
Sprechbarkeit künstlicher Sprachen 376
Standard Average European 314
Statute of Pleading 248
Stein von Rosette 16, 17*
Steinen, Diether von den 294
Stenographie 19, 118
Sterbende Sprachen 14
Suaheli, Suahili 271, 321, 327f., 358
Subjunktiv 75
Subkultur 214
Substratforschung 86
Subtraktion 343
Sudansprachen 324
Sudre, François 368
Südrheinfränkisch 210
Südslawisch 67
Suffix 105, 264, 267, 275, 298, 329, 333, 371
Sumerisch 32, 38
Swahili → Suahili
Swasi 327
Symbolschrift 284
synthetisch 149
Syntax 266, 275, 277, 279, 291, 293, 340
synthetischer Sprachbau 335
Système Occidental 374
Szalek, B. 44

T

Tachygraphie 118
Tadschikisch 64, 274
Tagalog 279, 307
taitsch 219
Takelma 311
Talbot, Fox 38
Talkee-Talkee 353
Tamil 62, 297, 303, 356
Tatarisch 274
Technik 198
Telugu 297, 356
Tempus 75, 104
teutonisch 166
Textlinguistik 293
Textsorte 293
Thai 281*
Thai-Sprachen 281
Theogonie 90
Thieves' Latin 234
Thomasius, Christian 192
Thüringisch 209
Tibetanisch 280
Tilde 160
Tironische Noten 118, 118*
Tlingit 311
Tocharisch 59, 84 ff.
Tok Pisin 354
Toleranzedikt 228
Tonga 302
Tonhöhe 376
Tonkawa 311
Tonsprache 325, 376
Tontafeln 30*
Tonzeichen 287, 287*
Toskisch 82
Totenbuch 19
»tragen« in indogermanischen Sprachen 57
Transkription 289
Trikonsonantismus 272
Trilinguis 20
Trubetzkoy, Nikolai Sergejewitsch 376
Tscharner, Eduard Horst von 294
Tschechisch 67, 70, 73, 203, 255
Tschetschenisch 278

Tschuwaschisch 274
Tsimschian 311
tungusische Sprachen 273
Tunika Subtiaba 311
Tupí-Guaraní 319
Türkeitürkisch 87, 273
Türkisch 64, 82, 84 f., 87, 112, 161, 203, 240 f., 255, 271, 274 ff.
Turkmenisch 274
Turksprachen, Türksprachen 273, 277
turk-tatarische Sprachen 273
Turmbau von Babel 364*
Tuscer 120
Tuwim 72
Tuwinisch 276
Twi 326
Tychsen, O. G. 33

U

Überfamilien 323
Überfremdung 214
Übersetzung 13, 113, 159, 229, 293 f.
Ugaritisch 40, 268
Ukrainisch 67, 70
Ulfilas 169
Umbrisch 32, 119
Umgangssprache 210
Umlaut 185, 337
Ungarisch 50, 71, 161, 203, 241, 265 f.
Universitäten 187, 193
uralische Sprachen 263, 265 ff.
Urartäisch 40
Ur-Bantu 326
Urdu 61 f., 64, 271, 356
Urgermanisch 168
Ur-Indogermanisch 61, 66, 84, 104
Ur-Italisch 119
Urslawisch 67, 72
Usbekisch 274
Uto-Aztekisch 311

V

Valla, Lorenzo 126
Valle, Pietro della 28
Vaterunser 53, 83, 147, 184
Veden 60
Vedisch 60
Venetisch 119
Vennemann, Theo 343
Ventris, Michael 42
Verbum 54 f., 74 ff., 249, 265, 312, 367
Verbum, arabisches 272
Verbum, germanische Sprachen 171
Verbum, griechisches 102 ff., 108
Verbum, imperfektives 77
Verbum im Sanskrit 55
Verbum, isländisches 175
Verbum, lateinisches 149
Verbum, perfektives 77
vergleichende Grammatik 53 f.
Versalien 98, 117
Verschriftung von Kreolsprachen 359
Vietnamesisch 299
Vokale 338
Vokalharmonie 267, 275 f.
Vokativ 55, 162
Volapük 369, 372
Volksgeist 105
Voltasprachen 325
vorkolumbianisches Amerika 46 f., 309
Voss, Johann Heinrich 106
Vulgärlatein 119, 123 f., 154

W

Wade-Transkription 289
Wahl, Edgar von 372
Walisisch 241
Webster, Noah 251
Weferling, Erich 374
Weisgerber, Leo 313
Weißrussisch 67, 70
Welthilfssprache 65, 363 ff.
Weltparl 370
Weltsprache 243
Wendt, Heinz F. 103, 346
Westatlantisch 325
Westfälisch 209
Westjiddisch 219
Westniederdeutsch 209
Westsächsisch 246
Westslawisch 67
Whorf, Benjamin Lee 310, 313, 331
Wieland, Christoph Martin 195 f.
Wiener, Norbert 91
Wijk, Axel 258
Wilkins, John 366
Windischmann K. J. 54
Wochentage 133
Wohlklang des Griechischen 98
Wolf, Friedrich August 89
Wolf, Siegmund A. 218, 224, 241
Wolof 325
World English 377 f.
Wortart 256, 291
Wortartwechsel 256
Wortbildung 105, 256, 337
Wörterbuch 207, 244, 250, 281, 292, 318
Wortfuge 105
Wortgleichung 56, 175
Wortmischung 257
Wortschatz 71, 147 f., 196, 198, 206, 223, 249, 251 ff., 265, 271, 312, 342, 353, 367, 369 f.
Wortspiele 293
Worttrenner 41
Wortzwischenräume 98
Wulfila → Ulfilas
Wurzel 55, 272

Y

Yana 311
YIWO 231
Yokuts 311
Yoruba 326, 353
Young, Thomas 22
Yue, Yüeh 283
Yurok 311

Z

Zahlbegriffe 314
Zamenhof, Ludwig 370
Zapotekisch 317
Zeitbegriff 314
Zeitung 190*
Zend 58
Zielsprache 293
Zigeuner 234, 236, 238 ff.
Zigeunersprache 62
Zimmer, Dieter E. 199
Zulu 327
Zuñi 311
Zweitsprache 167, 243, 306

Die große Mehrzahl der auf den Übersichtskarten (am Anfang und am Ende des Buches) verzeichneten Sprachen und Sprachgruppen ist im Textteil behandelt; alle zu besprechen, war aus Raumgründen nicht möglich.

Nachweis der Bildquellen

Bayerische Staatsbibliothek (69, 226, 235)
Bildarchiv Preußischer Kulturbesitz (47)
Britain On View (80)
British Museum (17, 19 [2 Bilder], 30)
Deutsches Archäologisches Institut (36 oben)
Fremdenverkehrsamt der Volksrepublik China (276)
Fremdenverkehrsbüro von Singapur (303)
Herzog August Bibliothek (118)
Thor Heyerdahl (46)
Herbert Horn (einige Zeichnungen und Kartenskizzen)
Irische Fremdenverkehrszentrale (79)
Koreanisches Fremdenverkehrsamt (301)
Lexikographisches Institut, München (Vorsatzkarten vorn und hinten)
Prof. Massimo Pallottino (45)
Christian Pehlemann (270)
Michael Reiter (167)
P. E. Cleator: Lost Languages, 1959 (23, 31, 36 unten)
Seychelles Nation (357)
Johannes Friedrich: Entzifferung verschollener Schriften und Sprachen, Verständliche Wissenschaft Bd. 51, 1954 (28)
Süddeutscher Verlag Bilderdienst (29, 98, 184, 189, 190, 272, 364)
TDC Malaysia/Lipp (305)
Ultimo Noticia (356)
Adolf Erman: Die Hieroglyphen, 1912 (24, 25)
Johannes Friedrich: Entzifferungsgeschichte der hethitischen Hieroglyphenschrift. Sonderheft 3 der Zeitschrift »Die Welt als Geschichte«, 1939 (41)

Sprachen Europas